北京市社会科学基金成果文库
ACHIEVEMENTS LIBRARY OF BEIJING SOCIAL SCIENCE FUND

# 北京前都时代
# 地名遗产的整理与研究

## Rearrangement and Research on the Toponymic Heritage of Pre-Capital Beijing

马保春　著

中国人民大学出版社
·北京·

# 北京市社会科学基金成果文库
## 出版说明

为扩大北京市社会科学基金项目的影响力和示范作用，推动首都社会科学学科建设健康发展，北京市哲学社会科学规划办公室于 2015 年启动"北京市社会科学基金成果文库"出版工作。按照"打造精品力作，占领社会科学研究学术前沿，代表北京市社会科学基金项目成果最高学术水平"的定位，面向各类北京市社会科学基金项目成果，采取同行专家评审的方式，择优推出具有较高学术水平和出版价值的研究成果，按照"统一标识、统一规格、统一版式、统一印刷"的总体要求策划出版。

北京市哲学社会科学规划办公室
2016 年 5 月

# 前　言

　　"北京前都时代地名遗产的整理与研究"是北京市哲学社会科学规划项目。自 2012 年 9 月开始，我们就着手搜集整理传世文献中有关北京地区的古地名。在古文字地名方面，首先，从《甲骨文合集》《殷周金文集成》等相关古文字资料里，搜集整理了有关北京地区的古代地名的甲骨文、金文文献，包括殷墟甲骨文和青铜礼器、青铜兵器、青铜用具和车马器等的铭文中所见的燕国及涉燕古文字地名。其次，从传世和考古所见的货币文字、玺印文字、封泥文字、陶文和简帛等古文字资料中搜集北京或相当于古燕国的历史地名。此外，我们还对北京及周边地区进行了野外考察和考古遗址的踏查，结合已经发表的考古遗址资料，对相关古地名进行了文化内涵比对和位置确认。并把现今保留下来的古地名同文献及古文字记载中的地名进行对比、联系和分析研究。最后，我们还对有关北京地区的各类地方志、游记、个人文集及碑刻资料中所见的北京前都时代古地名进行了搜集与整理。在整理的基础上还进行了相应的地理学的研究。

## 一、"北京前都时代"概念的提出

　　我们提出的"北京前都时代"是相对于北京的"皇都时代"而言的。"皇都时代"是指元明清北京作为统一多民族国家正式都城的时代。因此，前都时代就是指北京作为全国正式的都城以前的时代，这里，我们把北京成为全国正式都城的时间定在元代，则前都时代就是自远古至辽金时期。

之所以这么划定，是基于如下考虑：第一，辽代虽然已经将当时的燕京作为其五都制中的陪都南京，但是其非正式都城，处于五都制体系中的各个陪都也还和一个国家或政权的都城有一定的区别，况且辽代是由契丹族建立的地方政权，带有浓厚的北方民族特点，当时的南京还不是统一的多民族的大一统国家的首都；第二，金代虽然曾将燕京作为其正式的都城，但一方面金也是地方政权，并未完成统一，另一方面金也带有极其浓厚的北方游牧民族文化特点，当时的南京与皇都时代的北京有一定的差异。因此，基于以上人文地理环境的特质，我们把辽金时期归为北京前都时代的总结时代。

## 二、各类文献中地名的搜集成果

我们查找的文献包括先秦和秦汉以来的重要典籍。首先搜集《尚书》中《禹贡》《牧誓》《汤誓》《太甲》《盘庚》《西伯戡黎》《君奭》《多方》等篇中涉及的北京地区的古地名。然后在《诗经》各篇中搜集整理与北京地区有关的地名，如《豳风》《邶风》《鹿鸣之什》《商颂》《荡之什·韩奕》等中的涉燕地名。再从《山海经》《世本》《吕氏春秋》《战国策》及先秦诸子作品中搜集整理北京地区的古代地名。这是先秦、秦汉时期北京前都时代的地名文献。

秦汉以来的传世文献，也是我们重点考察的对象。因为秦汉以来的传世文献在数量上远远多于先秦时期。而北京地区作为早期中国历史的一部分和参与者，有文献记载的时期也是从秦汉时期开始增多的。先秦时期发展较为落后，文献的记载相对简略。我们在从传世的文献如《史记》《汉书》中搜集整理北京地区古地名的同时，还对北京及周边地区进行了野外考察和考古遗址的踏查，如对大古城、安乐古城、窦店古城、巩华城、平谷县城、狐奴古城、燕下都、临易城、博陆古城等地名的实地考察。把现今保留下来的古地名同文献记载中的地名进行对比、联系和分析研究，并结合实地考察的成果绘制地图。

从历代地理总志中寻找北京前都时代古地名的文献资料。如从《续汉书·郡国志》《魏书·地形志》《隋书·地理志》《新唐书·地理志》《旧唐书·地理志》《元和郡县志》《元丰九域志》《太平寰宇记》《大明一统志》

《大清一统志》《天下郡国利病书》等文献中寻找北京前都时代的地名。特别是政区类的地名在这类传世文献中有较为全面的记载和反映。从最初的考古遗址、聚落、古国、方国、诸侯国，到郡县、刺史州牧、道路、行省等级别的各类政区地名，都有较完善的记载。需要指出的是，辽代以后的传世文献中，也有记载辽代及之前北京前都时代地名的情况，因此，如上举《大明一统志》《大清一统志》等一统志也在我们考察的范围之内。

考古文献中北京前都时代古地名资料的搜集与整理。北京地区在中国早期历史中，由于不是文化核心地区，所以传世文献对其记载相对中原地区而言较少。因此，依据现代考古手段取得的文字资料，是弥补这一不足的重要途径之一。比如，在北京地区发掘出土的甲骨文、青铜器铭文、陶文、兵器刻辞、货币文字、石刻文字等古文字资料是研究北京地区前都时代古地名重要的补充资料。我们也对这些资料进行了梳理和研究。需要指出的是，出土于北京及周边地区的古文字资料和出土于其他地区但内容涉及北京地区的古文字资料都是我们研究的对象，我们并不拘泥于北京地区出土的小范围。甲骨文中如有"成周"的地名；陶文中的"蓟"（一种观点这么认为）、金文中的"匽"、货币面文中的"晏"、兵器刻辞中的"燕"等都是研究北京地区早期地名的重要一手资料。

考古出土的古文字资料固然非常重要，但是毕竟这种发现是可遇不可求的，所以在数量上和范围上具有一定的局限性，因此在全面关注出土文字资料的同时，我们还把注意力转向考古所发掘的古遗址、居址和墓葬等考古成果。因为有些考古遗址虽然没有出土文字资料，但是根据其所在的地理位置，再结合传世文献的记载，可以在一定程度上确定某一个考古遗址、居址或墓葬就是某一个古代地名的所在地或曾经的迁徙地。这也为我们确定北京前都时代古地名的地望提供了重要的参考。所以，我们对北京及周边地区考古所见的古代遗址、居址和墓葬给予了关注，进行了搜集和年代学上的划分，以便和古代的地名相印证。

通过以上传世文献、古文字和考古等几个方面的资料搜集和整理，我们发现了较多的北京前都时代古地名。对这些古代地名的整理为今后进一步深入的研究和考察奠定了坚实的基础。比如我们通过北京地区的货币地名即在北京地区出土的货币地名，研究了北京地区同周边地区进行经济、文化交流的一个空间格局及其变化过程，为北京地区的历史地理研究提供了可资参考的材料。此外，我们还对北京地区考古所见的古城址地名进行了历史地理学的考察，发现北京地区所见到的秦汉以来的古城址地名以州县级的行政治所城市为主，而且其空间分布多在山前台地或高河流阶地，而离山麓地带并不遥远。说明这里既是发展农业最理想的地貌部位，同时从一个侧面也反映了人口在地理空间的分布特征，即多分布于山前地带，而离山较远、处于低河流阶地或接近河水经常泛滥的地区，人口则较少。

对辽金以来的文献，我们较多地关注了地方志的材料。如《畿辅通志》中的相关各篇，《析津志辑佚》《顺天府志》《春明梦余录》《天府广记》《日下旧闻考》《北京市志稿》《（雍正）平谷县志》《畿辅丛书》《古北口志》《京兆古物调查表》等文献中涉及的北京地区的古地名。此外，个人的行记、游记及笔记、文集，如《昌平山水记》《京东考古录》《帝京景物略》《宛署杂记》《京城古迹考》《燕京杂记》《燕都丛考》《燕京形势》《道咸以来朝野杂记》《藤阴杂记》《天咫偶闻》《帝京岁时纪胜》《北游录》《京师地名对》《三朝北盟会编》《燕都名山游记》等，也都是我们考察的对象。因为这些传世古籍虽然成书时间在前都时代以后，但是其中会保留前都时代的一些史料。比如辽金时期写就的史籍，可能抄录了唐宋时期的传世文献。因此我们给予关注，并从中搜集了一些北京前都时代的古地名，可以弥补前都时代一手地名资料的不足。

反映北京前都时代地名的碑刻资料，如徐自强、冀亚平编《北京图书馆藏墓志拓片目录》（中华书局，1990 年），徐自强主编《北京图书馆藏北京石刻拓片目录》（北京图书馆出版社，1994 年），中国文物研究所、北京石刻艺术博物馆编《新中国出土墓志》（北京卷壹上下册）（文物出版社，2003 年），北京石刻艺术博物馆编《北京石刻艺术博物馆馆藏墓志拓片精选》（北京燕山出版社，2012 年），北京大学图书馆金石组、胡海帆、汤燕、陶诚编《北京大学图书馆藏历代墓志拓片目录》（上海古籍出版社，2013 年），北京石刻艺术博物馆编《新日下访碑录》（北京燕山出版社，2013 年），詹文宏、李保平、邓子平等编《燕赵碑刻》（天津人民出版社，2015 年）。我们从这些著录中搜集到了北京地区前都时代乡、村、坊、里等下级初等政区的地名，此外，还有山名、寺庙地名等。这些著录是研究北京前都时代区县乡镇村落的重要史料，使得我们的整理工作也深入到了微观层面。

## 三、历史地理视角的进一步研究

从研究的结构上看，我们认为，先秦时期是北京文化的根源，也是北京历史地名的起源。因此，我们将先秦时期，特别是燕国时期作为一个研究对象单独进行了研究。对于这一时期的材料，不管是传世文献，还是考古资料和古文字资料，我们都着重关注了燕国地名。通过研究发现，燕国时代的地名，有其相对的独立性和区域性。这个特性能从燕国古地名得到一定程度的反映。燕国政治中心区的地名指示了北京及其周边地区区域中心的位置，而且这个位置随着南北形势的变化及其特殊的历史背景会有一些变换，这就是蓟城、燕下都武阳城、临易城等燕国都城所反映出来的三足鼎立之格局。这一格局也反映了燕国疆域特别是南部平原地区的区域划分格局。而郡县地名的空间分布反映了燕国内部的交通情况和人口分布状况。

此外，我们还以语言学的眼光、民族迁徙的理论探讨了幽蓟地区秦汉时代北方少数民族文化因素在古地名中留存的几个简单例子，这方面的资料和相关问题还可以继续深入挖掘，希望拙著中的研究能够引起学界注意。地名中包含的北方民族文化特色的因素，被中原政权在建设其统一的政治体系中所采用，说明各民族文化之间是一种互相吸收和融合的关系。这种民族文化的交流遗存可能还存在于民族风尚、语言、饮食、礼仪等不同的层面。因此，整个华夏民族在历史的长河中，始终处于一个民族碰撞、融合的过程。古地名也反映了这一融合过程。中原政权周边地区，是少数民族与汉族进行文化交流的主要地带，特别是在北方交界地带，这个区域从地理环境、社会经济生产方式的层面考虑，被称为农牧交错带，幽蓟地区处于整个地带的东北段。如果从文化交流的层面看，可以称之为民族文化的碰撞、交流和融合特区。从这个意义上说，以汉族为主体创造的华夏文明，是华夏各族人民共同努力的结晶。

总之，我们通过对传世文献、考古资料、古文字资料、碑刻资料等较为全面的搜集整理，形成了对北京前都时代古地名及其特征的初步认识。希望我们的研究成果能够为以后进一步的深入研究以及与历史地名有关的其他方面的研究提供一定的借鉴。

# 目　录

# Contents

# 绪　论

## 一、北京前都时代地名研究的意义

我们提出的"北京前都时代"是相对于北京的"皇都时代"而言的。"皇都时代"是指元明清北京作为统一多民族国家正式都城的时代，则前都时代就是自远古至辽金时期。如此划定的原因在前言中已提及，此处不赘述。另外，从地名学的角度看，辽金时期北京的大多数地名，沿袭了辽金以前古代北京的人文地理特征，好多辽金时期的北京地名，在之前就已经存在了，只是缺少记载，而辽金时期的文献相对增多，这样划定也有利于资料的搜集整理。

### （一）学术意义

北京前都时代是北京历史研究本身不可缺少的一段。北京地区有其独特的区域特征，这里作为农牧交错带、文化交流通道的区位特征，值得研究。

北京前都时代的文化是后来皇都文化的历史根基。前都时代文化的某些特征预言和昭示了皇都时代的文化。北京前都时代，我国南北方不同经济方式和不同的文化就已经开始了交流与融合。这种交流与融合的方式和特征在后来皇都时代的北京或有重现，或有孑遗，或有变化，或有差异，要全面准确地研究皇都时代这些文化交流的特征，对前都时代的研究是少不了的。

## （二）现实意义

行政区划是一直处于变动中的一种文化地理现象。北京前都时代的地名中，有一部分与行政区划有着密切的关系。历史地名的合理解释和挖掘可以为目前行政区划的调整与重组提供文化和历史传承性的借鉴，对目前北京市及周边河北、内蒙古、辽宁、山西等省区市所进行的城市化建设及城乡规划、新农村建设有参考价值。我们考察并研究的地名，带有浓厚的历史文化气息。这些历史中沉淀下来的文化内涵，是合理进行城市化建设及城乡规划必不可少的参考内容，能够适时适当地提供有益的帮助。

## 二、北京前都时代地名的时空界定

### （一）时间界限

结合"前都时代"概念的提出，我们将远古至辽金时期作为北京前都时代地名搜集和整理的主要时期。

### （二）空间范围

前都时代北京地区大多数时间属于地方行政区，间或有区域政权的首府的角色。本研究的着眼点是较全面地关注北京及周边地区或与北京地区有关地区的地名发展状况，因此，我们将以历代北京地区地方最高一级行政区划所管辖区域叠加的总和作为我们研究的地理空间。

## 三、北京前都时代地名研究的资料来源与方法

### （一）传世文献

反映辽金及其以前时期北京历史与地理的传世文献，包括正史、地理

类专书、地方史志、个人文集、杂记、类书等，以及后人的相关资料集和著作。如《燕春秋》之"祖""祖涂"，《燕丹子》《幽州图经》所见之"冀州""齐州""幽州"等，唐平致美撰《蓟门纪乱》之"蓟门"。

宋代赵良嗣撰《燕云奉使录》，宋代许采撰《平燕录》，宋王安中撰《入燕录》和《陷燕录》，宋赵子砥撰《燕云录》。

元代熊梦祥撰《析津志辑佚》，元代陶宗仪编纂《元氏掖庭记》《南村辍耕录》（《辍耕录》）等。

明代萧洵《故宫遗录》。明代撰人不详《洪武北平图经》。明代刘崧撰《北平事迹》一卷。明代撰人不详《北平录》一卷。明代撰人不详《北平考》五卷。明代邹缉等撰《燕山八景图诗》一卷。明代撰人不详《（永乐）顺天府志》二十卷。明代宣宗朱瞻基撰《御制广寒殿记》。明代陆容撰《菽园杂记》十五卷。明代吴仲撰《通惠河志》二卷。明代谢庭桂编、苏干续编《（嘉庆）隆庆志》十卷。明代张爵编纂《京师五城坊巷胡同集》。明代佚名《南内记》。明代郭造卿撰《燕史》三十六卷。明代陆启浤撰《北京岁华记》一卷。明代冯勖撰《六街花事》。明代蒋一葵撰《长安客话》八卷。明代谢杰、沈应文修，谭希思、张元芳纂《（万历）顺天府志》六卷。明代沈榜撰《宛署杂记》二十卷。明代史玄撰《旧京遗事》。明代刘侗撰《促织志》一卷。明代刘侗、于奕正著《帝京景物略》八卷。明代王世德著《崇祯遗录》不分卷。明钱邦芑撰《燕都纪变》（《甲申纪变实录》）一卷。

清初宋起凤撰《稗说》四卷。佚名《人海诗区》清抄本四卷。清代孙承泽撰《春明梦余录》七十卷、《天府广记》四十四卷、《畿辅人物志》二十卷。清代顾炎武撰《昌平山水记》二卷、《京东考古录》不分卷。清代谈迁撰《北游录》九卷。清代高士奇撰《金鳌退食笔记》二卷。清代任在陛修、李柱明纂《（康熙）平谷县志》三卷。清代项景倩纂修《（雍正）平谷县志》三卷。清代朱彝尊编撰、朱昆田补遗《日下旧闻》四十二卷。清代潘荣陛撰《帝京岁时纪胜》不分卷。清代于敏中、英廉等总裁，窦光鼐、朱筠等总纂《日下旧闻考》一百六十卷。英国人乔治·马戛尔尼、乔治·斯当东等著，秦仲龢译《英使谒见乾隆纪实》。清代戴璐撰《藤阴杂记》十二卷。清代励宗万撰《京城古迹考》不分卷。清代吴长元辑撰《宸垣识略》十六卷。清代刘锡信撰《潞城考古录》二卷。清代李炳撰《石坝须知》。日本人冈田玉山等编绘《唐土名胜图会（初集）》六卷。清代管庭芬纂修《溂阴志略》不分卷。清代阙名的《日下尊闻录》五卷。清代黄竹堂著《日下新讴》稿本。清代李鸿章、张树声、黄彭年等纂修《（同治）畿辅通志》三百卷。清代查慎行撰《人海记》。清代毕钟沅编纂《北上备览》不分卷。清代李鸿章、万青藜等监修，周家楣、沈秉承等总裁，张之洞、缪荃孙等总纂《（光绪）顺天府志》一百三十卷。清代魏元旷撰《都门琐记》不分卷、《都门怀旧记》不分卷和《西曹旧事》不分卷。清代麻兆庆撰《昌平志补志稿》不分卷。清代朱一新撰《京师坊巷志稿》二卷。清代吴振棫撰《养吉斋丛录》二十六卷。清代侨析生、缙云氏合编《京津拳匪纪略》十二卷。清代巴哩克杏芬辑《京师地名对》二卷。清代富察敦崇撰《燕京岁时记》一卷。清代震钧撰《天咫偶闻》十卷。清代古粤顺德无名氏著《燕京杂记》一卷。佚名《燕都古迹古典杂记》抄本。清代崇彝著《咸道以来朝野杂记》不分卷。清代蔡省吾《金台杂俎（初集）》十二卷。清代薛宝田著、刘道清校注《北行日记》。清代孙星衍撰《京畿金石考》二卷。

民国邱锺麟编著《新北京》。民国八年内务部编《京兆各县古物调查表》。民国奉宽著《妙峰山琐记》四卷。民国陈宗蕃编著《燕都丛考》三编。民国螺冈居士撰《燕京形势》不分卷。民国李兴焯修、王兆元纂《（民国）平谷县志》六卷。民国李慎言著《燕都名山游记》。民国张江裁辑《京津风土丛书》。民国吴廷燮、夏仁虎、夏孙桐、朱寿澎、彭一卣、瞿宣颖、张综文等纂《北京市志稿》一百九十六卷。

此外，北京市地质地形勘测处绘制的《北京市地图册》，也是我们参考的重要资料。

需要指出的是，我们所关注的一些传世文献虽然成书于辽金之后，但是其中也不乏辽金及其以前的地名，因为有的地名具有很强的传承性和稳定性。所以元明清时期甚至民国时期成书的资料，也在我们的考察范围之中。

## （二）出土资料

有甲骨文、金文、陶文、简帛、货币文字、玺印封泥文字、兵器刻辞、刻石等古文字资料。

### （三）石刻墓志

石刻墓志资料较为丰富，其中石刻文字可分为刻石、摩崖、石经、碑碣、墓志等多种类型。21 世纪初，据《新中国出土墓志》（北京卷）的编者初步估计，北京地区出土的墓志数量极大，约有一千合以上。最早为1956 年石景山区八宝山西出土的西晋永嘉元年（307 年）幽州刺史王浚妻华芳墓志，最晚直至民国时期，其间各代都有。大致而言，北齐、隋较少，唐及辽、金、元较多，明、清最多。与前都时代相关的如较早的唐史思明墓出土玉册四十余枚、二百余字，是研究"安史之乱"后期历史中所涉地名的重要文献。辽、金时期张氏家族《俭、嗣甫、馆、琪》墓志，为研究辽、金时期今北京地区的豪家世族地理提供了资料。

《新中国出土墓志》（北京卷）收录了北京石刻艺术博物馆、北京古代建筑博物馆，以及朝阳、海淀、丰台、顺义、昌平、门头沟、通州、房山、大兴、怀柔、平谷、密云等区县文物管理单位收藏墓志 411 方，均为1949 年后出土或征集。其中，正文 393 方，塔铭和墓志盖 3 方（年代不详），买地券 15 方（明清时期）。其中最早的是隋开皇九年（589 年）韩智墓志，此后唐、五代、辽金时期均有一些，是研究前都时代北京地名的重要史料。

此外，还有 1959 年首都图书馆编《馆藏北京金石拓片目录（初编）》，中国文物研究所、北京石刻艺术博物馆编《新中国出土墓志》（北京卷壹上下册）（北京：文物出版社，2003 年），向南、张国庆、李宇峰辑注《辽代石刻文续编》（沈阳：辽宁人民出版社，2010 年），王新英辑校《全金石刻文辑校》（吉林：吉林文史出版社，2012 年），等等。

## 四、前人研究的成果和我们研究的侧重点

有关前都时代北京及其周围地区古地名的研究成果，如张清常著《北京街巷名称史话见社会语言学的再探索》（北京：北京语言文化大学出版

社，1997 年）从语言学的角度出发，对北京历史时期的地名和现今地名进行了全面的研究和解释。王彬、徐秀珊主编《北京地名典》（北京：中国文联出版社，2001 年）中分区县和街道办的层次依次研究了北京现有的地名，但是其中有的地名起源较早，可以追溯到辽金及其以前。北京市社会科学院编《今日北京》之《历史名胜卷》中的建制沿革、文物考古、城池宫殿、园陵风景、坛庙寺观、名人故居、重要建筑等内容涉及不少辽金及其以前北京地区的古地名。尹钧科、孙冬虎著《北京地名研究》（北京：北京燕山出版社，2009 年）全面扎实地讨论了北京地名发展史、北京地名的命名、北京地名的分类、北京地名的功能、北京地名的演变、北京地名的特点、北京地名的分布、北京地名的语源、北京地名群、北京地名研究、北京地名管理及明代北京地名研究等诸多问题，从全面宏观的角度讨论了北京地名的方方面面，可以说是北京地名研究的集大成者。其中有辽金及其以前的北京地名，是我们参考的重要研究成果。孙冬虎著《北京地名发展史》（北京：北京燕山出版社，2010 年）全面关注了北京各类地名，阐述了地名作为语言发展的产物的理论，并指出地名也是地理环境的标志、社会生活的写照和历史变迁的记录。该著通过对北京地名纵向和横向的全面关注，从上古一直到各个历史时期纵向研究了北京地名的发展脉络和变迁规律；从横向空间的角度研究了北京各个区县具体的地名及其特点，谋篇布局紧凑标致，把对北京地名的研究推向了又一个高潮。作者通过细致的研究梳理了北京地名源远流长的演进过程，通过地名研究展现了北京恢弘磅礴的国都气派，透视了北京城乡千姿百态的风土人情，进一步体味了北京地名广博深邃的文化内涵。该著是我们重点研究和参考的北京地名研究论著。

本研究突出的特色是：（1）前都时代的时间范围；（2）历代地方一级行政区叠加之和的区域范围，不仅仅局限于今北京地区；（3）除了关注传世文献之外，对出土古文字资料、考古资料及考古所见文献资料也给予足够的重视；（4）进一步重视地名的地理、经济与文化内涵。

另外，需要指出的是，我们在文稿中搜集了较多的寺庙、塔观等宗教类建筑物名称，由于这些建筑物都建造在一定的地理位置，一些还特别有地标性，可以指示地理位置，象征地理政区及区域划分，所以，我们都暂时将其作为地名处理。

## 第一章

# 先秦秦汉文献所见燕国地名

这里所说的传世文献，除了辽金及其以前的正史之外，还包括历代各类文献著述以及皇都时代以来的相关文献。辽金以后的文献虽然从时代上讲已经步入皇都时代，但是这个时期的文献还会不同程度地提到或追述前都时代的地名，因此它们也是我们考察前都时代地名的重要文献。相关文献如先秦时期的《战国策·燕策》《左传》《国语》等。秦以后的《史记·燕召公世家》、各正史地理志、《水经注》、《元和郡县志》、《太平寰宇记》、《元丰九域志》、《大清一统志》等，北京地方志如《析津志辑佚》《顺天府志》《春明梦余录》《天府广记》《日下旧闻考》等。此外还有个人文集及著述，如《广志绎》《京东考古录》《昌平山水记》《天下郡国利病书》《日知录》等。另外，我们搜集了考古资料和古文字资料中有关前都时代地名的相关信息，然后将二者对应讨论，这是前都时代历史地名研究的基本框架。需要说明的是，如数个相关联（如地名名称相关联）的地名所指为一地，可列于一条下讨论；如名虽相关，实非一地，则分列之。

## 第一节 《史记》所见燕国地名

【召】

召公奭封于北燕前于畿内所食采邑。《史记·燕召公世家》："召公奭与周同姓，姓姬氏。"集解引谯周曰："周之支族，食邑于召，谓之召公。"索隐云："召者，畿内采地。奭始食于召，故曰召公。或说者以为文王受命，取岐周故墟周、召地分爵二公，故《诗》有二《南》，言皆在岐山之阳，故言南也。"① 此召地虽在关中西部，但与封于北京地区的召公奭之名号有关，故录于此。

【北燕】

召公奭初封之地。《史记·燕召公世家》："召公奭与周同姓，姓姬氏。周武王之灭纣，封召公于北燕。"集解引《世本》曰："居北燕。"又引宋忠云："有南燕，故云北燕。"索隐云："后武王封之北燕，在今幽州蓟县故城是也。"②

【陕】

成王时召公所主之地。《史记·燕召公世家》："其在成王时，召王为三公：自陕以西，召公主之；自陕以东，周公主之。"集解云："陕者，盖今弘农陕县是也。"③ 这个"陕"地是召公被封于北燕之前于关中所食之地的东界，也是与召公奭有关的地名。

【召伯庙】

召公之庙。《史记·燕召公世家》："召公巡行乡邑，有棠树，决狱政事其下，自侯伯至庶人各得其所，无失职者。"正义谓"棠树"乃"今之棠梨树也"。又引《括地志》云："召伯庙在洛州寿安县西北五里。召伯听讼甘棠之下，周人思之，不伐其树，后人怀其德，因立庙，有棠在九曲城东阜上。"唐代洛州即开元二十九年（741）都畿道的河南府，寿安县乃今河南省宜阳县，九曲城在寿安县城西北不远④。

【燕留故城】【燕留】【燕留城】

燕庄公、齐桓公时期燕、齐界城。《史记·燕召公世家》："（燕庄公）二十七年，山戎来侵我，齐桓公救燕，遂北伐山戎而还。燕君送齐桓公出境，桓公因割燕所至地予燕，使燕共贡天子，如成周时职；使燕复修召公

① 司马迁：《史记》卷三十四《燕召公世家》，1549 页，北京，中华书局，1959。
② 司马迁：《史记》卷三十四《燕召公世家》，1549 页，北京，中华书局，1959。
③ 司马迁：《史记》卷三十四《燕召公世家》，1550 页，北京，中华书局，1959。
④ 参见谭其骧：《中国历史地图集》第五册，唐代"都畿道"图，44～45 页，北京，中国地图出版社，1982。

之法。"正义引《括地志》云："燕留故城在沧州长芦县东北十七里，即齐桓公分沟割燕君所至地与燕，因筑此城，故名燕留。"唐代沧州长芦县乃今河北省沧州市。[①] 燕留、燕留城、燕留故城一事也。

【燕】

周初召公初封之后的诸侯国。《史记·燕召公世家》："（燕庄公）二十七年，山戎来侵我，齐桓公救燕，遂北伐山戎而还。燕君送齐桓公出境，桓公因割燕所至地予燕，使燕共贡天子，如成周时职；使燕复修召公之法。"《燕召公世家》只有在开篇记载召公初封时，云"封召公于北燕"，此后他处皆云"燕"，则"燕"无疑是召公初封之"北燕"的延续之国。由于召公初封之"北燕"是在晚殷之北燕方国的基础上建立的，所以地域与后来的"燕"国相比必不广大，在地域上具有方国特征的"北燕"可能是以某一城邑为中心包括周围有限区域的地理范围，它和后来作为诸侯国国名、地域上包括燕山南北的"燕"显然不是一个地理概念。参考【北燕】条。

召公之后所建立的燕国，在战国时期称"燕"。《战国策·燕策一》"苏秦将为从北说燕文侯"一节苏秦言："夫安乐无事，不见覆军杀将之忧，无过燕矣。"

【林营】

燕釐公时败齐之地。《史记·燕召公世家》："（燕）釐公三十年，伐败齐于林营。"索隐云："林营，地名。一云林，地名，于林地立营，故曰林营也。"

【燕十城】

燕易王时期齐所取燕十城地。《史记·燕召公世家》："（燕）易王初立，齐宣王因燕丧伐我，取十城；苏秦说齐，使复归燕十城。"此十城当在燕、齐交界一带，是否包括"燕留城"待考。

《战国策·燕策一》"燕文公时"节亦云："文公卒，易王立。齐宣王因燕丧攻之，取十城。"后在苏秦的游说下，齐宣王"乃归燕城"，即归还了燕国的边境城池十座。

---

① 参见谭其骧：《中国历史地图集》第五册，唐代"河北道南部"图，48～49页，北京，中国地图出版社，1982。

【公宫】

燕子之之乱时子之曾居之宫，燕国权利的象征，属于场所地名。《史记·燕召公世家》："（燕王哙）三年，……将军市被围公宫，攻子之，不克。"其中"公宫"当是燕都内的宫殿。燕王哙既让位于子之，则将其在位时期所居住的"公宫"亦让于子之居住。

"公宫"亦见《战国策·燕策一》"燕王哙既立"节。

【五都（之兵）】

燕王哙时齐侵燕所用之兵，指驻守在齐五都的兵士，五都关涉齐、燕之地理。《史记·燕召公世家》："（齐）王因令章子将五都之兵，以因北地之众以伐燕。"索隐云："五都即齐也，按：临淄是五都之一也。""五都"或可理解为五座城，率领五城的兵力进攻燕国。

亦见《战国策·燕策一》"燕王哙既立"节。鲍注："都，大邑。"

【北地（之众）】

燕王哙时齐侵燕之北地之众。《史记·燕召公世家》："（齐）王因令章子将五都之兵，以因北地之众以伐燕。"索隐云："北地即齐之北边也。"齐之北疆乃燕之南界也。

亦见《战国策·燕策一》"燕王哙既立"节。鲍注："齐之北，近燕。"

【聊】

按照《史记·燕召公世家》的记载，"聊"是燕昭王伐齐，未能攻下的齐地之一。其云："（燕昭王）二十八年，……与秦、楚、三晋合谋以伐齐。……齐城之不下者，独唯聊、莒、即墨，其余皆属燕，六岁。"索隐云："按：余篇及《战国策》并无'聊'字。"但齐国当有聊地，是否为未被燕人攻下之地，尚待讨论。《燕策二》"昌国君乐毅为燕昭王合五国之兵而攻齐"章："而攻齐，下七十余城，尽郡县之以属燕。三城未下，而燕昭王死。"姚本此处指出三城为"聊、即墨、莒"。鲍本补曰："《毅传》，唯莒、即墨未下。《燕世家》云，聊、即墨、莒未下。盖因燕将守聊城之事不下而误。说见《齐策》。"[①]

《战国策·齐策六》"燕攻齐取七十余城"章："燕攻齐，取七十余城，唯莒、即墨不下。齐田单以即墨破燕，杀骑劫。初，燕将攻下聊城，人或

---

① 刘向：《战国策》卷三十《燕策二》，1102 页，上海，上海古籍出版社，1998。

谗之。燕将惧诛，遂保守聊城，不敢归。田单攻之岁余，士卒多死，而聊城不下。"鲍本注云："（聊城）属东郡。《高纪》注，在平原。正曰：'《括地志》云，故聊城在博州聊城县西'。"姚本注云："三同。《集》无此'初燕将攻下聊城人或谗之'十一字。《史记》有。鲍本补曰：姚氏曰，三同，《集》无'初燕'止'谗之'十一字，则知此章首有误脱。正曰：自'燕攻齐'止'杀骑劫'二十五字或他策脱简。而'初燕将'止'谗之'十一字，亦他本所无也。《札记》丕烈案：《史记》无'燕攻齐'至'杀骑劫'，有'燕将攻下聊城，人或谗之'，当是。《策》文本与《史记》不同，校者以《史记》文记其异同，遂羼入也。吴所说甚详，然仍多不可通者，不若衍其羼入，余均依旧，以存《策》与《史记》之异说。"可见，此聊城可能与莒、即墨有异，聊城是被燕将已经攻下而守之者，莒与即墨才是齐人坚守而始终未被攻下者。

【莒】

燕昭王伐齐，未能攻下的齐地之一。《史记·燕召公世家》："（燕昭王）二十八年，……与秦、楚、三晋合谋以伐齐。……齐城之不下者，独唯聊、莒、即墨，其余皆属燕，六岁。"亦见《燕策二》"昌国君乐毅为燕昭王合五国之兵而攻齐"节。

【即墨】

燕昭王伐齐，未下齐地之一。《史记·燕召公世家》："（燕昭王）二十八年，……与秦、楚、三晋合谋以伐齐。……齐城之不下者，独唯聊、莒、即墨，其余皆属燕，六岁。"《燕策二》"昌国君乐毅为燕昭王合五国之兵而攻齐"节。

【中阳】

燕武成王七年，齐将田单所取燕地。《史记·燕召公世家》："（燕）武成王七年，齐田单伐我，拔中阳。"赵亦有"中阳"。赵之中阳在今山西分水中游一带，离燕地过于辽远，可见，燕赵之"中阳"应该是两地，异地同名。

【鄗】

燕王喜四年燕伐赵地。《史记·燕召公世家》："今王喜四年，……卒起二军，车二千乘，栗腹将而攻鄗，卿秦攻代。……燕军至宋子，赵使廉颇将，击破栗腹于鄗。破卿秦于代。"集解引徐广曰："在常山，今曰高邑。"

《战国策·燕策三》"燕王喜使栗腹以百金为赵孝成王寿"节亦云："令栗腹以四十万攻鄗，使庆秦以二十万攻代。赵使廉颇以八万遇栗腹于鄗，使乐乘以五万遇庆秦于代。燕人大败。"

【代】

燕王喜四年燕伐赵而所败之地。《史记·燕召公世家》："今王喜四年，……卒起二军，车二千乘，栗腹将而攻鄗，卿秦攻代。……燕军至宋子，赵使廉颇将，击破栗腹于鄗。破卿秦于代。"李隐引《战国策》曰："廉颇以二十万遇栗腹于鄗，乐乘以五万遇爰秦于代，燕人大败"，不同也。正义云："今代州也。"唐代代州治在今山西省代县，则张守节所指的代地和春秋战国时期的代国不同。

代，或为郡名。《战国策·燕策一》"苏秦将为从北说燕文侯"一节："且夫秦之攻燕也，踰云中、九原，过代、上谷，弥埊踵道数千里，虽得燕城，秦计固不能守也。"言秦自云中、九原、代、上谷诸郡地东进燕国。

【宋子】

燕王喜四年燕伐赵所至之地。《史记·燕召公世家》："今王喜四年，……卒起二军，车二千乘，栗腹将而攻鄗，卿秦攻代。……燕军至宋子，赵使廉颇将，击破栗腹于鄗。破卿秦于代。"有关"宋子"，集解引徐广曰："属钜鹿。"宋子当在今河北省石家庄市东南，今晋州市与赵县之间。①

【武遂】

燕王喜十二年，赵使李牧攻燕所拔之地。《史记·燕召公世家》："（燕王喜）十二年，赵使李牧攻燕，拔武遂、方城。"集解引徐广曰："属河间。"当在燕国南境。

【方城】

燕王喜十二年，赵使李牧攻燕所拔之地。《史记·燕召公世家》："（燕王喜）十二年，赵使李牧攻燕，拔武遂、方城。"集解引徐广曰："属涿，有督亢亭。"

【易水】

燕南川也。《史记·燕召公世家》："燕见秦且灭六国，秦兵临易水，

---

① 参见谭其骧：《中国历史地图集》第一册，战国赵、中山图，37～38 页，北京，中国地图出版社，1982。

祸且至燕。"集解引徐广曰："出涿郡故安也。"

燕境南疆之边地。《战国策·燕策一》"苏秦将为从北说燕文侯"节云："苏秦将为从,北说燕文侯曰:'燕东有朝鲜、辽东,北有林胡、楼烦,西有云中、九原,南有呼沱、易水。地方二千余里,带甲数十万,车七百乘,骑六千疋,粟支十年。南有碣石、雁门之饶,北有枣栗之利,民虽不由田作,枣栗之实,足食于民矣。此所谓天府也。'"易水,吴师道补注:"《正义》云:'易水源出易县西谷中之东,东南流与滱沱河合。《水经》,易水出涿郡故安县良乡西山。'"

【督亢】

燕国沃田之地。《史记·燕召公世家》："太子丹阴养壮士二十人,使荆轲献督亢地图于秦,因袭刺秦王。"索隐:"徐广云:'涿有督亢亭。'《地理志》属广阳。然督亢之田在燕东,甚良沃,欲献秦,故画其图而献焉。"索隐所谓"督亢之田在燕东"不知何据,或可理解为在燕国都城之东,则其在燕中都以东较为妥切。燕中都在今北京房山窦店古城一带,其东正当广阳与涿郡之界。

《战国策·燕策三》"燕太子丹质于秦亡归"节蒙嘉亦云:"谨斩樊於期头,及献燕之督亢之地图,函封,燕王拜送于庭,使使以闻大王。"

【蓟】

燕都。《史记·燕召公世家》:"(燕王喜)二十九年,秦攻拔我蓟,燕王亡,徙居辽东,斩丹以献秦。"

【易】

《史记·赵世家》:"(赵惠文王)五年,与燕鄚、易。"关于"燕鄚、易",集解引徐广曰:"皆属涿郡。鄚,音莫。"

【鄚】

《史记·赵世家》:"(赵惠文王)五年,与燕鄚、易。"关于"燕鄚、易",集解引徐广曰:"皆属涿郡。鄚,音莫。"《史记·扁鹊仓公列传》:"扁鹊者,勃海郡郑人也。"集解引徐广曰:"'郑'当为'鄚'。鄚,县名,今属河间。"索隐案:"勃海无郑县,当作鄚县,音莫,今属河间。"《说文》卷六邑部:"鄚,涿郡县。从邑莫声。慕各切。"

## 第二节　《战国策》所见燕国地名

【朝鲜】

燕国东境所至。《战国策·燕策一》"苏秦将为从北说燕文侯"节云："苏秦将为从，北说燕文侯曰：'燕东有朝鲜、辽东，北有林胡、楼烦，西有云中、九原，南有呼沱、易水。地方二千余里，带甲数十万，车七百乘，骑六千疋，粟支十年。南有碣石、雁门之饶，北有枣栗之利，民虽不由田作，枣栗之实，足食于民矣。此所谓天府也。'"① 朝鲜，鲍注："属乐浪。"吴师道补曰："朝鲜，箕子所封，今高丽国。"燕将秦开曾攻占朝鲜国之地。

【辽东】

燕国东境郡地。《战国策·燕策一》"苏秦将为从北说燕文侯"节云："苏秦将为从，北说燕文侯曰：'燕东有朝鲜、辽东，北有林胡、楼烦，西有云中、九原，南有呼沱、易水。地方二千余里，带甲数十万，车七百乘，骑六千疋，粟支十年。南有碣石、雁门之饶，北有枣栗之利，民虽不由田作，枣栗之实，足食于民矣。此所谓天府也。'"辽东，鲍注："并州郡。"

【林胡】

燕国北境之地。《战国策·燕策一》"苏秦将为从北说燕文侯"节云："苏秦将为从，北说燕文侯曰：'燕东有朝鲜、辽东，北有林胡、楼烦，西有云中、九原，南有呼沱、易水。地方二千余里，带甲数十万，车七百乘，骑六千疋，粟支十年。南有碣石、雁门之饶，北有枣栗之利，民虽不由田作，枣栗之实，足食于民矣。此所谓天府也。'"

【楼烦】

《战国策·燕策一》"苏秦将为从北说燕文侯"节云："苏秦将为从，北说燕文侯曰：'燕东有朝鲜、辽东，北有林胡、楼烦，西有云中、九原，

---

① 刘向：《战国策》卷二十九《燕策一》，1039 页，上海，上海古籍出版社，1985。

南有呼沱、易水。地方二千余里，带甲数十万，车七百乘，骑六千疋，粟支十年。南有碣石、雁门之饶，北有枣栗之利，民虽不由田作，枣栗之实，足食于民矣。此所谓天府也。'"鲍注："见《赵策》。"《战国策·赵策二》"武灵王平昼间居"节载：王孙缦奉武灵王命告公子成曰："今吾国东有河、薄洛之水，与齐、中山同之，而无舟楫之用。自常山以至代、上党，东有燕、东胡之境，西有楼烦、秦、韩之边，而无骑射之备。"

【云中】

燕境西北之边地。《战国策·燕策一》"苏秦将为从北说燕文侯"节云："苏秦将为从，北说燕文侯曰：'燕东有朝鲜、辽东，北有林胡、楼烦，西有云中、九原，南有呼沱、易水。地方二千余里，带甲数十万，车七百乘，骑六千疋，粟支十年。南有碣石、雁门之饶，北有枣栗之利，民虽不由田作，枣栗之实，足食于民矣。此所谓天府也。'"云中，鲍注："属五原。"吴师道补曰："《正义》云：'云中郡城在林榆县东北。九原郡城在林榆县西界。二郡皆在胜州。'"

【九原】

燕境西北之边地。《战国策·燕策一》"苏秦将为从北说燕文侯"节云："苏秦将为从，北说燕文侯曰：'燕东有朝鲜、辽东，北有林胡、楼烦，西有云中、九原，南有呼沱、易水。地方二千余里，带甲数十万，车七百乘，骑六千疋，粟支十年。南有碣石、雁门之饶，北有枣栗之利，民虽不由田作，枣栗之实，足食于民矣。此所谓天府也。'"九原，鲍注："属五原。"吴师道补曰："《正义》云：'云中郡城在林榆县东北。九原郡城在林榆县西界。二郡皆在胜州。'"

【滹沱】【呼沱】

燕境南疆之边地。《战国策·燕策一》"苏秦将为从北说燕文侯"节云："苏秦将为从，北说燕文侯曰：'燕东有朝鲜、辽东，北有林胡、楼烦，西有云中、九原，南有呼沱、易水。地方二千余里，带甲数十万，车七百乘，骑六千疋，粟支十年。南有碣石、雁门之饶，北有枣栗之利，民虽不由田作，枣栗之实，足食于民矣。此所谓天府也。'"呼沱，鲍注："出涿故安。"

【碣石】

燕境东南之地名。《战国策·燕策一》"苏秦将为从北说燕文侯"节云："苏秦将为从，北说燕文侯曰：'燕东有朝鲜、辽东，北有林胡、楼烦，西有云中、九原，南有呼沱、易水。地方二千余里，带甲数十万，车七百乘，骑六千疋，粟支十年。南有碣石、雁门之饶，北有枣栗之利，民虽不由田作，枣栗之实，足食于民矣。此所谓天府也。'"吴师道补曰："《正义》云，碣石山在平州，燕东南；雁门山在代，燕西南。"

【雁门】

燕境西南之地名，燕境南疆之边地。《战国策·燕策一》"苏秦将为从北说燕文侯"节云："苏秦将为从，北说燕文侯曰：'燕东有朝鲜、辽东，北有林胡、楼烦，西有云中、九原，南有呼沱、易水。地方二千余里，带甲数十万，车七百乘，骑六千疋，粟支十年。南有碣石、雁门之饶，北有枣栗之利，民虽不由田作，枣栗之实，足食于民矣。此所谓天府也。'"雁门，鲍注属"并州郡"。吴师道补曰："《正义》云，碣石山在平州，燕东南；雁门山在代，燕西南。"

【上谷】

燕西北郡名。《战国策·燕策一》"苏秦将为从北说燕文侯"一节："且夫秦之攻燕也，踰云中、九原，过代、上谷，弥塞踵道数千里，虽得燕城，秦计固不能守也。"

【东垣】

燕南与赵相接之地。《战国策·燕策一》"苏秦将为从北说燕文侯"节苏秦谓："今赵之攻燕也，发兴号令，不至十日，而数十万之众，军于东垣矣。度呼沱，涉易水，不至四五日，距国都矣。"东垣，鲍注："垣，谓城。"吴师道正曰："《正义》云，东垣，赵之东邑，在恒州真定县南，故常山城。"唐代恒州真定县即今河北省正定县一带，当在燕下都武阳城以南。可见，燕国疆域的南界或者说燕国势力曾经到达过今河北正定一带，应该是在赵国灭中山国之后的事情，这里已是向南越过了唐河、大沙河流域进入滹沱河流域原中山国地境了，应该是赵国北上攻伐燕国的经行之地。这是讨论燕赵地理争夺中的地名。

【权】

燕王哙时燕与齐战地。《战国策·燕策一》"权之难燕再战不胜"节云："权之难，燕再战不胜，赵弗救。"权之难，鲍注："与齐战也。"则"权"是双方交战的地点。

【孤竹】

商周时期燕境国族。《战国策·燕策一》"人有恶苏秦于燕王者"节苏秦云："廉如伯夷，不取素飧，汙武王之义而不臣焉，辞孤竹之君，饿而死于首阳之山。廉如此者，何肯步行数千里，而事弱燕之危主乎?"孤竹，鲍注："《尔雅》，孤竹，四荒中北国。汉属辽西令支。"

【首阳之山】

孤竹国君主劝周武王勿伐纣而隐居之所。《战国策·燕策一》"人有恶苏秦于燕王者"节苏秦云："廉如伯夷，不取素飧，汙武王之义而不臣焉，辞孤竹之君，饿而死于首阳之山。廉如此者，何肯步行数千里，而事弱燕之危主乎?"首阳之山，鲍注："《伯夷传》注，在蒲坂华山之北，河曲之中。"

【句注之塞】

赵、代界山，燕西北远疆。《战国策·燕策一》"张仪为秦破从连横谓燕王"节张仪云："昔赵王以其姊为代王妻，欲并代，约与代王遇于句注之塞。乃令工人作为金斗，长其尾，令之可以击人。与代王饮，而阴告厨人曰：'即酒酣乐，进热歠，即因反斗击之。'于是酒酣乐进取热歠。厨人进斟羹，因反斗而击之，代王脑涂地。其姊闻之，摩笄以自刺也。故至今有摩笄之山，天下莫不闻。"吴师道补鲍注："句注，见《赵策》。"《战国策·赵策一》"赵收天下且以伐齐"节载，苏秦为齐上书说赵王曰："秦以三军强弩坐羊唐之上，即地去邯郸二十里。且秦以三军攻王之上党而危其北，则句注之西，非王之有也。今鲁句注禁常山而守，三百里通於燕之唐，曲吾，此代马胡驹不东，而昆山之玉、不出也。"

【磨笄之山】【磨笄山】【鸣鸡山】

代王夫人自杀之所，在燕疆西北上谷代道一带，或即今燕然山西南端。《战国策·燕策一》"张仪为秦破从连横谓燕王"节张仪云："昔赵王以其姊为代王妻，欲并代，约与代王遇于句注之塞。乃令工人作为金斗，长其尾，令之可以击人。与代王饮，而阴告厨人曰：'即酒酣乐，进热歠，即因反斗击之。'于是酒酣乐进取热歠。厨人进斟羹，因反斗而击之，代王脑涂地。其姊闻之，摩笄以自刺也。故至今有摩笄之山，天下莫不闻。"吴师道补鲍注："《正义》云，摩笄山在蔚州飞狐县东北百五十里。"

**【（燕、赵间）十城】**

赵所取燕十城。《战国策·燕策一》"张仪为秦破从连横谓燕王"节张仪云："赵兴兵而攻燕，再围燕都而劫大王，大王割十城乃却以谢。"燕昭王时，燕先攻赵，败而赵反攻燕，燕割十城以求和。此十城当在燕、赵国界一带。

**【常山之尾五城】**

燕国常山之东麓五城。《战国策·燕策一》"张仪为秦破从连横谓燕王"节燕王曰："请奉社稷西面而事秦，献常山之尾五城。"吴师道补鲍注："尾，犹末也。恒山之东。"看来，燕国晚期其南部的疆界向南似有推进。

**【河北】**

燕、齐之界黄河以北地。《战国策·燕策一》"苏秦死其弟苏代欲继之"节苏代曰："济西不役，所以备赵也；河北不师，所以备燕也。今济西、河北，尽以役矣，封内弊矣。"吴师道补鲍注："济西，济州以西也；河北，谓沧、博等州，在漯河之北者。"漯河在今山东省。

河北显然是个区域名。《战国策·燕策二》"昌国君乐毅为燕昭王合五国之兵而攻齐"节载："以天之道，先王之灵，河北之地，随先王举而有之于济上。"似乎"济上"是河北之地的边界。

**【鹿】**

燕臣鹿毛寿所居之地。《战国策·燕策一》"燕王哙既立"节载："鹿毛寿谓燕王曰：'不如以国让子之。'"鲍注："鹿，盖钜鹿，寿之所居。"吴师道补曰："徐广云，一作'厝毛'。甘陵县本名厝，音昔。《索隐》云，《春秋后语》亦作'厝'。《韩子》作潘寿。"

**【北夷】**

齐北戎族地。《战国策·燕策一》"齐伐宋宋急"节苏代遣燕昭王书曰："北夷方七百里，加之以鲁、卫，此所谓强万乘之国也，而齐并之，是益二齐也。"北夷，鲍注："齐之北国。"吴师道补曰："《索隐》云，北夷，谓山戎狄附齐者。《正义》云，齐桓公伐山戎。"

**【章武】**

勃海郡之属地。勃海郡之地在战国时期应该一度属于燕国所有。《战国策·燕策一》"苏代谓燕昭王"节："昔者楚取章武，诸侯北面而朝。"章武，鲍注："属渤海。"即属勃海郡。《汉书·地理志》勃海郡有"章武"

县，班固自注："有盐官。莽曰桓章。"

【上】

燕曾攻得而不取之地。《战国策·燕策一》"苏代谓燕昭王"节："曩者使燕毋去周室之上，则诸侯不为别马而朝矣。"鲍注："上，上地，燕尝攻得而不取矣。"吴师道正曰："此句未详，恐注非。"

【古壄】

古壄，即古地。壄是地的异体字，《集韵·至韵》："地，或作壄，唐武后作壄。"《字汇补·土部》："壄字或谓武后所制。然窦苹《唐书音义》已云见《战国策》，又《亢仓》、《鹖冠》皆以地作壄，其为古文无疑。《集韵》或作壄，省文也。"此"古地"或以为燕王哙时期被齐国所取地。《战国策·燕策二》"苏代自齐使人谓燕昭王"节："燕之攻齐也，欲以复振古壄也。"鲍注："'古'作'故'。振，举也。盖欲复王哙所失"。

【晋下】

燕王哙时燕与齐所战之地。《战国策·燕策二》"苏代自齐使人谓燕昭王"节："苏子遂将，而与燕人战于晋下，齐军败。"晋下，鲍注："晋之下地。"

【阳城】

燕、齐、赵间边地。《战国策·燕策二》"苏代自齐使人谓燕昭王"节："苏子收其余兵，以守阳城"，又"明日又使燕攻阳城及狸"。阳城及狸，鲍注："燕地也。赵悼襄九年，攻燕取狸、阳城。"吴师道正曰："据此《策》，则燕取之于齐者也。《大事记》引《正义》云，燕无狸阳，疑字误，常作渔阳。按此文两云阳城及狸，则《正义》亦未可据。"

【狸】

燕、齐、赵间边地。《战国策·燕策二》"苏代自齐使人谓燕昭王"节："苏子收其余兵，以守阳城"，又"明日又使燕攻阳城及狸。……今燕又攻阳城及狸，是以天幸自为功也"。阳城及狸，鲍注："燕地也。赵悼襄九年，攻燕取狸、阳城。"吴师道正曰："据此《策》，则燕取之于齐者也。《大事记》引《正义》云，燕无狸阳，疑字误，常作渔阳。按此文两云阳城及狸，则《正义》亦未可据。"

【昌城】

疑乐毅得封昌国君所受地。《战国策·燕策二》"昌国君乐毅为燕昭王合五国之兵而攻齐"节首句下吴师道补鲍注曰:"《正义》云,故昌城在淄州淄川县东北。"吴师道之所以要补充说明"故昌城",是乐毅攻齐得胜后得封昌国君时所受地,为后来的昌城。该节后乐毅又云:"先王以为惬其志,以臣为不顿命,故裂地而封之,使之得比乎小国诸侯。""裂地而封"当指"昌国君"之地。

【济上】

燕、齐间地。《战国策·燕策二》"昌国君乐毅为燕昭王合五国之兵而攻齐"节有"以天之道,先王之灵,河北之地,随先王举而有之于济上,济上之军,奉令击齐,大胜之"。乐毅伐齐所率之军所。

【元英】

燕都宫殿名。《战国策·燕策二》"昌国君乐毅为燕昭王合五国之兵而攻齐"节乐毅称"珠玉财宝,车甲珍器,尽收入燕。大吕陈于元英,故鼎反于历室,齐器设于宁台。蓟丘之植,植于汶皇"。鲍注:"大吕,律名。元英,燕乐名。"吴师道正曰:"《索隐》云,大吕,齐钟名。元英,燕宫殿名。"燕昭王时期其国都在燕下都,则"元英"或许是燕下都的宫殿之一。

【历室】

燕都宫殿名。《战国策·燕策二》"昌国君乐毅为燕昭王合五国之兵而攻齐"节乐毅称"珠玉财宝,车甲珍器,尽收入燕。大吕陈于元英,故鼎反于历室,齐器设于宁台。蓟丘之植,植于汶皇"。吴师道正鲍注:"'历',《史》作'曆'。《周礼》,'遂师抱曆',音历。《史表》'曆侯',《汉表》作'历',古字通用。说见《秦策》。《正义》引《括地志》云,元英、历室,燕二宫名,在幽州蓟县西四里宁台之下。高诱云,燕哙乱,齐伐燕,杀哙,得鼎,令反归故鼎。"

【宁台】

燕蓟城西之高台。《战国策·燕策二》"昌国君乐毅为燕昭王合五国之兵而攻齐"节乐毅称"珠玉财宝,车甲珍器,尽收入燕。大吕陈于元英,故鼎反于历室,齐器设于宁台。蓟丘之植,植于汶皇"。吴师道正鲍注:"'历',《史》作'曆'。《周礼》,'遂师抱曆',音历。《史表》'曆侯',《汉表》作'历',古字通用。说见《秦策》。《正义》引《括地志》云,元英、历室,燕二宫名,在幽州蓟县西四里宁台之下。高诱云,燕哙乱,齐伐燕，杀唅，得鼎，令反归故鼎。"

【蓟丘】

燕都附近的土丘名。《战国策·燕策二》"昌国君乐毅为燕昭王合五国之兵而攻齐"节乐毅称"珠玉财宝，车甲珍器，尽收入燕。大吕陈于元英，故鼎反于历室，齐器设于宁台。蓟丘之植，植于汶皇"。鲍注："蓟，幽州国。植，旗帜之属。"

【汶（皇）】

燕都蓟丘所植之竹的来源地。《战国策·燕策二》"昌国君乐毅为燕昭王合五国之兵而攻齐"节乐毅称"珠玉财宝，车甲珍器，尽收入燕。大吕陈于元英，故鼎反于历室，齐器设于宁台。蓟丘之植，植于汶皇"。鲍注："皇，作篁。汶水，出泰山莱芜原。竹田曰篁。言燕以齐为塞。"吴师道正曰："《索隐》云，蓟丘，燕所都。言燕蓟丘之所植，植齐王汶上之竹。徐注谓燕之疆界移于齐之汶水，非此之谓。此言燕蓟丘之所植，移植于汶上之竹田。《索隐》云亦然。楼助《集古今文》以毅书为首，有策问云：'夷门之植，植为燕云'。盖用毅语也。愚谓，左氏以太宫之椽，归为卢门之椽，句法正同。"

【下曲阳】

燕、赵边境之地。《战国策·燕策三》"秦并赵北向迎燕"节（燕）使者曰："臣闻全赵之时，南邻为秦，北下曲阳为燕，赵广三百里，而与秦相距五十余年矣，所以不能反胜秦者，国小而地无所取。"鲍注："下曲阳，属钜鹿。"

【蓟城】

燕都。《战国策·燕策三》"秦并赵北向迎燕"节云："于是，秦大怒燕，益发兵诣赵，诏王翦军以伐燕。十月而拔燕蓟城。燕王喜、太子丹等，皆率其精兵东保于辽东。"

## 第三节 《汉书·地理志》所见燕国及涉燕地名

《汉书·地理志》中的上谷郡、渔阳郡、右北平郡、辽西郡、辽东郡、代郡、涿郡、勃海郡所辖县及相关亭邑乡遂，是以行政区划地名为主的古代地名，也是汉代及其以前北京地名资料的一个重要来源，应该予以重视。

上谷郡：辖十五县，有沮阳、泉上、潘、军都、居庸、雊瞀、夷舆、宁、昌平、广宁、涿鹿、且居、茹、女祁、下落等。

其中上谷郡王莽改名为"朔调"，改为这一名称或许是因为该处在自然地理环境上处于农牧交错带。"朔"本意可能是指月亮从满月开始逐渐减少到看不到月亮的过程，这个过程叫作晦，其减少的方向与月亮由少变多的方向正好相反。每月的初一为朔之极点，过极点后即又开始了正方向的生月过程。因此夏历每月的初一叫作"朔"。由于对于北半球的人来说，月亮开始由望进入朔的阶段是发生在北方的，古人面南而背北，左东右西，头顶背后就是北方。因此，朔也有北方的意思，如汉代的"朔方郡"就是当时偏北方的一个郡。《尔雅·释训》："朔，北方也。"清人徐灏《说文解字注笺》云："日月合朔于北，故北方谓之朔方。"《尚书·尧典》："申命和叔，宅朔方。"伪孔传："北称朔。"上谷郡在地理位置上比较偏北，具有称为"朔"的条件。"朔调"是不是与王莽将原来设置在河套一代的朔方郡改为"沟搜"有关？改后则无朔方的名称，而让上谷郡扮演原朔方郡的角色，有调整位置之意，故称"朔调"。上谷郡属于幽州，户数为三万六千八，口数为十一万七千七百六十二。其中沮阳，王莽改为沮阴，颜师古注引孟康曰："沮，音俎。"泉上，王莽改为塞泉。潘，王莽改为树武。军都，有温余水，东流至路县。居庸，有关隘。雊瞀，我们怀疑其名称与少数民族语言有关。夷舆，王莽改称朔调亭，和郡名相同，足见其重要地位。宁，是西部都尉的治所，王莽改为博康。昌平，王莽改为长昌。广宁，王莽改为广康。涿鹿，王莽改为抪陆，应劭曰："黄帝与蚩尤战于涿鹿之野。"且居，有阳乐水出该县东，又东南入沽水，王莽改为久居。茹，王莽改称谷武。女祁，王莽改为祁，是东部都尉的治所。下落，王莽改称下忠。

渔阳郡：辖十二县，有渔阳、狐奴、路、雍奴、泉州、平谷、安乐、犀奚、犷平、要阳、白檀、滑盐。

渔阳郡本燕国所置，秦代因之，汉代再因之。王莽改称通路。北京地区历史时期有许多名"阳"的地名，如广阳、阳乡、沮阳、要阳、聚阳、夕阳、阳乐、海阳、范阳、高阳、饶阳、浮阳等，这可能与北京一带的自然地理形势有关。古代以山南为阳，北京地区西部、北部、东北都是以太行山、军都山、燕山为主体的山地，其山前地带称为阳，是很有可能的。渔阳也是一个边郡，大泽乡起义的导火索，就是要押送一批戍卒到渔阳戍边，因延误期限，戍卒揭竿而起。狐奴，王莽改称举符。路，王莽改为通路亭，东汉改为潞。雍奴，与狐奴可能有一定的关联，估计是北方南迁到北京平原地区的居民。泉州，设有盐官，王莽改为泉调，与上谷郡改为朔调相对比。平谷，县名一直沿用至今。安乐，今顺义地区。犀奚，王莽改称敦德，估计和少数民族的居住有关。犷平，王莽改为平犷。要阳，是都尉治所，王莽改称要术。白檀，有洫水出北蛮夷，从其境流过。滑盐，王莽改为匡德，应劭曰："明帝改名盐。"应该是东汉初年明帝所改。

右北平郡：辖十六县，有平刚、无终、石成、廷陵、俊靡、赘、徐无、字、土垠、白狼、夕阳、昌城、骊成、广成、聚阳、平明等。

右北平郡，其位于华北平原最北端近山前地带。之所以称为右，可能是因为其居幽州治所之右的缘故。从今北京西部的西山向东直到渤海，大体上东西向分布着燕山山脉的山前丘陵及平原地貌，是华北大平原的最北端组成部分。可见"北平"这一地名，起源是很早的。后来民国时期还称北京为北平，估计就是由此而来的。平刚县，没有王莽修改的名字。无终，以前的无终子所管的古国，有浭水自无终西至雍奴入海，经过右北平、渔阳两郡，行六百五十里。石成，在今大凌河上游喀左一带。廷陵，王莽改为蒲武。俊靡，灅水南至无终东入庚，王莽改称俊麻。赘，都尉治所，但不知其地望，或云在河北遵化一带，王莽改为裒睦，裒有聚集义，这与赘有聚积义相近。徐无，王莽改为北顺亭。字，榆水自县东出。土垠，今河北丰润县。白狼，王莽改称伏狄，在今大凌河上游一带。夕阳，有铁官，莽改称夕阴。昌城，王莽改为淑城，今唐山一带。骊成，大揭石山在县西南，王莽改为揭石，地望无考。广成，王莽改为平虏，今辽宁建昌。聚阳，王莽改为笃睦，地望无考。平明，王莽改为平阳，地望无考。

辽西郡：辖十四县，有且虑、海阳、新安平、柳城、令支、肥如、宾从、交黎、阳乐、狐苏、徒河、文成、临渝、絫等。

辽西郡，因为居下辽河之西，故名。汉因秦置，属于幽州。户数七万二千六百五十四，口数三十五万二千三百二十五。且虑，有高庙，莽曰鉬虑，虑音庐。海阳，龙鲜水从该县东入封大水，封大水、绥虚水皆南入海，设有盐官。新安平，有夷水自此县东入塞外。柳城，为西部都尉治所，其西南有马首山，参柳水北流其境。令支，有孤竹城，应劭以为故伯夷国，王莽改为令氏亭。肥如，玄水从其东入濡水，濡水南入海阳，又有卢水南入玄水，王莽改为肥而。应劭曰，肥子奔燕，燕封之于此地。宾从，王莽改为勉武。《谭图》作宾徒，似误。交黎，渝水源于塞外经此县南入海。交黎也是东部都尉的治所，王莽改为禽虏。应劭认为交黎就是昌黎。阳乐，在今大小凌河之间狐苏，有唐就水至徒河入海。徒河，王莽改为河福。文成，王莽改为言虏。临渝，今辽宁朝阳一带。渝水首受白狼水，东入塞外。又有侯水，北流入渝。王莽改为冯德。絫，下官水南流入海。又有揭石水、宾水、皆向南流入下官水。王莽改为选武。

辽东郡：辖十八县，有襄平、新昌、无虑、望平、房、候城、辽队、辽阳、险渎、居就、高显、安市、武次、平郭、西安平、文、潘汗、沓氏等。

辽东郡，因地处下辽河之东，故名。汉因秦置。有大小水四十八条，并行。属于幽州。户数五万五千九百七十二，口数二十七万二千五百三十九。襄平，有牧师官。王莽改为昌平。新昌，在今辽宁鞍山海城。无虑，在今北镇一带，是西部都尉的治所。应劭以为虑可读为闾。医巫闾山或作医巫虑山。望平，有大辽水出塞外，经该县南至安市入海。王莽改为长说，说音悦。房，在今营口以北。候城，为中部都尉治所。辽队，队音遂。王莽改为顺睦。辽阳，大梁水西南至辽阳入辽河。王莽改为辽阴。险渎，应劭曰，朝鲜王满都也。依水险，故曰险渎。臣瓒曰，王险城在乐浪郡浿水之东，此自是险渎也。颜师古认为臣瓒所言合理。居就，有室伪山，室伪水出此山，北流至襄平入梁水。高显，今辽宁铁岭。安市，今海城。武次，今凤城东，有东部都尉治所。王莽改称桓次。武、桓义近。平郭，有铁官和盐官，今盖县南。西安平，王莽改为北安平。文，王莽改为文亭。番汗，沛水出塞外，西南入海。应劭以为沛水是汗水。沓氏，应劭曰，氏水也。师古曰，凡言氏者，皆谓因之而立名。

代郡：辖十八县，有桑干、道人、当城、高柳、马城、班氏、延陵、狋氏、且如、平邑、阳原、东安阳、参合、平舒、代、灵丘、广昌、卤城等。

代郡，汉因秦而置。王莽改为厌狄，境内有五原关、常山关。应劭以为代郡为故代国。属于幽州。户数为五万六千七百七十一，口数为二十七万八千七百五十四。代郡主体虽然不在幽蓟范围之内，但是其作为幽蓟地区西北方向的门户，紧接幽蓟并与之连属，十分重要，在交通地理、战争地理、民俗地理及文化交流等方面都有助于幽蓟历史地理的研究，故列入。桑干，王莽改称安德。道人，王莽改为道仁。颜师古曰，本有仙人游其地，因以为名。当城，颜师古曰，阚骃云当桓都城，故曰当城。高柳，为西部都尉治所。马城，为东部都尉治所。班氏，秦代地图作班氏，王莽改为班副。延陵，在今天镇、兴和、怀安间。狋氏，王莽改为狋聚。孟康曰，狋音权，氏音精。且如，于延水出于塞外，东至宁入沽水，为中部都尉治所。燕北及京北一带多有以"且"字命名的地名，除此外，还有如上谷且居、辽西且虑等，当结合起来对比研究。平邑，王莽改为平胡。阳原，今河北阳原西南。东安阳，王莽改为竟安。颜师古引阚骃云，五原有安阳，故此加东也。参合，今山西阳高。平舒，有祁夷水北流至桑干入沽水。王莽改为平葆。代，应劭曰故代国。王莽改为厌狄亭。灵丘，滱河东流至文安入大河，过郡五，行九百四十里，当是《周礼·职方》所谓九州岛并州之川。应劭曰，武灵王葬此，因氏焉。臣瓒曰，灵丘之号在赵武灵王之前也。师古以为臣瓒说是。广昌，涞水东南流至容城入河，经过三郡，行约五百里，是职方并州之浸。王莽改为广屏。卤城，虖池河东流至参户，入虖池别，过九郡，行千三百四十里，是并州的川。从河东至文安入海。王莽改为鲁盾。

涿郡：辖二十九县，有涿、遒、谷丘、故安、南深泽、范阳、蠡吾、容城、易、广望、郑、高阳、州乡、安平、樊舆、成、良乡、利乡、临乡、益昌、阳乡、西乡、饶阳、中水、武垣、阿陵、阿武、高郭、新昌等。

涿郡，在幽蓟地区西南，紧接幽蓟。汉高帝所置，王莽改为桓翰。属于幽州。户数十九万五千六百七，口数七十八万二千七百六十四。有铁官。涿之取字，一直沿用至今，应当是个很古老的地名字。涿，洮水首受涞水，分东至按次入河。应劭云，此地有涿水，出上谷涿鹿县。出上谷涿鹿未必是真，但提到有涿水，说明涿水与洮水有一定的关系，也与今拒马河有一定的关系。拒马河的名称估计是后起的。《山海经·中山经》有涿山，似乎偏西，《山海经·北山经》又有涿光之山，不知与涿水有无关系。遒，王莽改为遒屏。师古曰，遒乃古遒字，音字由反。谷丘，在涿郡最南部，今河北安平南，滹沱河流经其境。故安，在今易县、定兴之间，与燕下都武阳城相近。有阎乡，易水所处，东至范阳入濡水，属于职方九州岛并州的浸。水亦东至范阳入涞水。看来易水在故安有分支，一与濡水合，一与涞水合。南深泽，谭图标注在谷丘西。因王莽改容城为深泽在北，故曰南。范阳，王莽改曰顺阴。在今新城、徐水之间。应劭以为在范水之阳，故名。蠡吾，师古曰，蠡音礼。容城，王莽改为深泽。易，恐因易水而名，且流传久远，至今仍存。广望，为侯国。郑，王莽改为言符。王莽所改县名中有多个名"符"的，再如改本郡樊舆为握符，改利乡为章符，改渔阳郡狐奴县为举符等。"符"字作何解，值得研究，举、言、握、章有助于理解符之含义。高阳，王莽改为高亭，应劭以为在高河之阳故名。州乡，为侯国。安平，为都尉治所，王莽改为广望亭。樊舆，侯国，王莽改称握符。成，侯国，王莽改为宜家。良乡，侯国，垣水南流东至阳乡入桃水，桃水或为洮水。利乡，侯国，王莽改为章符。临乡，亦为侯国。益昌，为侯国，王莽改为有秩。阳乡，侯国，王莽改为章武。西乡，亦为侯国，王莽改为移风。饶阳，应劭以为在饶河之阳。中水，应劭认为在易、滱二水中间，故曰中水。武垣，王莽改为垣翰亭。应劭云，垣水出良乡，东入桃。阿陵，王莽改为阿陆。阿武，为侯国。高郭，亦为侯国，王莽改为广堤。新昌，亦为侯国。

勃海郡：辖二十六县，有浮阳、阳信、东光、阜城、千童、重合、南皮、定、章武、中邑、高成、高乐、参户、成平、柳、临乐、东平舒、重平、安次、修市、文安、景成、束州、建成、章乡、蒲领等。

勃海郡，汉高帝置，王莽改为迎河。属幽州。户数二十五万六千三百七十七，口数九十万五千一百一十九。当是因近渤海而名。王莽改成迎河，也就是逆河之意，因为这里是河入海口，多会形成逆河现象，故有此名。主要是黄河、海河入海之区，兼有今天津、河北与山东的地域。颜师古以为在勃海之滨，因以为名。县有浮阳，王莽改为浮城。阳信，约当今山东无棣。东光，在德州北，有胡苏亭。阜城，王莽改为吾城。千童，应劭曰，灵帝改曰饶安。重合，在千童南。南皮，王莽改为迎河亭。师古引阚骃云，章武有北皮亭，故称南皮。定，为侯国。章武，有盐官，当为经营海盐，王莽改为桓章。中邑，王莽改为检阴。高成，为都尉治所。高乐，王莽改为为乡。参户，为侯国。成平，有虖池河，当地居民称徒骇河，王莽改为泽亭。柳，为侯国。临乐，亦为侯国，王莽改为乐亭。东平舒，颜师古曰，代郡有平舒，故此加东。重平，侯国。安次，为勃海郡最北部之县，近广阳国。修市，应劭以为修音为条，为侯国，王莽改为居宁。今河北景县一带。文安，今河北文安。景成，为侯国，在今沧州西。束州，在今文安南。建成，在今沧州西南。章乡，为侯国。蒲领，亦为侯国。

　　《汉书·地理志》所记载以上诸郡的地名，是研究北京地区早期地名重要的衔接材料。因为《汉书·地理志》本身上溯先秦地理，下启秦汉及其以后历代地理沿革，是后代行政变迁的基础，需要重点关注。

第二章

# 古文字资料所见燕国及涉燕地名

　　燕国地区考古、古文字资料中所见的地名，出于多种古文字资料，如甲骨文、金文、货币文字、玺印文字、封泥文字、陶文、简帛文字等。这些古文字资料中的地名，一部分是燕国地名，一部分是燕国以外的地名。另外，其他地区出土的古文字资料中亦有部分燕国地名，我们也一并讨论。

## 第一节　甲骨文地名

　　殷墟甲骨文中有涉及北京地区古地名的卜辞。此外，北京地区有三处遗址出土过西周甲骨，分别是房山董家林燕国遗址、塔照和昌平白浮西周木椁墓遗址。

　　1. 韦、驭

　　昌平白浮西周墓出土甲骨文云："其尚上下，韦驭。"① 其中"韦驭"之辞，可能是国族名，也是地名。在克盉、克罍铭文中有"驭"，"韦"在甲骨文中也是可以作为方国名出现的，有的学者认为是国族名，所以白浮

_____

　　① 宋镇豪：《甲骨文献集成》，第 33 册，成都，四川大学出版社，2001。

出土的甲骨文"韦驭"有可能是两个方国名,也是地名。

但也有不同的看法,如连劭名先生曾经对这条甲骨文进行过研究。连劭名先生认为辞中的"尚"是占卜术语,读为"当",含有如下意义:(1)中;(2)正;(3)主。"上下"的意义如天地,是万物之宗。所谓天者,非是苍苍之气之谓天也;所谓地者,非是膊膊之土之谓地也。而是天者,言其然物而无胜者也;所谓地者,言其均物在则不可乱者也。殷墟卜辞中亦屡言"上下"。如廪辛时代的何组卜辞、商代征伐的卜辞中大量出现"上下",可证"上下"即"帝",《白虎通·号》云:"德合天地者称帝。"《逸周书·谥法》云:"德象天地曰帝。"西周初期的《邢侯簋》铭文中有"上下帝",应是帝的别称。"韦驭","驭"同御。"韦"是卜人之名,"驭"者治事之义。《诗经·思齐》云:"以御于家邦。"郑玄笺:"御,治也。"《诗经·崧高》云:"王命傅御。"毛传:"御,治事之官"。①

### 2. 成周

董家林燕国遗址出土的甲骨中,有"成周"的刻辞②,1996 年琉璃河西周燕都遗址 96LG11H108 灰坑中出土的三片带字卜甲,曹定云先生依据卜辞内容所载乃一件完整的事情及卜甲易碎的常理,当属于一龟之折,从而否定了发掘者认为此三片卜甲"至少分属两个以上个体"的说法。进而认为三片卜甲组合后完整的辞义,当是成周新邑快要落成之时召公为此新邑占卜取名的卜辞。而后此卜甲又被召公自雒邑、邢都带至燕地,后留在了燕地。从而认为召公本人曾到过燕地。召公本人到燕的目的是为长子占卜新邑的地点。③

如果按曹定云先生有关成周雒邑、邢都、燕都的选址都是由召公占卜确定的观点,可以考察一下上述三座古城的考古资料,能否在自然地理的层面上找出其相似之处,比如都城与河流、山地的关系等,如确有雷同,

<hr>

① 参见北京市文物管理处:《北京地区的又一重要考古收获:昌平白浮西周木椁墓的新启示》,载《考古》,1976(4)。

② 参见琉璃河遗址考古队:《北京琉璃河遗址发掘又获重大成果》,载《中国文物报》,1997-01-12,第 1 版;雷兴山等:《北京琉璃河遗址新出卜甲浅识》,载《中国文物报》,1997-03-30。

③ 参见曹定云:《北京琉璃河出土的西周卜甲与召公卜"成周":召公曾来燕都考》,载《考古》,2008(6),80~84 页。

则可从一个方面为曹说添一旁证。

曹定云先生还指出，尤其是在 96LG11H108 灰坑中出土的三片有字卜甲最引人注目。其中 G11H108①：5 为腹甲残片，正面刻有"其叙□余"四字[①]，背面有双联方形凿；G11H108③：10 为甲尾残片，正面刻"用贞"二字，背面亦为双联方形凿；G11H108①：4 为腹甲甲首，正面刻有"成周"二字。

此次发现的卜甲是典型的周式卜甲：甲首经过掏挖，留有宽约 0.5 厘米的边棱；方形凿，凿坑排列整齐、密集；每个双联方形凿由一个正方形凿和一个长方形凿组成，后者破前者一边，正方形凿在内，长方形凿在外，左右甲对称；灼痕较大，方形凿内被灼呈焦黑状，有的竟灼破边框。卜甲上的文字也具有明显的周式特点：文字横向纵行；贞字上部带"卜"。以上特征均明显有别于殷式卜甲。

关于卜甲的时代，发掘者指出："H108①：4 上的'成周'两字，具有明确的时代意义。'成周'为成王时所建的东部都邑，何尊铭文发现后，此观点已成定论。在灰坑 108 中发现'成周'字样的卜甲，表明 H108 的年代不应早于'成周'的建城年代，及其上限不超过成王时期"[②]。这个结论基本上是可信的。

这三片卜甲分别出自龟甲的头部、腹部、尾部，除头部卜甲稍大外，腹部、尾部卜甲都很小，而且字体风格一致，很难说它们不会是一龟之折。殷墟出土的卜甲中，一大片的龟甲碎为几十片甚至上百片乃为常事，不足为奇。从内容上看，第一

图一　卜甲

片"其叙□余……"，"余"可能是占卜主体，凡称"余"者，其地位都很

---

① 该片左下最后一字简报未释，细审应为"余"字。

② 雷兴山、郑文兰、王鑫：《北京琉璃河遗址新出卜甲浅释》，载《中国文物报》，1997－03－30。

高，不是王就是地位极高的大臣，这在殷墟卜辞中已是常例；第二片"用贞"二字是用辞，意即"用此贞也"；第三片"成周"可能是占卜之结果。因此，这三片卜甲在内容上互相联系，所载是一件完整的事情，不应当割裂，可能与占卜"成周"有关。

新邑之落成在成王五年，此事何尊铭文有明确记载："唯王初迁宅于成周……唯王五祀"。

新邑在落成之前称为"洛师"。"师"者，为军旅所驻之地，新邑落成之时，应该有一个新的地名。

3. 中周

因"中周"与北京出土的甲骨文地名"成周"有关，故录此予以讨论。殷周时代，地名一般是和部落之名相联系：商人居住过的不少重要地方都叫"商"，周人居住过的重要地方则叫"周"。我们现在确知周人居住过的地方名"周"者有四处。一是《花东》102、《花东》321① 中所载的"中周"，此"中周"既是人名，又是国名的地名。关于"中周"地望，据我们初步推断，若在今陕西彬县、旬邑一带，则离断泾遗址不会太远。② 至于为什么叫"中周"，目前乃不得其解。二是"岐周"，这是古公亶父所迁之地，因附近有岐山，故名"岐周"，是周人的兴隆之地。三是晋南的周阳县，《涑水经》："西过周阳县南"，《注》云："《竹书纪年》晋献公二十五年正月翟人伐晋，周有白兔舞于市，即是邑也"。这里所以名"周"，可能与周初分封过一些姬姓诸侯国有关。③ 四是我们讨论的"成周"，这是周人灭商以后在中原地区建立的政治、军事重镇。名"成周"，应与成王所迁之都有关。何尊明言"唯王初迁宅于成周"，这是"成周"之名首次出现，时间是在成王五年。"成周"是成王所迁（居）之"周"，故云"成周"，这是一种合理的解释。"成周"之名很可能是召公所取，其时间应该

---

① 参见中国社会科学院考古研究所：《殷墟花园庄东地甲骨》，昆明，云南人民出版社，2003。

② 参见曹定云、刘一曼：《殷墟花园庄东地出土甲骨卜辞中的"中周"与早期殷周关系》，载《考古》，2005（9）。

③ 参见曹定云、刘一曼：《殷墟花园庄东地出土甲骨卜辞中的"中周"与早期殷周关系》，载《考古》，2005（9）。

在新邑快要落成之时。琉璃河西周卜甲上"成周"二字应与此有非常密切的关系，可能就是占卜取名的结果。因此，琉璃河出土的西周卜甲，应是召公为"成周"取名的遗物，其时间当在成王五年下半年的后期。

根据以上情况，可以得出这样的结论：琉璃河西周卜甲不是燕国本国的占卜之物，而是召公为"成周"占卜取名时的遗物，是召公到达燕国后所遗留。"成周"卜甲被带到燕都后，不会很快被丢弃。此物原本是要由召公带回宗周的，但后来由于某种原因而被遗留在燕地，久而久之也就进入了 H108 坑中。

不管琉璃河遗址出土甲骨的性质如何，即是属于周人的甲骨还是属于商人的甲骨，所占卜事项如何，有一点是可以肯定的，那就是其上的"成周"一词，当是地名无疑。当是指成周王城。

### 4. 塔照出土甲骨

塔照遗址也曾出土过甲骨，但是为卜筮辞。北京市文物研究所于1986—1990 年在北京市房山区的镇江营进行考古发掘，发现了有字卜骨一片，编号为 FZT0226⑥，出自西周燕文化地层，年代大约相当于西周中期偏晚。[1] 李学勤先生曾撰文指出：这是在一版牛右胛骨上刻写的，经过程度很大的切削改制，仍以骨臼端朝下，骨扇的边缘被切掉，骨脊和边缘最厚的部分被削平，全片略呈斜三角形。骨臼由于折损，已经不见，估计也做过较大的处理。反面靠近骨颈地方有两个圆钻，仅存一半，但可见钻内一侧有窄凿，与扶风齐家村卜骨形似。正面右端断折处有另一浅钻。卜骨残长 13.1 厘米，最宽处 9.5 厘米。

西周卜骨扇部正面有钻的，曾见于扶风齐家村 T23：2。在镇江营这片卜骨正面钻的左下方，刻有小如粟米的两条筮数：

六六六六七七

七六八六五八

转写为《周易》的卦，可理解为临之蒙，系三爻变。所用揲蓍法是甲种。在讨论周原所出西周甲骨时，多以为字迹微小的早，而疏大的晚，现

---

① 参见北京市文物研究所：《镇江营与塔照》，北京，中国大百科全书出版社，1999。

在镇江营的这一例，说明这种微刻的传统留存到相当迟的年代。镇江营卜骨的修治切削，接近扶风齐家村采 108 卜骨，后者文字便有小有大，可见镇江营卜骨并非早期的遗留。① 镇江营卜骨筮数中的"七七"，中央竖笔连贯，这一写法也见于周原岐山凤雏的卜甲 H11：91，是周朝与诸侯国燕在文化上密切相关的明显证据。看来，塔照遗址出土的甲骨资料中没有地理的信息。

### 5. 妟

此外，殷墟出土的甲骨文中有"妇妟""妟来"等辞，其中的"妟"有学者就认为是后来金文所见的"匽""郾"等，即郾国之名，也就是文献所见的"燕"，当是古国名，也是地名。卜辞云：

丁卯，妟示二屯自古乞小叙　　　　　　　《合集》8991 白

贞：妟于探

妟勿于探　　　　　　　　　　　　　　　《合集》190 正

丙寅，妇妟示五屯。▉。　　　　　　　　《合集》6177 白

妟来　　　　　　　　　　　　　　　　　《合集》4452 反

妟来　　　　　　　　　　　　　　　　　《合集》4453 正

妟示四屯屮一骨　　　　　　　　　　　　《合集》17628

图二　《合集》　　　　　图三　《合集》　　　　　图四　《合集》
8991 臼　　　　　　　　　6177 臼　　　　　　　　17628

---

① 参见李学勤：《新发现西周筮数的研究》，载《易学研究》，2003（5）。

董作宾先生指出："晏即匽亦即郾国，卜辞中有'晏来'之语，知当为国族名。"[1] 将甲骨文所见的▨、▨等释为"晏"，有些学者并不赞成，如葛英会先生就认为它们去掉下部的"女"旁剩下的部分也应是一个部族的名称，可释为"阜"，义为栎树所结的果实，甲骨文中用作部族名。而把商周金文所见的"▨"释为燕，认为是建立古燕国的燕部族，也见于殷墟甲骨卜辞，在商王祖庚、祖甲时期，燕是商王室贞卜集团的主要成员之一。[2]

### 6. 燕

郑杰祥先生把《合集》36747 中的"▨"看作"燕"字的别体，释为燕，并指出这个燕地不同于北燕，而是《左传·隐公元年》："卫人以燕师伐郑"之"燕"，杜预注："南燕国，今东郡燕县。"故址在今河南省延津县东北约 17 公里，此地有张杏庄遗址。[3] 而《甲骨文合集释文》及《甲骨文校释总集》[4] 等均把这个字释为"畐"，可读为"鄙"。该条卜辞被释为：

图五 《合集》36747

……□月，在▨彝……自上下于▨，余……▨，

无尤。

鉴于郑杰祥先生释为燕，并说与南燕有关，故备此以便继续考订。

### 7. 竹、孤竹、召方

殷墟小屯南地出土卜辞云：

己亥卜，贞：竹来以召方于大乙束。　　　《屯南》1116

……卜，贞：竹来以召方……彘于大乙。　　《屯南》4317

---

① 董作宾：《帚矛说（骨臼刻辞的研究）》，载《安阳发掘报告》中央研究院历史语言研究所专刊之一，1933（4），657 页。

② 参见葛英会：《"晏"即"匽"质疑》，载《北京文博》，1995（1）。

③ 参见郑杰祥：《商代地理概论》，135、136 页，郑州，中州古籍出版社，1994。

④ 参见曹锦炎、沈建华：《甲骨文校释总集》，4090 页，上海，上海辞书出版社，2006。

郑杰祥先生以为，殷墟卜辞所见的"竹"就是文献上的"孤竹国"，位置在今河北卢龙县南。卜辞"竹来以召方"即竹族与召方相协而来，可知召方与竹族相距不会太远，召方可能在竹族以南。[①] 既然在今河北卢龙，则卜辞"竹"地当在燕国的统辖范围，召方在其南不远，理应亦在燕国疆域以内为是。但是有关卜辞的召方，陈梦家以为乃《续汉书·郡国志》河东郡垣县的"邵亭"，在今山西垣曲县的邵源镇。[②] 则召在殷西。又钟柏生先生认为"召"在殷西南，当为后来周代召公奭的采邑，即位于陕西雍城之东的召城。[③] 因此，甲骨文所见的竹、孤竹及召方等虽与先秦燕国及今北京地区有关，但其地理问题还需要进一步研究。

### 8. 𡇥、箕

殷墟甲骨文中有"𡇥侯"，𡇥当是国族名、地名。卜辞云：

　　　　癸未卜，在  师贞：舍巫九备王……于𡇥侯缶师，王其在𡇥， 
征……

　　　　……［在］  师……征。
《合集》36525（黄组）

　　　　庚寅卜，在𡇥贞：王步于  ，亡灾。
《合集》36956（黄组）

《合集》36525 应该是对边骨条卜辞，据刘影先生有关胛骨文例的研究，我们认为左列"癸未卜"那条卜辞可能属于"首刻卜辞"，其上的"……［在］  师……征"应是另一条卜辞。"𡇥"与"  "同版，且两条卜辞都是讲征伐之事的，二者似有联系，因此所涉两地可能相去不远。"  "地又见于他辞，卜辞云：

图六　《合集》
36525

---

① 参见郑杰祥：《商代地理概论》，329、330 页，郑州，中州古籍出版社，1994。
② 参见陈梦家：《殷虚卜辞综述》，260 页，北京，中华书局，1988。
③ 参见钟柏生：《殷商卜辞地理论丛》，778 页，台北，艺文印书馆，1989。

　　　　［□□卜］，在■贞：［王其射］柳，往来……兹获……麋四十
八……豚一。　　　　　　　　　　　　　《合集》37458（黄组）

　　　　丙午卜，在■贞：王其射柳，衣逐。无灾。擒。

　　　　壬寅卜，在■贞：王其射柳。雨。　　　　《英藏》2566

　　"射柳"可能就是去"柳"地射，射有"射猎"之义。柳地近于■，
因此，亦与畀有相近的可能。由以上诸辞可看出，畀、■、柳三地之间有
联系，或是畀侯曾到过■、柳等地。

　　李学勤先生认为"畀"即"其"，就是文献中的"箕"，"畀侯"即
"箕子"，箕位于今山西榆社县南箕城镇，箕族在北京以北的分布，可以和
文献中的箕子事迹相印证。[①] 孙亚冰先生在讨论殷墟卜辞"畀"国材料的
基础上，引商代《小臣缶鼎铭文》及西周早期"畀"国铜器如陕西扶风出
土的"畀"族铜鼎（《集成》2146）、北京附近出土的"畀侯"青铜盉
（《集成》9439）和辽宁喀左出土的"畀侯"铜鼎（《集成》2702）铭文，
指出"畀"国在周初大约在今北京、河北至辽宁西部一带，殷代"畀"国
的位置也应在这个范围内。[②] 如这一推测不误，则甲骨文所见的"畀"应
该在古燕国的疆域内。到了春秋时期，"畀"国一部分可能自北南迁至今
山东莒县北部的箕山一带。[③]

### 9. 杕

　　杕氏似乎暂可置于燕国南境狄族所居之地，甲骨文中有"杕"字，卜
辞云：

　　　　癸未（卜）：王杕■于田。　　　　《合集》32958（历组）

　　　　□□卜：王杕■于田。　　　　　　《合集》32959（历组）

　　　　（甲）子卜：（王）杕■于田。　　《合集》32960（历组）

---

　　① 参见李学勤：《小臣缶方鼎与箕子》，载《殷都学刊》，1985（1）。

　　② 参见宋镇豪、孙亚冰、林欢：《商代地理与方国》，367～370 页，北京，中国社会科学出
版社，2010。

　　③ 参见王献唐：《黄县畀器》，济南，山东人民出版社，1960。

以上三条卜辞共卜一事，推究其义，可能是王比"枛▓"于田，"枛"是族名，亦可理解为地名，"▓"是枛族首领之私名，就类似枛氏壶铭①"枛氏"为族名、地名，"福及"为私名一样。如此，则卜辞含义可理解为"枛▓"跟随商王一起去田猎。枛族所居可能在殷墟以北燕地以南的太行山东麓地区，其具体地望待考。

## 第二节　金文地名

### 一、青铜容器、乐器铭文地名

#### 1.《郾王职壶铭文》之郾

周亚先生《郾王职壶铭文初释》介绍并研究了一件上海博物馆从香港古玩市场购藏的燕国青铜器。② 据介绍，"郾王职壶"可能是原来没有铭文，归燕以后加刻了铭文。③ 后来经黄锡全先生④、董珊先生、陈剑先生⑤、汤志彪先生⑥、孙刚先生⑦等学者的研究，铭文可以隶定为：

> 唯郾王职，郍（践）阼承祀，毛（庶）几卅（三十），东讨患（仇）国。嚣（命）曰任午，克邦践城，灭齐之莘（获）。

其中的郾为国名、地名；仇国可能指齐国；"克邦"之邦也是指乐毅率

---

① 《三代吉金文存》12.27 下。

② 参见周亚：《郾王职壶铭文初释》，载《上海博物馆集刊》第 8 期，144～150 页，上海，上海书画出版社，2000。

③ 不过从周文所附的铭文照片看，刻铭文的圈足上有许多细小的机械磨痕，并有铜锈在磨痕之上，说明刻铭之前曾经打磨。若归燕之前有铭文，也已被磨去，不能得见了。

④ 参见黄锡全：《燕破齐史料的重要发现：燕王职壶铭文的再研究》，载《古文字研究》第 24 辑，2002。

⑤ 参见董珊、陈剑：《郾王职壶铭文研究》，见《北京大学中国古文献研究中心集刊》第三辑，北京，北京大学出版社，2002。

⑥ 参见汤志彪：《郾王职壶"宅几卅"考》，载《考古与文物》增刊，2005，141 页。

⑦ 参见孙刚：《东周齐系题铭研究》，长春，吉林大学，博士学位论文，2012。

燕国军队攻破的齐国；"践城"就是所拔齐国的城，具体为哪一座城，没有确说，按传世文献的记载，应该是大部分齐国的城邑，这里是泛指的城郭地名。

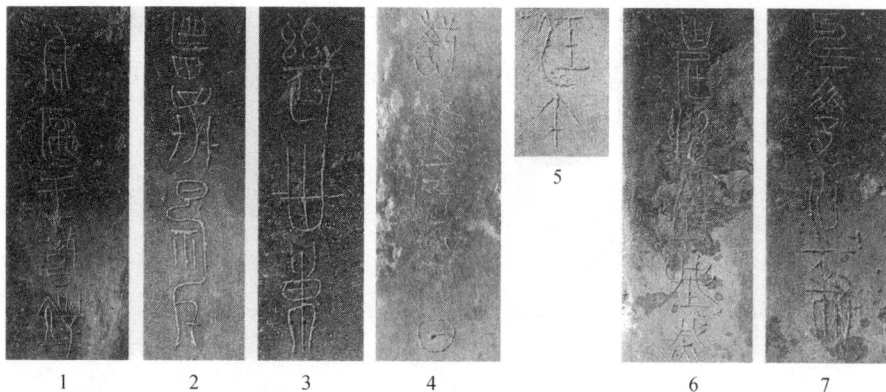

图七　郾王职壶铭文（局部）

### 2.《陈璋方壶铭文》《陈璋圆壶铭文》之郾邦、郑易

陈璋方壶（《三代》13·24、《集成》15·9703）和陈璋圆壶（《文物》1982 年第 11 期、《集成》16·9975·1 - 2B）是齐宣王时破燕所掳获的燕国铜器，是燕国子之之乱时期齐国、中山国乘虚而入的战利品。陈璋方壶和陈璋圆壶的铭文是齐人加刻的，圆壶还凿去了原器主的名称。

这两件著名的陈璋壶中，一件是方壶，清末出土于山东，为陈介祺旧藏，现存美国费城宾夕法尼亚大学博物馆，在圈足上有刻铭 29 字；另一件是圆壶，1982 年发现于江苏省盱眙县南窑庄窖藏中，现存南京博物院。圆壶有三处铭文，第一处铭文在口沿上，内容是"廿五。重金络壶，受一殼九掬（？）"，字体和量制都属于燕国。第二处铭文在圈足内侧，已遭凿除，周晓陆先生推测"也应当为燕国文字，而后来被掳掠者錾去"，李学勤先生推测为"王后右酒"之类的铭文，都是有道理的。董珊先生、陈剑先生参考陈梦家先生等人的意见①，对铭文重新考订为：

---

① 参见陈梦家：《美帝国主义劫掠的我国殷周青铜器集录》A746·1、R433、A746·2 - 4，北京，科学出版社，1963；姚迁：《江苏盱眙南窑庄楚汉文物窖藏》，载《文物》，1982（11）；周晓陆：《盱眙所出重金络罍·陈璋圆壶读考》，载《考古》，1988（3）；巴纳（Noel Barnard），"The Two Ch'en-Chang Inscriptions"，见香港中文大学中文系编集：《第二届国际中国古文字学研讨会论文集续编》，1995 - 9。

（1）陈璋方壶（见《殷周金文集成》15·9703）：

唯王五年，郑昜陈得再立事岁，孟冬戊辰，大臧□孔（？）陈璋内伐郾𠂤（胜[①]）邦之隻（获）。

（2）陈璋圆壶（《殷周金文集成》16·9975·1－2B）：

唯王五年，郑昜陈得再立事岁，孟冬戊辰，齐臧□孔（？）陈璋内伐郾𠃊（胜）邦之隻（获）。

其中的"郾邦"即"燕邦"，很显然就是燕国的国名，也为地名。两壶是齐国破燕后掠夺的燕国铜器，于其上加刻了燕国的国名、地名。"郑昜"可能是陈得的籍贯地名。类似的金文地名"郾"还有一些材料，我们仅以郾王职壶和两件陈璋壶为代表述说，其余从略。

### 3. 20 世纪 80 年代北京拣选铜器中的举叡、毛、鄘、宋等地名

程长新、张先得二先生《历尽沧桑 重放光华——北京市拣选古代青铜器展览简记》讨论了 1982 年首都博物馆展出的 660 多件青铜文物[②]中的部分文物。有一组共 28 件的商代青铜礼器[③]，其中的圆鼎、甗、簋、豆、爵、觚、觯、斝、角、尊、提梁卣、提梁方卣、罍、盉上都有"举叡"的铭文，这个"举"当是国族名，也是地名。这批在北京拣选的青铜器中，还有西周时期的"班"簋，其铭文中的"毛伯"之"毛"是国族名也是地名。春秋时期的"鄘邑"戈，"鄘邑"是地名，当在陕西眉县。又春秋

图八　簋铭文拓片

----

① 参见董珊、陈剑：《郾王职壶铭文研究》，见《北京大学中国古文献研究中心集刊》第三辑，29～54 页，北京，北京大学出版社，2002。下圆壶同。
② 这次展出的文物类型有青铜礼器、兵器、工具、仪仗、饰物、钱币、印章、佛像等。
③ 参见程长新、曲得龙、姜东方：《北京拣选一组二十八件商代带铭铜器》，载《文物》，1982（9）。文章专门讨论了这组青铜器。

时"宋公差"戈，"宋"是国名也是地名。

### 4.《𠦪侯铜盉》之匽、𠦪

《三代吉金文存》14·10·7 著录了一件相传 1897 年出于北京卢沟桥的铜盉，其铭文为："𠦪侯、亚夨。匽（燕）侯易（锡）亚贝，用作父乙宝尊彝。"有学者认为其中的"𠦪侯"可能是商末重臣箕子，他的封地在燕，即今天的北京地区。[①] 周灭商后，箕子之国的殷遗民，仍然在北京地区存留了一段时间，或是箕子本人走朝鲜，而其后人有仍居幽蓟地区者。

### 5.《克盉铭文》《克罍铭文》中的金文地名羌、马、叡、雩（零）、驭、微

1986 年，在琉璃河遗址 1193 号大墓中出土了克盉、克罍，克罍铭文记载："王曰……事羌、马、叡、雩、驭、微……"这里所提到的"羌、马、叡、雩、驭、微"，有的学者认为是殷商时期的方国或族名。[②] 他们或与召公奭一起被封于北京地区，或原本就是北京地区商代方国，召公封于此地后，它们由召公来管理，帮助召公完成统治幽蓟地区的任务。就类似于周王朝封鲁时所授的殷民六族、封卫时所授的殷民七族、封晋国时所授的怀姓九宗。

### 6.《成君鼎铭文》之成

成君鼎，是河南洛阳新近征集到的一件战国晚期青铜鼎，其上铭文原释读"成君七六六六"[③]，王其秀重新释读为"成君夫人"[④]，属于战国时期燕国的青铜器。又战国赵平首尖足布有"成"布。《史记·高祖功臣侯者年表》有"成侯，董渫"。《索隐》云："县名，属涿郡。"《汉书·地理志》涿郡有"成"县，侯国，确切地望不详。此地在战国时属燕。燕国封邑有成邑，并一度为赵国成县。秦广阳郡范围基本包括汉涿郡，故成县或属秦

---

① 参见朱彦明：《甲金文中的"基"、"𠦪"与箕子封燕考》，见《北京建城 3040 年暨燕文明国际研讨会会议专辑》，北京，燕山出版社，1997。
② 参见雷兴山：《试论西周燕文化中的殷遗民文化因素》，载《北京文博》，1987（4）。
③ 蔡运章：《战国成君铭及相关问题》，载《中国历史文物》，2007（4）。
④ 王其秀：《成君鼎铭补正》，载《中国历史文物》，2007（5）。

广阳郡。

### 7.《郾客铜量铭文》之郾

郾客铜量铭文中有"郾"的国
名、地名。或称燕客铜量，因为发
现于长沙故又称长沙铜量。是于
1984 年在湖南长沙市涂家冲废铜
仓库中拣选到的战国楚量器，现藏
湖南省博物馆。其形体为圆筒形，
平底有錾，高 13 厘米、口径 15 厘
米，容量约为 2 300 毫升。外壁有
一方形框，内有铭文 6 行 58 字。
其云：

图九　郾客铜量铭文

> 郾（燕）客臧嘉闻（问）
> 王于菽（纪）郢之岁，盲
> （享）月己酉之日，萝莫敖臧

无，连敖屈上，以命攻（工）尹穆丙，工差（佐）竞之，集尹陈夏，
少集尹龚赐，少工佐李癸，铸廿金朏（简），以賠秙爵（筲）。

关于《郾客铜量》有不少的学者做过研究。[①] 楚国在战国中后期主要
采用与楚国有关的大事纪年。如《鄂君启节》："大司马昭阳败晋师于襄陵
之岁……"《包山楚简》："齐客陈豫贺王之岁……"等等。此量所记燕客
问王于菽郢之岁的事件史书失载，绝对年代不明。

"盲（享）月"二字合文。享月为楚历六月。楚国曾自创过一套独特
的月名。它们由 9 个月名术语和 3 个数字月名共同组成，即冬栾、屈栾、
远栾、智栾、夏尿、享月、夏栾、八月、九月、十月、爨月、献马。萝
（罗）为楚县邑，在湖南汨罗、湘阴一带。湘阴河市乡有古罗城遗址。

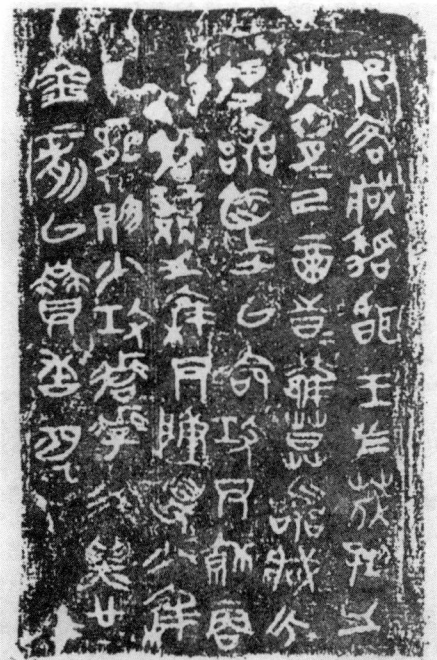

---

① 参见周世荣：《楚客铜量铭文试释》，载《江汉考古》，1987（2）；李零：《楚燕客铜量铭
文补正》，载《江汉考古》，1988（4）；何琳仪：《长沙铜量铭文补释》，载《江汉考古》，1988
（4）；刘彬徽：《长沙铜量铭文尾句释读》，见《古文字学论稿》，68～88 页，合肥，安徽大学出版
社，2008。

这个"郾客"当与《包山楚简》145 号所见的"郾客"性质相同，都是来自燕国的使者。其中的郾为国名、地名无疑。

### 8.《武坪君钟铭文》之武坪

摹本《武坪君钟》见于《捃古录金文》23·12·4，从纪年的方式上判断当属燕器。铭曰："八年，大夫貿，十三月，武坪君子□冶哭（器）"，其中的"武坪"应该是地名。传世文献有"武平"，据《嘉庆一统志》载，东汉曾置有武平县，建安元年曹操被封为武平侯。隋改为鹿邑，故城在今河南鹿邑县。又唐代于晋时的新罗县置武平场，宋淳化五年置武平县，明清均属于汀州府，故址在今福建武平。以上两个与"武坪"有关的地点都与燕器钟铭的"武坪"不合。另据《读史方舆纪要》卷十八"大宁卫"记载，元代至元年间曾改大宁路为武平路，后复为大宁，治大定，在今内蒙古宁城县西北。推测此"武平"当有来历，由"武坪君钟"来看或早至战国时期，且内蒙古宁城当在燕国的疆域范围之内，与钟铭铭文相合。

### 9.《郭大夫釜甑铭文》之郭、富春

"郭大夫釜甑"收藏于西安市文物中心。是一甑一釜的组合，铭文在铜甑腹部外壁，两行，一行两字，合文一，计三字；另一行四字。铜甑口径 26 厘米、高 19 厘米、足径11.7 厘米，直口、深腹下收，平底，高圈足。平底有平行的透空。腹两侧有铺首含环，上腹部有二道凸棱弦纹，圈足上有凸棱一道。王长启先生据釜甑造型和铭文字体断为战国时期。[1] 王辉先生将第一行铭文释为"富春大夫"，第二行释为"其冢（重）均也"。并指

图十　敦大夫釜甑铭文拓本
（《考古与文物》，1994（4））

出"富春"见于《汉书·地理志》会稽郡，王先谦《汉书补注》："今富阳

---

[1] 参见王长启：《西安市文物中心藏战国秦汉时期的青铜器》，载《考古与文物》，1994(4)。

县治西北隅富阳新城。"由甑铭可知，早在战国时期，富春已经置县。①

冯胜君认为，甑铭应释为"郭大夫其家珍也"。其中的"郭"为地名，或读为"孤"，在今河北唐县②，何琳仪先生从之③。李家浩先生认为地名字应读为"虢"④，见《左传·昭公七年》："齐侯次于虢。"杜注："虢，在燕竟（境）"，如是，不管是释为"郭"、读为"孤"还是读为"虢"，都属于燕国地名。

### 10. 容城晾马台出土青铜器铭文之匽、西宫

1966 年、1979 年及 1981 年，河北容城县晾马台公社西北阳村社员在村西南先后掘出战国时期的铜壶一个、铜鼎一个、铜壶盖两个，收藏于县文化馆。铜壶、铜鼎出土地点相隔 20 米，铜壶出土时少盖。1979 年挖出的铜鼎内，有一大一小铜壶盖，大盖与 1966 年出土的铜壶吻合，盖上铭文和壶口处铭文相同，皆为"右征尹"。另外铜壶腹部第二道带纹近左铺首处有阴刻铭文"西宫"两字，在腹部第二道带纹近右铺首处有一"匽"字。⑤ 小盖口沿处阴刻"左征"二字。报告者称，从出土地理位置看，这里位于燕地易京一带。易京在春秋晚期叫临易，临易曾是北燕的国都。⑥ 其中"征尹"，何琳仪先生释为"胥尹"，并指出是燕国特有的官职。⑦ "西宫"应该是宫室之名，可以看作微观地名中的场所地名。"西宫"或是为置放于西宫而造之器。"匽"可能就是燕国之国名，也是地名。

图十一　河北容城晾骃出土青铜壶及铭文拓本
（《文物》，1982（3））

---

① 参见王辉：《"富春大夫"甑跋》，载《考古与文物》，1994（4）。
② 参见冯胜君：《战国燕系古文字资料综述》，长春，吉林大学，硕士学位论文，1997。
③ 参见何琳仪：《战国文字通论（订补）》，102 页，南京，江苏教育出版社，2003。
④ 参见李家浩：《传虡鹰节铭文考释》，载《海上论存》第二辑，1998。
⑤ 参见孙继安：《河北容城县南阳遗址调查》，载《考古》，1993（3）。
⑥ 参见孙继安、徐明甫：《河北省容城县出土战国铜器》，载《文物》，1982（3）。
⑦ 参见何琳仪：《战国文字通论（订补）》，102、113 页，南京，江苏教育出版社，2003。

### 11.《晏（鄙）壵（庄）侯方壶铭文》之晏

《西清古鉴》19·3 著录了一件"周丙辰方壶"，我们改称为"晏庄侯方壶"。由其铭文的纪年方式看，应该属于燕国铜器。《西清古鉴》的释文是：

> □年□□八月丙辰□□侯□六□也
> 王后右酉中□十□

其中倒数第三字据朱德熙先生考释，当释为"斀"，即"斛"。[1] 何琳仪先生释为："十年，大夫 (乘)。八月丙辰，贝壵侯 (悦) 其 (韧、契) 也。王后右酉（曹）十 (壹、斛) 七 (蓂、庚)。"对于"侯"字之前两字，何琳仪先生释为"贝壵"。[2] 冯胜君先生、董珊先生释为："十年，大二乘，八月丙辰尹，壵侯虑亓夘（愍、契）也。王后又酉，十斛七斗。""侯"前两字为"尹、壵"，第一个字上读出现了"壵侯"[3]。如果下读"贝壵侯"初看类似"地名＋侯"的结构，因此我们曾推想过"贝壵"很可能是地名。

但细查地名中的第二字，乃是从三"土"，而非"土"，当释为"壵"。《改併四声篇海·士部》引《俗字背篇》："壵、状，二音壮。义同。"壮、庄可通。燕国公、侯、王中，有燕庄公（前 691—前 658 年在位）。《史记·燕召公世家》："桓侯七年卒，子庄公立。"《亢仓子·训道篇》提到过燕庄侯，名为他。其云：

> 齐太子坐清台之上，燕壮侯他高冠严色。左带玉具剑，右带环珮；左光照右、右光照左。齐太子读书不视。壮侯他问曰："齐国有宝乎？"

图十二　《周丙辰方壶》铭文（《西清古鉴》19·3）

---

① 参见朱德熙：《战国记容铜器刻辞考释四篇》，载《语言学论丛》，1958（2）。后收入《朱德熙文集》第 5 卷，24、25 页，北京，商务印书馆，1999。

② 参见何琳仪：《战国文字通论（订补）》，102 页，南京，江苏教育出版社，2003。

③ 参见董珊：《战国题铭与工官制度》，北京，北京大学，博士学位论文，2002。

太子曰："主信臣忠，百姓戴上，齐国之宝也。"壮侯他应声解剑而去。

《亢仓子》是记载亢仓子思想的著作，亢仓子是春秋时期陈国人，相传为道教祖师之一，被尊为洞灵真人，老子的弟子，又名亢桑子、庚桑子，或言姓庚桑，名楚。《亢仓子》一书不见于《汉书·艺文志》和《隋书·经籍志》，《新唐书·艺文志》著录王士元《亢桑子》二卷，注云："天宝元年诏封四子真经，求《亢桑子》不获，襄阳处士王士元谓：'《庄子》作庚桑子，太史公、列子作亢仓子，其实一也。'因以《庄子·庚桑楚》篇为基础，取诸子文义相类者编造而成。"所以梁玉绳《史记志疑》曰："《亢仓子·训道》篇有燕庄公他，岂庄名'他'欤？然《亢仓》伪书，恐不足据。"但《四库全书总目提要》指出："然士元亦文士，故其书虽杂剿《老子》、《庄子》、《列子》、《文子》、《商君书》、《吕氏春秋》、刘向《说苑》、《新序》之词，而联络贯通，亦殊亹亹有理智，非他伪书之比，其多作古文奇字，与卫元嵩《元包》相类。"因此，《四库》予以收入。且《亢仓子》是植根于《庄子·庚桑楚》的，并非全然子虚乌有之词，可见《亢仓子》还是有一定参考价值的。

据此，我们认为方壶铭文中原来被释为"贝"或"尹"的那个字当释"妟"，"妟"字省女旁；被释为"悗"或"虑"的那个字可释为"恭"，1963年山西阳高出土方足布有"恭昌"面文[①]，"恭"与此形近同。《古玺汇编》0014"恭阴都司徒"、0052"恭阴都右司马"、0329"朝恭鄗"、0693"长恭"、2319"阴恭"、3317"汛恭"、3452"赳生猲恭"、3919"公孙恭"等之"恭"亦与壶铭近同。壶铭"恭"字上部的"艹"可能是"廾"形在燕国的一种特殊写法，或是拓片的问题。如果《亢仓子·训道篇》所记载的"燕庄侯他"具有一定的可靠性，则"恭"可能不是燕庄侯之名，"恭"与"他"音义相去较远。"恭"可读为"供"，亦与"共"通，如"共张"之"共"，有行供他人物用、器具之事的含义。《释名·释言语》："恭，亦言供给事人也。"《玉篇·心部》："恭，事也。"《汉书·成帝纪》："朕亲饬躬，郊祀上帝……三辅长无共张繇役之劳。"颜师古注云："谓供

---

① 参见张颔：《古币文编》，162页，北京，中华书局，1986。

具张设。"又《汉书·郊祀志下》："郡县治道共张，吏民困苦，百官烦费。"《汉书·疏广传》："（疏）广既归乡里，日令家共具设酒食，请族人故旧宾客，与相娱乐。"可见，"恭"有将某物供于某人之义。壶铭大意就是燕庄侯将此方壶提供给王后，作为其"右西"之用器。虽然是王后用器，但在铸造和管理上仍然由燕侯统一支配。因此，在铭文右边一列末尾没有像 1983 年陕西清涧县文化馆征集的"鱼阳鼎"铭文①那样在右列末尾交代其容积，而是在左边"王后右西"之后列有其容积为"十斛七庚"。全铭可释为："十年，大夫▨（乘）。八月丙辰，晏（匽、郾）㚬（壮、庄）侯▨（恭）其▨（觊、宝?）也。王后右西十▨（斛）七▨（庚）。"如此，则其中的地名为晏，即郾。另外，《亢仓子·训道篇》称"燕庄侯"而不称"燕庄公"，此正与方壶铭文"燕庄侯"相合。

### 12. 清涧县文化馆藏青铜器铭文之"渔（?）阳"

　　1983 年陕西省清涧县文化馆在当地征集到两件青铜鼎。一件为商代铜鼎，是寨沟公社寨沟大队社员黄建灵在自留地翻土时发现的。另一件是子长县马家砭公社伍家园侧大队社员伍虎元在他家附近的小渠沟里发现的。敛口圆腹，附耳，蹄足细高，有盖，盖顶有三个圆钮。器腹及盖上均有一道弦纹。器高 16.5 厘米、口径 15 厘米，重 2.5 公斤。鼎的口沿下有一周铭文，为"□易大□□□"和"王后左相室九□"。《十二家吉金图录》契二三著录了一件"王后左相室鼎"，该鼎亦有"王后左相室九"的

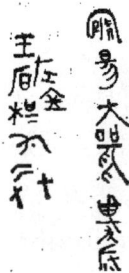

图十三　陕西子长县出土铜鼎铭文（《考古》，1984（8））

铭文。根据器形和铭文字体，可以确定该鼎为战国时楚鼎。②何琳仪先生将该鼎铭置于有"记容单位"的燕国铜器铭文的分类中，可见认为该鼎并非楚国之物，而属于燕国。并将该鼎铭文释为："□（鱼?）易（阳）大

---

①　参见高雪：《陕西清涧县又发现商代青铜器》，载《考古》，1984（8）。
②　参见高雪：《陕西清涧县又发现商代青铜器》，载《考古》，1984（8）。

哭（器），受九蒦。① 王后右相室，九□②”③，怀疑首字为"鱼"，如此则有"鱼阳"的地名，此是否与燕国的"渔阳县""渔阳郡"有关，需要进一步研究。

### 13. 纕安

《三代吉金文存》18·15·1 著录了一件青铜扁壶（或称为瓶）。其铭文为："纕安君其鈚（錍），弍（贰）斛。乐。"其中"纕安君"之"纕安"当为地名，"纕安"或为"襄安"。燕国玺印和货币面文中都有"襄平"的地名，或与此"纕安"有一定的联系。

另外，河北易县出土的一些不知名小器上地名类铭刻，如辛（新）柘（处）县（《集成》10416）、牙（桑）丘县（《集成》10422）、方城县（《集成》10423）、平阴县（《集成》10425）、沓氏县（《集成》10436）等。分别在今河北唐县、河北徐水、河北固安、山西阳高和辽宁金县。

### 14. 杕氏、鲜于

《贞松堂集古遗文》7·34、《三代吉金文存》12·27 下、《周代金文图录及释文》（二）266 下④均著录和讨论了一件带有少数民族风格的杕氏圆

---

① "九"后一字与《西清古鉴》19·3"周丙辰方壶"左行第一列末尾的那个字应该是一个字，属于计量单位。如果依据何琳仪《战国文字通论（订补）》102 页将该字释"蒦"，读为斛，即庚的话，就有一个问题不好解释，斛是相对较小的记容单位，与前铭"大器"不符。关于"斛"的容量大小，朱德熙《战国记容铜器刻辞考释四篇》做过统计，"诸家之说可以少至二斗四升（案，即二斛），多至六十四斛。但'斛（即庚）半小量'（见《三代》18·27）是非常小的，不要说六十四斛，就是二斗四升也不可能"。朱文后又考诸《考工记·弓人》"九和之弓，角与幹权，筋三侔，胶三锊，丝三邸，漆三斛"，《说文·斗部》"斛"字下"求三斛"，《考工记·陶人》和《论语》"庾实二觳"及段玉裁注文，认为段玉裁所指出的《弓人》的"斛"与《论语·雍也》《考工记·陶人》的"庾"绝异的观点是正确的，斛是一种极小的量名，斛半小量的实物正好支持了段氏的观点。因此，斛和庾应该是不同的计量单位，庾大而斛小，需要分别对待。该"鱼阳铜鼎"的计量单位可能是较大的"庾"。

② 董珊释此字为"斗"，见《战国题铭与工官制度》（北京大学，博士学位论文，2002）。我们认为，当是"賸余"之"賸"，同"剩"。"九賸"是承省略，即"九庾賸"，"賸"为加送，意即九庾还多一些。与此意义相反的是"反"，即返还，表示不足，如《集成》2360·1、2360·2"王后相室鼎"铭文"王后左相室。王后左相室九庾反"，就是不足九庾，稍欠一些。

③ 何琳仪：《战国文字通论（订补）》，102 页，南京，江苏教育出版社，2003。

④ 参见孔昭明：《周代金文图录及释文》增订本（二）266 下，台北，台湾大通书局，1971。

壶。孔昭明将其归于燕器之属。罗振玉[①]、于省吾[②]、郭沫若[③]、徐中舒[④]、白川静[⑤]等人都做过研究，其铭文曰：

> 枞氏福及，岁贤鲜于。可（荷）是金契，吾以为弄壶。自颂既好，多寡不污（虚）。吾以匽饮，盱我室家。弋猎毋后，纂在我车。

"枞氏"，郭沫若说：即《诗·枞杜》"有枞之杜"之枞。《序释文》"本或作夷狄字"……疑此枞氏盖自狄人，讳其字而改书为枞也。[⑥] "福及"显然是枞氏之私名，所以，"枞氏"可以看作是族名，亦可理解成地名，因为其族有较为固定的居地。或可理解成是"鲜于"国族的一个支族，此支族贤而

图十四　枞氏圆壶铭文（《三代吉金文存》12·27下）

达于鲜于，或为官或成王。"鲜于"可以作为一个族名、国名和地名讨论，其应和中山国有密切的联系。"鲜于"见于《左传·昭公十二年》，战国后改称中山。郭沫若指出，器本为瓶，乃枞氏得自鲜于，以为弄器，并刻辞于其上，所用乃北燕方言，称瓶为甇，则枞氏乃燕人也。制器之年代由称鲜于推之，大率当在春秋战国之际。既定枞氏为燕人，则在燕境或离燕地不会太远。由壶铭判断，枞氏既涉燕又近鲜于，当在燕与中山国的交界一带为是，其字体与中山王嚳壶、鼎铭文风格接近，也可以反映出其与中山国之间较为密切之关系。参考郭沫若所定制器时间为春秋战国之际的意见，于燕可能在孝公、成公之时。枞氏似乎暂可置于燕国南境狄族所居之地，甲骨文中有"枞"字，卜辞云：

> 癸未（卜）：王于田。

---

① 参见罗振玉：《贞松堂集古遗文》卷七，34页，上虞罗氏集古遗文本，1937。
② 参见于省吾：《双剑誃吉金文选》，158页，北京，中华书局，1998。
③ 参见郭沫若：《两周金文辞大系考释》227页，北京，科学出版社，1958；郭沫若：《金文丛考》，401页，东京，东京文求堂，1932。
④ 参见徐中舒：《徐中舒历史论文选辑》，225页，北京，中华书局，1998。
⑤ 参见［日］白川静：《金文通释》卷三十六，219页，神户，白鹤美术馆，1980。
⑥ 参见郭沫若：《两周金文辞大系考释》，227页，北京，科学出版社，1958；郭沫若：《金文丛考》，401页，东京，东京文求堂，1932。

《合集》32958（历组）

□□卜：王杕█于田。

《合集》32959（历组）

（甲）子卜：（王）杕█于田。

《合集》32960（历组）

以上三条卜辞共卜一事，推究其义，可能是王比"杕█"于田，"杕"是族名，亦可理解为地名，"█"是杕族首领之私名，

图十五　《合集》32958

就类似壶铭"杕氏"为族名、地名，"福及"为私名一样。如此，则卜辞含义可理解为"杕█"跟随商王一起去田猎。杕族所居的具体地望待考。

15. 昌国

《殷周金文集成》4·2482 著录了一件战国晚期的《四年昌国鼎》，其铭文为："四年，昌国□工师翟伐冶更所为。"其中"昌国"可能为地名。燕将乐毅伐齐有功，曾被封为"昌国君"，恐怕不单是一个空头名号，应有其受封之地。或"昌国"本身就是一个地名，如果是这种情况，这个"昌国"很可能就是乐毅胜齐后驻守的昌国城，其地在今山东淄博市东南。此地秦时置昌国县，属齐郡。乐毅伐齐前后经历近 6 年（前 284—前 279），"四年昌国"的提法也符合昌国君延续的时限。

## 二、青铜兵器铭文地名

出土燕国兵器刻辞，多有"郾王职作王萃""匽侯"等铭刻，其中的"郾"或"匽"当既是国名，也是地名。在燕国兵器刻辞中，"郾侯""郾王"的戈、戟、矛为数不少。其中的"郾"既是国名，同时也是地名。如《殷周金文集成》17·11227、17·11272、17·11537 等。

### 1.《郾王戎人矛铭文》之郾、齐

《殷周金文集成》11525"郾王戎人矛"。此矛乃晚清陈介祺旧藏。黄

图十六　《集成》　　　图十七　《集成》　　　图十八　《集成》
17·11227　　　　　　17·11272　　　　　　17·11537

盛璋先生《燕、齐兵器研究》把它归入燕王职兵器并且看出"郾王职"三字下面还有七个字，但都不能隶定。① 冯胜君先生认为此矛的铭文共十一字，释为"郾王职□□□司马猷萃鈥"。② 董珊、陈剑隶定为：

郾王职践齐之……，台（以）为……萃鼓（矛）。　　图十九　《集成》11525
"郾王戎人矛"

其中的"郾""齐"皆国名，亦为区域地名。

### 2.《十七年邢令戈铭文》之邢

李学勤《北京拣选青铜器的几件珍品》（《文物》，1982（9））讨论了一件"十七年邢令戈"，其中"邢"是地名。邢是战国时期赵国的地名。

另外，吉林大学古文献专业古文字方向朱力伟的硕士学位论文《东周与秦兵器铭文中所见的地名》搜集整理过燕国兵器刻辞中的地名③，兹举要如下：

---

① 参见《古文字研究》第十九辑，8页，北京，中华书局，1992。
② 参见冯胜君：《战国燕系古文字资料综述》，表序号46矛，23页，长春，吉林大学，硕士学位论文，1996（5）。
③ 参见朱力伟：《东周与秦兵器铭文中所见的地名》，长春，吉林大学，硕士学位论文，2004。

（1）庚（唐）。

《殷周金文集成》11909 著录了一件战国时期的
"庚都司马"镦。镦是古代矛、戈、戟等兵器柄部末端
的平底金属套。《说文·金部》："鐓，下垂也。一曰千
斤椎。"段玉裁注："千斤椎，若今众举以筑地者是
也……按下垂、千斤椎二义皆镦之余义。"镦与"錞"
同。北魏郦道元《水经·渭水注》："秦始皇造桥，铁
镦重不能胜，故刻石作力士孟贲等像以祭之，镦乃可
移动也。"一说通"墩"，指桥墩。

图二十　《集成》
11909

此"庚都司马"镦铭文之"庚都"当为地名。"庚
都"又见于燕系的"庚都右司马""庚都萃车马"等玺
印和"庚都王节瑞"的燕国陶文。"庚"一般读为唐。
《史记·韩世家》"司马庚三反于郢"，集解引徐广曰
"庚，一作唐"。《说文》："唐，大言也，从口庚声。"
《汉书·地理志》中山国有"唐县"，地在今河北唐县，
是春秋时期燕国西南疆域的重要地点。

（2）郖。

《殷周金文集成》10907 著录了一件春秋时期的有
铭青铜戈，铭文在戈的胡部，两字曰"郖戈"，郖可能

图二十一　《集成》
10907

是地名，郖、易相通。郖又见于燕系玺印"郖都司马"[①] 等玺。《史记·赵
世家》："惠文王五年，与燕鄚、易。"何琳仪先生认为在今河北易县南。[②]
又《史记·绛侯周勃世家》："以将军从高帝击反者燕王臧荼，破之易下。"
《正义》引《括地志》云："易县故城在幽州归义县东南十五里，燕桓侯所
徙都临易是也。"则易在战国时又可称为临易。《汉书·地理志》隶属涿
郡。另《水经·易水注》又有"燕文公徙易"的记载，在今河北容城县附
近发现过两处燕都遗址，一处为容城县南阳春秋战国燕都遗址，东距其 3
公里处古贤村另有一处战国燕都遗址，陈平先生推测前者大概是燕桓侯所
迁，后者大概为燕文公所迁。[③] 如果是这样，燕国"易"地当在今河北易

---

① 罗福颐：《古玺汇编》0010，2 页，北京，文物出版社，1981。
② 参见何琳仪：《战国古文字典》，760 页，北京，中华书局，1989。
③ 参见陈平：《燕史纪事编年会按》，193、194 页，北京，北京大学出版社，1995。

县与容城县之间。

（3）渊水。

《三代吉金文存》19·32·1著录了一件战国时期铭文为"渊水县"的青铜戈。吴振武先生认为"渊""泉"古义近，当有换读的可能，又据李兴焯所修《平谷县志》"山脉"条下有"泉水山"，定其在今北京市平谷县境，今从其说。① 既定"泉水"于今平谷，则其属于燕国无疑。"泉水"又见于燕系古玺印"泉水山金（鼎）瑞"。

（4）不降。

《殷周金文集成》11286、11470、11541著录的是三件战国时期有铭青铜戈，三件铭文中都有"不降"一名，如11286铭文为"不降拜余子之职金为右军"。"不降"，黄盛璋先生读为"王降"，并认为是地名。② 何琳仪先生将其读为"无穷"③，见于《史记·赵世家》："遂之代，北至无穷。"在今河北张北南，长城以北。董珊先生认为"不降"不是地名，"降"字应与其下"拜"字连读，即"降于下位而拜的意思"④。朱力伟先生参考11470号戈的相关铭文，认为"不降"作为地名成立，读为"降拜"则误，当以何说为是。⑤

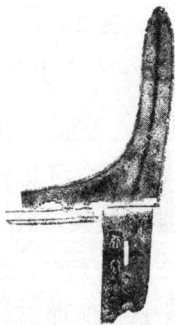

图二十二　《三代》19·32·1　　图二十三　11286　　图二十四　《集成》11470

---

① 参见吴振武：《燕国铭刻中的"泉"字》，见《华学》第二辑，49页，广州，中山大学出版社，1996。

② 参见黄盛璋：《燕、齐兵器研究》，见《古文字研究》第十九辑，20页，北京，中华书局，1992。

③ 何琳仪：《古兵地名杂识》，载《考古与文物》，1996（6），69页。

④ 董珊：《战国题铭与工官制度》，北京，北京大学，博士学位论文，2002。

⑤ 参见朱力伟：《东周与秦兵器铭文中所见的地名》，长春，吉林大学，硕士学位论文，2004。

（5）泉州。

《殷周金文集成》11304 著录了一件"郾王职戈"的青铜戈，第一字旧释为"洀"，吴振武先生改释为"㴸"①，亦即"泉"。《汉书·地理志》渔阳郡有"泉州"，其地在今天津市武清县西南，战国时属燕。

（6）右泉州。

《殷周金文集成》11503 著录了一件春秋时期的青铜矛，铭文为"右泉州县"，该青铜矛 1966 年出土于河北雄县。吴振武先生认为"此右泉州多半跟泉州有关系"②。右泉州按照方位说应该在泉州的西边。此矛出土地河北雄县正好位于古泉州所在地今天津武清西边偏南的位置，符合"右"者居西的名称。

图二十五 《集成》11304　　　图二十六 《集成》11503

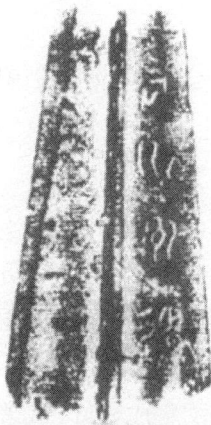

（7）守阳。

《殷周金文集成》10943 著录了一件战国晚期的青铜矛，其铭文有"守阳"，属燕器无疑，具体地望朱力伟以为不详。

（8）莫。

李学勤、郑绍宗撰写的《论河北近年出土的有铭青铜器》一文介绍了一件战国时期的青铜戈，有单字铭文"莫"。该戈 1965 年出土于河北任丘

---

① 吴振武：《燕国铭刻中的"泉"字》，见《华学》第二辑，48 页，广州，中山大学出版社，1996。

② 吴振武：《燕国铭刻中的"泉"字》，见《华学》第二辑，48 页，广州，中山大学出版社，1996。

古州分洪道，李学勤、郑绍宗二位先生认为莫就是鄚，属于地名，即《史记·赵世家》："（惠文王）五年，与燕鄚、易"中的"鄚"，在今河北任丘县北二十里鄚州城。①

（9）柂湹。

《殷周金文集成》11910 著录了一件战国时期的青铜镦，其铭文中有"柂湹"，当为地名。何琳仪先生认为第一字可释读为范，并指出"范湹"的地名和范水有关。②《水经·易水注》："（易水）东过范阳县南"，"（梁门）淀水东南流，出长城注易，谓之范水。易水自下有范水通目，又东迳范阳县故城南，即应劭所谓范水之阳也。"可以看出，范水乃易水的一条支流。既然"范湹"位于易水流域，则其为燕国疆域是很有可能的。"范湹"的地名还见于燕玺"柂湹都左司马"（《玺汇》0054）。

（10）务。

董珊先生博士论文《战国题铭与工官制度》92 页讨论了一件战国时期的青铜戈，上有单字铭文"务"③，朱力伟先生以为是地名，具体地望不详。

（11）獿。

《殷周金文集成》11477 著录了一件铭文为"獿县"的战国青铜矛，该青铜矛的形制属于燕国。"獿县"应该是地名无疑，具体地望不详。

（12）攴陆。

《殷周金文集成》11495 著录了一件青铜矛，其铭文是摹本，三字"攴陆县"，从有县字判断似乎是地名，但是"攴"字在燕国陶文中被释为攻，如《陶文图录》4·4·1"□陶俽汤攴国"，"国"是该工匠的私名。也有单字为"陆"的陶文，如《陶文图录》4·184·1，所以"陆"在陶文中也有可能是私名。总之，对于"攴陆县"摹本铭文的性质，还要进一步研究。

（13）武阼？。

《殷周金文集成》11643 著录了一件战国晚期的"郾王职"青铜剑，铭

---

① 参见李学勤、郑绍宗：《论河北近年出土的战国有铭青铜器》，见《古文字研究》第七辑，127 页，北京，中华书局，1982。

② 参见何琳仪：《古玺杂识续》，见《古文字研究》第十九辑，470 页，北京，中华书局，1992。

③ 参见董珊：《战国题铭与工官制度》，北京，北京大学，博士学位论文，2002。

文为"郾王职作武业旅剑右攻"，末两字为后期刻上的。"武"后一字不好辨识，李学勤、郑绍宗二位先生释为"跰"，并认为"跰或武跰当系燕王的侍卫"[①]。朱力伟先生从其后紧接"都"字判断，认为"武跰"当是地名，唯地望不详。按照赵平安先生关于燕系文字中的"都"为"郘"，即为"县"的观点[②]，这里可以将《殷周金文集成》释为"业"的那个字释为"鐶"，即县。武跰县应该是该剑的铸造地点，燕王职作为总监进行督造，武跰县也是燕国的属县。

（14）徒河?。

辽宁抚顺市发现秦二年相邦矛的銎部刻有"徒口"[③]，第二字不清楚。现藏于辽宁省博物馆。细审拓片，"徒"后之字似有二点，或从水，故黄盛璋隶定"徒泽"[④]，但战国秦汉不见徒泽的地名。此例同安徽潜山战国墓出土的秦二十四年上郡守戈的内部刻辞"上，徒口"[⑤] 相似。《汉志》辽西郡属县有徒河，"莽曰河福"。抚顺在秦汉时属

图二十七　《集成》11643

辽东郡，秦二年相邦矛出土于此地或许也说明可隶"徒河"，即秦辽西郡置徒河县。秦汉徒河县故址在今辽宁省锦州市。

3. 尚上

《殷周金文集成》11916 著录了一件河北易县出土战国时期的《廿年距末》，其铭曰："廿年，尚上张乘其㒸醫攻书。""尚上"可能是地

图二十八　《集成》11916

---

　　①　李学勤、郑绍宗：《论河北近年出土的战国有铭青铜器》，见《古文字研究》第七辑，127页，北京，中华书局，1982。

　　②　参见赵平安：《论燕国文字中的所谓"都"当为"郘"（县）字》，载《语言研究》，2012（4）。

　　③　参见徐家国、刘兵：《辽宁抚顺市发现战国青铜兵器》，载《考古》，1996（6）。

　　④　黄盛璋：《秦兵器分国断代与有关制度研究》，见《古文字研究》第二十一辑，北京，中华书局，2001。

　　⑤　安徽文物考古研究所：《安徽潜山公山岗战国墓发掘报告》，载《考古学报》，2002（1）。

名，"张乘"为人名。"烖"，可能与器物的木柄有关。"臀"，《龙龛手鉴·
臼部》："臀，穿臀也。"既出土于易县，当为近燕下都武阳城附近的地名。

### 4. 公孳里、巨枛里

《殷周金文集成》11402.A1 著录了《枛里瘑戈》，其铭曰："公孳里脽
之大夫敫之卒，左军之放仆。""公孳里"可能是里之名，"里"为行政单
位或居住单位，就有地理意义。《集成》11402.A2、B2 戈铭曰："介巨枛
里瘑之放戈。""巨枛里"的结构与"公孳里"
同，"巨枛"或亦为里名。

### 5. 鄻昌

《殷周金文集成》11902 著录了一件战国时期
的《廿四年铜梃》，其铭曰："廿四年，鄻昌栽，
左工栽。""鄻昌"应为地名。"鄻"字从林从室，
《说文·宀部》："室，实也。从宀从至，至所止
也。"段注："古者前堂后室。释名曰：'室，实
也，人物实满其中也。'"可见"室"有人或物充
实于某个空间的字义。"郁"有香气浓烈、布满
房间之本义，后引申为积聚、聚集、众多等义，
似与"室"之"充实"义相近。《说文·木部》：

图二十九    《集成》
**11902**

"郁，木丛生者。"又《诗·秦风·晨风》："郁彼
北林"，此似又可与"鄻"从"林"有关。故"鄻昌"或
可暂读为"郁昌"。

### 6. 右易

《殷周金文集成》11929 著录了一件"右易攻尹弩
牙"，11930 著录了一件"右易宫弩牙"。前者铭文为：
右易工尹；后者铭文为：右易宫工尹。其中"右易"或
为职官名，但又不见"左易"，所以"右易"可能为地
名，即"右易"地方的工尹。

图三十    《集成》
**11929**

7. 左周

《殷周金文集成》11925－28 著录的是四件战国时期的"左周弩牙"，铭文皆为"左周印"，"周"后一字董珊先生释为"宛"[①]，应是人名。其中"左周"看似职官名，却又不见"右周"或"中周"等，因此也不能排除其为地名的可能性。

## 第三节　货币文字地名

### 一、货币文字资料

西周至战国时期，周王朝和各诸侯国都先后铸造过货币，这些货币除了在本国控制的范围内流通外，还经常在各国之间进行交流。所以，某国所铸造的货币，不仅在该国疆域范围内出土，而且在周围其他诸侯国的领土上也有出土。这种货币的流传和分布，能够在一定程度上反映当时的经济文化交流，同时根据出土货币的地理位置也可以初步推断各国之间进行经济文化交流的地理通道与地名。

另外，值得注意的是，先秦铸造的货币上，通常会有该货币铸造地点的地名。这些地名资料是研究先秦地名的珍贵资料，它不仅为复原早期政区地理提供了方便，进而为考究地理变迁提供有利的支撑，而且结合出土地点也可以推断当时经济文化交流的具体途径和方式，所以也是研究先秦政治经济交流的宝贵资料。我们在搜集整理建国后北京地区出土的先秦货币资料的基础上，将运用历史货币地理研究方法，以历史时期货币与地理环境之间的相互关系为主要研究对象。[②] 从地名学角度，以探讨文化交流的方法进行初步的研究，着重考察建国后北京地区这一特定地域范围内出

---

① 董珊：《战国题铭与工官制度》，北京，北京大学，博士学位论文，2002。
② 参见陈隆文：《春秋战国货币地理研究》，北京，人民出版社，2006。

土的先秦货币资料，将出土货币及其流通与特定的地理空间相联系，按照所发掘货币的类型、流通时间和出土地点等进行汇总和整理。试从自然地理环境、经济地理环境和社会文化环境等方面出发，探讨今北京地区出土货币的流通区域形成和发展演变的原因。

北京地区在西周至战国时期是燕国疆域的核心地区。这里出土了不少先秦货币资料。关注这些出土文物资料，对研究燕国的经济文化活动有很大意义，同时对了解先秦时期北京及其周边地区政治经济的发展状况也有一定的指导意义。

北京地区出土的先秦货币资料，建国前确有不少，但是查究出土的具体地点，大多都言之不详，只是笼统地记述为北京附近曾出土过。为了保证研究的科学性，对于建国前所出土的货币资料，我们暂忽略不计。我们研究的资料的出土时间是从 1952 年至 2008 年 5 月，跨度为 56 年。北京地区出土先秦货币的出土地点可以划分为城区和郊区，若结合出土货币的种类和流通时代，又可以划分为两个部分：西周和春秋早期的贝币时期，以及春秋中后期和战国时期的金属铸币时期。

## （一）西周和春秋早期的贝币

西周和春秋早期以贝壳为货币，包括天然的贝壳和仿贝壳的制造贝币。贝币起源于商代，主要有小孔式、大孔式、背磨式三种。小孔式是在背部琢出一个或两个直径不大于 0.2 厘米的穿孔，主要流行于商代早期。大孔式是在背部一端或中间琢磨出一个直径为 0.3～0.8 厘米的较大穿孔，主要流行于夏商。背磨式是把背部几乎全部磨去，只保留其腹部，这种形式出现于商晚期，流行于西周和春秋。一般贝币穿孔越小时代越早，而新石器时代的贝币甚至无孔。① 解放以来，北京地区贝币的出土比较重要的有四次。

1973 年、1974 年在房山区琉璃河商周遗址多个奴隶殉葬墓中一共出土了 500 余枚贝币。② 1981 年门头沟区燕家台西龙门涧口内山上约 100 米，

---

① 参见戴志强：《安阳殷墟出土贝化初探》，载《文物》，1981 (3)，73 页。
② 参见中国科学院考古研究所等：《北京附近发现的西周奴隶殉葬墓》，载《考古》，1974 (5)，318 页。

右侧岩下半山坡一堆松土中，发现大孔式贝币 60～70 枚。[①] 1981—1983 年，房山琉璃河又发掘 121 座墓葬、21 座车马坑，很多墓中出土贝币，置于口、颈、足、手等部位。[②] 1994 年 6 月，延庆龙庆峡别墅区建设工程施工中发现的春秋时期墓葬出土 300 余枚贝币。[③]

以上材料说明，贝币主要出土于北京市的房山及其周边太行山山麓地区，说明这个地区在商代曾经是人们频繁活动的场所。武王灭商以后，把召公奭封于此地，与这里的文化发达是分不开的。其中不容忽视的是，门头沟和延庆地区出土的贝币，类型为大孔式，比房山区出土的贝币年代晚，可能是受到琉璃河一带燕文化的影响。

## （二）春秋中后期和战国时期的金属铸币

春秋中后期至战国时期是我国金属铸币的发展时期，各重要诸侯国都铸造并发行过货币。北京地区南与中原连通，东南与齐鲁接壤，形成了布币与刀币并行、以刀币为主的货币体系。出土的战国金属铸币有尖首刀、燕明刀和布币三种，而且出土次数很多，为研究方便，我们按三种铸币类型分别归类研究。

### 1. 尖首刀的出土

尖首刀的刀首尖长，清代货泉专家李佐贤据其"刀形上锐，故以尖首刀名之"[④]，后来学界沿用此名。关于尖首刀的来历，说法不一，有的认为是燕国刀币的早期形制，是早期的明刀；张驰认为是春秋晚期到战国前期少数民族山戎铸行的钱币，直接脱胎于北方游牧民族日常使用的凹刃削刀。[⑤]

据同治年间刊刻的李佐贤的《古泉汇》一书记载："此刀旧谱少见，

---

① 参见高桂云：《建国以来北京出土先秦货币综述》，载《中国钱币》，1990（3），36 页。
② 参见中国社会科学院考古研究所等：《1981～1983 年琉璃河西周燕国墓地发掘简报》，载《考古》，1984（5），405 页。
③ 参见北京市文物研究所：《"八五"期间北京市考古工作回顾》，见《北京考古集成》第一分册，77 页，北京，北京出版社，2000。
④ 李佐贤：《古泉汇》，上海，上海古籍出版社，1992。
⑤ 参见张驰：《尖首刀若干问题初探》，见《中国钱币论文集》第三辑，71 页，1998。

惟《吉金录》载四枚,《文字考》载六枚。近时燕市所见颇多,系与明刀、白货、邯郸各刀同出直隶境内,其为燕、赵之物无疑。"可见尖首刀早在清晚期就曾在北京及其附近地区出土过,但记载不详,不知确切的出土地点。建国后至今,北京先后有五次出土了尖首刀:

1978 年延庆县香营乡辛庄堡村出土窖藏尖首刀约 30 公斤,有少量类似"类明刀"的尖首刀。整理后尚存约 1 350 枚,其中素面无文 33 枚,面背均有字者 11 枚,背有残文者 4 枚,面部有字者 702 枚,残币 600 枚,共有币文 116 种。①

1984 年北京市文物工作队在延庆县永宁乡新华营村征集到 1 枚尖首刀。②

1985—1988 年,北京延庆县军都山葫芦沟、玉皇庙等地墓葬出土 10 余枚尖首刀。弧背,起脊,脊两侧各有一道棱线。尖首内弧,刀尖不锐,底边钝而内凹,不磨刃。身、柄分界明显,柄与柄首直接连通,均作扁片体,柄部两侧各有两道棱线。③

1998 年,在北京密云发现有尖首刀,刀币装在一个陶罐内,约有 50 枚,其中有 19 枚完好。刀币大小、形制基本一致,"明"字写法也有所不同,刀背或有数字和文字,有两枚柄之背面仅一条线。④

1999 年秋,延庆县城西北五里坡发现 200 多枚尖首刀,其中有与类明刀相似的尖首刀 15 枚。刀面有数字或文字,其中两枚柄部背面仅有一条线。与类明刀相比,这些尖首刀刀首宽,刀尾窄,刀头略有弧度,刃部有郭线,刀背郭线面部断在与刀柄相接处,背部则与柄竖线连成一条弧线。⑤

尖首刀随着铸造的规范化,刀身逐渐由宽变窄,由长变短。按照高桂云先生的研究,北京出土的尖首刀币大致可划分为三种形制。分别为 I

---

① 参见高桂云等:《北京市出土战国燕币简述》,见《中国钱币论文集》第一辑,140 页,1985。

② 参见北京市文物研究所:《"八五"期间北京市考古工作回顾》,见《北京考古集成》第一分册,78 页,2000。

③ 参见北京市文物研究所山戎文化考古队:《北京延庆军都山东周山戎部落墓地发掘纪略》,载《文物》,1989 (8),33 页。

④ 参见黄锡全等:《近年出土的早期明刀尖首刀》,载《中国钱币》,2001 (2),8 页。

⑤ 参见黄锡全等:《近年出土的早期明刀尖首刀》,载《中国钱币》,2001 (2),10 页。

式：弧背凹刀、刃外轮廓线向内稍凹，刀首有一个内凹的弧度，柄端有椭圆或圆形环，刀面有无文字不定；Ⅱ式：弧背凹刀，刀背和刀刃较直，个别刀身外轮廓线近似直线，刀面或无文字或正背都有文字；Ⅲ式：弧背凹刀，刀首略短，刀尖较钝，首端近似斜坡状，外轮廓呈一弧线。[①] 上举出土材料中，以Ⅰ式较多，Ⅲ式最少。

　　2. 燕明刀的出土

　　燕明刀是战国时期燕国铸行的货币，比尖首刀略短，现在学界普遍认同燕明刀是从尖首刀演化而来的。据王纪洁先生的研究，燕明刀发展演变有三个时期：第一期体形较大，刀尖平钝，呈圆弧状，称为圆折刀，始铸于战国早期；第二期体形较第一期略小，刀身与刀柄连接处呈圆方折，柄上面有两直纹，连同柄两边成四条平行钱，流通时间定为战国中期偏早阶段；第三期体形略小于前二期，刀尖平直，刀身与刀柄连接处呈明显方折，柄上面均有四条平行线，直穿刀面而至刀背线，始铸时间推测为战国后期偏早阶段，一直流通到战国末期。[②] 北京地区出土燕明刀多属于第二期和第三期，且出土较多，出土地点有城区和郊区（见表一、表二）。

表一　　　　　　　　建国以来北京城区出土燕明刀情况一览表

| 出土时间 | 出土地点 | 出土数量或重量 | 分期 | |
|---|---|---|---|---|
| | | | 第二期 | 第三期 |
| 1957 年 | 朝阳门外呼家楼北京机械学院操场[③] | 2 884 枚 | √ | √ |
| 1953 年 | 海淀区紫竹院[④] | 8 斤 | | √ |
| 1976 年 | 海淀区温泉乡东埠头村[⑤] | 20 枚 | | √ |
| 1978 年 | 海淀区梁家园西山农场[⑥] | 约 2 公斤 | | √ |
| 1965 年 | 丰台区长辛店南洛平村[⑦] | 约 1.5 公斤 | | √ |
| 1974 年 | 丰台区黄土岗乡大葆台村[⑧] | 5 枚 | √ | √ |

① 参见高桂云：《建国以来北京出土先秦货币综述》，载《中国钱币》，1990（3），38 页。
② 参见王纪洁：《燕国明刀分期研究及相关问题探讨》，载《北京文博》，2004（4），47～51 页。
③ 参见北京市文物工作队：《北京朝阳门外出土的战国货币》，载《考古》，1962（5），254 页。
④ 参见周耔：《介绍北京市的出土文物展览》，载《文物参考资料》，1954（8），70 页。
⑤ 参见高桂云：《建国以来北京出土先秦货币综述》，载《中国钱币》，1990（3），36～37 页。
⑥ 参见北京文物研究所：《北京考古四十年》，64 页，北京，燕山出版社，1990。
⑦ 参见高桂云：《北京市出土战国燕币简述》，载《中国钱币论文集》第一辑，1985，146 页。
⑧ 参见高桂云：《建国以来北京出土先秦货币综述》，载《中国钱币》，1990（3），36～37 页。

续前表

| 出土时间 | 出土地点 | 出土数量或重量 | 分期 | |
|---|---|---|---|---|
| | | | 第二期 | 第三期 |
| 1990 年 | 丰台区大井村① | 140 多公斤 | √ | √ |
| 1966 年 | 崇文区天坛公园② | 1 枚 | | √ |
| 1972 年 | 崇文区山涧口街东口橡胶八厂③ | 15 枚 | | √ |
| 1970 年 | 西城区六铺炕石油部④ | 7.5 公斤 | √ | √ |
| 1952 年 | 宣武区陶然亭战国遗址⑤ | 不详 | 不详 | |
| 1971 年 | 宣武区牛街人防工程⑥ | 5 枚 | √ | √ |
| 1971 年 | 宣武区白纸坊街姚家井人防工程⑦ | 10 枚 | | √ |
| 1972 年 | 宣武区笤帚胡同 28 号韩家谭图书馆⑧ | 10 枚 | | √ |
| 1953 年 | 华北直属第一建筑公司第四工区⑨ | 110 枚 | 不详 | |

表二      建国以来北京郊区出土燕明刀情况一览表

| 出土时间 | 出土地点 | 出土数量或重量 | 分期 | |
|---|---|---|---|---|
| | | | 第二期 | 第三期 |
| 1959 年 | 怀柔区文教局院⑩ | 15 枚 | | √ |
| 1965 年 | 怀柔区茶坞公社苏峪口村⑪ | 10 枚 | | √ |
| 1970 年 | 怀柔区东北角居民区⑫ | 10 枚 | √ | |
| 1970 年 | 怀柔区城内服装厂⑬ | 32 枚 | √ | √ |
| 1973 年 | 怀柔区怀丰公路⑭ | 5 公斤 | | √ |
| 1963 年 | 顺义区蓝家营村⑮ | 2 枚 | | √ |
| 1965 年 | 通州区西门外铁路南杨庄西⑯ | 5 公斤 | √ | |

---

① 参见高桂云:《建国以来北京出土先秦货币综述》,载《中国钱币》,1990 (3),36~37 页。
② 参见高桂云:《建国以来北京出土先秦货币综述》,载《中国钱币》,1990 (3),36~37 页。
③ 参见高桂云:《建国以来北京出土先秦货币综述》,载《中国钱币》,1990 (3),36~37 页。
④ 参见高桂云:《建国以来北京出土先秦货币综述》,载《中国钱币》,1990 (3),36~37 页。
⑤ 参见周耿:《介绍北京市的出土文物展览》,载《文物参考资料》,1954 (8),69 页。
⑥ 参见高桂云:《建国以来北京出土先秦货币综述》,载《中国钱币》,1990 (3),36~37 页。
⑦ 参见高桂云:《建国以来北京出土先秦货币综述》,载《中国钱币》,1990 (3),36~37 页。
⑧ 参见高桂云:《建国以来北京出土先秦货币综述》,载《中国钱币》,1990 (3),36~37 页。
⑨ 参见朱活:《古钱新探》,150 页,济南,齐鲁书社,1984。
⑩ 参见高桂云:《建国以来北京出土先秦货币综述》,载《中国钱币》,1990 (3),36~37 页。
⑪ 参见高桂云:《建国以来北京出土先秦货币综述》,载《中国钱币》,1990 (3),36~37 页。
⑫ 参见高桂云:《建国以来北京出土先秦货币综述》,载《中国钱币》,1990 (3),36~37 页。
⑬ 参见高桂云:《建国以来北京出土先秦货币综述》,载《中国钱币》,1990 (3),36~37 页。
⑭ 参见高桂云:《建国以来北京出土先秦货币综述》,载《中国钱币》,1990 (3),36~37 页。
⑮ 参见高桂云:《建国以来北京出土先秦货币综述》,载《中国钱币》,1990 (3),36~37 页。
⑯ 参见高桂云:《建国以来北京出土先秦货币综述》,载《中国钱币》,1990 (3),36~37 页。

续前表

| 出土时间 | 出土地点 | 出土数量或重量 | 分期 | |
|---|---|---|---|---|
| | | | 第二期 | 第三期 |
| 1976 年 | 通州区杨庄铁路南侧① | 5 枚 | | √ |
| 1965 年 | 房山区长沟村战国墓群② | 11 枚 | | √ |
| 1975 年 | 房山区董家林村③ | 1.5 公斤 | √ | √ |
| 1983 年 | 房山区南韩继乡南韩继村④ | 5 公斤多 | √ | |
| 1985 年 | 房山区石楼村⑤ | 400 余公斤 | 不详 | |
| 1988 年 | 房山区东营乡西营村⑥ | 752 枚 | √ | √ |
| 1988 年 | 房山区霞云岭龙门台村⑦ | 400 余枚 | √ | √ |
| 1970 年 | 平谷区马坊村⑧ | 1 公斤 | | |
| 1970 年 | 平谷区南独乐河乡刘家河村⑨ | 30 枚 | √ | √ |
| 1974 年 | 平谷区南独乐河乡娥眉山村⑩ | 2 枚 | | √ |
| 1970 年 | 密云区大城子乡后店村⑪ | 140 枚 | √ | |
| | | 280 枚 | | √ |
| 1970 年 | 延庆县城关乡外公社⑫ | 20 公斤 | | |
| 1970 年 | 延庆县千家店乡⑬ | 1.5 公斤 | | |
| 1970 年 | 延庆县花盆乡前山岭村⑭ | 30 公斤 | | |
| 1971 年 | 延庆城内畜产品出口公司⑮ | 11 枚 | | |
| 1971 年 | 延庆县永宁乡⑯ | 15 公斤 | | |
| 1971 年 | 延庆县北京建设局驻延庆 8082 工地⑰ | 1 枚 | 不详 | |

---

① 参见高桂云：《建国以来北京出土先秦货币综述》，载《中国钱币》，1990 (3)，36～37 页。

② 参见高桂云：《建国以来北京出土先秦货币综述》，载《中国钱币》，1990 (3)，36～37 页。

③ 参见高桂云：《建国以来北京出土先秦货币综述》，载《中国钱币》，1990 (3)，36～37 页。

④ 参见北京文物研究所：《北京考古四十年》，64 页，北京，燕山出版社，1990。

⑤ 参见北京文物研究所：《北京考古四十年》，64 页，北京，燕山出版社，1990。

⑥ 参见柴晓明等：《北京房山区出土燕国刀币》，载《考古》，1991 (11)，1046 页。

⑦ 参见王纪洁：《燕国明刀分期研究及相关问题探讨》，载《北京文博》2004 (4)，47 页。

⑧ 参见高桂云：《建国以来北京出土先秦货币综述》，载《中国钱币》，1990 (3)，36～37 页。

⑨ 参见高桂云：《建国以来北京出土先秦货币综述》，载《中国钱币》，1990 (3)，36～37 页。

⑩ 参见高桂云：《建国以来北京出土先秦货币综述》，载《中国钱币》，1990 (3)，36～37 页。

⑪ 参见黄锡全等：《近年出土的早期明刀尖首刀》，载《中国钱币》，2001 (2)，8 页。

⑫ 参见高桂云：《建国以来北京出土先秦货币综述》，载《中国钱币》，1990 (3)，36～37 页。

⑬ 参见高桂云：《建国以来北京出土先秦货币综述》，载《中国钱币》，1990 (3)，36～37 页。

⑭ 参见高桂云：《建国以来北京出土先秦货币综述》，载《中国钱币》，1990 (3)，36～37 页。

⑮ 参见高桂云：《建国以来北京出土先秦货币综述》，载《中国钱币》，1990 (3)，36～37 页。

⑯ 参见高桂云：《建国以来北京出土先秦货币综述》，载《中国钱币》，1990 (3)，36～37 页。

⑰ 参见北京文物研究所：《北京考古四十年》，65 页，北京，燕山出版社，1990。

续前表

| 出土时间 | 出土地点 | 出土数量或重量 | 分期 | |
|---|---|---|---|---|
| | | | 第二期 | 第三期 |
| 1972 年 | 延庆县大柏老乡古城村古城遗址① | 10 枚 | √ | |
| 1973 年 | 延庆县下屯乡下屯中学院内② | 6.5 公斤 | √ | √ |
| 1978 年 | 延庆县永宁公社新华营村③ | 2 枚 | | √ |
| 1983 年 | 延庆县城关公社米家堡村矿石场④ | 1 枚 | √ | |
| 1988 年 | 延庆县康庄乡苗家堡村⑤ | 5 公斤 | 不详 | |
| 1986 年 | 延庆县城关乡朱家营村北⑥ | 10 余公斤 | 不详 | |
| 1976 年 | 昌平区高崖口乡高崖口中学⑦ | 3.5 公斤零 25 枚 | | √ |
| 1974 年 | 大兴区红星乡大粮台⑧ | 2 枚 | | √ |
| 1975 年 | 大兴区青云店乡供销社院⑨ | 1.5 公斤零 200 枚 | √ | √ |
| 1978 年 | 大兴区旧宫村⑩ | 30 枚 | | √ |

其中需要指出的是，1957 年出土于北京市朝阳门外呼家楼北京机械学院操场的窖藏战国货币，除了燕明刀外，还有 117 枚甘丹刀。⑪ 甘丹刀的造型全部为直背圆首，刀面上有"甘丹"二字，字的书写样式不尽相同，刀的背面无文字，有记号的很少。目前学术界一致推论"甘丹"二字为赵国的都城"邯郸"，应为赵国货币。

作为燕国主要流通货币的燕明刀，其出土范围明显较其他货币的出土范围广，且数量较大。除了北京郊区大量出土外，北京城区也陆续出土，燕明刀分布于北京 13 个区县，覆盖范围相当广泛。

---

① 参见高桂云：《建国以来北京出土先秦货币综述》，载《中国钱币》，1990 (3)，36～37 页。
② 参见高桂云：《建国以来北京出土先秦货币综述》，载《中国钱币》，1990 (3)，36～37 页。
③ 参见高桂云：《建国以来北京出土先秦货币综述》，载《中国钱币》，1990 (3)，36～37 页。
④ 参见高桂云：《建国以来北京出土先秦货币综述》，载《中国钱币》，1990 (3)，36～37 页。
⑤ 参见北京文物研究所：《北京考古四十年》，65 页，北京，燕山出版社，1990。
⑥ 参见高桂云：《建国以来北京出土先秦货币综述》，载《中国钱币》，1990 (3)，36～37 页。
⑦ 参见高桂云：《建国以来北京出土先秦货币综述》，载《中国钱币》，1990 (3)，36～37 页。
⑧ 参见高桂云：《建国以来北京出土先秦货币综述》，载《中国钱币》，1990 (3)，36～37 页。
⑨ 参见高桂云：《建国以来北京出土先秦货币综述》，载《中国钱币》，1990 (3)，36～37 页。
⑩ 参见北京文物研究所：《北京考古四十年》，66 页，北京，燕山出版社，1990。
⑪ 参见北京市文物工作队：《北京朝阳门外出土的战国货币》，载《考古》，1962 (5)，254 页。

出土燕明刀的总体情况大致为，除了少数几批出土的币型分期尚不明确外，第二期和第三期燕明刀同时出土的情况相当普遍。此外若按出土货币类型单一的地点划分，出土第三期的方折燕明刀数量明显多于第二期的圆方折燕明刀，且第三期方折燕明刀出土地点覆盖范围也相对明显扩大，这说明相比之下第三期燕明刀的使用更加普遍，流通也更加广泛。这就与学术界一致认同燕明刀币型的变化为由圆背燕明刀发展到圆方折燕明刀，最后过渡到方折燕明刀的观点不谋而合。所以这说明北京地区应是早期燕明刀和晚期燕明刀的广泛流通区及过渡区。

### 3. 布币的出土

布币是由“铲”或“镈”一类的农具演变、发展而来的货币，战国时期以韩国、赵国、魏国铸造量较大，广泛流通于三晋。战国晚期，燕国为适应通行布币的国家，曾仿照三晋方足小布的形式铸造过方足布币。其特点为平首，小耸肩，方足，胯部为正梯形，两腰外廓内收略呈弧形，钱币正面自首至胯有一竖线，背面自首至胯有一竖线，左、右，自肩至足各有一斜线，背文有“左”“右”“左一”“右一”等，其位置皆在布币背面左肩或右肩上，似无定式，燕国所铸布币铸有背文是比较独特的。燕国的布币铸造数量不多，出土也较少，多与燕明刀币一起出土，多为战国晚期窖藏。另外，需要指出的是，由于北京地区出土的布币上多有三晋的地名，所以也不能排除它们是由三晋地区流传过来的可能性。布币材料比较重要的出土有三次。

1957 年北京广安门外修路时出土 5～6 枚斜肩弧足空首布，上有“武”“安臧”等文字，均已残。①

1957 年朝阳门外呼家楼机械工程学院出土布币 992 件，皆小型平首布，分方足与尖足二式。无论是方足布或尖足布，在布面上都铸有文字，差不多都是战国时代的地名。方足布上的地名文字有：平阳、安阳、宅阳、阳邑、大阴、壤阴、乘邑、邾、奠、邬、郎、王氏、兹氏、皮氏、鄠氏、平陶、中都、高都、莆子、长子、北屈、同是、屯留、马服吕、垣、

---

① 参见赵正之：《北京广安门外发现战国和战国以前的遗迹》，载《文物参考资料》，1957 (7)，74～75 页。

贝邱、襄垣、丰、露、涅、关、咎如等。尖足布上的文字有：武平、武安、晋阳、中阳、阳人、大阴、平周、平州、兹氏、兹金化、鄈、邪山、商丘、襄成、西都、榆、离石等，其中有 4 枚完整的燕国布币。[①]

1952 年宣武区先农坛后一灰坑中发现一绳纹灰陶罐，出土窖藏方足平首布约 12 斤。[②]

上述出土布币上文字的释读及地名的讨论，学界有一定的分歧，需要进一步深入探讨。但它们几乎都为战国时代的地名，是没有问题的。从北京出土的方足布币面文看，绝大多数地名为战国时代的韩、赵、魏三晋地名，即分布在今河南、山西、河北一带，所以，有人推断为韩国、赵国、魏国铸型的布币。

## 二、北京出土先秦货币的地名学考察

建国以来北京地区出土先秦货币资料，在地理分布上可分为城区和郊区两个区域。若以区为单位来看，延庆出土过 17 次、房山 8 次、宣武 6 次、怀柔 5 次、平谷 3 次、海淀 3 次、丰台 3 次、大兴 3 次、密云 2 次、通州 2 次、崇文 2 次，朝阳、西城、昌平、顺义各 1 次，遍布了 15 个区，共出土了 58 次。郊区以房山和延庆分布较多，房山一般多集中于北拒马河流域以北至大石河流域一带，延庆分布点则绝大多数集中于延庆盆地一带。城区则集中发现于宣武区至永定门外的丰台区一带，即多分布于永定河故道流域区至凉水河流域及其附近地带。其他区则零星出土过一些货币，但同样不容忽视。若按地域划分，则西部出土的数量比东部多，北部比南部多。若据出土范围划分，则东部比西部覆盖面积广，西北部比东南部覆盖面积广。若按地形来论，在货币出土的次数和数量方面，则平原地区明显比山地要多。

货币作为流通手段，在人类经济活动中发挥着不可替代的重大作用。每一种货币在地域上都有自己的主要流通范围，凡是有货币流通和货币经

---

① 参见北京市文物工作队：《北京朝阳门外出土的战国货币》，载《考古》，1962 (5)，254 页。

② 参见高桂云：《建国以来北京出土先秦货币综述》，载《中国钱币》，1990 (3)，36 页。

济活动覆盖的地域单元都可以被视为该货币的流通区域，而这一区域普遍存在于商品经济生产和交换的任何空间之中。因此，通过分析货币流通的地理分布，就可以从一个侧面研究某一个国家或政权的经济活动特征。分析北京地区出土先秦货币的地理分布，就可以推知先秦时期北京地区的政治经济活动的某些特征。

## （一）由先秦货币的地理分布看燕蓟地区的政治地理格局

燕国政治地理格局的形成与演变对今北京地区货币流通区域的产生和发展产生了相当深刻的影响，两者存在着密切的联系。西周时期，北京地区有燕和蓟两个封国，从我们所绘地图可以看出，这两个封国所在的地区也是先秦货币出土多的地区。《史记·周本纪》载："武王追思先圣王，乃褒封神农之后于焦，黄帝之后于祝，帝尧之后于蓟……封召公奭于燕。"《史记·燕召公世家》又载："召公奭与周同姓，姓姬氏。周武王之灭纣，封召公于北燕。"关于这个时候的燕，现学术界普遍认同房山区琉璃河董家林古城遗址即燕召公当年的分封之地，当时燕国国力较弱，约占今北京市的山麓平原地带，这与出土于房山区的大量贝币可以相互印证。而西周时期的蓟，有学者主张在今北京城区西南。据赵其昌先生的意见，"（前期蓟城在）京西八宝山以西略北的地区"①。不管怎样，基本上都在西山山前地带不远处。可见这里是先秦经济文化比较发达的地区，发现较多的铸币，就很容易理解了。而出土于延庆龙庆峡一带的贝币足以证明此时该地带一定有人类活动。由于居庸关至延庆是北京与更北部地区之间的一条重要交通要道，所以，这里出土的先秦货币资料可以理解为北京地区与山西省北部及内蒙古地区之间经济文化交流的印迹，是一个经济文化交流通道的证据。

战国时的燕国崛起成为战国七雄之一，它与周边国族之间的冲突、碰撞和融合更加频繁。如延庆出土的大量尖首刀则有力地说明，稳居燕山以南的燕国与北部的山戎、东胡等部族之间有交流。此外，这个时期山戎的势力不断扩大，密云出土的有狄刀特色的早期燕明刀可能就是山戎受到燕

---

① 赵其昌：《蓟城的探索》，载《北京史研究》第一辑，1986，46 页。

文化的影响而铸造的。同时，由于受山戎不断南下之逼，公元前697年至公元前691年燕桓侯在位时期，将都城迁到了临易。《史记·燕召公世家》集解中曾有"桓侯徙临易"的记载。在燕悼公统治时期（前535年—前529年），又北迁都城至蓟城。此时的蓟城据考古资料，大约位于今北京宣武门到和平门一线以南，出土于宣武区的大量燕明刀则可以说明政治活动频繁的都城一带也是先秦货币多出的地点。

战国中期燕昭王统治时，据《韩非子·说疑》篇记载，当时的燕国出现了"地方数千里，持戟数十万"的空前强盛局面。燕昭王把原来燕国的军事重镇武阳城（今河北易县境内）营建成陪都，即燕下都。在今房山区良乡地区设陪都，即燕中都。在北部边地自西向东，设置上谷（治所在今河北怀来县境内）、渔阳（治所在今北京市密云区境内）、右北平（治所在今河北省平泉市境内）、辽西（治所在今河北境内）和辽东（治所在今辽宁省辽阳市）五郡。同时，燕昭王为了防御北方游牧民族南下，沿着燕北疆修筑了一条西起造阳、东抵辽东的千余里长城，通称"北长城"；为了防范南方齐、赵等国的侵袭，沿着燕南疆易水一线修建了长数百里的长城，通称"易水长城"。此时燕国已经发展到了鼎盛时期，今北京西南部曾有燕国的都城蓟，南部有燕中都，北部地区有上谷郡和渔阳郡，而东部地区曾是右北平郡辖区，可见这片区域应曾是燕国政治、经济的中心地区。不容忽视的是，燕国在战国中期以后新开辟的五郡，意味着燕国从战国中期以后逐渐向东北扩展的趋势，燕明刀流通区域也随着政治地理格局的变化而向东北转移。延庆、怀柔和房山等各个区都出土燕国的燕明刀，则有力地说明了这一点。

## （二）出土货币的空间分布所反映的交通和商业贸易状况

今北京地区"左环沧海，右拥太行，北枕居庸，南襟河济，形胜甲于天下"[①]，地处我国三大地形的交汇之处，"沿着太行山东麓一线高地才能顺利进入北京小平原……最后也是最大的一条河就是永定河。从永定河的古代渡口一旦进入北京小平原之后，大陆开始分歧，西北一路出南口直上

---

① 吴长元：《宸垣识略》卷一，2页，北京，北京古籍出版社，1983。

蒙古高原，东北一路出古北口，穿越一片平缓的山地丘陵通向松辽平原。此外，还有正东一路横越小平原的北部，沿着燕山南麓直趋海滨，然后出山海关直下辽河平原"[①]。北京地区成为从华北平原到达内蒙古高原、东北平原和渤海的重要通道。而当时的燕都蓟城是一座重要的商业城市，地处南北交通的要道，不仅是连接燕国的辽西、辽东、右北平、上谷等郡的中心城市，同时也是与齐、中山、三晋等诸侯国，乃至与朝鲜、日本等相连接的重要地区。"称雄的诸侯各有相当广大的土宇，因而各自的都城也都可以自成交通的中心，向外辐射道路"[②]，因此北京出土的先秦货币，大多反映出蓟城与燕国各统治地区、燕国附近各诸侯国之间交通和商业贸易的盛况。

北京出土的燕明刀流通区的空间扩散方向主要是朝北、东北和东方延伸，其中最主要的是朝东北和北方拓展。北京及其附近地区的燕明刀流通区的地域构成中，向东北方向主要扩散在顺义、怀柔、密云、平谷一带，西北方向主要分布在海淀、延庆一线，向东主要分布在朝阳、通州一线。从现有的出土货币资料的分布状况，我们可推测出春秋战国时期蓟城及其周边地区之间的主要交通要道。

（1）西南部太行山南北绵亘千里，耸立于华北平原的西部。太行山东麓，有一条狭长的洪水冲积带，由许多大小不同的扇形地组合而成，其宽度10～15公里不等。春秋战国时期这一带兴起了一连串的城市，形成了南北交通线。《史记·货殖列传》载："然邯郸亦漳、河之间一都会也。北通燕、涿，南有郑、卫。"可见当时邯郸至蓟、辽东间均有商路可以通行。此外，由蓟城到燕下都易县也需南北交通线路沟通。沿太行山东麓北上，跨过治水，可抵达上都蓟城，沟通了燕国和赵国，又加强了燕下都与蓟城的联系。北京宣武区牛街、白纸坊街，丰台区长辛店南洛平村，房山区东营乡西营村、长沟村、南韩继村等出土的刀币多与此条线路有关。

（2）西北部经由昌平区，出南口，过居庸关，是通向上谷郡（今河北怀来县）的交通要道，再由怀来向北，可达内蒙古草原和三晋地区。海淀区、昌平区、延庆区出土的货币与此条路有关。此外，由蓟城沿治水道向

---

① 侯仁之等：《北京城的起源与变迁》，22 页，北京，燕山出版社，1997。

② 史念海：《战国时期的交通道路》，见《河山集》第七集，134 页，陕西，陕西师范大学出版社，1999。

西北经北京市的石景山至河北官厅一线亦可至当时的上谷郡，并可达今张家口、内蒙古草原一带，与乌桓、夫余相通。所以延庆为两条路线的交汇处，又因此处与少数民族地区接壤，故出土尖首刀和燕明刀十分多，且覆盖面积很广。

（3）北部经今顺义区、怀柔区、密云区（渔阳郡），可至今河北隆化、围场、内蒙古赤峰而抵达东北松辽平原，即燕之辽东郡（今辽阳市东部），再往东可抵达朝鲜半岛。北京的顺义区、怀柔区、密云区等地出土的燕明刀均与此线路有关。此线路两侧出土第三期燕明刀最多，反映了战国晚期燕国对东北的统治。[1]

（4）东北部沿今燕山南麓经平谷区，过天津市，到达河北省卢龙县（属辽西郡），可至滨海的秦皇岛，是易县和蓟城至渤海湾的交通线。所以平谷区出土的货币应与此路线有关。

（5）自蓟城向东，经通州至河北省三河市、遵化县出喜峰口是进入平泉市（右北平郡）的一条道路，北京朝阳区、通州区等地出土的刀币与此条道路有关。

此外，三晋是铸行布钱的主要区域之一，由赵国通往辽东的交通要道必然经过今北京地区，所以在燕、赵两国之间的交通线上出现布钱是可以理解的。那么朝阳区出土三晋时的布币则也应与交通有关。

综上所述，我们通过对北京地区出土先秦货币地理分布的考察，探讨了北京地区当时政治经济的区域格局。北京地区地处我国北方，在商周时期，南与中原、东南与发达的齐鲁接壤。燕国货币的流通，是以燕国的都城蓟城为中心的，其传播的方向是由此向东、南、西、北延伸。并由此基本能勾画出战国时期燕国境内的几条主要交通路线，这对研究由燕通往齐、赵等国的要道有很大的帮助。这些交通线上出土的燕明刀为研究燕国的经济、交通提供了一定的线索。但是由于各种原因，北京地区出土的先秦货币资料尚不能收集完全，许多记录或不详，或疏误，因此我们所做的一些推论，可能在诸多方面还存在一定的缺陷。但是我们希望本研究能够起到抛砖引玉的作用，期待今后有更多学者关注并加强北京地区先秦史、历史地理等方面的研究。

---

[1]　参见王纪洁：《燕国明刀分期研究及相关问题探讨》，载《北京文博》，2004（4），5页。

# 第四节　玺印文字地名

北京市文物局、北京市文物研究所在《中国文物报》2010 年 3 月 5 日《南水北调工程中线考古与文物保护成果展示专刊》"北京篇"中，报道了南水北调工程北京段房山区长沟镇南正村岩上战国墓葬出土的一件铜印（见图三十一）。据称，铜印略呈方形，单字阳文，初释为"丘"。① 看来，对这个考释意见，报告编写者并不十分肯定。笔者认为释"丘"应该是对的，今就相关证据补充于下：

图三十一　房山区长沟镇岩上墓区出土战国铜印

关于"丘"字，《说文·丘部》云："丘，土之高也，非人所为也。从北从一。一，地也。人居在丘南，故从北。中邦之居在昆仑东南。一曰四方高中央下为丘，象形。坐，古文从土。"许慎对"丘"的解释有二，一是"土之高也"，二是"四方高中央下为丘"。可见是一种不确定的态度，但是保留了珍贵的字义信息。

丘字甲骨文多作"∧∧"形，形体上符合"四方高中央下为丘"的解释。仔细审视"∧∧"形，似乎是"四方高中央下"之形体的垂直纵剖面。甲骨文中也有从"◠"的"丘"字，作"◠◠"② 形，也是这一形体纵剖面的象形字。如此，则"丘"的本义似乎是四周高出，中央形成低下的整体之状，即"丘"的含义既包括周围高出的部分，也包括中央低下的部分。《史记·孔子世家》云："鲁襄公二十二年而孔子生。生而首上圩顶，故因名曰丘云。""首上圩顶"是什么意思，它与"丘"字又是什么关系？

----

① 参见北京市文物局、北京市文物研究所：《北京主要考古发现》，载《中国文物报》，2010-03-05。

② 沈建华、曹锦炎：《甲骨文字形表》1231·1220，62 页，上海，上海辞书出版社，2008。

司马贞《索隐》云："圩音乌。顶音鼎。圩顶言顶上窊也，故孔子顶如反宇。反宇者，若屋宇之反，中低而四傍高也。"[①] 司马贞把头顶凹陷之状比喻成倒置的房子，虽不太形象，但是"中低而四傍高"这一"丘"字的主体字义还是说明白了。可见，"丘"字的这个本义至迟在春秋时期还是存在的。后来，"丘"字的这个含义大概被"圩""凹"等字代替，而本字"丘"却只指周围高起的部分了。且又从"土"以象义，所从之"土"便是这个字义的表义形旁，专指用土堆起的高地。所以《说文》才有"土之高也"之训。

从"土"的坴，《说文》以为是古文，古文现在一般以为是战国时期东方六国的非秦系文字。[②] 由此可知从"土"的"丘"字至迟出现在战国时期，在先秦货币文字、竹简文字或符节文字中多见从"⊥""土"或"土"的丘字。如：

(1) 坴。[③]

(2) 坴。[④]

(3) 坴。[⑤]

(4) 坴。[⑥]

(5) 坴。[⑦]

以上丘字都是从"土"的，除（2）外，均在"⋀⋀"形与"土"之间增加了一横笔，下部"土"的一竖笔或连接或穿透所增加的一横笔。而且在"土"的左右两边各多出一斜笔，这可能是战国时期增添装饰性笔画的结果。同时，"⋀⋀"上左右两个代表土丘的形体也逐渐发生了讹变。

---

①　司马迁：《史记》卷四十七《孔子世家》，1905 页，北京，中华书局，1959。

②　参见裘锡圭：《文字学概要》，54～55 页，北京，商务印书馆，1988。

③　参见罗福颐：《古玺文编》3307，215 页，北京，文物出版社，1981。

④　参见张守中：《包山楚简文字编》二三七，139 页，北京，文物出版社，1996。

⑤　参见罗福颐：《古玺文编》0324，215 页，北京，文物出版社，1981。

⑥　参见罗福颐：《古玺文编》0340"句丘"，365 页，北京，文物出版社，1981。

⑦　参见《鄂君启车节》，见《殷周金文集成》第 18 册 12110 - 12113，北京，中华书局，1994。

商承祚先生说："丘为高阜，似山而低，故甲骨文作两峰以象意。金文《子禾子釜》作△△△将形写失，《商丘父簠》再误为△△，《说文》遂有从北之训也。"① 可见，甲骨文丘字左右两小山峰本是低山或土丘之状，后来才讹误为两个相背的侧立人形。

先秦货币文字里面从"土"的"丘"字，也有在"△△△"形与"土"之间未增添一横笔的字形，如平肩弧足空首布上的文字△△②，这就和北京房山区长沟镇岩上战国墓所出的铜印文字很接近了。据研究，空首布是春秋早期至战国时期流行于周、郑一带的货币③，说明从"土"的"丘"字出现的年代似又可以早到春秋时期。另外，在古玺印文字中，这种形体的"丘"字也有多例，其中有的上部两个侧立人形也进一步接近而相连。如：

(1) 𝌍。④

(2) 𝌍。⑤

(3) 𝌍。⑥

(4) 𝌍。⑦

(5) 𝌍。⑧

(6) 𝌍。⑨

(7) 𝌍。⑩

以上诸形和北京房山区长沟镇岩上墓区出土的铜印章的印文显然都是"丘"字。且都是近方形的印面，应该属于同一类型的铜印。所以，我们

---

① 商承祚：《殷契佚存考释》，86 页，南京，金陵大学石印本，1933。

② 丁福保：《古钱大字典》756，496 页，北京，中华书局，1982。

③ 蔡运章：《谈解放以来空首布资料的新发现》，载《中国钱币》，1983（3）。

④ 参见罗福颐：《古玺汇编》5363，485 页，北京，文物出版社，1981。

⑤ 参见罗福颐：《古玺汇编》5364，485 页，北京，文物出版社，1981。

⑥ 参见罗福颐：《古玺汇编》5365，485 页，北京，文物出版社，1981。

⑦ 参见罗福颐：《古玺汇编》5366，485 页，北京，文物出版社，1981。

⑧ 参见罗福颐：《古玺汇编》5367，485 页，北京，文物出版社，1981。

⑨ 参见罗福颐：《古玺汇编》5368，485 页，北京，文物出版社，1981。

⑩ 参见罗福颐：《古玺汇编》5369，485 页，北京，文物出版社，1981。

认为将这枚铜印上的文字释为"丘"是可信的。丘是一种自然地貌类的地理通名。古代常出现"某丘"的人文地名。

古玺印文字中有"███司寇"（见《古玺汇编》0072），有人指出其为"且居司寇"，为传世战国时期赵国印玺，"且居"见于《汉书·地理志》上谷郡，当为燕地。《战国策·秦策》云："赵攻燕，得上谷三十六县，与秦十一"①。则属于燕上谷郡的"且居"有可能曾被赵国攻占，"且居司寇"印具有赵国玺印的风格似不难理解。《汉书·地理志》上谷郡"且居"下班固自注云"（阳乐）水出东，南入沽，莽曰久居"。但是从印文字形来看，将前两个字释为"且居"似不可靠，罗福颐隶定为"虑弼司寇"②，吴振武先生校订为"膚弽司寇"③，其中，第二字释为"居"似有可能，但第一字不可能是"且"字，故我们存疑。但是作为一种意见备此以考。

《古玺汇编》0045 著录了一枚印文为"正落司马"的古玺印。④ 前两字为地名，有学者释为"疋落"，并认为即《汉书·地理志》上谷郡属县下落县，故址即今河北省涿鹿县。但是该印的第一字从字形看，应该释为"正"，或读为"征"，不大可能是"下"字。因为涉及《汉书·地理志》上谷郡下落县，故备此以考。

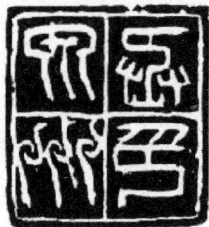

图三十二　泉州亟印
（《考古学报》，2001（1））

上海博物馆藏玺印文字有"字丞之印"者。⑤ 罗福颐、孙慰祖认为乃西汉早期官印⑥，"字丞之印"的意思就是字县县丞的专用印。《汉书·地理志》右北平郡有"字县"，班固在"字"县下自注云："榆水出东"，就是说榆水从字县县境东部流出。榆水是大凌河上源的一条支流，经今凌源，至喀左入大凌河。从该官印的形制看，其蛇钮和十字界栏，也有秦印

---

① 刘向：《战国策》卷七《秦策五》，293 页，上海，上海古籍出版社，1985。

② 罗福颐：《古玺汇编》0072，北京，文物出版社，1981。

③ 吴振武：《〈古玺汇编〉释文订补及分类修订》，见《古文字学论集（初级）》，488 页，香港，香港中文大学中国文化研究所、吴多泰中国语文研究中心，1983。

④ 参见罗福颐：《古玺汇编》0045，8 页，北京，文物出版社，1981。

⑤ 参见罗福颐：《秦汉魏晋南北朝官印征存》，11 页，北京，文物出版社，1987。

⑥ 参见罗福颐：《秦汉魏晋南北朝官印征存》，11 页，北京，文物出版社，1987；孙慰祖主编：《两汉官印汇考》，144 页，上海，上海书画出版社，1993。

的特征。由此观之，字县可能在秦代或已设置。既属于右北平郡，在战国时期当属燕国区域内的地名。字县故治约在今河北省平泉县东北。

图三十三 范阳丞印
（《考古学报》，2001（1））

1989年秋至1990年，天津市历史博物馆考古部对位于天津市宝坻县石桥乡辛务屯村南1华里的秦城遗址进行了发掘，发掘过程中采集到一枚具有秦系风格的双面石质官印（采：02）①，一面文字为"泉州丞印"，另一面为"范阳丞印"，两印皆有田字格，阴文反书。其中的"泉州""范阳"皆为北京地区秦汉时期的古地名。发掘者指出，该古城建成于战国晚期，具体来说，根据出土刀币的形制应属于乐毅伐齐之后的战国晚期，且与出土于灵寿中山国古城的尖首刀币不同，由此可以推断此城建于赵灭中山国及乐毅居齐之后至燕国灭亡的一段时间，即公元前284—公元前221年。②《汉书·地理志》右北平郡有"泉州"县，王莽改为"泉调"，且置有铁官，足见其重要。该郡"渔阳"县下班固自注云："沽水出塞外，东南至泉州入海，行七百五十里。有铁官。"所谓沽水就是今潮白河下游所行鲍丘水河段。"东南至泉州入海"就是沽水东南行至泉州县入渤海。西汉的泉州县在今天津市武清区黄庄乡城上村。③

战国时期，范阳作为县，应属燕国。公元前226年秦灭燕，设郡置县，其中就有范阳县，当是在战国燕范县的基础上设立的。秦末，范阳说客蒯通曾说服秦范阳令徐公投武臣，如此武臣便很快在燕赵旧地站稳了脚跟。《史记·张耳陈余列传》中记载有此事，其云："（武臣）乃引兵东北击范阳。范阳人蒯通说范阳令……武信君从其计，因使蒯通赐范阳令侯印。赵地闻之，不战以城下者三十余城。"又《汉书·蒯通传》曰："蒯通，范阳人也。"师古注："涿郡之县也，旧属燕，通本燕人。"秦置范阳县。应劭曰："在范水之阳。"范阳亦见《水经·易水注》④。秦汉范阳县故城约在今河北定兴、徐水之间。

---

① 参见天津市历史博物馆考古部等：《宝坻秦城遗址试掘报告》，载《考古学报》，2001（1）。
② 参见天津市历史博物馆考古部等：《宝坻秦城遗址试掘报告》，载《考古学报》，2001（1）。
③ 参见国家文物局：《中国文物地图集·天津分册》，北京，中国大百科全书出版社，2003。
④ 参见郦道元：《水经·鲍丘水注》，上海，上海古籍出版社，1990。

《古玺汇编》0125 著录了一枚"襄平右丞"① 玺印，其中的"丞"作
"![形]"形，李家浩、苏建洲②、大西克也③、许慜慧④等认为应读为"尉"。
从该印的形制风格、文字特征及作为地名的"襄平"判断，当属战国燕系
古玺。⑤ "襄平"的地名还见于燕国货币，《中国历代货币大系》2317 著录
了一件面文为"纕坪"的方足布，何琳仪先生指出"纕坪"就是"襄
平"⑥。可见，"襄平"是该方足布的铸造地点。《史记·匈奴列传》："燕亦
筑长城，自造阳至襄平。"《汉书·地理志》载襄平县属辽东郡，班固自注
云："有牧师官，莽曰昌平。"秦置襄平县。又《水经·大辽水注》："（辽
水）屈而西南流，径襄平县故城西。秦始皇二十二年灭燕，置辽东郡，治
此。"《大清一统志》卷六十："襄平故城在（奉天府）辽阳州北"。秦汉襄
平县故址约在今辽阳市旧城区。

《战国玺印分域编》0003 著录了一枚战国时期燕国的官印"![印]都司
徒"，《古玺通论》141 页讨论了一枚燕国玺印"![印]都虞"⑦，又《古玺汇
编》159 著录了"![印]![印]师玺"，我们认为三印的第一个字应该是同一个字，
黄盛璋先生释该字为"邘"⑧，庄新兴先生亦释为"邘"⑨，陈光田先生指出
"![印]"字易旁从日省，当释为"鄋"，读作易。春秋时燕有鄋邑，其地在今
河北易县、唐县东北。⑩ 关于"易都"，李学勤先生在《战国题铭概述》
（上）中指出"易"应即燕国，燕国都于临易城，别称为易，和魏称梁、

--------

① 罗福颐：《古玺汇编》，153 页，北京，文物出版社，1981。

② 参见苏建洲：《战国燕系文字研究》，台北，台湾师范大学，硕士学位论文，2000-6，52
页注 172，248、327 页。

③ 参见大西克也：《试论上博楚简〈缁衣〉中的"![字]"字和相关诸字》，见《第四届国际中
国古文字学研讨会论文集：新世纪的古文字学与经典诠释》，331～341 页，香港，香港中文大学中
国语言及文学系，2003。

④ 参见许慜慧：《古文字资料中的战国职官研究》，上海，复旦大学，博士学位论文，2014，
203～205 页。

⑤ 参见曹锦炎：《古代玺印》，43 页，北京，文物出版社，2002。

⑥ 参见何琳仪：《燕国布币考》，载《中国钱币》，1992 (2)。

⑦ 曹锦炎：《古玺通论》，141 页，上海，上海书画出版社，1996。

⑧ 黄盛璋：《所谓"夏虚都"三玺与夏都问题》，载《河南文博通讯》，1980 (3)。

⑨ 庄新兴：《战国玺印分域编》，3 页，上海，上海书店出版社，2001。

⑩ 参见陈光田：《战国玺印分域研究》，97 页，长沙，岳麓书社，2009。

赵称邯郸、韩称郑同例。① 另外，高明先生曾也认为官印"都司徒"之
""是."郖"字，并进一步指出"郖"当是"涿"字之古体，"涿"就是
《汉书·地理志》涿郡之涿。②

　　《汉书·地理志》涿郡属县有涿，注引应劭曰："涿水出上谷涿鹿县。"
又《韩非子·有度篇》："燕襄王以河为境，以蓟为国，袭涿、方城，残
齐，平中山。"即燕襄王时燕国即向南拓展至中山，涿地在中山之北，袭
而据有。印文中"涿都"即燕国涿县，秦汉因之。燕涿都是相当于县一级
的地方行政区，为西汉涿郡属县涿县之前身。秦推行郡县制，改燕涿都为
涿县，属秦广阳郡。这里将两种不同的意见均备此，以待将来进一步的
研究。

　　《古玺汇编》0016 著录了一枚印文为"城都
司徒"的战国燕官印。③ 第一字原不释，李家浩先
生释为"方"，"方城"其地在今河北固安县南。④
施谢捷先生释为"丂城都司徒"⑤。陈光田先生指出
该玺印当是方城之地的司徒所用之物。⑥ 先秦时，
燕国、楚国均有方城的地名。该玺印所反映的当是
燕国的方城。《韩非子·有度篇》："燕袭方城。"又
《史记·燕召公世家》："（燕王僖）十二年，赵使李

图三十四　方城都司徒
（《玺汇》0016）

牧攻燕，拔武遂、方城。"集解引徐广曰："（方城）属涿，有督亢亭"。此
事在《史记·赵世家》亦有记载，其云："二年，李牧将，攻燕，拔武遂、
方城。"《正义》："《括地志》云：'方城故在幽州固安县南十七里。'"具有
燕国风格的"方城都司徒"官印似乎说明燕国时期就在"方城"设有地方
行政单位。秦代在旧燕方城之地置方城县，属广阳郡。西汉时方城县或属
广阳国，或属燕国，或属广阳郡。其地在今河北省固安县南。楚方城见

　① 参见李学勤：《战国题铭概述（上）》，载《文物》，1959（7）。
　② 参见高明：《中国古文字学通论》，469 页，北京，北京大学出版社，1996。
　③ 参见罗福颐：《古玺汇编》0016，3 页，北京，文物出版社，1981。
　④ 参见李家浩：《先秦文字中的"县"》，见《文史》第 28 辑，49 页，北京，中华书局，
1987。
　⑤ 施谢捷：《古玺汇考》，合肥，安徽大学，博士学位论文，2006，76 页。
　⑥ 参见陈光田：《战国玺印分域研究》，87 页，长沙，岳麓书社，2008。

《左传》僖公四年，其云："楚国方城以为城"。又《史记·秦本纪》："齐使章子，魏使公孙喜，韩使暴鸢共攻楚方城。"此楚国之方城，与燕国玺印所见的"方城"是同名异地。

《古玺汇编》0003著录了"㠱平君佢室玺"，其中"㠱平君"就是燕国的封君，"㠱平"或是其封地之名。于豪亮认为"佢室"之"佢"当为"相"，"相室"的含义与"家相""室老""家老"同。① 相室见于《战国策·赵策》，其云："公甫伯官于鲁，病死……其母闻之，不肯哭。相室曰：'焉有子死而不哭者乎？'"。陈光田先生也认为印文"佢室"应该读作"相室"，理解为"家相"。② 王人聪先生认为"佢室"应该释为"传室"，《古玺汇编》0228、0229"传室之玺"的玺印就可以印证。并指出"㠱平君传室玺"即是㠱平君在其封邑内所设的传遽组织机构中，掌管传室的官吏所用之印。③

《古玺汇编》0011著录了一枚"⬛⬛都司徒"燕国官玺，第一字以前不识，后来何琳仪先生释作从"阜"从"罔"从"土"的一个字，读作刚，并认为是战国时期燕国的罡城④，刚阴即刚城所在水系之阴。⑤ 刚城在今河北省怀安县东北，刚阴应距此不远。《水经·㶟水注》："于延水又东迳冈城南。按《史记》，蔡泽，燕人也。谢病归，相秦。号冈成君，疑即泽所邑巴，世名武冈城。"其中"冈"朱谋㙔、赵一清作"罡"。罡城可能是蔡泽在燕国的食邑，故称罡城君。

《古玺文编》0021著录了一枚"⬛都右司徒"的燕国官玺，第一字旧不识，后来何琳仪先生隶作遄，字或读作道，并认为是地名，在今河北涞水县。⑥ 陈光田先生认为非是，当存疑。⑦ 我们认为暂可隶作道，释作逼。逼都当是燕国县一级的地名，"逼都右司徒"是燕国逼地有司徒的

---

① 参见于豪亮：《古玺考释》，载《古文字研究》第五辑，255、256页，北京，中华书局，1981。

② 参见陈光田：《战国玺印分域研究》，85页，长沙，岳麓书社，2008。

③ 参见王人聪：《古玺考释》，见《古玺印与古文字论集》，28页，香港，香港中文大学文物馆专刊之九，2000。

④ 参见何琳仪：《战国文字通论》，252页，北京，中华书局，1989。

⑤ 参见何琳仪：《古玺杂识》，载《辽海文物学刊》，1986（2）。

⑥ 参见何琳仪：《战国官印杂识》，载《印林》第16卷第2期，1995。

⑦ 参见陈光田：《战国玺印分域研究》，86页，长沙，岳麓书社，2008。

官玺。

《古玺汇编》0013 著录了一枚"文安都司徒"的战国官玺，其"都""安"字形都是燕国的风格，所以定为燕国官玺是没有问题的。《汉书·地理志》渤海郡属县有文安。黄盛璋先生认为汉代文安县当因袭战国而来，从地望看，文安正属于燕境。①

《古玺汇编》0013 著录了"平阴都司徒"的官玺，《货系》2327 著录了一枚"平阴"方足小布②，出土于东北和朝鲜一带，其必为燕国货币③。"平阴"显然是地名，先秦时期名为平阴的不止一地，齐国、晋国都有。但这方印从文字风格判断当属于燕系。陈光田先生指出，燕系文字的"平阴"之地当在今山西阳高，该地是否曾经为燕国所有，有待进一步考证。④

《古玺汇编》0014、0052 分别著录的是"![字]阴都司徒""![字]阴都左司马"的燕国官印，首字相同，原释为恭，曹锦炎先生认为，该字上从"兄"、下从"心"，侯马盟书"兄"字写法与此同。古文字"兄"字或写作"![字]"，"匡"字或写作"![字]"，可见，"兄""黄"古音相同，而"广"从"黄"声，所以怳可读作"广"。并认为"广阴"之取名，当和汉代之广阳县一样，即与广阳水有关。⑤《水经·圣水注》云："圣水又东，广阳水注之，水出小广阳西山，东迳广阳县故称北。"广阳县本是燕地，地在今北京市良乡东北。广阴应距广阳不远，亦应属燕地。另外，《货系》2334 是一枚"怳昌"方足布，第一个字和"![字]阴都司徒"官印同，何琳仪先生认为燕国布币中有"怳昌"，即燕国的地名"广昌"，地在今河北涞源。⑥

《古玺汇编》0015 著录的是一枚"夏![字]都司徒"的燕国官玺，又 5541 著录的是一枚"夏屋都左司徒"的燕系官玺。两玺的第二字罗福熙未释。

---

① 参见黄盛璋：《所谓"夏虚都"三玺与夏都问题》，载《河南文博通讯》，1980（3）。
② 参见马飞海、汪庆正、马承源：《中国历代货币大系 1·先秦卷》，上海，上海人民出版社，1988。
③ 参见何琳仪：《燕国布币考》，载《中国钱币》，1992（2）。
④ 参见陈光田：《战国玺印分域研究》，86 页，长沙，岳麓书社，2008。
⑤ 参见曹锦炎：《古玺通论》，144～145 页，上海，上海书画出版社，1996。
⑥ 参见何琳仪：《燕国布币考》，载《中国钱币》，1992（2）；何琳仪：《战国文字通论（订补）》，107 页，南京，江苏教育出版社，2003。

黄盛璋先生释为"屋"①。"夏屋"当为地名，《水经·滱水注》："《竹书纪年》曰：'魏殷臣、赵公孙裒伐燕，还取夏屋，城曲逆。'"可见"夏屋"属于燕国。

《古玺汇编》0017 著录了"洵城都司徒"的燕国官玺。洵城为燕国地名。《古本竹书纪年》梁惠成王十六年，"齐师及燕战于洵水，齐师遁"。此"洵水"就是流经今北京平谷的洵河，齐燕战于洵水，当是该河的下游，属燕地，齐国军队是进攻至此的。《水经·鲍丘水注》："洵河又东南径临洵城北，屈而历其城东，侧城南出。"此临洵城在今河北三河市。

《古玺汇编》0018 著录的是一枚"![字]![字]都左司马"官玺。首字从"水"从"禾"，当读为黍，第二字旧不识。从字形看，上部似乎是从"丘"形，下部或从"巾"或"午"，如果是从"巾"，即为"市""币"的下部，可隶作从"巾"从"丘"的字，读为丘。"黍丘"应该是燕国地名，其地望暂无考。

《古玺汇编》0050 "![字]（饶）都左司马"、0058 "![字]（饶）都右司马"。首字何琳仪先生读为饶，并指出"饶都"当为地名，在今河北饶阳。② 施谢捷先生释读为"峙"③，峙都当亦为燕国地名。如果释读为峙，峙都会不会与今山西省的繁峙县有关？繁峙县随处太行山西麓忻定盆地的最北端。但是这里正处于山西滹沱河上源与河北唐河、大沙河上源组成出入太行山地的通道之上，

图三十五　饶都右司马
（《玺汇》0058）

地处中山国、赵国、燕国和古代国的犬牙交界之地，短暂属燕不是没有可能。燕昭王伐齐，齐仅即墨与莒未能攻下，可见其规模之大。而与齐国一起乘燕国国内子之之乱之际，侵占燕国城邑的中山国，当亦受到燕军的攻伐，繁峙县与中山国最为接近。或许就是这个时候燕人曾一度占有繁峙县一带。

---

① 黄盛璋：《所谓"夏虚都"三玺与夏都问题》，载《河南文博通讯》，1980（3）。
② 参见何琳仪：《战国文字通论（订补）》，109、110 页，南京，江苏教育出版社，2003。
③ 参见施谢捷：《古玺汇考》，合肥，安徽大学，博士学位论文，2006，85～87 页。

《古玺汇编》0051 "■阳都左司马"，首字从"木"从"巨"，何琳仪先生认为可隶定为柜，读为剧，"剧阳"为地名，在今山西应县。[①] 陈光田先生亦认为"剧阳"地在山西省应县。[②] 该玺首字释为"柜"，是典型的东方文字的写法。巨本义为人手持规巨之形。金文作人持规巨状（《伯矩簋》），《说文》"巨"下所收古文字形与玺文相合，皆为省人形后以手持工的形体。看来燕国作为东方六国，其文字也有见于《说文》古文的情况。今山西应县在桑干河上游大同盆地南缘，此地在燕赵争夺的过程中，也有曾属于燕国的可能。

图三十六　柜阳都左司马
（《玺汇》0051）

《古玺汇编》0192 著录了一件"■阳都封人"燕国玺印。首字汤余惠释为"甫"[③]；何琳仪先生释为"甫"，读为浮，并指出"浮阳"在河北沧州[④]；施谢捷先生释为"帚"[⑤]。《汉书·地理志》载勃海郡有浮阳县，王莽曰浮城。王先谦《汉书补注》称：《续志》后汉因。《水经·淇水注》谓淇水自南皮来，东南分为二渎，枝分东出，谓之浮水故渎。浮水故渎者：《史记》载赵之南界有浮水焉。浮水在南，而此有浮阳之称者，浮水出入，津流同逆，混并清漳二渎，河水旧道，浮水故迹，又自斯别，是县有浮阳之名也。首受清河于县界，下入高成。应劭云，浮阳县，浮水所出，入海潮汐往来日再，今沟无复有水也。《大清一统志》谓故城今沧州东南四十里卧牛城。浮河在州东南。[⑥] 今查勘地图，汉浮阳县治在今河北省沧州市东南。[⑦]

图三十七　浮阳都封人
（《玺汇》0192）

①　参见何琳仪：《战国文字通论（订补）》，109 页，南京，江苏教育出版社，2003。

②　参见陈光田：《战国玺印分域研究》，86 页，长沙，岳麓书社，2008。

③　汤余惠：《略论战国文字形体研究中的几个问题》，见《古文字研究》第十五辑，32～34 页，北京，中华书局，1986。

④　参见何琳仪：《战国文字通论（订补）》，109 页，南京，江苏教育出版社，2003。

⑤　参见施谢捷：《古玺汇考》，合肥，安徽大学，博士学位论文，2006，79～80 页。

⑥　参见王先谦：《汉书补注》（外二种）二，78 页，上海，上海古籍出版社，2008。

⑦　参见谭其骧、周振鹤：《汉书地理志汇释》，199 页，合肥，安徽教育出版社，2006。

总之"⬛阳"是个地名无疑，燕国带有"阳"字的地名还是比较多的，如广阳、阳安（《陶汇》4·29）、阳乡、中阳（《玺汇》5562）、范阳、族阳（《玺汇》0369）、东阳（《玺汇》0362）、安阳（《货系》2290）、守阳（《三代》19·30·1）等，这或许与燕国所在的地理位置有关，燕国的疆土核心地区在太行山东南麓、燕山南麓，在地貌上属于山南向阳之地。因此，我们推测"⬛阳"可能也是近山之南或水之北的某一处地名。"都"后的"封人"两字，传世文献见于《周礼·地官·封人》，其云："（封人）掌设王之社壝，为畿封而树之。凡封国，设其社稷之壝，封其四疆。造都邑之封域者亦如之，令社稷之职。"又《左传·隐公元年》："颍考叔为颍谷封人。"杜注："封人，典封疆者。"看来燕国的都级政区职官中设有"封人"一职，主要是负责划分不同人文地域之间疆界的，也是一个涉及地理的职官，故《周礼》置之于地官之属。"封人"一职起源较早，商代甲骨文中就出现过：

……畜封人。
……畜封人。            《屯南》3398
……畜［封］人。          《屯南》3121

"畜封人"就是"畜养封人"的意思。[①] 另外，1976 年在河南安阳小屯之北出土过一件朱书玉戈，铭文为"在沘执更🌱在入"。刘钊指出"更"当释为"守"，"入"当读作内，并指出"在沘执守封人在入"意为"在沘封人执守在内"，指在某一水系边封人执守在内。"沘"很可能就是指商朝某一方向上的边界。其说甚是。燕国古玺"浮阳都封人"就是浮阳都下属封人这一职官所用的官玺。从地理位置看，今河北沧州一带正乃燕国与齐国交界之所在，突出封疆封土之执掌的封人也是情理之中的事情。

《古玺汇编》0054"范潭都左司马"，何琳仪先生认为第一字可释读为范，"范潭"和范水有

图三十八　范潭都左司马

（《玺汇》0054）

---

① 参见刘钊：《殷有封人说》，载《殷都学刊》，1989（4）。

关。①《水经·易水注》："（径）（易水）东过范阳县
南。（注）（梁门）淀水东南流，出长城注易，谓之
范水。易水自下有范水通目，又东迳范阳县故城
南，即应劭所谓范水之阳也。""范渲"在易水流
域，当属燕国。

图三十九　庚都右司马
（《玺汇》0059）

《古玺汇编》0059 著录了一枚"庚都右司马"
的燕国玺印。曹锦炎先生认为首字"庚"为地名，
典籍失载，当和庚水有关。并引《说文》："澶水出
右北平浚靡，东南入庚。"庚水今名沽河。又《水经·鲍丘水注》："鲍丘
水又东，庚水注之。水出右北平徐无县北寨中，而南流历徐无山，得黑牛
谷水，又得沙谷水，并西出山，东流注庚水。"由此曹锦炎先生断庚水在
燕国国境内，燕国之庚都，当在庚水流域。② 何琳仪先生认为"庚"当读
为唐，地在今河北唐县。③ 施谢捷先生读为奉，无说。但"奉都"也应该
是地名无疑。我们认为，释"唐"更为合理一些，从地理位置来看，今唐
县近燕下都武阳城所在的易县。而燕下都及其周围是燕昭王时期推行其拓
疆统治的重点地区，因此有"唐都"的行政用玺似可理解。

《古玺汇编》0061 著录的是一枚"  都右
司马"的燕国古玺，又 0086 为"  都司工"、
0120 为"  都尉"，曹锦炎先生释前两字为
"鄙邯"，并认为是地名"雷旦"的专用字。"鄙"
疑读为"澶"或"灅"，雷为靁的简体。"灅""澶"
均从"畾得声"，故可通用。《说文》："灅水出雁门

图四十　鄙邯都右司马
（《玺汇》0061）

阴馆累头山，东入海，或曰治水也。"其上游即桑
干河，下游自北京西南卢沟桥以下的永定河。灅水、澶水主要流经都在战
国时燕国境内，"雷旦"之得名很可能与这两水有关。④ 我们认为，"鄙邯"

---

① 参见何琳仪：《古玺杂识续》，见《古文字研究》第十九辑，470 页，北京，中华书局，
1992。

② 参见曹锦炎：《古玺通论》，147 页，上海，上海书画出版社，1996。

③ 参见何琳仪：《战国文字通论（订补）》，109 页，南京，江苏教育出版社，2003。

④ 参见曹锦炎：《古玺通论》，146 页，上海，上海书画出版社，1996。

为地名无疑，但其是不是就和瀔水有关，证据还不是很充分，其地名的构成方式倒是和赵国都城"邯郸"近同，皆是由两个从"邑"之字构成。邯郸得名有多种说法，其中有一种认为战国以前邯郸称甘丹，甘为太阳初升过地平线叫甘，太阳落山叫丹，似与红色晚霞有关。后建城郭而分别加邑旁，后又以单代丹。从战国时期邯郸所在的地理部位看，东为广阔的大平原，西是太行山，这里出现早上太阳初升跃上地平线、晚上入山的地理现象是可能的。再查"酈邯"之"邯"的左边部件亦与"甘"有形近之处，皆有口中含一点的构形，是不是甘、旦可以通用，皆可表示太阳初升于地平线之上的含义，如此则燕玺所见地名或可称酈邯。故此，我们怀疑"酈邯"可能与该地有观察太阳初升于地平线之上的地形有关。这也正好与北京地区东南部皆为广阔的平原地貌相合。

《古玺汇编》0297 著录了一枚"单佑都市玺"古玺、0361 是一枚"单佑都市王卩瑞"长条形古玺。其中"单佑"当为地名。从这两枚古玺的风格都属于燕国来看，"单佑"应是燕国地名。"单"可读与"禅、蝉"同，《广韵·仙韵》收"单"字，音读为"市连切"，有环绕、周行、围绕之义。《汉书·扬雄传上》："崇崇圜丘，隆隐天兮，登降峛崺，单埢垣兮。"颜师古注曰："单，周也。"《文选》李善注为"大"貌，见《文选·扬雄〈甘泉赋〉》李善注。或曰为"盘曲"义。[①] 可见，单有四周盘绕回旋的含义。"单佑"可能与圆而大的地形、建筑或人类活动的场所有关。

《古玺汇编》0364 著录了一枚印文为"阳文(门)身(信)瑞"的长条状燕国古玺，《古玺汇编》于"瑞"上一字缺释。第一字可释作"易"，或直接释为"阳"。[②] 何琳仪先生指出，玺印中的"阳文"为地名，是否为后世的

图四十一　阳文身瑞
（《玺汇》0364）

阳门，待考。[③] 吴振武先生疑此玺的"阳文"和《古玺汇编》1674 的"阳闵"并当读作"阳门"，今河北怀安县东北古曾设阳门镇、阳门县，玺文

---

①　参见陈宏天、赵福海、陈复兴：《昭明文选译注》，382 页，长春，吉林文史出版社，1988。

②　参见庄新兴：《战国玺印分域编》，63 页，上海，上海书店出版社，2001。

③　参见何琳仪：《战国官印杂识》，载《印林》第 16 卷 2 期，1995。

所称可能与此地有关。① "阳门信瑞"就是"阳门信玺",可能与阳门地区的邮政系统有关。

《古玺汇编》0082 著录的是一枚印文为"鄚都司工"的燕国官玺。董珊先生指出,第一字当读作《说文·邑部》的"鄚","鄚"与蓟读音相近可通。② "蓟都司工"当是蓟都司空之职所用的官玺。如果玺印第一字释"蓟"不误,则很有可能就是燕都蓟城,但是在字形上还是存在一些差异,此处存疑。

图四十二　鄚都司工
（《玺汇》0082）

《古玺汇编》0362 著录了一枚印文为"东阳海泽王卩瑞"的燕国玺印,"东阳"为地名。传世文献如《左传》所载晋国地名中有称"东阳"的,是指太行山东麓今河北平原西部近山的山前地带。此玺风格为燕玺,则燕国亦有东阳的地名。陈光田先生以为"海泽王"为地名。③ 或可理解为海泽属于东阳的一个组成部分。

《古玺汇编》5562 著录的是一枚印文为"中阳都吴（虞）王卩"的燕

图四十三　东阳海泽王卩瑞
（《玺汇》0362）

图四十四　中阳都吴王卩
（《玺汇》5562）

---

① 参见吴振武:《释三方收藏在日本的中国古代官印》,见《中国文字》新廿四期,83～93页,台北,艺文印书馆,1998;吴振武:《燕国玺印中的"身"字》,见《胡厚宣先生纪念文集》,196～199页,北京,科学出版社,1998。

② 参见董珊:《古玺中的燕都蓟及其初封问题》,载《江汉考古》,1993（4）。

③ 参见陈光田:《战国玺印分域研究》,90页,长沙,岳麓书社,2008。

国玺印。裘锡圭先生将第一字释为"中"。[1]"中阳"为地名。陈光田先生以为就是传世文献中的"中阳",在今山西中阳县西,并指出战国晚期此"中阳"曾一度属于燕国所有。[2]但今山西中阳县离燕境过于辽远,似当存疑。此玺印的款式结构与0362的"东阳海泽王卩瑞"相同,则"虞"或可为地名。

《古玺汇编》0366著录的是一枚燕国玺印,陈光田先生释为"里□都瑞",施谢捷先生释为"毋□都瑞"[3]。从玺文结构看,不管是"里□"还是"毋□",当为地名无疑。

《古玺汇编》0363著录的是一枚"溴谷山金贞瑞"的燕国玺印。吴振武先生释第一字为"溴"[4],朱德熙先生释第二字为"谷"[5]。"溴谷山"为山地类地名。何琳仪先生将玺文前两字隶为"洌汕",读为朝鲜,指今朝鲜[6],为另一说。

《陶汇》4·20著录的是一枚"无中市王卩"的陶文玺印。其中"无中"当为地名。其是否与"无终"有关,待考。

图四十五　里□都瑞　　　图四十六　溴谷山金贞瑞　　　图四十七　无中市王卩

（《玺汇》0366）　　　　　（《玺汇》0363）　　　　　（《陶汇》4·20）

此外,燕国玺印文字中所反映出来的姓氏字和官职名称,其中部分也是值得关注的地名资料,因为有些姓氏、官职名称与地名是有密切关系

---

① 参见裘锡圭:《战国货币考（十二篇）》,载《北京大学学报》（哲社版）,1978（2）。
② 参见陈光田:《战国玺印分域研究》,91页,长沙,岳麓书社,2008。
③ 施谢捷:《古玺汇考》,合肥,安徽大学,博士学位论文,2006,91页。
④ 参见吴振武:《燕国铭刻中的"泉"字》,载《华学》,1996（2）,47页。
⑤ 参见朱德熙:《战国文字中所见有关厥的资料》,见《朱德熙古文字论集》,北京,中华书局,1995。
⑥ 参见何琳仪:《古玺杂识再续》,载《中国文字》新第17期,1993。

的。如"信城医"（《古玺汇编》0323），陈光田先生以为信城为古代复姓，即信成。① 此复姓可能与地名有关，《汉书·地理志》清河郡有"信成县"，是地名与姓氏之称互用的情况。臧励和先生《中国人名大辞典》附录《姓氏考略》指出，上引清河郡"信成县"是以地为氏。② 究竟是以地为氏还是因氏而化成地名，还不是十分确定。推测此玺为信城县的从医者所用。汉代清河郡信成县在今河北清河县西北。此地曾是燕齐拉锯争夺之区，有燕国古玺，不足为奇。

其实含有姓氏的燕国私玺还有很多，此不一一讨论，仅提供出来，以备参考。如王喜（《玺汇》0395）、长恭（《玺汇》0693）、张耳（《玺汇》0885）、赵秦（《玺汇》4131）、屈聪（《玺汇》3515）、薛义（《玺汇》2281）、高邬官（《玺汇》1139）、高帛（《玺汇》1140）、周起（《玺汇》3320）、女得（《玺汇》2242）、乔臣（《玺汇》1222）、石䀁（《玺汇》1162）、邢莫（《玺汇》1279）、余得（《玺汇》1290）、夏赀（《玺汇》2724）、卫脐（《玺汇》1336）、孟安（《玺汇》1348）、宋事（《玺汇》1432）、任口树（《玺汇》2559）、男剸（《玺汇》5641）、畋奠（《玺汇》1486）、孙阵（《玺汇》1541）、卉陆骨（《玺汇》3502）、朱方（《玺汇》1577）、鲁卩（《玺汇》5566）、吾亲（《玺汇》3521）、祁君水（《玺汇》1598）、土罤（《玺汇》1666）、丁逐（《玺汇》1688）、召剪（《集萃》1.21）、并怀（《玺汇》1924）、易亦（《集萃》2·105）、毛娃（《玺汇》2120）、秦是（《集萃》132）、尉张（《玺汇》3539）、畐生璎（《玺汇》3504）、城强（《玺汇》1888）、正缠（《玺汇》2237）、邙马意（《玺汇》2247）、方缠（《玺汇》2326）、范齿（《玺汇》2288）、良生狗（《玺汇》3496）、岑恭（《玺汇》2324）、征生乔（《玺汇》2626）、雷赀（《玺汇》2792）、帛生佑（《玺汇》3495）、智生纯（《玺汇》3497）、杨鲁（《玺汇》2392）、怡生谏（《玺汇》3416）、裘生异（《玺汇》3688）、献强（《玺汇》2749）、莫（《玺汇》5498）、剸上（《玺汇》5573）、祝佯（《玺汇》2726）、诸信（《玺汇》3248）、马涉（《玺汇》2758）、尹弗（《玺汇》2787）、卢生

① 参见陈光田：《战国玺印分域研究》，98页，长沙，岳麓书社，2008。
② 参见臧励和：《中国人名大辞典》附录《姓氏考略》，32页，北京，商务印书馆，1922（中华民国十一年），初版。

虑（《玺汇》3447）、文行（《玺汇》2888）、严璎（《玺汇》2881）、乏章
（《玺汇》3173）、义乘（《玺汇》2841）、雕晨（《玺汇》3188）、狄安（《玺
汇》3425）、郑邦（《玺汇》3295）、臼犴（《玺汇》3354）、弔罱（《玺汇》
3370）、栗师（《玺汇》3371）、系罱（《玺汇》3372）、亥陶（《集萃》81）、
尾生（《玺汇》3941）、禹邦身（《玺汇》3408）、羊闵都（《玺汇》3498）、
子赋（《玺汇》1304）、屈忑（《中文大学》74）、古昌（《玺汇》4126）、单
非（《玺汇》3632）、封□（《玺汇》3319）、后闢封（《玺汇》4091）、邓
（《玺汇》5327）、娄其（《玺汇》3662）、吴缠（《玺汇》2240）、郾中甘单
（《玺汇》4099）、乘（《玺汇》5386）、费马意（《珍秦斋》73·88）、董言
（《中文大学》10）、罗子（《珍秦斋》81·105）、南郭午（《玺汇》2794）、
九单上（《玺汇》3384）、司马思（《玺汇》3770）、司寇徒人（《玺汇》
3838）、公孙寅（《玺汇》3841）、安次生晨（《玺汇》3453）、长孙得（《玺
汇》3933）、东里口（《玺汇》3449）、王孙生怀（《玺汇》3929）、东方维
（《玺汇》3957）、西方齿（《玺汇》3964）、率吴（鲜于）思（《玺汇》
4101）、甘士市（《玺汇》5570）、北宫受（《玺汇》3274）、陻作（《玺汇》
2216）、赏堂（《玺汇》3494）、弩倚（《玺汇》3349）、安（《玺汇》3485）、
㹜齐（《玺汇》2511）、戍张（《玺汇》3422）、逼生㹜恭（《玺汇》
3452）等。

## 第五节　封泥文字地名

战国时期，燕与赵、中山、齐国相接壤。燕、赵等国在其统治区域内
曾设郡治理。秦在统一过程中，攻伐诸国，在据有其地后，改设为秦郡，
很多仍沿袭旧称。值得注意的是，这些秦郡不是秦统一天下后，在全国颁
布郡县制时建立的，而是在统一过程中所设，后来又有调整。在今北京、
天津及河北省北部一带，秦郡有邯郸、上谷、广阳、恒山、代、渔阳、右
北平等，秦封泥中关于北京及周边地区的古文字资料所反映的地名情况比
较复杂，有的是行政区划的名称，有的是小地点的名称。有一部分秦封泥
地名是直接沿袭燕国旧置政区地名而来的。

秦封泥有"上谷府承"①，"府承"为郡太守府中之佐吏。上谷郡辖境相当于燕上谷郡，其汉初时的辖境，当因于燕、秦之旧。秦始皇十二年置上谷郡。《史记·陈涉世家》："（武臣）遣故上谷卒史韩广将兵北徇燕地"。故谭其骧考证："南界循汉制，旧不知秦有广阳郡，故举蓟南之地亦以属上谷也"②。《汉书·地理志》上谷郡班固自注："秦置。莽曰朔调。属幽州"。《水经·漯水注》："水源出沮阳县东，而西北流入清夷水，清夷水又西，迳沮阳县故城北，秦始皇上谷郡治此"。秦上谷郡郡治沮阳，今在河北省怀来县东南。

沮阳城遗址，考古工作者已经发现其所在。《水经·漯水注》："清夷水又西，迳沮阳县故城北，秦始皇上谷郡治此"。正义引《括地志》云："上谷郡故城在妫州怀戎县东北百二十里，燕上谷，秦因不改，汉为沮阳县"。《大清一统志》："沮阳故城在（宣化府）怀柔县南，秦置县"。河北怀来县大古城遗址为不规则长方形，东西 1 500 米，南北 1 000 米。另有小方城，边长 500 米，③ 这座城址时代可早到战国时期，经研究表明它为战国燕、秦代上谷郡造阳，汉上谷郡治沮阳是没有问题的。

燕代地区接近，民风民俗亦类似，代地为赵国攻灭后，燕国就与赵国直接接壤了，所以代地的地名是涉燕地名。

代马丞印④之代，乃代郡之义。《史记·匈奴列传》："而赵武灵王……而置云中、雁门、代郡。"《史记·秦始皇本纪》："（秦王政）二十五年，……还攻代，虏代王嘉。"《汉书·地理志》："代郡，秦置。莽曰厌狄。有五原关、常山关，属幽州。"《读史方舆纪要》："代王城在蔚州府东北二十里。"代郡治代县，故城在今河北蔚县东北约 15 公里。代郡自古盛产良马。秦曾在边郡设置牧师诸苑 36 所，养马 30 万匹，代郡当为其中之一。代马丞、代马，为主代郡当地之马政。另疑代、马分指两地。《史记·苏秦列传》有"南有巴蜀，北有代马"。《史记·秦楚之际月表》："汉

① 陈晓捷、周晓陆：《新见秦封泥五十例考略》，见《碑林集刊》（十一），316 页，西安，陕西人民美术出版社，2005。

② 谭其骧：《秦郡界址考》，见《长水集》，北京，人民出版社，1987。

③ 参见安志敏：《河北怀来大古城村古城址调查记》，载《考古》，1955（3）；张家口考古队：《河北怀来官厅水库沿岸考古调查简报》，载《考古》，1988（8）。

④ 参见周晓陆、孙闻博：《秦封泥与河北古史研究》，载《文物春秋》，2005（5）。

五年，韩王信徙王代，都马邑。"马邑，秦置县，在今山西朔县。西汉时有马城，《汉书·地理志》"代郡"有马城县，为东部都尉治，在河北怀安西北，距代县不远。

关于秦之县制，应在秦武公十年始设。后来商鞅在秦孝公时推行变法，"而集少乡邑聚为县，置令、丞、凡三十一县"①。此时秦尚未设郡，可见秦县的设立相对较早。河北境内的秦县多为秦在攻灭燕、赵诸国时设置的。秦封泥反映的县及官员所用之印，其印文体例有两类：第一类是直书县名，或在县名后加"之印"二字，它主要反映了县的名称；第二类为县名加职官名称，如县名加"之丞"，或县名加"丞印"二字，县名、职官名和"印"称都有了。

浮阳丞印。《汉书·地理志》"勃海郡"有浮阳县，王莽改称浮城。②《读史方舆纪要》沧州干符城："州东北八十里本浮阳县地。"浮阳，秦县名，秦时属钜鹿郡，故城在今河北省沧县东关，是个涉燕地名。

秦封泥文字有"夷舆丞印"③，《汉书·地理志》上谷郡有夷舆。《水经·漯水注》："水出夷舆县故城西南，王莽以为朔调亭也"。秦夷舆县属上谷郡，乃沿袭燕国上谷郡地所置。据《汉书·地理志》载："上谷郡，秦置，……县十五：……夷舆。莽曰朔调亭。"④ 夷舆，秦县名，属上谷郡，故城约在今北京市延庆县东北。

高阳丞印。《汉书·地理志》载涿郡有高阳县。《通典·州郡八》载："汉旧县，后置高阳县，有易水。"《读史方舆纪要》直隶高阳县："汉涿郡高阳县也，后汉属河间国，晋属高阳国。"高阳城：县东二十五里，战国时燕邑，《战国策》燕封宋荣蚉为高阳君即此。汉为高阳县治。司马贞曰：高阳氏所兴也。应劭曰："在高河之阳，因名。"汉涿郡之高阳县在秦时属钜鹿郡，在今河北省高阳县高阳镇东旧城。此外，汉时琅邪郡亦有高阳。

上海博物馆藏青铜兵器"鱼阳披"⑤，乃战国时期燕国早期的兵器，其铭文为："王立子鱼阳口卯，右军工师司马命治得执剂"。又陕西省子长县

---

① 司马迁：《史记》卷六十八《商君列传》，北京，中华书局，1959。
② 参见班固：《汉书》卷二十八下《地理志》，1578～1579 页，北京，中华书局，1964。
③ 傅嘉仪：《秦封泥汇考》，230 页，上海，上海书店出版社，2007。
④ 班固：《汉书》卷二十八下《地理志》，1523 页，北京，中华书局，1964。
⑤ 陈佩芬：《夏商周青铜器研究》，364～365 页，上海，上海古籍出版社，2004。

出土燕国渔阳大鼎，铭文为："鱼阳大器受□□土后左相室九夫人"①。《汉书·地理志》渔阳郡，"秦置"，郡治渔阳，实因战国燕渔阳郡。正义引《括地志》云："渔阳故城在檀州密云县南十八里，在渔水之阳也"。《读史方舆纪要》卷十一："渔阳废县，《括地志》：在县南十八里渔水之阳。秦置渔阳郡，治渔阳。二世发闾左戍渔阳，即此城也。两汉仍为渔阳郡治"。《大清一统志》卷八："故城在顺天府密云县西南二十里"，考古调查表明在今北京市怀柔梨园庄。

宁城，西安相家巷出土秦封泥文字有"宁城"②。《汉书·地理志》上谷郡，"宁，西部都尉治，莽曰博康"③。东汉时，宁城县为上谷郡属县，是护乌桓校尉治所。《后汉书·乌桓列传》："（汉建武三十五年），于是始复置校尉于上谷宁城"。《魏土地记》："下洛城西北百二十里有大宁城，大宁城二十里有小宁城"。又《水经·漯水注》："于延水又东迳小宁城故城南。于延水又东，黑城川水注之。水有源，出黑土城西北，奇源合注、总为一川。东南迳黑土城西，又东南流迳大宁城西，而南入延河，延河又东迳大宁城故城南"。大宁城为广宁，小宁城即宁城。秦宁城县故址在今河北省张家口市西北。

鄗丞之印。《史记·魏世家》记："（魏惠王）十四年，与赵会鄗。"又《史记·赵世家》："先时中山负齐之强兵，……引水围鄗，微社稷之神灵，则鄗几于不守也。"《史记·魏公子列传》："赵王以鄗为公子（信陵君）汤沐邑。"索隐："（鄗）音臛，赵邑名，属常山。"《读史方舆纪要》记："县（柏乡）北二十二里春秋时晋邑。……汉置县，属常山郡。师古曰：鄗读若郭。"鄗县在秦时为恒山郡属县，在今河北省柏乡县柏乡镇北固城店。在燕境之南，当是涉燕地名。

沈阳市老城区古城遗址，其文化层叠压关系清楚，遗址最下层为战国文化层，之上为叠压其上的各代文化层，城墙墙基为战国初建墙体及其上加筑的汉代墙。此外战国墓和汉代墓群的存在，都充分说明，此城创建于战国，延续使用至汉代。故李仲元等认为沈阳老城地下的战国古城遗址与

① 钟柏生：《新收殷周青铜器铭文暨器影汇编》，470页，台北，艺文印书馆，2006。
② 周晓陆、路东之：《秦封泥集》，西安，三秦出版社，2000。
③ 班固：《汉书》卷二十八下《地理志》，1523页，北京，中华书局，1964。

"侯城在沈"的文献考证相契合,此即战国燕辽东郡中的侯城县,秦汉沿袭。

当城丞印。《汉书·地理志》载代郡有当城县。颜师古注曰:"阚骃云当桓都城,故曰当城。"① 《水经·漯水注》:"连水又北迳当城县故城西,高祖十二年,周勃定代,斩陈豨于当城,即此处也。"《读史方舆纪要》大同府,大同县,当城:"……阚骃十三州记在代郡高柳东八十里。"当城县,秦约属代郡,在今河北省蔚县蔚州镇东北西合营。这里初为代国地,后归赵,与燕接壤。

西安相家巷出土秦封泥文字有"险犊丞印"者。《汉书·地理志》辽东郡属县有险渎,应劭曰:"朝鲜王满都也。依水险,故曰险渎"。臣瓒曰:"王险城在乐浪郡浿水之东,此自是险渎也"。师古曰:"瓒说是也"。险犊即险渎,秦属辽东郡,其故址地望在今辽宁省台安县东南。

代丞之印。《汉书·地理志》载代郡有代县,"莽曰厌狄亭"。应劭曰:"故代国。"《史记·蒙恬列传》:"胡亥听而系蒙毅于代……而遣御史曲宫乘传之代。"《史记·匈奴列传》正义:"代郡城,北狄代国,秦汉代县城也。在蔚州羌胡县北五十里。"代县,秦时属代郡,在今河北省蔚县蔚州镇东北代王城,是燕国西部疆界上的地名。

天津市宝坻县秦古城遗址出土秦石质"泉州丞印"印范。《汉书·地理志》:"渔阳郡,秦置。莽曰通路。属幽州。……雍奴,泉州,有盐官,莽曰泉调。"《水经·沽河注》:"又东南至泉州县,……沽河又东南迳泉州县故城东,王莽之泉调也。"《水经·鲍丘水注》:"泃水又南入鲍丘水,又东合泉州渠口,故渎上承滹沱水于泉州县,故以泉州为名。"《水经·巨马水注》:"又东南至泉州县西南。"《读史方舆纪要》泉州城:"(武清)县东南四十里,汉县属渔阳郡,后汉因之。"泉州县,秦时属渔阳郡,在今河北省廊坊市东南天津武清县黄庄乡城上村。②

封泥文字有"白檀丞印"。《汉书·地理志》载渔阳郡有"白檀,洫水出北蛮夷"。《汉书·李广苏建传》:"将军其率师东辕,弥节白檀,以临右北平盛秋。""孟康曰:白檀,县名也,属右北平。"《水经·濡水注》:"东

---

① 班固:《汉书》卷二十八下《地理志》,1523 页,北京,中华书局,1964。
② 参见周晓陆、孙闻博:《秦封泥与河北古史研究》,载《文物春秋》,2005 (5)。

南流迳渔阳白檀县故城。《地理志》曰：濡水出县北蛮中。汉景帝诏李广曰：将军其帅师东辕，弭节白檀者也。"白檀，秦县名，属渔阳郡。《读史方舆纪要》白檀废县："在县（密云）南，汉置以县有白檀山而名。"在今河北省滦平县滦平镇南。

传世战国三晋古印有"石城疆司寇"①，为三晋县一级官印。石城，战国属赵地。《史记·赵世家》："（惠文王）十八年，秦拔我石城。"此事亦见《史记·六国年表》《史记·廉颇蔺相如列传》。《汉书·地理志》右北平郡领县有石成，王先谦《汉书补注》："战国赵地，秦拔之，见《赵世家》"。《大清一统志》："故城今口外大宁故卫界"。秦汉石城故城在辽宁省凌源安杖子古城，回字形，有大城和东北角的小城，面积6万平方米。②

《秦封泥集》著录有"夕阳丞印"。《汉书·地理志》载右北平郡有夕阳县，"有铁官，莽曰夕阴"。夕阳县，秦时属右北平郡，约在今河北省滦县滦州镇西南。

徐无丞印。《汉书·地理志》载右北平郡有徐无县，"莽曰北顺亭"。《读史方舆纪要》徐无城："在县（玉田）东，汉县属右北平郡后汉因之。"徐无，秦县名，属右北平郡。故城在今河北省遵化县遵化镇西。

西安相家巷出土秦封泥文字有"字丞之印"，此外上海博物馆藏秦官印"字丞之印"③。学界都认为属西汉早期印④，但其蛇钮印和十字界栏，也为秦印特征。秦字县故址在今河北省平泉县东北。《汉书·地理志》载右北平郡有"字，榆水出东"。字，秦县名，东汉废，属右北平郡。故城在今河北省平泉县平泉镇东北。属燕国区域内的地名。

秦封泥文字有"昌城丞印"。《汉书·地理志》记："右北平郡，秦置，……县十六：……昌城，莽曰淑武。"昌城县，秦时约属右北平郡，在今河北省唐山市丰南区胥各庄镇西北。《史记·赵世家》："（孝成土）十年，燕攻昌壮。"正义："壮字误，当作城。《括地志》云：'昌城故城在

---

① 罗福颐：《秦汉魏晋南北朝官印征存》，北京，文物出版社，1987。

② 参见辽宁省文物考古研究所：《辽宁凌源安杖子古城址发掘报告》，载《考古学报》，1996（2）。

③ 罗福颐：《秦汉魏晋南北朝官印征存》，11页，北京，文物出版社，1987。

④ 参见罗福颐：《秦汉魏晋南北朝官印征存》，11页，北京，文物出版社，1987；孙慰祖主编：《两汉官印汇考》，144页，上海，上海书画出版社，1993。

冀州信都县北五单'。此时属赵，故攻之也"。《汉书·地理志》右北平郡有昌城县，"莽曰淑武"。《水经·濡水注》："新河又东北绝庚水，又东北出，迳右北平，绝沟渠之水，又东北迳昌城县故城北，王莽之淑武也。"秦昌城县故址在今河北省唐山市丰南区西北。属于燕国疆域内的秦汉地名。

秦封泥文字有"白狼之承"，1976 年内蒙古昭乌达盟宁城县黑城故城遗址出土。[①] 此县名因境内有白狼山而得名。《汉书·地理志》右北平郡有白狼县，"莽曰伏狄"。师古曰："有白狼山，故以县名"。《水经·大辽水注》："（大辽水）又东南过房县西，《地理志》：房，故辽东之属县也。辽水右会白狼水，水出右北平白狼县东南，广成县北流东注白狼水，白狼水北迳白狼县城东，王莽更名伏狄"。《读史方舆纪要》卷十八："大宁卫白狼城，在营州西南，汉县，属右北平郡，后汉省。"现代考古调查表明，今辽宁喀左县黄道营子古城为秦汉白狼县故址，长方形，东西 211 米，南北 189 米，时代从秦汉一直延续至北魏。[②]

延陵丞印。《汉书·地理志》载右北平郡有"延陵，莽曰铺武"。延陵，秦县名，属右北平郡，大致在今河北省承德市以南。

秦封泥文字有"资丞之印"。《汉书·地理志》载右北平郡"县十六：……资，都尉治，莽曰衰睦"。属右北平郡，大致在今河北省承德市以南。属于燕国地域范围内的地名。秦资县在《中国历史地图集》中属无考县。据现代考古调查，今辽宁省建平县三家乡西胡素台村的西胡素台古城遗址是秦汉都尉治资县所在地。[③]

《秦封泥集》著录的秦封泥文字有"无终丞印""无终□□"者。[④] 无终，原为燕地，秦末臧荼曾在此地击杀辽东王韩广。《汉书·地理志》载右北平郡有无终县，"故无终子国。浭水西至雍奴入海"。《史记·项羽本纪》记："臧荼之国。因逐韩广之辽东，广弗听，荼击杀广无终，并王其

　　① 参见昭乌达盟文物工作站、宁城县文化馆：《辽宁宁城县黑城古城王莽钱范作坊遗址的发现》，载《文物》，1977（12）；冯永谦、姜念思：《宁城县黑城古城址调查》，载《考古》，1982（2）。

　　② 参见刘新民：《白狼山与白狼城考》，载《辽宁省考古博物馆学会成立大会会刊》，1981。

　　③ 参见王绵厚：《两汉时期辽宁建置述论》，载《东北地方史研究》，1985（1）。

　　④ 参见周晓陆、路东之：《秦封泥集》，西安，三秦出版社，2000。

地。"又《史记·项羽本纪》："徙燕王韩广为辽东王",集解引徐广曰："都无终"。此事在《史记·高祖本纪》中也有记载。《水经·鲍丘水注》："秦始皇二十一年,灭燕,置右北平郡,治此。王莽之所谓北顺也。……《魏土地记》曰:右北平城西北百三十里,有无终城。"又《读史方舆纪要》卷十一"无终城"下云:"县(玉田)治西,春秋时山戎国也。秦置无终县,项羽封韩广为辽东土,都无终"。《大清一统志》卷六:"无终故城今蓟州治"。秦无终县属右北平郡,今在天津市蓟县。考古调查表明,无终县故城为马蹄形,东西最宽 1 100 米,南北最长 1 250 米。可见,无终在秦代为右北平郡郡治,汉有无终县,隋为渔阳郡治,唐置蓟州治此,民国年间为蓟县治。

《秦封泥集》著录有"广成之丞"。《汉书·地理志》右北平郡有广成县,"莽曰平虏"。《水经·辽水注》:"辽水右会白狼水,水出右北平郡白狼县,东南迳广成县北流西北屈,迳广成县故城南,王莽之平虏也,俗谓之广都城。"秦广成县故址在今辽宁省建昌县。

封泥地名以战国秦汉居多。通过封泥研究,我们发现了史书未载之秦郡,如赵、恒山、河间等郡,或为在全国通行郡县制之前的暂行之名,或为缺载而实有之,开拓了对于秦郡的研究视野。"汉承秦制",历史上西汉对于秦代的政治制度多所继承与发展,虽然不同于秦,西汉在地方上推行过郡国并行制,但是通过对秦代地方郡县的研究,我们知道在名称和地方职官上汉都对秦多所沿袭。很多汉代的地方郡和县的名称,实际在秦朝时即已设立,且名称亦未改变,如邯郸、代等郡,乐成、夕阳、当城、白檀、字、夷舆、徐无、浮阳等县,过去认为是汉代所置县,现在知均为秦县,可补史料之缺佚。

封泥中有关河北中北部燕国及涉燕的秦郡、县,多非秦故土,目前反映的主要是取之于赵国和燕国。秦在统一全国的过程中,猛烈地攻伐赵国,并在占城略地后改设为秦属,如邯郸、恒山、渔阳、钜鹿等郡。赵王迁被俘后,赵公子嘉逃到代自立为王,与燕合兵继续与秦相抗。秦始皇二十五年,王贲虏代王嘉,秦增设代郡,进而攻燕。平燕地后,又陆续在其地设立郡、县。此时报往中央的多为获胜的捷报,秦与燕、赵等国的关系和秦在河北地区的统一进程在秦封泥中都有所反映。

战国以后,北方的匈奴势力发展,不断侵扰中原,燕、赵、秦等国为此专门修筑长城以拒之。战国后期，赵国的李牧在代郡和雁门郡就多次抗击匈奴。秦统一后十分重视边防，不但令蒙恬北击匈奴，并修筑长城，而且调大量军队和平民前往戍守。封泥反映的河北境内的秦县，有北部渔阳郡的泉州、白檀2县，右北平郡的无终、夕阳、昌城、字、赟、延陵和徐无共7县。两郡9县占了目前所见封泥文字中的河北秦县的一半之多，反映了秦对于北部边防的关注与重视。

在秦末的大起义中，燕国及其附近地区也是重要区域和主要战场。陈胜、吴广起义并建立政权后，委派张耳、陈余北略赵地至邯郸。张耳等人后来拥立武臣为赵王，割据一方。武臣后派韩广将兵北巡燕地，又使李良略恒山。韩广后来亦自立为燕王。

## 第六节　陶文地名

1979年辽宁省朝阳市南二十五里的大凌河东岸十二台营子村的战国墓出土两件陶罐，肩部均戳印"酉城都王氏玺"陶文。[①] 1981年在朝阳袁台子战国墓出土的陶罐肩部有"酉城都王卩瑞"陶铭。陶罐有绳纹，肩部横列三个乳钉。[②] 陶文中"酉城都"表明"酉城"为燕国都邑。酉、柳音近，有学者认为燕酉城当为汉代辽西郡柳城的前身。《汉书·地理志》辽西郡西部都尉治柳城，或即建于战国时燕国酉城旧址之上，秦或改燕酉城都置柳城县。

"白庚都王卩瑞"亦钤印在陶器肩部，该陶器是20世纪70年代在辽宁喀左县兴隆庄二步尺出土的，现藏于喀左县博物馆。[③]

1978年辽宁建平县水泉遗址出土了"阳安都王卩瑞"陶铭，其是钤印

---

　　① 参见缪文远：《战国制度通考》，234页，成都，巴蜀书社，1998。

　　② 参见徐秉琨：《辽宁发现战国陶铭四种考略》，载《辽海文物学刊》，1992（2）；王成生：《汉且虑县及相关陶铭考》，载《辽海文物学刊》，1997（2）。

　　③ 参见徐秉琨：《辽宁发现战国陶铭四种考略》，载《辽海文物学刊》，1992（2）；王成生：《汉且虑县及相关陶铭考》，载《辽海文物学刊》，1997（2）。

在一个陶罐残片上的。① 相同的陶铭还见于河北易县出土的陶器上（《古陶文汇编》4·29）。

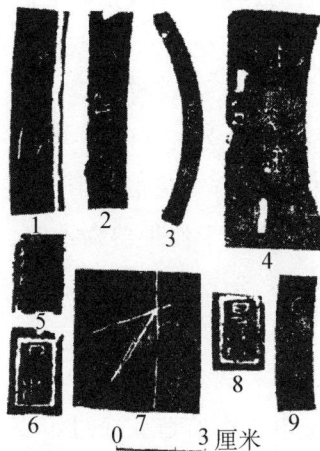

**图四十八　铜、陶器铭文拓本**

1. 铜壶左铺首处"西宫"；2. 铜壶盖沿"右征尹"；3. 铜壶口沿"右征尹"；4. 1 式铜戈铭文；5. 铜壶右铺首处"匽"；6. 陶碗内底"易市"；7. 陶碗外壁"才"；8. 陶罐肩部"易市"；9. 小铜壶盖沿"左征"。

陶文"易县"，1981 年在河北容城县城东晾马台乡南阳遗址出土了一件秦代陶罐，肩部有陶文"易市"②，一件陶碗腹下部亦有"易市"戳印，"易市"当是易县市亭之省文。遗址东二公里的古贤村有"大城"，即《太平寰宇记》记载的"大易故城"。《史记·赵世家》："（惠文王）五年，与燕鄚、易。"《史记·绛侯周勃世家》："以将军从高帝击反者燕王臧荼，破之易下。"《正义》引《括地志》："易县故城在幽州归义县南十五里，燕桓侯所徙都临易是也。"秦易县在今河北雄县西北，出土文物与易县地望合。

1984 年河南新郑的郑韩故城出土一件战国时陶盆，盆沿戳印秦陶文"容成"③。秦置容成县，西汉因之置县。《汉书·地理志》容城县属涿郡，故城在今河北省容城县北十五里城子村。秦容成县的前身乃是燕国容

① 参见徐秉琨：《辽宁发现战国陶铭四种考略》，载《辽海文物学刊》，1992（2）；王成生：《汉且虑县及相关陶铭考》，载《辽海文物学刊》，1997（2）。

② 孙继安：《河北容城县南阳遗址调查》，载《考古》，1993（3）。

③ 蔡全法：《近年来新郑"郑韩故城"出上陶文简释》，载《中原文物》，1986（1）。

成都。

　　与燕国有关系的地名中，"代地"是很特别的一个，不论是先秦燕国阶段，还是秦汉时期，代地都是与北京地区有密切关系的地名。《古陶文汇编》7·7、7·8 著录了作者自藏的两件戳印有"代市"陶文的材料，这两件陶文出自山西。[①] 吉林大学文物室亦藏有一枚戳印有"代市"陶文的陶片[②]，三者皆为阴文，陶片属于何种器物不明。从字体判断应该均属于秦代，"代"当是秦代的代郡郡城，在今河北壶流河流域的蔚县东北一带。先秦时期的代国亦应在此。裘锡圭先生认为"某市"陶文的"市"表明是由市吏监造或经过市吏检查的陶器。[③]"某市"或"某亭"的"某"有县级地名，也有乡级地名。"代市"之"代"可能是秦汉时期代郡或代国的政治中心代城，即今河北蔚县东北的代王城。

　　《陶文图录》4·147·1—4·153·6 著录了 42 例单字为从"辵"从"酉"的一个戳印陶文，王恩田先生释为"迉"。[④] 细查被释为"日"的构型，其上下宽度不同，上部宽大，下部变窄而尖出，而且两侧的斜竖笔画都并不是一次写成的，所以，释为"日"或不妥，我们认为其或应该是"酉"，所以该字应该释为"逌"字。陶文中的单字，或为人名，或为地名。《汉书·地理志》涿郡有逎县，王莽改为逎屏。颜师古云："逎，古遒字，音字由反。"可见，逌、遒可通。由这批陶文可以推断战国时期燕国有"逌"地，而这些陶器则有可能就是在"逌"这个地

图四十九　代市
《古陶文汇编》7·7）

图五十　代市
《古陶文汇编》7·8）

图五十一　吉林大学文物
室藏"代市"陶文拓片

---

　　① 参见高明：《古陶文汇编》，608 页，北京，中华书局，1990。
　　② 参见吴振武、于润仪、刘爽：《吉林大学文物室藏古陶文》，载《史学集刊》，2004（4）。
　　③ 参见裘锡圭：《啬夫初探》，原载《云梦秦简研究》（273 页，北京，中华书局，1981），又载《古代文史研究新探》（南京，江苏古籍出版社，1992），又收入《裘锡圭学术文集》（古代历史、思想、民俗卷），44~106 页，上海，复旦大学出版社，2012。
　　④ 参见王恩田：《陶文图录》，1665~1671 页，济南，齐鲁书社，2006。

方制造的。逎地在战国时期或已设县，汉代逎县在
今河北涞水县。另外，何琳仪先生将《古玺汇编》
0021的"逼都右司徒"释为"逎都右司徒"[①] 应该
是有问题的。

　　《古陶文汇编》4·20著录的是一件"无中市王
卩"的陶文印，"无中"应为地名。

　　1981年，河北容城县南阳遗址出土了陶碗内
底和陶罐肩部都有"易市"的陶文[②]，"易"当是
地名。

图五十二　无中市王卩
（《古陶文汇编》4·20）

## 第七节　简帛木牍地名

　　《包山楚简》的120—161号简，整理者认为是记录案件的案情与审理
情况的内容。李零先生定为"案例"类[③]，陈伟等先生称为"案卷"[④]。其
中145号简文中提到了"郪客"，其云：

　　　东周之客缰朝、郪（郪）客登余善、秦客陈慎、郪（魏）客郪
　　（魏）奋、郪（魏）客公孙哀、陇（越）客前稷、陇（越）客左尹䡅、郪
　　（魏）客䡅枭、郙客望困䔌之突宫叙雁，肉寪旦法之，无以归之。中舒
　　戠归之客。成昜（阳）辻尹成以告子司马。

　　　背面：八月戊寅，子司马詎（嘱）之。九月甲申之日，司丰之客
　　须□箸言胃（谓）：小人以八月甲戌之日，舍肉寪之舒人□□归客之□

---

　　① 何琳仪：《战国官玺杂识》，载《印林》1995（2）；何琳仪：《战国文字通论（订补）》，
109页，南京，江苏教育出版社，2003。
　　② 参见孙继安：《河北容城县南阳遗址调查》，载《考古》，1993（3）。
　　③ 参见李零：《包山楚简研究（文书类）》，见《王玉哲先生八十寿辰纪念文集》，天津，南
开大学出版社，1994；后又稍作修改收入《李零自选集》，141页，桂林，广西师范大学出版社，
1998。
　　④ 陈伟等：《楚地出土战国简册（十四种）》，57页注释1，该注释由陈伟、刘国胜、胡雅丽
撰写，北京，经济科学出版社，2009。

金十两又一两。义亚为李。①

其中的"东周""郾""秦""郪""陇""郙"应该都是国名，即东周国、燕国、秦国、魏国、越国和巴国。② 整理者最初就认为"郾"读作"燕"，为国名③，也就是传世文献所见的"燕"，"客"是使者，"郾客"指来自燕国的使者。这个案例似乎是关于居于成阳之地来自东周、燕国、秦国、魏国、越国、巴国的使者，他们的叙雁（舒雁，即鹅）及其贾金纠纷之事，由子司马来主持评断。

图五十三    《包山楚简》145 号

另外，李学勤先生释为"巴"的"郙"，还见于《包山楚简》226 号简以事纪年的内容中，其云"大司马悼愲样楚邦之师徒以救郙之岁"。陈伟

----

① 参见湖北省荆沙铁路考古队：《包山楚简》，27 页，北京，文物出版社，1991；陈伟等：《楚地出土战国简册（十四种）》，56 页，北京，经济科学出版社，2009。

② 参见李学勤：《包山楚简"郙"即巴国说》，载《中国文化》，2003 (6)，14 页。

③ 参见湖北省荆沙铁路考古队：《包山楚简》，50 页注释 270，北京，文物出版社，1991。

先生认为这个被救的"郍"可能是"燕亳"之"亳"，是燕国的别称，有如荆之于楚、郑之于韩、梁之于魏；亳与从甫得声的字可以通假，悼惜救郍与悼惜存燕可能是一回事。① 如果是这样，则郍又与燕国地名相涉。即使"燕亳"的关系不是如同荆之于楚的情况，则燕亳为两个国家②，既然连言，大或相去不远，亦应作为涉燕地名给予关注。

云梦11号秦墓出土的木牍有"惊多问夕阳昌婴……"③ 的文字，其中"夕阳"为秦右北平郡属县，为燕国故地。秦右北平郡在公元前226年灭燕后重置郡，而云梦秦墓出土木牍所记战争为《史记》所记载"二十三年，秦王复召王翦，强起之，使将击荆。取陈以南至平舆，虏荆王"的秦灭楚战争。《汉书·地理志》右北平郡有夕阳县，"有铁官，莽曰夕阴"。秦夕阳县故址在今河北省遵化市。

---

① 参见陈伟：《包山楚简初探》，11~12页，武汉，武汉大学出版社，1996。
② 参见林沄：《"燕亳"和"燕亳邦"小议》，载《史学集刊》，1994（2）。
③ 《云梦睡虎地秦简》编写组：《云梦睡虎地秦简》，北京，文物出版社，1981。

第三章

# 秦汉以后文献所见北京前都时代政区地名

　　秦汉以后传世文献所见北京地区前都时代的地名，我们将按不同的类别进行研究。比如可以先按照人文类地名和自然类地名进行大的分类，再进行更加详细的分类。或者按照行政区划地名、自然地貌地名、场所地名、建筑地名等进行分类。

## 第一节　地理志、行记等所见北京前都时代政区地名

　　本节主要收录《隋书·地理志》《旧唐书·地理志》《辽史·地理志》《金史·地理志》所见北京前都时代政区地名。虽然有些政区地名在不同的地理志中都有记载，我们仍然辑录并列述出来，主要是考虑可以从不同的记载中考察它们的沿革情况。

### 一、州县

　　**白檀故城**①，隋唐燕乐县旧址。

---

　　①　参见刘昫等：《旧唐书》卷三十九《地理志二》，1518 页，北京，中华书局，1975。

**北界清州**①，属金，清州是时适为宋金交界处，故有"北界"之称，清州即乾宁镇，今河北青县。

**大兴府**，金中都号大兴府。②

**方城**，相当于今固安县，春秋战国时属燕国，为邑名；两汉为方城县，沿用至隋，隋开皇六年（586 年）改名固安。③

**固安**，北魏在今河北省廊坊市有固安县，隋开皇六年（586 年）改方城县为固安县，沿用至今。

**广信军**，辽广信军治遂城县，在今河北徐水县西遂城。④

**潦阴县**，本汉泉山之霍村镇，辽代改为县。⑤

**临乡**，侯国。

**三河县**，唐开元四年，分潞县置。⑥

**香河县**，本武清孙村，辽代分武清、香河、潞三县户置。⑦

**永清军**，宋短暂收复幽州时，改名燕山府，设永清节度使，即永清军。⑧

**玉田县**，本汉无终县，属右北平郡，唐万岁通天二年，改为玉田县。⑨

## 二、村镇坊堡监

**韩城镇**，金代市镇，在蓟州玉田县，今河北丰南县西北。⑩

**会河堡**，军堡，今河北省怀安县东南。⑪

---

① 参见贾敬颜：《五代宋金元人边疆行记十三种疏证稿》，228 页，北京，中华书局，2004。
② 参见脱脱等：《金史》卷五《海陵纪》，北京，中华书局，1975。
③ 参见司马迁：《史记》卷三十四《燕召公世家》，1560 页，北京，中华书局，1959。
④ 参见贾敬颜：《五代宋金元人边疆行记十三种疏证稿》，228 页，北京，中华书局，2004。
⑤ 参见脱脱等：《辽史》卷四十《地理志四》，495 页，北京，中华书局，1974。
⑥ 参见刘昫等：《旧唐书》卷三十九《地理志二》，1518 页，北京，中华书局，1975。
⑦ 参见脱脱等：《辽史》卷四十《地理志四》，495 页，北京，中华书局，1974。
⑧ 参见贾敬颜：《五代宋金元人边疆行记十三种疏证稿》，223 页，北京，中华书局，2004。
⑨ 参见刘昫等：《旧唐书》卷三十九《地理志二》，1518 页，北京，中华书局，1975。
⑩ 参见脱脱等：《金史》卷二十四《地理志上》，574 页，北京，中华书局，1975。
⑪ 参见脱脱等：《金史》卷十三《卫绍王纪》，574 页，北京，中华书局，1975。

　　**罽宾坊**，辽南京城二十六坊之一，唐时旧坊。[①]

　　**卢龙坊**，辽南京城二十六坊之一，唐时旧坊。[②]

　　**路口村**，辽代村落，在今河北省平泉县西坝。[③]

　　**群牧监**，金代在中都附近放牧之所。[④]

　　**肃慎坊**，辽南京城二十六坊之一，唐时旧坊。[⑤]

　　**乌沙堡**，军堡，在内蒙古商都县冯家村。[⑥]

　　**乌月营**，军营，从属于乌沙堡。[⑦]

　　**西富义坊**，金中都坊名。[⑧]

　　**新仓镇**，在辽武清县，后属香河县，辽在此置榷监院。[⑨]

　　**杨村**，金中都近郊村落。[⑩]

## 第二节　《天府广记》等所见北京前都时代政区地名

　　**昌平县（燕平县）**，（昌平）州西八里为昌平旧县，县名始见于汉……至《魏书》云，军都县有昌平城，则已废，不为县矣。……《隋书》云，昌平县有关官，有长城。《唐书》，武德初徙突地稽部落于幽州之昌平城。胡三省通鉴注，城在军都关南。昌平，汉军都县也，以境内有军都山得名。元魏置东燕州及昌平郡县，后郡废而县存。五代唐改燕平县，石晋复昌平旧名，至今延之。[⑪]

　　**军都县（浑都县）**，汉立军都县于（军都）山之南，胡骑经军都，耿

---

① 参见贾敬颜：《五代宋金元人边疆行记十三种疏证稿》，48 页，北京，中华书局，2004。
② 参见贾敬颜：《五代宋金元人边疆行记十三种疏证稿》，48 页，北京，中华书局，2004。
③ 参见贾敬颜：《五代宋金元人边疆行记十三种疏证稿》，151 页，北京，中华书局，2004。
④ 参见宋濂等：《元史》卷一《太祖纪》，15 页，北京，中华书局，1975。
⑤ 参见贾敬颜：《五代宋金元人边疆行记十三种疏证稿》，48 页，北京，中华书局，2004。
⑥ 参见脱脱等：《金史》卷九十三《独吉思忠列传》，2064 页，北京，中华书局，1975。
⑦ 参见脱脱等：《金史》卷九十三《独吉思忠列传》，2065 页，北京，中华书局，1975。
⑧ 参见脱脱等：《金史》卷一百三十二《纥石烈执中列传》，2836 页，北京，中华书局，1975。
⑨ 参见徐梦莘：《三朝北盟会编》卷二十四，176 页，上海，上海古籍出版社，1987 年。
⑩ 参见脱脱等：《金史》卷六十四《后妃下》，1522 页，北京，中华书局，1975。
⑪ 参见蒋一葵：《长安客话》，120 页，北京，北京古籍出版社，1982。

舒袭破其众，斩匈奴两王，是也。亦作浑都，史记绛侯周勃世家，屠浑都，是也。后徙，今州东四十里，有军都村，亦曰故县址。[1]

**芹城**，在（昌平）州东三十里，有桥，桥下有水，出芹城北，南流入于沙河。水经注，芹城水出北山南，径芹城东南注湿余水。以此知沙河之为古湿余水也。[2]

**顺州**，（昌平）州东南九十里为顺义县。隋开皇中，粟末鞨与高丽战不胜，厥稽部长突地稽率八部胜兵数千人自扶余城西北举落内附，置顺州以处之。[3]

**燕州**，唐武德初改燕州，会昌中改归顺州，唐末仍为顺州。[4]

**怀柔县、五柳城、顺义县**，（燕州）统县一，曰怀柔。贞观六年置，治五柳城，改顺义县。[5]

**松汉府弹汗州、归化县、归化军**，开元四年置松汉府弹汗州，天宝元年改归化县。乾元元年复名怀柔。辽为顺州归化军。[6]

**顺州都督府、五柳戍**，唐贞观四年，以突厥突利为右卫大将军，封北平郡王，以其部落置顺州都督府，拜突利为顺州都督，使帅其众治营州南之五柳戍。[7] 在今辽宁省朝阳市。

**通州**，金史，贞祐初，中都戒严，（王晦）以户部郎中募兵得万余人，卫送通州，粟入中都有功。[8]

**狐奴县**，（狐奴）山西南百步有汉狐奴县址。后汉王梁传，太守彭宠以梁守狐奴令。……魏文帝黄初二年省。[9]

**温阳县**，金明昌六年，改县名曰温阳。[10]（温榆河）顺义谓之西河，而金人名县曰温阳以此。[11]

① 参见顾炎武：《昌平山水记》，20 页，北京，北京古籍出版社，1982。
② 参见顾炎武：《昌平山水记》，19 页，北京，北京古籍出版社，1982。
③ 参见顾炎武：《昌平山水记》，22 页，北京，北京古籍出版社，1982。
④ 参见顾炎武：《昌平山水记》，22 页，北京，北京古籍出版社，1982。
⑤ 参见顾炎武：《昌平山水记》，22 页，北京，北京古籍出版社，1982。
⑥ 参见顾炎武：《昌平山水记》，22 页，北京，北京古籍出版社，1982。
⑦ 参见顾炎武：《昌平山水记》，22 页，北京，北京古籍出版社，1982。
⑧ 参见顾炎武：《昌平山水记》，22 页，北京，北京古籍出版社，1982。
⑨ 参见顾炎武：《昌平山水记》，23 页，北京，北京古籍出版社，1982。
⑩ 参见顾炎武：《昌平山水记》，22 页，北京，北京古籍出版社，1982。
⑪ 参见顾炎武：《昌平山水记》，24 页，北京，北京古籍出版社，1982。

安乐郡，后魏安乐郡故城在（顺义）县西北六里。①

交州、交郡、安市县，延和元年（432 年）置交州，太平真君二年（441 年），罢州置郡。领县二：土垠、安市。北齐废土垠入安市，后周废安市入密云县。隋开皇初，郡废……按水经注言，湿余水又东南流径安乐故城西，更始使谒者韩鸿北徇，拜吴汉为安乐令，即此城也。晋书地道记曰：魏封刘禅为安乐公国。②

土垠县，有二，一在（顺义）县北门外里许，一在密云县东一百里陈宫山下。③

南河县，又有唐南河县故城，在（顺义）县东南二十五里。④

军都县，而军都县故城在（顺义）县西三十里，盖军都之别徙者也。⑤

白檀县，（昌平）州东北一百二十里为密云县，汉白檀县也。三国志，曹公历白檀，破乌丸于柳城。⑥

密云郡、提携城，后魏皇始二年（397 年），置密云郡，治提携城，领密云、要阳、白檀三县。北齐废密云郡，反要阳、白檀二县入密云县。⑦

檀州、武威军，隋开皇十八年，以密云、燕乐二县置檀州。唐天宝元年，改密云郡，乾元元年，复为檀州。辽为檀州武威军，领密云、行唐二县，金以密云县属顺州。⑧

燕乐县、新兴城，石匣（怀柔县城东北六十里为石匣城）西二十里有燕乐县故城，后魏置此县，治白檀古城。唐长寿二年徙治新兴城，即此县也。⑨

虎奚县，在汉为虎奚县地，距今（怀柔）县北五十里。⑩

要阳县，其见于史者汉有要阳县（今承德滦平县西北）。⑪

---

① 参见顾炎武：《昌平山水记》，25 页，北京，北京古籍出版社，1982。
② 参见顾炎武：《昌平山水记》，25 页，北京，北京古籍出版社，1982。
③ 参见顾炎武：《昌平山水记》，25 页，北京，北京古籍出版社，1982。
④ 参见顾炎武：《昌平山水记》，25 页，北京，北京古籍出版社，1982。
⑤ 参见顾炎武：《昌平山水记》，25 页，北京，北京古籍出版社，1982。
⑥ 参见顾炎武：《昌平山水记》，26 页，北京，北京古籍出版社，1982。
⑦ 参见顾炎武：《昌平山水记》，26 页，北京，北京古籍出版社，1982。
⑧ 参见顾炎武：《昌平山水记》，26 页，北京，北京古籍出版社，1982。
⑨ 参见顾炎武：《昌平山水记》，28 页，北京，北京古籍出版社，1982。
⑩ 参见顾炎武：《昌平山水记》，28 页，北京，北京古籍出版社，1982。
⑪ 参见顾炎武：《昌平山水记》，28 页，北京，北京古籍出版社，1982。

**方城县**，魏有安州方城县（今固安县西南）。张华，范阳方城人（大兴涿州边界）……所住宅，在芦沟桥南，今废。①

**行唐县**，辽有行唐县，今靡得而详焉。② 今密云东。

**共城**，在（怀柔）县东北五十里，亦作龚城。括地志云，舜流共工幽州居此城，在檀州燕乐县界。③

**女祁县**，（大小兴州，在今承德市西）本汉女祁县（治所在今赤城县南）地。④

**兴化县、宜兴县**，（大小兴州，在今承德市西）辽为北安州兴化军兴化县，金承安五年，升为兴州宁朔军节度，领县二，曰兴化、宜兴。⑤

**新安平县**，（辽中京大定府）汉为新安平县，汉末步奚居之。幅员千里，多大山深谷。⑥

**饶乐都督府**，唐太宗伐高丽，驻跸于此（辽中京大定府），部帅苏支从征有功，奚长可度率众内附，为置饶乐都督府。⑦

**大定府**，圣宗统和二十五年城之，实以汉户，号曰中京大定府。宫掖、楼阁、府库、市肆、廊庑，拟神都之制。⑧

**北京**，金海陵贞元元年，更（辽中京）为北京。⑨

**涿、涿郡**，盖燕地在汉以前，通名为涿。至汉高帝六年，始分燕置涿郡。⑩

**涿鹿县**，水经注引应劭云：涿水出上谷涿鹿县。⑪

**蓟**，周封召公奭于燕，封尧之后于蓟。史记注云：蓟，今涿郡蓟县是也，即燕国之都。⑫ 京师古蓟地，以蓟草多得名。武王封尧后于蓟。⑬

---

① 参见沈榜：《宛署杂记》，175 页，北京，北京古籍出版社，1982。
② 参见顾炎武：《昌平山水记》，29 页，北京，北京古籍出版社，1982。
③ 参见顾炎武：《昌平山水记》，29 页，北京，北京古籍出版社，1982。
④ 参见顾炎武：《昌平山水记》，31 页，北京，北京古籍出版社，1982。
⑤ 参见顾炎武：《昌平山水记》，31 页，北京，北京古籍出版社，1982。
⑥ 参见顾炎武：《昌平山水记》，32 页，北京，北京古籍出版社，1982。
⑦ 参见顾炎武：《昌平山水记》，32 页，北京，北京古籍出版社，1982。
⑧ 参见顾炎武：《昌平山水记》，32 页，北京，北京古籍出版社，1982。
⑨ 参见顾炎武：《昌平山水记》，33 页，北京，北京古籍出版社，1982。
⑩ 参见孙承泽：《春明梦余录》，1 页，北京，北京古籍出版社，1992。
⑪ 参见孙承泽：《春明梦余录》，1 页，北京，北京古籍出版社，1992。
⑫ 参见孙承泽：《春明梦余录》，2 页，北京，北京古籍出版社，1992。
⑬ 参见蒋一葵：《长安客话》，3 页，北京，北京古籍出版社，1982。

北燕，燕有二国：一称北燕，姬姓，召公所封；一称南燕，姞姓，黄帝之后。① 武王克商，封召公奭于北燕；司马贞谓北燕城在蓟县。②

广阳郡，秦始皇二十三年，灭燕以为广阳郡。③

广阳县、固阳县、良乡，王莽改（广阳郡）曰广阳县。④ 良乡古燕中都地，东汉为广阳县，县东尚有广阳故城，唐为固阳县，寻改良乡。⑤

阳亭、阳乡县，（阳乡）县，故涿之阳亭也。志云：阳乡城在今府治西南二十五里。⑥

常道乡、常道县，按常道乡在耿就桥西，去安次县五里。唐贞观中县治也。魏燕王宇子奂封常道乡公，即此。⑦

范阳郡，幽州在唐为范阳郡，置卢龙军节度使。唐天宝元年，更名范阳郡，并治蓟……开元十八年，析置蓟州渔阳郡，治渔阳。⑧

燕山府、永清军，至金天辅五年，以燕京及涿、易、檀、顺、景、蓟六州还宋。宋宣和四年改燕山府为永清军。郭药师叛金，金人复取之，地复归金。⑨ 宋宣和中改名燕山府。⑩

新州、妫川，此是新州、妫川之间，南出易州大路。⑪

南京，辽会同元年，立为南京。⑫ 辽南京：幽州属辽，后至太宗德光会同元年，立为南京。⑬ 辽史云：晋高祖以辽有援立之劳，割幽州等十六州以献，太宗升为南京。⑭

燕京，开泰元年，号燕京。⑮ 燕京：（辽）圣宗隆绪开泰元年，改称

① 参见孙承泽：《春明梦余录》，2页，北京，北京古籍出版社，1992。
② 参见蒋一葵：《长安客话》，3页，北京，北京古籍出版社，1982。
③ 参见孙承泽：《春明梦余录》，2页，北京，北京古籍出版社，1992。
④ 参见孙承泽：《春明梦余录》，2页，北京，北京古籍出版社，1992。
⑤ 参见蒋一葵：《长安客话》，96页，北京，北京古籍出版社，1982。
⑥ 参见孙承泽：《春明梦余录》，2页，北京，北京古籍出版社，1992。
⑦ 参见孙承泽：《春明梦余录》，2页，北京，北京古籍出版社，1992。
⑧ 参见顾炎武：《京东考古录》，1页，北京，北京古籍出版社，1982。
⑨ 参见孙承泽：《春明梦余录》，2～3页，北京，北京古籍出版社，1992。
⑩ 参见蒋一葵：《长安客话》，4页，北京，北京古籍出版社，1982。
⑪ 参见孙承泽：《春明梦余录》，3页，北京，北京古籍出版社，1992。
⑫ 参见孙承泽：《春明梦余录》，4页，北京，北京古籍出版社，1992。
⑬ 参见孙承泽：《天府广记》，4页，北京，北京古籍出版社，1984。
⑭ 参见沈榜：《宛署杂记》，30页，北京，北京古籍出版社，1982。
⑮ 参见孙承泽：《春明梦余录》，4页，北京，北京古籍出版社，1992。

燕京。①

**中都**，金海陵贞元元年，以燕乃列国之名，不当为京师号，称中都。②

**景州**，景州（今遵化市）东北乃松亭关。③

**平州**，平州（今卢龙县）之东乃榆关，即山海关。④

**析津府、大兴府**，至绍兴二十年……改析津府为大兴府，号中都。⑤ 寻复入金，以燕列国之名，不当为京师号，改大兴。⑥ 析津府：辽改幽州为析津府。⑦

**析津县**，及辽改蓟为析津县，因此蓟之名遂没于此而存于彼。⑧ 改蓟县为析津县。⑨

**营州**，东唐迁营州于蓟，楼馆甚盛。今二土阜尚存，所谓蓟门也。⑩

**间城**，间城在京西南，古城基二石兽尚存（今芦城村，位于北京市大兴区西北部，东临黄村镇，西界鹅房村）。⑪

**长乡县**，阳乡城在京西南，汉旧县，晋改长乡，今地名古县。⑫

**君子城**，旧蓟城，晋载记：石勒每破一城，必简别衣冠，洎平幽州，擢荀绰、裴宪等居之，号君子城。⑬

**幽都府、析津府、大兴府**，先是，辽升为京，立幽都府，又改为析津府。至金，为大兴府。⑭

**雄州、新城县**，宋王曾奉使录略曰：自雄州白沟驿渡河，四十里至新城县，右督亢亭之地。⑮

---

① 参见孙承泽：《天府广记》，4 页，北京，北京古籍出版社，1984。

② 参见孙承泽：《春明梦余录》，4 页，北京，北京古籍出版社，1992。

③ 参见孙承泽：《春明梦余录》，4 页，北京，北京古籍出版社，1992。

④ 参见孙承泽：《春明梦余录》，4 页，北京，北京古籍出版社，1992。

⑤ 参见孙承泽：《春明梦余录》，4 页，北京，北京古籍出版社，1992。

⑥ 参见蒋一葵：《长安客话》，4 页，北京，北京古籍出版社，1982。

⑦ 参见蒋一葵：《长安客话》，21 页，北京，北京古籍出版社，1982。

⑧ 参见顾炎武：《京东考古录》，1 页，北京，北京古籍出版社，1982。

⑨ 参见蒋一葵：《长安客话》，21 页，北京，北京古籍出版社，1982。

⑩ 参见孙承泽：《春明梦余录》，18 页，北京，北京古籍出版社，1992。

⑪ 参见孙承泽：《春明梦余录》，18 页，北京，北京古籍出版社，1992。

⑫ 参见孙承泽：《春明梦余录》，18 页，北京，北京古籍出版社，1992。

⑬ 参见孙承泽：《春明梦余录》，18 页，北京，北京古籍出版社，1992。

⑭ 参见孙承泽：《春明梦余录》，29 页，北京，北京古籍出版社，1992。

⑮ 参见孙承泽：《春明梦余录》，40 页，北京，北京古籍出版社，1992。

**良乡县**，又七十里至涿州，北渡涿水、范水、刘李河，六十里至良乡县。①

**上谷郡**，宣府，汉上谷地。②

**云中郡**，大同，古云中地。③

**秦城**，又有城名秦城，在（宝坻）县南十里，亦始皇筑。唐李益有诗：惆怅秦城送独归，蓟门云树远依依。秋来莫射南飞雁，从遣乘春更北飞。④

**采魏里**，采育（今大兴采育镇），乃古安次县采魏里也。⑤

**福禄乡**，李秀，字元秀，范阳人。唐玄宗朝……卒于开元四年，葬范阳福禄乡。⑥

**潞县、玄州**，水经注云：鲍丘水又南迳潞县故城西，汉光武遣吴汉、耿弇等破铜马、五幡于潞东，谓是县矣。⑦ 五代史：（赵德钧）又于幽州东五十里城潞县而戍之，近州之民始得稼穑。⑧ 通州自秦而上地隶幽燕，未有建制。汉始置潞县，唐更置玄州，寻复为潞县。⑨

**雍奴县**，武清，汉雍奴县。注水经云：雍奴，薮泽之名，四面有水曰雍，水不流曰奴。⑩

**故安县**，（涿州东南十五里督亢亭）亭址南去二百里，古故安县，今之易州（县治在今易县东南）。⑪ 一统志谓今固安县本汉方城县，属广阳国。孜之汉广阳国属县七，有方城、故安；晋广阳国属县八，亦有方城、故安。按此则方城、故安实一县也。⑫

**燕国**，汉书，蓟古燕国，召公所封。后汉书，蓟本燕国，刺史治。自

① 参见孙承泽：《春明梦余录》，40页，北京，北京古籍出版社，1992。
② 参见孙承泽：《春明梦余录》，812页，北京，北京古籍出版社，1992。
③ 参见孙承泽：《春明梦余录》，813页，北京，北京古籍出版社，1992。
④ 参见孙承泽：《春明梦余录》，1229～1230页，北京，北京古籍出版社，1992。
⑤ 参见孙承泽：《春明梦余录》，1233页，北京，北京古籍出版社，1992。
⑥ 参见孙承泽：《春明梦余录》，1288页，北京，北京古籍出版社，1992。
⑦ 参见孙承泽：《春明梦余录》，1339页，北京，北京古籍出版社，1992。
⑧ 参见蒋一葵：《长安客话》，96页，北京，北京古籍出版社，1982。
⑨ 参见蒋一葵：《长安客话》，131页，北京，北京古籍出版社，1982。
⑩ 参见孙承泽：《春明梦余录》，1342页，北京，北京古籍出版社，1992。
⑪ 参见刘侗、于奕正：《帝京景物略》，360页，北京，北京古籍出版社，1982。
⑫ 参见蒋一葵：《长安客话》，100页，北京，北京古籍出版社，1982。

七国时，燕都于此。项羽立臧荼为燕王，都蓟。高帝因之为燕国……晋复为燕国。①

**燕郡**，魏为燕郡。燕郡：后魏于蓟立燕郡，并此地。②

**广阳郡、广阳国**：元凤元年，燕剌王旦自杀，国除，为广阳郡。本始元年为广阳国。建武十三年，省属上谷。永平八年，（一作永元六年）。复为广阳郡。③

**涿郡**，隋开皇初废（燕郡），大业初置涿郡。④

**肥如**，案地理志，肥如自属辽西郡，不属燕。⑤

**平州**，魏书，平州领郡二，其一曰辽西，领县三，其一曰肥如。⑥

**良乡、安次、文安**，武帝时，旦坐藏匿亡命，削良乡、安次、文安三县。⑦

**临朐县**，唐书地理志，幽州范阳郡潞县下云，武德二年置临朐县，贞观元年省临朐。⑧

**龙城**，晋书载记，慕容宝尽徙蓟中府库，北趋龙城，魏石河头引兵追及之于夏谦泽。⑨

**云州、应州、寰州、朔州**，（宋）诸军连拔云、应、寰、朔四州，师次桑干河。⑩

**昌黎**，公孙度之平州乃辽东，而咸宁所置之平州乃柳城，即昌黎也。⑪

**营州**，是柳城在今永平（今卢龙县）之东北七百里，而慕容氏之龙城、昌黎及魏以后之营州并在其地。⑫

**棘城、榆顿城**，太平真君八年，并柳城、昌黎、棘城属焉。有尧祠、

①　参见顾炎武：《京东考古录》，1页，北京，北京古籍出版社，1982。
②　参见蒋一葵：《长安客话》，3页，北京，北京古籍出版社，1982。
③　参见顾炎武：《京东考古录》，1页，北京，北京古籍出版社，1982。
④　参见顾炎武：《京东考古录》，1页，北京，北京古籍出版社，1982。
⑤　参见顾炎武：《京东考古录》，2页，北京，北京古籍出版社，1982。
⑥　参见顾炎武：《京东考古录》，7页，北京，北京古籍出版社，1982。
⑦　参见顾炎武：《京东考古录》，2页，北京，北京古籍出版社，1982。
⑧　参见顾炎武：《京东考古录》，4页，北京，北京古籍出版社，1982。
⑨　参见顾炎武：《京东考古录》，4页，北京，北京古籍出版社，1982。
⑩　参见顾炎武：《京东考古录》，5页，北京，北京古籍出版社，1982。
⑪　参见顾炎武：《京东考古录》，7页，北京，北京古籍出版社，1982。
⑫　参见顾炎武：《京东考古录》，8页，北京，北京古籍出版社，1982。

榆顿城、狼水。①

　　**辽西郡、柳城、龙城县、龙山县**，隋书，辽西郡统县一，柳城，本魏龙城县。开皇元年，改为龙山县。十八年，改为柳城县。②

　　**广宁县、昌黎县**，而今之昌黎乃金之广宁县，大定二十九年改为昌黎。名同而地异也。辽太祖以定州俘户置营邻海军，其县一曰广宁。金世宗大定二十九年，改为昌黎，相沿以至于今。③

　　**兴中府、柳州郡、营州总管府、营州都督府**，辽史载柳城曰兴中府……炀帝改柳州郡。唐武德初改营州总管府，寻为都督府……重熙十年，升兴中府（治所在今辽宁省朝阳市）。④

　　**霸城县、兴中县**，（辽兴中府）统州二、县四，其一曰兴中县，本汉柳城县地，太祖掠汉民居此，置霸城县。重熙中置府更名。⑤

　　**交黎县、东部都尉**，汉书，辽西郡之县，其八曰交黎。渝水首受塞外南入海。东部都尉治。应劭曰，今昌黎。⑥今辽宁义县。

　　**崇州、北黎州、营州、阳师镇**，至唐太宗贞观二年，更崇州为北黎州，治营州之东北废阳师镇。八年复为崇州，置昌黎县，后沦于奚。⑦

　　**永康县**，辽史，建州永康县本唐昌黎县地。⑧

　　**邻海军**，辽太祖以定州俘户置营邻海军，其县一曰广宁。金世宗大定二十九年，改为昌黎，相沿以至于今。⑨

　　**石城县**，汉右北平郡之县十六，其三曰石城。后汉无之，盖光武所并省也。⑩ 魏书地形志广兴下云，有鸡鸣山、石城、大柳城，此即汉之石城矣。燕之石城在广都之东北，而此在广都之西南，是魏之石城非燕之石城矣。隋书，始无石城，云北齐废之。⑪

―――――――――

　　① 参见顾炎武：《京东考古录》，7 页，北京，北京古籍出版社，1982。
　　② 参见顾炎武：《京东考古录》，7 页，北京，北京古籍出版社，1982。
　　③ 参见顾炎武：《京东考古录》，10 页，北京，北京古籍出版社，1982。
　　④ 参见顾炎武：《京东考古录》，9 页，北京，北京古籍出版社，1982。
　　⑤ 参见顾炎武：《京东考古录》，9 页，北京，北京古籍出版社，1982。
　　⑥ 参见顾炎武：《京东考古录》，10 页，北京，北京古籍出版社，1982。
　　⑦ 参见顾炎武：《京东考古录》，10 页，北京，北京古籍出版社，1982。
　　⑧ 参见顾炎武：《京东考古录》，10 页，北京，北京古籍出版社，1982。
　　⑨ 参见顾炎武：《京东考古录》，10 页，北京，北京古籍出版社，1982。
　　⑩ 参见顾炎武：《京东考古录》，11 页，北京，北京古籍出版社，1982。
　　⑪ 参见顾炎武：《京东考古录》，11 页，北京，北京古籍出版社，1982。

**广成县、广都城**，慕容宝宿广都黄榆谷，清河王会勒兵攻宝，（石城川）又东北入广成县东。广成即广都城。①

**北原**，慕容熙畋于北原，石城令高和与尚方兵于后作乱。注云高和本为石城令，时以大丧会于龙城。是石城去龙城不远也。②

**广兴县、大柳城**，魏书地形志广兴下云，有鸡鸣山、石城、大柳城，此即汉之石城矣。③

**建德郡、白狼城、白鹿山祠**，魏太平真君八年，置建德郡，治白狼城，领县三，其一曰石城，有白鹿山祠，其二曰广都。④

**临渝**，而唐书平州石城下云，本临渝，武德七年省，贞观十五年置。⑤

**滦州**，辽史，滦州统县三，其三曰石城，下云唐贞观中于此置临渝县。⑥

**幽云十六州**，考之于史，晋高祖所割以界契丹者，山前之州七，曰幽（今顺天府）、曰蓟（今蓟州）、曰瀛（今河间府）、曰莫（今任邱县）、曰涿（今涿州）、曰檀（今密云县）、曰顺（今顺义县），山后之州九，曰新（今保安州）、曰妫（今延庆州）、曰儒（今永宁县）、曰武（今在朔州西境）、曰云（今大同府）、曰应（今应州）、曰寰（今马邑县）、曰朔（今朔州）、曰蔚（今蔚州）。⑦

**宾徒县、勉武**，汉书，辽西郡宾徒县，莽曰勉武。⑧

**长安县、劝农县**，而辽史则云，中京大定府长安县本汉宾从县地，劝农县本汉宾从县地，此承汉志传写之讹，而未考后汉、晋二书也。⑨

**造阳县、襄平县**，燕将秦开袭破东胡，东胡却千余里，燕亦筑长城，自造阳（韦昭曰，地名，在上谷。正义曰，按上谷郡今妫州）至襄平（索隐曰，韦昭云，今辽东所理也）。⑩

---

① 参见顾炎武：《京东考古录》，11 页，北京，北京古籍出版社，1982。
② 参见顾炎武：《京东考古录》，11 页，北京，北京古籍出版社，1982。
③ 参见顾炎武：《京东考古录》，11 页，北京，北京古籍出版社，1982。
④ 参见顾炎武：《京东考古录》，11 页，北京，北京古籍出版社，1982。
⑤ 参见顾炎武：《京东考古录》，11 页，北京，北京古籍出版社，1982。
⑥ 参见顾炎武：《京东考古录》，11 页，北京，北京古籍出版社，1982。
⑦ 参见顾炎武：《京东考古录》，12～13 页，北京，北京古籍出版社，1982。
⑧ 参见顾炎武：《京东考古录》，13 页，北京，北京古籍出版社，1982。
⑨ 参见顾炎武：《京东考古录》，13 页，北京，北京古籍出版社，1982。
⑩ 参见顾炎武：《京东考古录》，15 页，北京，北京古籍出版社，1982。

**幽州府、析津府、蓟北县、析津县、幽都县、宛平县**，改幽州府为析津府，蓟北县为析津县，幽都县为宛平县。①

**平州**，其地以平州为要害。平州即今永平（今卢龙县）。天祚时，其将张毅守平州，以平州降宋，金人取之。②

**辽西郡、汝罗城**，隋于营州之境汝罗故城置辽西郡。③

**沧州**，赵玉，渔阳人，尝客沧州（治所在今沧州市东南），依节度使吕兖。刘守光破沧州，尽戮兖亲属。④

**大城县**，张晖，幽州大城人。初仕后周，治郡有状。⑤

**北平城**，括地志云：渔阳郡东南七十里有北平城，倚燕山为板筑。⑥蓟州境内有北平城遗迹，相传汉李广射石处，广为北平太守，故名。⑦

**泉州县**，今（武清）县东南四十里有泉州故城。⑧

**临津县**，宋淳化中，沧州临津令黄懋上书，请于河北诸州作水利田。⑨

**幽州**，舜分冀为十二州，幽其一。⑩

**幽陵**，上古时曰幽陵。⑪

**幽都**，尧命和叔宅朔方曰幽都。⑫

**蓟县**，至秦汉置蓟县。⑬

**易**，周庄王二年，燕桓侯徙都易；今易城南有一城，轮廓六十里，其中尚列万家，土人呼为古燕城，此或桓侯所徙者耳。⑭

**燕京**，石晋割赂契丹，改曰燕京。⑮

---

① 参见孙承泽：《天府广记》，4 页，北京，北京古籍出版社，1984。
② 参见孙承泽：《天府广记》，4 页，北京，北京古籍出版社，1984。
③ 参见孙承泽：《天府广记》，40 页，北京，北京古籍出版社，1984。
④ 参见孙承泽：《天府广记》，435 页，北京，北京古籍出版社，1984。
⑤ 参见孙承泽：《天府广记》，437 页，北京，北京古籍出版社，1984。
⑥ 参见孙承泽：《天府广记》，513 页，北京，北京古籍出版社，1984。
⑦ 参见蒋一葵：《长安客话》，106 页，北京，北京古籍出版社，1982。
⑧ 参见孙承泽：《天府广记》，531 页，北京，北京古籍出版社，1984。
⑨ 参见孙承泽：《天府广记》，540 页，北京，北京古籍出版社，1984。
⑩ 参见蒋一葵：《长安客话》，3 页，北京，北京古籍出版社，1982。
⑪ 参见蒋一葵：《长安客话》，3 页，北京，北京古籍出版社，1982。
⑫ 参见蒋一葵：《长安客话》，3 页，北京，北京古籍出版社，1982。
⑬ 参见蒋一葵：《长安客话》，3 页，北京，北京古籍出版社，1982。
⑭ 参见蒋一葵：《长安客话》，4 页，北京，北京古籍出版社，1982。
⑮ 参见蒋一葵：《长安客话》，4 页，北京，北京古籍出版社，1982。

涿邑、范阳、涿州，涿故以涿水名……在范水之阳，故又名范阳。①

盐川，良乡亦称盐川，因境内有盐沟故也。沟水发源自宛平县龙门口东南流，与广阳水合……五代史：赵德钧为幽州节度，于幽州南六十里城阎沟而戍之。②

益昌县、通泽县、会昌县、永清县，本汉益昌县，东汉废，隋置通泽县，唐改会昌。天宝初，更为永清县，取边境永清之义。地居浑河下流，频年为患，一望无涯，仅遗城南三五村，颓垣覆舍而已（在今霸州市东北）。③

安墟、常道乡、安次、修市，古安墟，黄帝制天下以立万国，始经安墟，合符釜山，即此。周武王封召公于燕，于安墟置常道乡，汉改常道乡，置安次、修市。按今县（明代东安县，治所在今廊坊市境内）境西北五十里耿就桥之西有常道城，即古县治。④

香河县，本武清县地，辽于新仓置榷盐院，因居民聚集，置香河县。⑤

渔阳郡，蓟州古渔阳郡，以在渔山之阳，故名。周惠王时，燕却东胡，置渔阳郡以拒之，即此。⑥

蓟州，至唐始置蓟州。⑦

无终国、无终县，玉田本春秋无终子国。项羽立燕王广为辽东王都无终，即此。汉为无终县。⑧

玉行田，唐改今名，以境内有阳雍伯种玉田故也。雍伯，汉孝子，尝作义浆饮者三年，有人遗石子一升令种之，后于种石处得璧五双，玉田之名，本此。⑨

永济务、丰润县，丰润本玉田县之永济务也，其升为县自金始。⑩

遵化县，唐天宝初，始于其地置马监铁冶，居民稍聚，因置县，以遵

①　参见蒋一葵：《长安客话》，89 页，北京，北京古籍出版社，1982。
②　参见蒋一葵：《长安客话》，96 页，北京，北京古籍出版社，1982。
③　参见蒋一葵：《长安客话》，101 页，北京，北京古籍出版社，1982。
④　参见蒋一葵：《长安客话》，101 页，北京，北京古籍出版社，1982。
⑤　参见蒋一葵：《长安客话》，102 页，北京，北京古籍出版社，1982。
⑥　参见蒋一葵：《长安客话》，103 页，北京，北京古籍出版社，1982。
⑦　参见蒋一葵：《长安客话》，103 页，北京，北京古籍出版社，1982。
⑧　参见蒋一葵：《长安客话》，107 页，北京，北京古籍出版社，1982。
⑨　参见蒋一葵：《长安客话》，107 页，北京，北京古籍出版社，1982。
⑩　参见蒋一葵：《长安客话》，109 页，北京，北京古籍出版社，1982。

化名。①

平谷县，汉初封卢绾于此，绾亡始置县。四周皆山，中则平地，因以平谷名。②

霸州，霸，故唐益津关也。石晋以赂契丹，周复三关，始置州曰霸。③

平曲城，霸州东二十五里有平曲城，汉景帝时公孙浑邪以匈奴降封平曲侯，卒葬于此，俗名花达墓。④

太阳、丰利县、文安县，文安县在州南六十里。古名太阳，晋属赵之渤海郡为丰利县。至唐废丰利县，改置文安县于其城，属鄚州。周显德中，始隶霸。⑤

白檀郡、密云郡、横山郡，括地志：此舜流共工之地，故共城在焉。汉曰白檀郡（以白檀山名），唐曰密云郡（以密云山名），宋曰横山郡。⑥

土垠县、易京城、安乐郡、顺州、顺兴军，（顺义县）汉为土垠县，晋宋为易京城，后魏废易京为安乐郡。隋改顺州，宋置顺兴军，金元仍为顺州。⑦

三河县，汉属渔阳郡地，唐初析潞县地置临沟县（查无此县）。寻更置三河，以其地近七渡河、鲍丘河、洵河三水，故名。⑧

雍奴县，（三角）淀在武清县南周回二百余里，即古雍奴。水经：雍奴者薮泽之名，四面有水曰雍，不流曰奴。汉时移泉州于此。旧有城池，每遇云雾朦胧，渔人往见城形四起，门宛然。⑨

潞阴镇、潞阴县，汉属泉州县地，水绕城郭曰潞。辽置潞阴镇于潞河之南，寻改为县。⑩

新仓镇、宝坻县、渠阳县，汉属泉州，地产鱼盐芦苇。唐末刘仁恭帅燕，据其地僭称燕，因置芦台军于海口镇。后唐庄宗破燕，收芦台军，遂

① 参见蒋一葵：《长安客话》，111 页，北京，北京古籍出版社，1982。
② 参见蒋一葵：《长安客话》，112 页，北京，北京古籍出版社，1982。
③ 参见蒋一葵：《长安客话》，115 页，北京，北京古籍出版社，1982。
④ 参见蒋一葵：《长安客话》，118 页，北京，北京古籍出版社，1982。
⑤ 参见蒋一葵：《长安客话》，119 页，北京，北京古籍出版社，1982。
⑥ 参见蒋一葵：《长安客话》，124 页，北京，北京古籍出版社，1982。
⑦ 参见蒋一葵：《长安客话》，127 页，北京，北京古籍出版社，1982。
⑧ 参见蒋一葵：《长安客话》，131 页，北京，北京古籍出版社，1982。
⑨ 参见蒋一葵：《长安客话》，133 页，北京，北京古籍出版社，1982。
⑩ 参见蒋一葵：《长安客话》，134 页，北京，北京古籍出版社，1982。

因芦台卤地置盐仓。石晋赂契丹，置新仓镇，隶香河县。金世宗东幸，见居民繁庶，始立为县，分香河县以东隶焉，谓盐乃国之宝，取如坻如京之义，命之曰宝坻。宝坻一名渠阳，以泉州渠从此东注也。①

**孤竹国**，永平古营州地，商时为孤竹君封国。②

**宣德州、宣化州**，按宣府本秦汉上谷郡地，即唐宋山后州也。金为宣德州，又改宣化州。③

**涿鹿县、永兴县、武定军、德兴府**，保安州（今怀来县西北）本汉涿鹿县（因山为名）。唐改永兴，五代唐置团练使，总山后八军。辽为武定军。金升德兴府。④

**广宁县、广宁郡、北燕郡、北燕州、妫州、缙阳军、缙山县**，隆庆州（即延庆州，今延庆县）本汉广宁县地。晋改县为郡，北齐改郡名为北燕。唐并入潘县，置北燕州，寻改妫州。辽改州为缙阳军，治缙山县。⑤

**潘县、怀戎、怀来县**，怀来汉潘县地。后周改为怀戎。唐并入广宁县，置北燕州。辽复改为怀来县。⑥

**代郡**，今代郡废城在蔚州。⑦

**龙门县**，龙门城（今赤城县西南，辽金时亦有龙门县）距长安岭三十里，本唐龙门县，因龙门山以名。⑧

## 第三节　《日下旧闻考》等所见北京前都时代政区地名

《日下旧闻考》所见北京前都时代政区地名整理如下：

**上谷**，后三年，吴汉、马武徙雁门、代郡、上谷关西县吏民六万余

---

① 参见蒋一葵：《长安客话》，136～137 页，北京，北京古籍出版社，1982。
② 参见蒋一葵：《长安客话》，149 页，北京，北京古籍出版社，1982。
③ 参见蒋一葵：《长安客话》，156 页，北京，北京古籍出版社，1982。
④ 参见蒋一葵：《长安客话》，156 页，北京，北京古籍出版社，1982。
⑤ 参见蒋一葵：《长安客话》，157 页，北京，北京古籍出版社，1982。
⑥ 参见蒋一葵：《长安客话》，163 页，北京，北京古籍出版社，1982。
⑦ 参见蒋一葵：《长安客话》，163 页，北京，北京古籍出版社，1982。
⑧ 参见蒋一葵：《长安客话》，167 页，北京，北京古籍出版社，1982。

口，置常关、居庸关以东，以避寇。① 秦灭燕，以其地为渔阳、上谷、右北平、辽西、辽东五郡。②

**代郡**，后三年，吴汉、马武徙雁门、代郡、上谷关西县吏民六万余口，置常关、居庸关以东，以避寇。③

**雁门**，后三年，吴汉、马武徙雁门、代郡、上谷关西县吏民六万余口，置常关、居庸关以东，以避寇。④

**居庸关**，后三年，吴汉、马武徙雁门、代郡、上谷关西县吏民六万余口，置常关、居庸关以东，以避寇。⑤

**渔阳**，秦灭燕，以其地为渔阳、上谷、右北平、辽西、辽东五郡。⑥渔阳郡，莽曰通路，属幽州。⑦ 渔阳，曰得渔。⑧

**辽东**，秦灭燕，以其地为渔阳、上谷、右北平、辽西、辽东五郡。⑨至召公始封之地逼近山戎，六国时寖大，并渔阳、上谷、右北平、辽东西诸郡地，是为北燕。盖别于南燕。⑩

**辽西**，秦灭燕，以其地为渔阳、上谷、右北平、辽西、辽东五郡。⑪至召公始封之地逼近山戎，六国时寖大，并渔阳、上谷、右北平、辽东西诸郡地，是为北燕。盖别于南燕。⑫

**广阳郡**，昭帝元凤元年，改燕国为广阳郡。⑬ 秦始皇灭燕以为广阳郡。光武封叔父良为广阳王，十五年徙王赵，省广阳，合上谷。和帝永元元年，复立广阳郡。⑭

---

① 参见于敏中：《日下旧闻考》，11 页，北京，北京古籍出版社，1981。
② 参见于敏中：《日下旧闻考》，24 页，北京，北京古籍出版社，1981。
③ 参见于敏中：《日下旧闻考》，11 页，北京，北京古籍出版社，1981。
④ 参见于敏中：《日下旧闻考》，11 页，北京，北京古籍出版社，1981。
⑤ 参见于敏中：《日下旧闻考》，11 页，北京，北京古籍出版社，1981。
⑥ 参见于敏中：《日下旧闻考》，24 页，北京，北京古籍出版社，1981。
⑦ 参见于敏中：《日下旧闻考》，22 页，北京，北京古籍出版社，1981。
⑧ 参见于敏中：《日下旧闻考》，22 页，北京，北京古籍出版社，1981。
⑨ 参见于敏中：《日下旧闻考》，24 页，北京，北京古籍出版社，1981。
⑩ 参见于敏中：《日下旧闻考》，20 页，北京，北京古籍出版社，1981。
⑪ 参见于敏中：《日下旧闻考》，24 页，北京，北京古籍出版社，1981。
⑫ 参见于敏中：《日下旧闻考》，20 页，北京，北京古籍出版社，1981。
⑬ 参见于敏中：《日下旧闻考》，22 页，北京，北京古籍出版社，1981。
⑭ 参见于敏中：《日下旧闻考》，22 页，北京，北京古籍出版社，1981。

广阳国，广阳国，莽曰广有。①

右北平，南燕为伯倏国。后稷妃，南燕姞氏也。又有东燕，亦伯爵。至召公始封之地逼近山戎，六国时寖大，并渔阳、上谷、右北平、辽东西诸郡地，是为北燕。盖别于南燕。② 右北平郡，莽曰北顺，属幽州。③ 秦灭燕，以其地为渔阳、上谷、右北平、辽西、辽东五郡。④

幽州，舜以冀州南北广大，分燕地北为幽州，因幽都以为名。⑤ 幽州因幽都山以为名也。⑥ 唐武德元年，改为幽州总管府，管幽、易、平、檀、燕、北燕、营、辽八州。⑦

燕、南燕、东燕，南燕为伯倏国。后稷妃，南燕姞氏也。又有东燕，亦伯爵。至召公始封之地逼近山戎，六国时寖大，并渔阳、上谷、右北平、辽东西诸郡地，是为北燕。盖别于南燕。⑧ 齐桓公北伐山戎氏，其道过燕，燕君逆而出境。桓公问管仲曰：诸侯相逆，固出境乎？管仲曰：非天子不出境。桓公曰：然则燕君畏而失礼也，寡人不道而使燕君失礼。乃割燕君所至之地以与燕君。⑨

蓟，蓟为故燕国召公所封。⑩ 蓟，（莽）曰伐戎。⑪

无终，召公始封，盖在北平无终县。以燕山为名，后渐强盛，乃并蓟徙居之。⑫ 贼退，（耿）弇从追至容城、小广阳、安次，连战破之。光武还蓟，复遣弇与十三将军追贼至潞东，及平谷，再战，遂穷追于右北平无终、土垠之间，至俊靡而还。⑬ 明年，率三军南伐，出自卢龙，次于无终。⑭

① 参见于敏中：《日下旧闻考》，22 页，北京，北京古籍出版社，1981。
② 参见于敏中：《日下旧闻考》，20 页，北京，北京古籍出版社，1981。
③ 参见于敏中：《日下旧闻考》，22 页，北京，北京古籍出版社，1981。
④ 参见于敏中：《日下旧闻考》，24 页，北京，北京古籍出版社，1981。
⑤ 参见于敏中：《日下旧闻考》，18 页，北京，北京古籍出版社，1981。
⑥ 参见于敏中：《日下旧闻考》，18 页，北京，北京古籍出版社，1981。
⑦ 参见于敏中：《日下旧闻考》，36 页，北京，北京古籍出版社，1981。
⑧ 参见于敏中：《日下旧闻考》，20 页，北京，北京古籍出版社，1981。
⑨ 参见于敏中：《日下旧闻考》，20 页，北京，北京古籍出版社，1981。
⑩ 参见于敏中：《日下旧闻考》，19 页，北京，北京古籍出版社，1981。
⑪ 参见于敏中：《日下旧闻考》，22 页，北京，北京古籍出版社，1981。
⑫ 参见于敏中：《日下旧闻考》，20 页，北京，北京古籍出版社，1981。
⑬ 参见于敏中：《日下旧闻考》，26 页，北京，北京古籍出版社，1981。
⑭ 参见于敏中：《日下旧闻考》，30 页，北京，北京古籍出版社，1981。

涿郡，高帝六年，分燕置涿郡。十二年，绾降匈奴，复封皇子建为王。建薨，吕后诛建子寻，又分燕国之地置涿郡及广阳国。文帝元年，徙琅琊王刘泽于燕，传国至孙定，国免。武帝元狩六年，又封皇子旦为王。后置十三州，改为幽州，领郡国十，理于此。[①] 涿郡，莽曰垣翰，属幽州。[②]（耿）弇走昌平，与景丹、寇恂及渔阳兵合军而南，定涿郡，遂及光武于广阿。[③] 涿郡统县九，蓟、良乡、安次、涿、固安、雍奴、昌平、怀戎、潞。[④]

遒，曰遒屏。[⑤]

范阳，曰顺阴。[⑥]

良乡，曰广阳。[⑦]

益昌，曰有袟。[⑧]

阳乡，曰章武。[⑨]

西乡，曰移风。[⑩]

上谷郡，曰朔调，属幽州。[⑪]

沮阳，曰沮阴。[⑫]

昌平，昌平，曰长昌。[⑬]（耿）弇走昌平，与景丹、寇恂及渔阳兵合军而南，定涿郡，遂及光武于广阿。[⑭] 涿郡统县九，蓟、良乡、安次、涿、固安、雍奴、昌平、怀戎、潞。[⑮]

涿鹿，曰拀陆。[⑯]

---

①  参见于敏中：《日下旧闻考》，24、25 页，北京，北京古籍出版社，1981。
②  参见于敏中：《日下旧闻考》，22 页，北京，北京古籍出版社，1981。
③  参见于敏中：《日下旧闻考》，26 页，北京，北京古籍出版社，1981。
④  参见于敏中：《日下旧闻考》，32 页，北京，北京古籍出版社，1981。
⑤  参见于敏中：《日下旧闻考》，25 页，北京，北京古籍出版社，1981。
⑥  参见于敏中：《日下旧闻考》，25 页，北京，北京古籍出版社，1981。
⑦  参见于敏中：《日下旧闻考》，25 页，北京，北京古籍出版社，1981。
⑧  参见于敏中：《日下旧闻考》，25 页，北京，北京古籍出版社，1981。
⑨  参见于敏中：《日下旧闻考》，25 页，北京，北京古籍出版社，1981。
⑩  参见于敏中：《日下旧闻考》，25 页，北京，北京古籍出版社，1981。
⑪  参见于敏中：《日下旧闻考》，25 页，北京，北京古籍出版社，1981。
⑫  参见于敏中：《日下旧闻考》，25 页，北京，北京古籍出版社，1981。
⑬  参见于敏中：《日下旧闻考》，25 页，北京，北京古籍出版社，1981。
⑭  参见于敏中：《日下旧闻考》，26 页，北京，北京古籍出版社，1981。
⑮  参见于敏中：《日下旧闻考》，32 页，北京，北京古籍出版社，1981。
⑯  参见于敏中：《日下旧闻考》，25 页，北京，北京古籍出版社，1981。

**狐奴，**狐奴，曰举符。① 沽河从塞外来，南过渔阳狐奴县北，西南与湿余水合为潞河，又东南至雍奴县西，为笥沟，又东南至泉州县，与清河合，东入于海。②

**路，**曰通路亭。③

**通潞亭，**（高梁水）东至潞县，注于鲍丘水，又南迳潞县故城西，王莽之通潞亭也。④

**泉州，**曰泉调。⑤

**厗奚，**曰敦德。⑥

**犷平，**曰平犷。⑦

**滑盐，**曰匡德。⑧

**阴乡，**曰阴顺。⑨

**俊靡，**曰俊麻。⑩

**徐无，**曰北顺亭。⑪

**容城，**耿弇从光武北至蓟，会中乱，光武遂南驰，官属各分散。弇走昌平，与景丹、寇恂及渔阳兵合军而南，定涿郡，遂及光武于广阿。光武居邯郸宫，弇入造床下，请归幽州发兵。光武乃拜弇为大将军，与吴汉北发幽州十郡兵，引而南，追尤来、大抢、五幡于元氏。光武军败，还壁范阳。贼退，（耿）弇从追至容城、小广阳、安次，连战破之。光武还蓟，复遣弇与十三将军追贼至潞东，及平谷，再战，遂穷追于右北平无终、土垠之间，至俊靡而还。⑫

**安次，**贼退，（耿）弇从追至容城、小广阳、安次，连战破之。光武

---

① 参见于敏中：《日下旧闻考》，25 页，北京，北京古籍出版社，1981。
② 参见于敏中：《日下旧闻考》，1853 页，北京，北京古籍出版社，1981。
③ 参见于敏中：《日下旧闻考》，25 页，北京，北京古籍出版社，1981。
④ 参见于敏中：《日下旧闻考》，1793 页，北京，北京古籍出版社，1981。
⑤ 参见于敏中：《日下旧闻考》，25 页，北京，北京古籍出版社，1981。
⑥ 参见于敏中：《日下旧闻考》，25 页，北京，北京古籍出版社，1981。
⑦ 参见于敏中：《日下旧闻考》，25 页，北京，北京古籍出版社，1981。
⑧ 参见于敏中：《日下旧闻考》，25 页，北京，北京古籍出版社，1981。
⑨ 参见于敏中：《日下旧闻考》，25 页，北京，北京古籍出版社，1981。
⑩ 参见于敏中：《日下旧闻考》，25 页，北京，北京古籍出版社，1981。
⑪ 参见于敏中：《日下旧闻考》，25 页，北京，北京古籍出版社，1981。
⑫ 参见于敏中：《日下旧闻考》，26 页，北京，北京古籍出版社，1981。

还蓟，复遣弇与十三将军追贼至潞东，及平谷，再战，遂穷追于右北平无终、土垠之间，至俊靡而还。[①] 涿郡统县九，蓟、良乡、安次、涿、固安、雍奴、昌平、怀戎、潞。[②]

**北平县**，北平县界，有汉熹平四年幽、冀二州，以戊子诏书遣冀州从事王球、幽州从事张昭郡县分境，立石标界，具揭石文也。[③] 改右北平为北平，而幽州存焉。[④]

**范阳国**，晋泰始初，封文帝子机为燕王。机薨无子，国除。寻改范阳郡曰范阳国，分上谷置广宁郡，仍隶范阳国。改右北平为北平，而幽州存焉。领郡国七，理于涿，今范阳县是也。[⑤]

**广宁郡**，寻改范阳郡曰范阳国，分上谷置广宁郡，仍隶范阳国。[⑥]

**燕郡**，晋太康中，改属幽州，永嘉后，赵改为燕郡，仍属幽州。永和六年，前燕徙都于此。其后符坚、慕容垂迭有其地，州郡之名如故。[⑦] 石勒僭号襄国于蓟，置幽州，于州置燕郡。[⑧]

**易京**，鲜卑段辽遣从弟屈雪（或作云）袭幽州。刺史李孟退奔易京。石季龙以支雄为龙骧大将军，姚弋仲为冠军将军，统步骑十万为前锋，伐辽。众次金台，支雄长驱入蓟。辽四十余城并降于季龙。支雄攻安次，斩其部大夫那楼奇。辽惧，奔密云山。季龙遣将军郭泰等追及之，战于密云。辽单马窜险，遣子乞特真送表及名马，季龙纳之。穆帝永和五年，慕容儁僭即燕王位。明年，率三军南伐，出自卢龙，次于无终。石季龙幽州刺史王午弃城走，留其将王他守蓟。儁攻陷其城，斩他，因而都之。[⑨]

**密云**，季龙遣将军郭泰等追及之，战于密云。[⑩]

**卢龙**，明年，率三军南伐，出自卢龙，次于无终。[⑪]

---

① 参见于敏中：《日下旧闻考》，26 页，北京，北京古籍出版社，1981。
② 参见于敏中：《日下旧闻考》，32 页，北京，北京古籍出版社，1981。
③ 参见于敏中：《日下旧闻考》，28 页，北京，北京古籍出版社，1981。
④ 参见于敏中：《日下旧闻考》，28 页，北京，北京古籍出版社，1981。
⑤ 参见于敏中：《日下旧闻考》，29 页，北京，北京古籍出版社，1981。
⑥ 参见于敏中：《日下旧闻考》，29 页，北京，北京古籍出版社，1981。
⑦ 参见于敏中：《日下旧闻考》，29 页，北京，北京古籍出版社，1981。
⑧ 参见于敏中：《日下旧闻考》，28 页，北京，北京古籍出版社，1981。
⑨ 参见于敏中：《日下旧闻考》，29~30 页，北京，北京古籍出版社，1981。
⑩ 参见于敏中：《日下旧闻考》，30 页，北京，北京古籍出版社，1981。
⑪ 参见于敏中：《日下旧闻考》，30 页，北京，北京古籍出版社，1981。

**军都**，幽州治蓟城，燕郡领县五：蓟、广阳、良乡、军都、安城。①

**安城**，幽州治蓟城，燕郡领县五：蓟、广阳、良乡、军都、安城。②

**东北道行台**，北齐于州置东北道行台。③

**固安**，涿郡统县九，蓟、良乡、安次、涿、固安、雍奴、昌平、怀戎、潞。④

**雍奴**，涿郡统县九，蓟、良乡、安次、涿、固安、雍奴、昌平、怀戎、潞。⑤ 雍奴，薮泽之名，四面有水曰雍，不流曰奴。汉光武建武二年，封颍川太守寇恂为雍奴侯。魏遣张合、乐进围雍奴，即此城矣。⑥

**怀戎**，涿郡统县九，蓟、良乡、安次、涿、固安、雍奴、昌平、怀戎、潞。⑦

**潞**，涿郡统县九，蓟、良乡、安次、涿、固安、雍奴、昌平、怀戎、潞。⑧

**妫州**，刘黑闼亡将张君立奔于开道，与其将张金树潜相连结，围开道。开道自杀，金树杀张君立，遂归国。开道自初起至灭，凡八岁，以其地为妫州。⑨

**元州**，唐武德元年，改为幽州总管府，管幽、易、平、檀、燕、北燕、营、辽八州，领蓟、良乡、潞、涿、固安、雍奴、安次、昌平八县，二年，又分潞县置元州，领一县，隶总管。四年，窦建德平，以固安县属北义州。六年，改总管为大总管，管三十九州。七年，改为大都督府，又改涿县为范阳。九年，改大都督为都督，幽、易、景、瀛、东盐、沧、满、蠡、北义、燕、营、辽、平、檀、元、北燕等十七州。贞观元年，废元州，以渔阳、潞二县来属。又废北义州，以固安来属。八年，又置归义县。督幽、易、燕、北燕、平、檀六州。乾封五年，置无终县。如意元

① 参见于敏中：《日下旧闻考》，32 页，北京，北京古籍出版社，1981。
② 参见于敏中：《日下旧闻考》，32 页，北京，北京古籍出版社，1981。
③ 参见于敏中：《日下旧闻考》，28 页，北京，北京古籍出版社，1981。
④ 参见于敏中：《日下旧闻考》，32 页，北京，北京古籍出版社，1981。
⑤ 参见于敏中：《日下旧闻考》，32 页，北京，北京古籍出版社，1981。
⑥ 参见于敏中：《日下旧闻考》，32 页，北京，北京古籍出版社，1981。
⑦ 参见于敏中：《日下旧闻考》，32 页，北京，北京古籍出版社，1981。
⑧ 参见于敏中：《日下旧闻考》，32 页，北京，北京古籍出版社，1981。
⑨ 参见于敏中：《日下旧闻考》，35 页，北京，北京古籍出版社，1981。

年，分置武隆县。景龙三年，分置三河县。①

**易州**，唐武德元年，改为幽州总管府，管幽、易、平、檀、燕、北燕、营、辽八州，领蓟、良乡、潞、涿、固安、雍奴、安次、昌平八县。②

**平州**，唐武德元年，改为幽州总管府，管幽、易、平、檀、燕、北燕、营、辽八州，领蓟、良乡、潞、涿、固安、雍奴、安次、昌平八县。③

**檀州**，唐武德元年，改为幽州总管府，管幽、易、平、檀、燕、北燕、营、辽八州，领蓟、良乡、潞、涿、固安、雍奴、安次、昌平八县。④

**燕州**，唐武德元年，改为幽州总管府，管幽、易、平、檀、燕、北燕、营、辽八州，领蓟、良乡、潞、涿、固安、雍奴、安次、昌平八县。⑤

**北燕州**，唐武德元年，改为幽州总管府，管幽、易、平、檀、燕、北燕、营、辽八州，领蓟、良乡、潞、涿、固安、雍奴、安次、昌平八县。⑥

**营州**，唐武德元年，改为幽州总管府，管幽、易、平、檀、燕、北燕、营、辽八州，领蓟、良乡、潞、涿、固安、雍奴、安次、昌平八县。⑦

**辽州**，唐武德元年，改为幽州总管府，管幽、易、平、檀、燕、北燕、营、辽八州，领蓟、良乡、潞、涿、固安、雍奴、安次、昌平八县。⑧

**北义州**，（武德）四年，窦建德平，以固安县属北义州。⑨

**景州**，（武德）九年，改大都督为都督，幽、易、景、瀛、东盐、沧、满、蠡、北义、燕、营、辽、平、檀、元、北燕等十七州。⑩

**东盐州**，（武德）九年，改大都督为都督，幽、易、景、瀛、东盐、沧、满、蠡、北义、燕、营、辽、平、檀、元、北燕等十七州。⑪

**蠡州**，（武德）九年，改大都督为都督，幽、易、景、瀛、东盐、沧、

---

① 参见于敏中：《日下旧闻考》，36 页，北京，北京古籍出版社，1981。
② 参见于敏中：《日下旧闻考》，36 页，北京，北京古籍出版社，1981。
③ 参见于敏中：《日下旧闻考》，36 页，北京，北京古籍出版社，1981。
④ 参见于敏中：《日下旧闻考》，36 页，北京，北京古籍出版社，1981。
⑤ 参见于敏中：《日下旧闻考》，36 页，北京，北京古籍出版社，1981。
⑥ 参见于敏中：《日下旧闻考》，36 页，北京，北京古籍出版社，1981。
⑦ 参见于敏中：《日下旧闻考》，36 页，北京，北京古籍出版社，1981。
⑧ 参见于敏中：《日下旧闻考》，36 页，北京，北京古籍出版社，1981。
⑨ 参见于敏中：《日下旧闻考》，36 页，北京，北京古籍出版社，1981。
⑩ 参见于敏中：《日下旧闻考》，36 页，北京，北京古籍出版社，1981。
⑪ 参见于敏中：《日下旧闻考》，36 页，北京，北京古籍出版社，1981。

满、蠡、北义、燕、营、辽、平、檀、元、北燕等十七州。①

**归义县，**（武德）八年，又置归义县。②

**武隆县，**如意元年，分置武隆县。景龙三年，分置三河县。③

**三河县，**如意元年，分置武隆县。景龙三年，分置三河县。④

**玉田，**开元十三年，升为大都督府。十八年，割渔阳、玉田、三河三县，置蓟州。⑤

**卫州，**（开元）二十年，幽州节度使兼河北采访处置使增领卫、相、洛、贝、冀、魏、深、赵、恒、定、邢、德、博、棣、营、莫十六州及安东都护府。⑥

**相州，**（开元）二十年，幽州节度使兼河北采访处置使增领卫、相、洛、贝、冀、魏、深、赵、恒、定、邢、德、博、棣、营、莫十六州及安东都护府。⑦

**洛州，**（开元）二十年，幽州节度使兼河北采访处置使增领卫、相、洛、贝、冀、魏、深、赵、恒、定、邢、德、博、棣、营、莫十六州及安东都护府。⑧

**贝州，**（开元）二十年，幽州节度使兼河北采访处置使增领卫、相、洛、贝、冀、魏、深、赵、恒、定、邢、德、博、棣、营、莫十六州及安东都护府。⑨

**冀州，**（开元）二十年，幽州节度使兼河北采访处置使增领卫、相、洛、贝、冀、魏、深、赵、恒、定、邢、德、博、棣、营、莫十六州及安东都护府。⑩

**魏州，**（开元）二十年，幽州节度使兼河北采访处置使增领卫、相、

① 参见于敏中：《日下旧闻考》，36 页，北京，北京古籍出版社，1981。
② 参见于敏中：《日下旧闻考》，36 页，北京，北京古籍出版社，1981。
③ 参见于敏中：《日下旧闻考》，36 页，北京，北京古籍出版社，1981。
④ 参见于敏中：《日下旧闻考》，36 页，北京，北京古籍出版社，1981。
⑤ 参见于敏中：《日下旧闻考》，37 页，北京，北京古籍出版社，1981。
⑥ 参见于敏中：《日下旧闻考》，37 页，北京，北京古籍出版社，1981。
⑦ 参见于敏中：《日下旧闻考》，37 页，北京，北京古籍出版社，1981。
⑧ 参见于敏中：《日下旧闻考》，37 页，北京，北京古籍出版社，1981。
⑨ 参见于敏中：《日下旧闻考》，37 页，北京，北京古籍出版社，1981。
⑩ 参见于敏中：《日下旧闻考》，37 页，北京，北京古籍出版社，1981。

洛、贝、冀、魏、深、赵、恒、定、邢、德、博、棣、营、莫十六州及安东都护府。①

**深州**，（开元）二十年，幽州节度使兼河北采访处置使增领卫、相、洛、贝、冀、魏、深、赵、恒、定、邢、德、博、棣、营、莫十六州及安东都护府。②

**赵州**，（开元）二十年，幽州节度使兼河北采访处置使增领卫、相、洛、贝、冀、魏、深、赵、恒、定、邢、德、博、棣、营、莫十六州及安东都护府。③

**恒州**，（开元）二十年，幽州节度使兼河北采访处置使增领卫、相、洛、贝、冀、魏、深、赵、恒、定、邢、德、博、棣、营、莫十六州及安东都护府。④

**定州**，（开元）二十年，幽州节度使兼河北采访处置使增领卫、相、洛、贝、冀、魏、深、赵、恒、定、邢、德、博、棣、营、莫十六州及安东都护府。⑤

**邢州**，（开元）二十年，幽州节度使兼河北采访处置使增领卫、相、洛、贝、冀、魏、深、赵、恒、定、邢、德、博、棣、营、莫十六州及安东都护府。⑥

**南京**，据辽史载：赵延寿，德钧养子，为幽州节度使，封燕王。及改幽州为南京，迁留守总山南事。会同初，帝幸其第，加政事令。晋人背盟，帝亲征，延寿为先锋，下贝州，授魏博节度使，封魏王。⑦

**析津府**，开泰元年，改幽都府为析津府。蓟北县为析津县，幽都县为宛平县。⑧

**蓟北县**，开泰元年，改幽都府为析津府。蓟北县为析津县，幽都县为

① 参见于敏中：《日下旧闻考》，37页，北京，北京古籍出版社，1981。
② 参见于敏中：《日下旧闻考》，37页，北京，北京古籍出版社，1981。
③ 参见于敏中：《日下旧闻考》，37页，北京，北京古籍出版社，1981。
④ 参见于敏中：《日下旧闻考》，37页，北京，北京古籍出版社，1981。
⑤ 参见于敏中：《日下旧闻考》，37页，北京，北京古籍出版社，1981。
⑥ 参见于敏中：《日下旧闻考》，37页，北京，北京古籍出版社，1981。
⑦ 参见于敏中：《日下旧闻考》，45页，北京，北京古籍出版社，1981。
⑧ 参见于敏中：《日下旧闻考》，47页，北京，北京古籍出版社，1981。

宛平县。①

**析津县**，开泰元年，改幽都府为析津府。蓟北县为析津县，幽都县为宛平县。②

**幽都县**，开泰元年，改幽都府为析津府。蓟北县为析津县，幽都县为宛平县。③

**临沟**，通州本禹贡冀州之域，春秋战国皆属燕，秦属渔阳郡，两汉本潞县及安乐县地，皆渔阳属邑。魏晋以降，属幽州。后魏置潞郡，隋开皇初省入涿郡。唐武德二年于此置元州，领潞、临沟、无终等县。贞观元年，省元州，后为潞县，后以水患徙治安乐故城，今州之东北即旧治地也；历五代皆因之。④

**安乐县**，通州本禹贡冀州之域，春秋战国皆属燕，秦属渔阳郡，两汉本潞县及安乐县地，皆渔阳属邑。⑤

**潞郡**，后魏置潞郡，隋开皇初省入涿郡。

**平谷**，平谷故城汉县，废城在今潞县北。⑥ 州北平谷城汉所置县，属渔阳郡。后汉建武初，光武遣十二将军追破大枪五幡于平谷，即此。晋省，石赵复置。北魏太平真君七年废入潞县。⑦

**清苑**，秦使天下飞刍挽粟，起于黄埵琅琊负海之郡，转输北河。北河盖即白河也。隋炀帝穿永济渠，引沁水北通涿郡，盖自白河入丁字沽，由易水而达于涿也。唐明皇事边功，运青、莱之粟浮海以给幽、平之兵，盖亦由白河也。宋太平兴国中，于清苑界开徐河、鸡距河入白河，以通关南漕运。⑧

**霍村镇**，县本汉泉山之霍村镇，辽每季春弋猎于延芳淀，居民成邑，

---

① 参见于敏中：《日下旧闻考》，47 页，北京，北京古籍出版社，1981。
② 参见于敏中：《日下旧闻考》，47 页，北京，北京古籍出版社，1981。
③ 参见于敏中：《日下旧闻考》，47 页，北京，北京古籍出版社，1981。
④ 参见于敏中：《日下旧闻考》，1792～1793 页，北京，北京古籍出版社，1981。
⑤ 参见于敏中：《日下旧闻考》，1792～1793 页，北京，北京古籍出版社，1981。
⑥ 参见于敏中：《日下旧闻考》，1798 页，北京，北京古籍出版社，1981。
⑦ 参见于敏中：《日下旧闻考》，1798 页，北京，北京古籍出版社，1981。
⑧ 参见于敏中：《日下旧闻考》，1813 页，北京，北京古籍出版社，1981。

就城故潞阴镇，后改为县，在京东南九十里。[1]

**潞阴镇**，县本汉泉山之霍村镇，辽每季春弋猎于延芳淀，居民成邑，就城故潞阴镇，后改为县，在京东南九十里。[2]

**三河**，三河县本汉临泃县地，唐析潞县地置三河县，属幽州。[3] 三河以地近七度、鲍邱、临泃三水而名。[4]

**武清**，武清本汉雍奴县地，属渔阳郡。[5]

**泉州县**，沽河东南迳泉州县故城，王莽之泉调也。[6] 沽河从塞外来，南过渔阳狐奴县北，西南与湿余水合为沽河，又东南至雍奴县西笥沟，又东南至泉州县，与清河合，东入于海。[7]

**合口**，笥沟湿水入焉，俗谓之合口也。[8]

**宝坻**，汉泉州县地，后唐于此置盐仓，金初为新仓镇，大定十二年置宝坻县。[9]

**海口镇**，幽州，秦为上谷郡，历汉魏至隋唐，或为燕国，或为广阳国，或为涿郡，或为范阳郡废，置更易不常。唐末刘仁恭帅燕，其子守光僭称燕王，置芦台军于海口镇。以备沧州。后唐庄宗命大将周德威破燕军于平冈，复收芦台军。[10]

**蓟邱**，古蓟门关在州城东南六十里，一名蓟邱，今遗址尚存。[11]

**雄武城**，雄武城在州东北，唐天宝六载安禄山筑。其后置军使于此，为州境要地。会昌二年，回鹘部将那颉啜南趋雄武军，窥幽州，节度使张仲武遣军败之。广明初，卢龙帅李可举、吐谷浑都督赫连铎共讨沙陀，李

① 参见于敏中：《日下旧闻考》，1828 页，北京，北京古籍出版社，1981。
② 参见于敏中：《日下旧闻考》，1828 页，北京，北京古籍出版社，1981。
③ 参见于敏中：《日下旧闻考》，1841 页，北京，北京古籍出版社，1981。
④ 参见于敏中：《日下旧闻考》，1844 页，北京，北京古籍出版社，1981。
⑤ 参见于敏中：《日下旧闻考》，1849 页，北京，北京古籍出版社，1981。
⑥ 参见于敏中：《日下旧闻考》，1851 页，北京，北京古籍出版社，1981。
⑦ 参见于敏中：《日下旧闻考》，1853 页，北京，北京古籍出版社，1981。
⑧ 参见于敏中：《日下旧闻考》，1853 页，北京，北京古籍出版社，1981。
⑨ 参见于敏中：《日下旧闻考》，1868 页，北京，北京古籍出版社，1981。
⑩ 参见于敏中：《日下旧闻考》，1869 页，北京，北京古籍出版社，1981。
⑪ 参见于敏中：《日下旧闻考》，1879 页，北京，北京古籍出版社，1981。

克用分兵守朔州，自将其众拒可举于雄武军，即此。①

**犷平城**，犷平城在州西，汉县，属渔阳郡，东汉因之。服虔曰：犷音巩。②

**犷平**，莽曰平犷。③

**安远城**，安远城在城西北，唐末置安远军。五代晋将周德威攻燕，拔安远军，蓟州将成行言等降。④

**黎豁县**，蓟州旧有黎豁县，废置皆未详。⑤

**通潞亭**，（高梁水）东至潞县，注于鲍丘水，又南迳潞县故城西，王莽之通潞亭也。⑥

**幽都府**，晋天福中入于辽，升为南京，曰幽都府。⑦

**范阳郡**，越唐为范阳郡，置卢龙军节度使，亦治幽州。⑧

**燕京**，太宗建城……后改号燕京，为永安析津府。⑨

**大兴府**，贞元元年，改为中都大兴府。⑩

**良乡县**，灅水又东南，迳良乡县之北界，历梁山南，高梁水出焉。⑪

**渔阳郡**，平谷自汉隶于渔阳郡，其来远矣。⑫

**平谷县**，汉以封卢绾，高帝十二年，绾亡，始名平谷县，属渔阳郡……金复为平谷县。⑬

**大王镇**，（平谷县）后唐废为大王镇。⑭

**盘阴郡**，县在盘山之西北，故因以名之。⑮

① 参见于敏中：《日下旧闻考》，1889 页，北京，北京古籍出版社，1981。
② 参见于敏中：《日下旧闻考》，1890 页，北京，北京古籍出版社，1981。
③ 参见于敏中：《日下旧闻考》，1890 页，北京，北京古籍出版社，1981。
④ 参见于敏中：《日下旧闻考》，1890 页，北京，北京古籍出版社，1981。
⑤ 参见于敏中：《日下旧闻考》，1891 页，北京，北京古籍出版社，1981。
⑥ 参见于敏中：《日下旧闻考》，1793 页，北京，北京古籍出版社，1981。
⑦ 参见励宗万：《京东古迹考》，3 页，北京，北京古籍出版社，1981。
⑧ 参见励宗万：《京东古迹考》，3 页，北京，北京古籍出版社，1981。
⑨ 参见励宗万：《京东古迹考》，3 页，北京，北京古籍出版社，1981。
⑩ 参见励宗万：《京东古迹考》，3 页，北京，北京古籍出版社，1981。
⑪ 参见励宗万：《京东古迹考》，18 页，北京，北京古籍出版社，1981。
⑫ 参见任在陛：《（雍正）平谷县志》，上卷 2，海口，海南出版社，2001。
⑬ 参见任在陛：《（雍正）平谷县志》，上卷 2，海口，海南出版社，2001。
⑭ 参见任在陛：《（雍正）平谷县志》，上卷 2，海口，海南出版社，2001。
⑮ 参见任在陛：《（雍正）平谷县志》，上卷 2，海口，海南出版社，2001。

## 第四节　《燕都丛考》等所见北京前都时代政区地名

陈宗蕃《燕都丛考》所见北京前都时代政区地名整理如下：

**冀州**①，上古时期，黄帝划野分州，冀为"九州岛之一"，大禹治水后，重新划分九州岛，冀为"九州岛之首"。

北平为《禹贡》冀州之域，在颛顼时曰幽陵，尧时曰幽都，舜时分冀为幽州，夏、商时皆为冀州地，殷复曰幽州，周因之。武王封黄帝之后于蓟，封召公于北燕，燕盛并蓟，遂迁焉。后与六国俱称王。秦灭燕，以燕之西陲为上谷郡。楚汉之际为燕国，后属汉，仍为燕国。武帝时改为郡，元狩六年更为国，又改为幽州。元凤元年，改燕国为广阳郡，宣帝时又改为国。光武时为广阳国，其后省入上谷郡。和帝永元八年复置广阳郡，建安十八年改属冀州，又复立幽州。魏黄初中，改广阳为燕郡，太和六年改为国。晋幽州初治涿，后治燕国之蓟。晋永嘉后陷于石勒，于蓟置幽州。后慕容儁建都于此，苻坚、慕容垂代有其地。后魏道武破慕容宝，于蓟立燕郡。北齐置东北道行台，后周置总管府。隋炀帝时废总管，唐初复为幽州，仍置总管府，其后改曰大都督府。元宝元年改为范阳郡，乾元元年复改郡为幽州。安禄山僭号，以范阳为大都，史思明改范阳为燕京，其后仍为幽州。晋天复中，割入于辽。太宗会同元年改为南京，以幽都府置南京道，开泰元年改燕京，曰析津府。

**幽陵**②，北平在颛顼时曰幽陵。尧时曰幽都，舜时分冀为幽州，夏、商时皆为冀州，殷复曰幽州，周因之。

**幽都**③，北平在尧时曰幽都。北平为《禹贡》冀州之域，在颛顼时曰幽陵，尧时曰幽都。

---

①　参见陈宗蕃：《燕都丛考》，1页，北京，北京古籍出版社，1991。
②　参见陈宗蕃：《燕都丛考》，1页，北京，北京古籍出版社，1991。
③　参见陈宗蕃：《燕都丛考》，1页，北京，北京古籍出版社，1991。

**幽州**①，东北曰幽州，古九州岛及汉十三刺史部之一；隋唐时北方的军事重镇、交通中心和商业都会。

北平为《禹贡》冀州之域，在颛顼时曰幽陵，尧时曰幽都，舜时分冀为幽州，夏、商时皆为冀州，殷复曰幽州，周因之。

**蓟**②，蓟即古蓟国，今北京地区最早形成的国家之一；殷商时期自然形成的小国，或系黄帝部落之后裔所建；西周时，蓟国成为周的封国。《礼记·乐记》载："武王克殷返商，未及下车而封黄帝之后于蓟"；《史记·周本纪》载：武王褒封"帝尧之后于蓟"。蓟国都于蓟城，在今北京市区西南广安门一带，约公元前 7 世纪为燕国所并。不管是黄帝之后还是帝尧之后，有名为蓟的这一古国是没有问题的。

**北燕**③，春秋战国时期的燕国，或曰北燕，或称北燕国，即古燕国，是公元前 11 世纪由周天子分封在华北北部的一个诸侯国。第一代封君为燕召公奭，于公元前 7 世纪灭掉蓟国，建都蓟。至战国时期为七雄之一，疆域扩展至今北京、河北北部、内蒙古东南部和辽宁西部一带。

**燕国**④，其地在《禹贡》中约为冀州之域，在颛顼时称幽陵，尧时叫作幽都，舜时分冀为幽州，夏、商时皆为冀州，殷复曰幽州，周因之。武王封黄帝之后于蓟，封召公于北燕，燕盛并蓟，遂迁焉。后与六国俱称王。

战国晚期，秦灭燕，以燕所属西北部设立上谷郡。楚汉之争的时候，燕遗贵族复立燕国。两汉时期，燕国的名称和废立反复无常。刘邦建立西汉后属汉，仍为燕国。西汉一级地方政区郡、国并设，汉高帝十二年时，立皇子刘建为燕王，设置燕国，以蓟城为都。汉高后七年刘建死，无后而燕国废立，其地改设燕郡。武帝元狩六年又改郡为国。西汉十三州刺史中，其为幽州。昭帝元凤元年，改燕国为广阳郡，宣帝时又改为国。东汉光武帝时设广阳国，其后又省入上谷郡。和帝永元八年复置广阳郡，献帝建安十八年其地改属冀州，旋又复立幽州。魏黄初中，改广阳国为燕郡，

①　参见陈宗蕃：《燕都丛考》，1、10、529、591、592、606、612、613、637 页，北京，北京古籍出版社，1991。

②　参见陈宗蕃：《燕都丛考》，1 页，北京，北京古籍出版社，1991。

③　参见陈宗蕃：《燕都丛考》，1 页，北京，北京古籍出版社，1991。

④　参见陈宗蕃：《燕都丛考》，1 页，北京，北京古籍出版社，1991。

太和六年又改为燕国。

**上谷郡**①，始建于战国燕昭王二十九年，因建在大山谷上边而得名，上谷郡是燕国北疆西部第一郡。秦始皇统一中国后，分天下为三十六郡，上谷郡亦名列其中。

秦灭燕，以燕之西陲为上谷郡。楚汉之际为燕国，后属汉，仍为燕国。武帝时改为郡，元狩六年更为国，又改为幽州。元凤元年，改燕国为广阳郡，宣帝时又改为国。光武帝时为广阳国，其后省入上谷郡。

**广阳郡**②，始建于秦。秦始皇二十五年（前222年）设置，治蓟县，故城在今北京市西城区西部广安门一带。秦二世元年（前209年），陈胜、吴广首义反秦，上谷卒史韩广占蓟城，自立为燕王，郡遂废除。后属汉，仍为燕国。武帝时改为郡，元狩六年更为国，又改为幽州。元凤元年，改燕国为广阳郡，宣帝时又改为国。光武帝时为广阳国，其后省入上谷郡。和帝永元八年复置广阳郡。建安十八年广阳郡改属冀州，后又复立幽州。魏黄初中，改广阳郡为燕郡，太和六年改为燕国。

**广阳国**③，始建于西汉。汉高祖刘邦设燕国，汉武帝元狩六年（前117年），封皇子刘旦为燕王，设置为燕国，定都蓟；昭帝元凤元年（前80年），燕王刘旦反，国废除，改为广阳郡，治蓟，管辖蓟、广阳、方城、阴乡四县；宣帝本始元年（前73年），封子刘建为广阳王，改广阳郡为广阳国。

**燕郡**④，始建于西汉。汉高帝十二年（前195年），立皇子刘建为燕王，设置燕国，定都蓟；汉高后七年（前181年），刘建死，国除，改置为燕郡，治蓟县，故城在今北京市区西南。

**涿**⑤，涿县，西晋时为幽州所属。晋幽州初治涿，后治燕国之蓟。

**范阳郡**⑥，唐幽州范阳郡，本涿郡，天宝元年（742年）改置。元宝元年改幽州为范阳郡，乾元元年复改郡为幽州。安禄山僭号，以范阳为大

① 参见陈宗蕃：《燕都丛考》，1页，北京，北京古籍出版社，1991。
② 参见陈宗蕃：《燕都丛考》，1页，北京，北京古籍出版社，1991。
③ 参见陈宗蕃：《燕都丛考》，1页，北京，北京古籍出版社，1991。
④ 参见陈宗蕃：《燕都丛考》，1页，北京，北京古籍出版社，1991。
⑤ 参见陈宗蕃：《燕都丛考》，1页，北京，北京古籍出版社，1991。
⑥ 参见陈宗蕃：《燕都丛考》，2、118、607页，北京，北京古籍出版社，1991。

都，史思明改范阳为燕京，其后仍为幽州。

**燕京**①，唐乾元二年（759 年），安禄山僭号叛乱，以范阳为大都。继而史思明自称应天皇帝，国号大燕，建元顺天，改范阳为燕京，始称燕京。其后仍为幽州。

**南京**②，即南京析津府，是辽国陪都，又称燕京。为《尚书·禹贡》的冀州之地。晋天复中，割让于辽。辽太宗会同元年改燕京为南京，以幽都府置南京道，开泰元年改为燕京，称析津府。

**幽都府**③，辽会同元年（938 年）改幽州为幽都府，建号南京，亦称燕京，作为陪都。

**南京道**④，辽开泰元年（1012 年），改幽都府为析津府，南京亦称燕京。按辽制，分立上、中、东、西、南五京，于京置道，道领府、州；南京道，治析津府，故城在今北京市区西南部广安门一带，领析津府和平州。隋炀帝时废总管，唐初复为幽州，仍置总管府，其后改曰大都督府。元宝元年改为范阳郡，乾元元年复改郡为幽州。安禄山僭号，以范阳为大都，史思明改范阳为燕京，其后仍为幽州。晋天复中，割入于辽。太宗会同元年改为南京，以幽都府置南京道，开泰元年改燕京，曰析津府。

**析津府**⑤，辽开泰元年（1012 年），改南京幽都府为燕京析津府，名称来自"以燕分野旅寅为析木之津"。辽太宗会同元年改为南京，以幽都府置南京道，开泰元年改燕京，曰析津府。

**蓟县**，公元 25 年东汉建立，汉光武帝刘秀在全国设 13 个州，在今北京地区设立幽州，州治就在无终。相当于省会。

《燕京访古录》：东直门内五岳观，有汉朝绿石钟一口，高五尺，上围三尺八寸，下围五尺，钟钮残缺，石钟刻阴文大篆字，精细工巧。篆文曰：惟大汉建武二十年春，于上谷郡蓟县城内建立大禹王庙，铜铸夏禹王神乘龙坐像，高六十尺左右，铜铸皋陶、伯益、后羿、明眛文武四像，立

---

① 参见陈宗蕃：《燕都丛考》，2、10、529、578、608 页，北京，北京古籍出版社，1991。
② 参见陈宗蕃：《燕都丛考》，2、10、577 页，北京，北京古籍出版社，1991。
③ 参见陈宗蕃：《燕都丛考》，2、10 页，北京，北京古籍出版社，1991。
④ 参见陈宗蕃：《燕都丛考》，2 页，北京，北京古籍出版社，1991。
⑤ 参见陈宗蕃：《燕都丛考》，2 页，北京，北京古籍出版社，1991。

身高五十尺。①

孙星衍《京畿金石考》所见北京前都时代政区地名整理如下：

**幽州**②，东北曰幽州，古九州岛及汉十三刺史部之一；隋唐时北方的军事重镇、交通中心和商业都会。唐幽州复舜庙颂，韦稔撰，颜頵正书并篆额，贞元十二年闰八月立，见金石目录。

**景城县**③，隋开皇十八年（598年），改成平县为景城县（在今河北沧州境内），隶景州。唐景城县主簿彭君权殡志铭，王建撰，建中三年立。

**冀州**④，上古时期，黄帝划野分州，冀为"九州岛之一"，大禹治水后，重新划分九州岛，冀为"九州岛之首"。汉冀州刺史王纯碑，延熹四年八月立，见《天下金石志》。

**范阳**⑤，中国古代的地名和行政区划名。范阳在历史上所辖区域多有变动，约在今北京市和河北省保定市北部，从唐大历四年（769年）起，所谓"范阳"则仅限于涿州范阳县，为涿州治所，在今河北省涿州市。广义上的范阳有时和幽州通用。范阳荒石题字，上刻一犬吠二凤影，傍有范阳荒石字，在永安河边。

**檀州**⑥，隋开皇十六年（596年）分幽州置。治所在燕乐（今北京市密云县东北）。唐武德元年（618年），复改为檀州，移治密云，即今密云县城。唐孔子七十二子汉晋名儒像赞，见唐书，云显庆中，韦宏为檀州刺史，修学宫，画唐孔子七十二子汉晋名儒像，自为赞，今未见。

**高阳县**⑦，位于今河北省保定市东南部，高阳建邑于战国时期，唐贞观元年废蒲州，高阳先后属瀛州、鄚州、范阳郡。唐实谛寺碑，撰人姓名残缺，苏灵芝行书，开元二十九年六月立，见金石录，又宝刻丛编云在高阳，宝刻丛编云在顺安。

**易州**⑧，《元和郡县图志》记载：秦置三十六郡，以为上谷郡。汉分置

---

① 参见陈宗蕃：《燕都丛考》，323页，北京，北京古籍出版社，1991。
② 参见孙星衍：《京畿金石考》，2、3、28页，北京，中华书局，1985。
③ 参见孙星衍：《京畿金石考》，23页，北京，中华书局，1985。
④ 参见孙星衍：《京畿金石考》，24、43、68、69、77、99页，北京，中华书局，1985。
⑤ 参见孙星衍：《京畿金石考》，25、27页，北京，中华书局，1985。
⑥ 参见孙星衍：《京畿金石考》，26页，北京，中华书局，1985。
⑦ 参见孙星衍：《京畿金石考》，45页，北京，中华书局，1985。
⑧ 参见孙星衍：《京畿金石考》，45、46页，北京，中华书局，1985。

涿郡，今州则汉涿郡故安县之地。隋开皇元年改为易州，因州南十三里易
水为名。大业初为上谷郡，遥取汉上谷以为名。隋乱陷贼，武德四年又改
为易州。唐易州龙兴观道德经，景龙二年正月刻。

**文安郡**[①]，唐天宝元年（742 年），撤销莫州建制，改设文安郡，治今
河北任丘市鄚州。唐文安郡任邱令王君清德颂，傅衡之撰，崔琦正书，天
宝八年正月立。

**兴中府**[②]，辽迁都中京之后设置的地方府一级政权，位于今辽宁省朝
阳市。辽兴中府灵感寺塔铭，张嗣初撰，行书，天庆六年立。

螺冈居士《燕京形势》所见北京前都时代政区地名整理如下：

**燕京**[③]，唐乾元二年（759 年），史思明自称应天皇帝，国号大燕，建
元顺天，改范阳为燕京，始称燕京。燕京星分箕尾，地居上游，民俗朴
淳，土地深厚，汉为要郡，唐为重镇，形势甲天下，形家以为尽龙，占者
以为王气，是则然矣。

**冀州**[④]，上古时期，黄帝划野分州，冀为"九州岛之一"，大禹治水
后，重新划分九州岛，冀为"九州岛之首"。北京者，干中之枝，古之冀
州也，广博辽阔，一倍于雍豫，三倍于青兖、荆扬梁益，回莫与俦，其名
山则有恒山太行碣石，其大川则有桑干滹沱潮白。

**易州**[⑤]，《元和郡县图志》记载：秦置三十六郡，以为上谷郡。汉分置
涿郡，今州则汉涿郡故安县之地。隋开皇元年改为易州，因州南十三里易
水为名。大业初为上谷郡，遥取汉上谷以为名。隋乱陷贼，武德四年又改
为易州。

今海内可以建都，而立于不败者，惟幽燕耳。幽燕地位，在黄河之
北，所距东西朔南各省，满蒙回藏各区，道里相去，大约均平，有控制之
势，无鞭长之虑，盛平则利于交通，变乱亦便于策应，且燕山之地，其重
险则易州西北，乃紫荆关，昌平之西，乃居庸关，顺州之北，乃古北口，
平州之东，乃榆关，此数关皆天造地设，在燕京之背，若负扆然，可谓天

---

① 参见孙星衍：《京畿金石考》，50 页，北京，中华书局，1985。
② 参见孙星衍：《京畿金石考》，48 页，北京，中华书局，1985。
③ 参见螺冈居士：《燕京形势》，1、2、3、5 页，天津，义利印刷材料局，1912。
④ 参见螺冈居士：《燕京形势》，3 页，天津，义利印刷材料局，1912。
⑤ 参见螺冈居士：《燕京形势》，5 页，天津，义利印刷材料局，1912。

然之雄矣。

**昌平**①，自汉朝时期设立。今海内可以建都，而立于不败者，惟幽燕耳。幽燕地位，在黄河之北，所距东西朔南各省，满蒙回藏各区，道里相去，大约均平，有控制之势，无鞭长之虑，盛平则利于交通，变乱亦便于策应，且燕山之地，其重险则易州西北，乃紫荆关，昌平之西，乃居庸关，顺州之北，乃古北口，平州之东，乃榆关，此数关皆天造地设，在燕京之背，若负扆然，可谓天然之雄矣。

**顺州**②，顺州在历史上在各地多次被侨置。按其位置区分，始建于唐。今海内可以建都，而立于不败者，惟幽燕耳。幽燕地位，在黄河之北，所距东西朔南各省，满蒙回藏各区，道里相去，大约均平，有控制之势，无鞭长之虑，盛平则利于交通，变乱亦便于策应，且燕山之地，其重险则易州西北，乃紫荆关，昌平之西，乃居庸关，顺州之北，乃古北口，平州之东，乃榆关，此数关皆天造地设，在燕京之背，若负扆然，可谓天然之雄矣。

**平州**③，始建于东汉时期。今海内可以建都，而立于不败者，惟幽燕耳。幽燕地位，在黄河之北，所距东西朔南各省，满蒙回藏各区，道里相去，大约均平，有控制之势，无鞭长之虑，盛平则利于交通，变乱亦便于策应，且燕山之地，其重险则易州西北，乃紫荆关，昌平之西，乃居庸关，顺州之北，乃古北口，平州之东，乃榆关，此数关皆天造地设，在燕京之背，若负扆然，可谓天然之雄矣。

张江裁所辑《京津风土丛书》④ 共收书十七种，它们是清人杨从清撰《北京形势大略》一卷、明代史玄撰《旧京遗事》一卷、张江裁撰《燕京访古录》一卷、张江裁撰《北京崇效寺训鸡图志》一卷、清人蔡绳格撰《燕市货声》一卷、阙名《燕市百怪歌》一卷、清人崔旭撰《津门百咏》一卷、张江裁撰《天津杨柳青小志》一卷、张江裁撰《东莞袁督师后裔考》一卷、明人曹学佺撰《燕都名胜志稿》一卷、清人李文藻撰《琉璃厂书肆记》一卷、清人张茂节与李开泰撰《大兴岁时志稿》一卷、清人王养

---

① 参见螺冈居士：《燕京形势》，5 页，天津，义利印刷材料局，1912。
② 参见螺冈居士：《燕京形势》，5 页，天津，义利印刷材料局，1912。
③ 参见螺冈居士：《燕京形势》，5 页，天津，义利印刷材料局，1912。
④ 参见张江裁：《京津风土丛书》，上海，中华书局，1938。

濂与李开泰撰《宛平岁时志稿》一卷、清人让廉撰《春明岁时琐记》一卷、张江裁撰《燕都负贩琐记》一卷、清人李详撰《兴化李慎言先生与东莞张次溪论文书》一卷和张江裁撰《燕居修史图志》一卷等，其中有涉及北京前都时代的诸多地名。张江裁，名涵锐，字次溪，号江裁，东莞篁村水围坊人，我国著名的史学家、方志学家，一生著述二百四十种。现将张江裁《京津风土丛书》所见部分北京前都时代地名整理如下：

**广阳**①，广阳郡，又称广阳国、燕国，是秦朝至西晋期间幽州刺史部下的一个郡国，以春秋战国的燕国国都蓟县为中心。因以之自命云，实国初之北平渖司而辽金元之别都也。曰广阳，曰范阳，曰析津，曰大兴，汉元狩以后，迄胜国盖赏郡之其大要，不出于幽燕二名。

**范阳**②，范阳是中国古代的地名和行政区划名。范阳在历史上所辖区域多有变动，约在今北京市和河北省保定市北部。从唐大历四年（769 年）起，所谓"范阳"则仅限于涿州范阳县，为涿州治所，在今河北省涿州市。广义上的范阳有时和幽州通用。因以之自命云，实国初之北平渖司而辽金元之别都也。曰广阳，曰范阳，曰析津，曰大兴，汉元狩以后，迄胜国盖赏郡之其大要，不出于幽燕二名。

**析津**③，析津府，辽开泰元年（1012 年），改南京幽都府为燕京析津府，名称来自"以燕分野旅寅为析木之津"。因以之自命云，实国初之北平渖司而辽金元之别都也。曰广阳，曰范阳，曰析津，曰大兴，汉元狩以后，迄胜国盖赏郡之其大要，不出于幽燕二名。

**幽州**④，东北曰幽州，古九州岛及汉十三刺史部之一；隋唐时北方的军事重镇、交通中心和商业都会。《周礼·职方》：东北曰幽州。《释名》：在北幽昧之地，故曰幽也。

---

① 参见曹学佺：《燕都名胜志稿》，见张江裁：《京津风土丛书》，1 页，上海，中华书局，1938。

② 参见曹学佺：《燕都名胜志稿》，见张江裁：《京津风土丛书》，1 页，上海，中华书局，1938。

③ 参见曹学佺：《燕都名胜志稿》，见张江裁：《京津风土丛书》，1 页，上海，中华书局，1938。

④ 参见曹学佺：《燕都名胜志稿》，见张江裁：《京津风土丛书》，1 页，上海，中华书局，1938。

**冀州**①，上古时期，黄帝划野分州，冀为"九州岛之一"，大禹治水后，重新划分九州岛，冀为"九州岛之首"。郡国志云：箕星散为幽州，分为燕国。虞舜十有二州，以冀州之北界分为幽州，此幽州之始也。

**燕国**②，即古燕国，中国历史上的西周到春秋战国时期华北的一个诸侯国。公元前11世纪由周天子分封的诸侯国，战国七雄之一，是历史上从西周到春秋战国时期汉族在中国北方和东北地区建立的一个诸侯国。开国君主是燕召公奭，在今北京、河北北部、辽宁西部一带。于公元前7世纪灭掉蓟国，建都蓟（今北京市房山区）。周武王封召公奭于燕，此燕国之始也。

**蓟县**③，古称渔阳，春秋时期称为无终子国，战国时称无终邑，秦代属右北平郡。大兴金名也，本秦蓟县地，水经注云：蓟城西北隅有蓟丘，故以名之，犹鲁之曲阜，齐之营丘矣。

**宛平县**④，辽开泰元年（1012年）改幽都县为宛平县。宛平取燕宛也，宛，宛然以平之义，其在唐曰幽都析蓟县置者，辽始改今名。

**幽都**⑤，在古代指北京地区。宛平取燕宛也，宛，宛然以平之义，其在唐曰幽都析蓟县置者，辽始改今名。

**析蓟县**⑥，唐建中二年（781年）析蓟县设置幽都县。宛平取燕宛也，宛，宛然以平之义，其在唐曰幽都析蓟县置者，辽始改今名。

**渔阳**⑦，始建于秦。秦渔阳县，隋末改无终县为渔阳，即今北京市密云县西南。隋玄州渔阳郡、唐蓟州渔阳郡均治此，唐以后渔阳为蓟州治

---

① 参见曹学佺：《燕都名胜志稿》，见张江载：《京津风土丛书》，1页，上海，中华书局，1938。
② 参见曹学佺：《燕都名胜志稿》，见张江载：《京津风土丛书》，1页，上海，中华书局，1938。
③ 参见曹学佺：《燕都名胜志稿》，见张江载：《京津风土丛书》，1页，上海，中华书局，1938；张江裁：《燕京访古录》，1页，北京，中华书局，1938。
④ 参见曹学佺：《燕都名胜志稿》，见张江载：《京津风土丛书》，1页，上海，中华书局，1938。
⑤ 参见曹学佺：《燕都名胜志稿》，见张江载：《京津风土丛书》，2页，上海，中华书局，1938。
⑥ 参见曹学佺：《燕都名胜志稿》，见张江载：《京津风土丛书》，2页，上海，中华书局，1938。
⑦ 参见曹学佺：《燕都名胜志稿》，见张江载：《京津风土丛书》，2页，上海，中华书局，1938。

所，明省入蓟州 。

九州岛要记云：燕昭王冢在古渔阳北之无终山，一统志云：在府西清河岸侧之燕丹村。

**广阳县**[①]，始建于西汉。自汉至北朝，先后隶属广阳国、广阳郡、燕国、燕郡。故城在今北京市房山区广阳村，俗称小广阳，北齐省入蓟县。水经注云：灅水又东迳广阳县故城北。

**广阳郡**[②]，始建于秦。又称广阳国、燕国，是秦朝至西晋期间幽州刺史部下的一个郡国，以春秋战国的燕国国都蓟县（今北京市范围）为中心。秦始皇二十三年灭燕以为广阳郡。

**燕国**[③]，西汉时期，一级地方政区郡、国并行，汉高帝十二年立皇子刘建为燕王，设置燕国，定都蓟。汉高后七年刘建死，无后燕国除，改为燕郡。汉高帝封卢绾为燕王治燕国。

**阳乡县**[④]，《地理风俗记》曰：涿县东五十里有阳乡亭，后分为县。水经注云：广南水东南至阳乡县，右注圣水，圣水又东南迳阳乡城西，不迳其北矣，县，故涿之阳亭也。

**涿**[⑤]，涿郡，古代行政区划单位名称，今北京。水经注云：圣水又东南迳阳乡城西，不迳其北矣，县，故涿之阳亭也。

**长乡**[⑥]，《晋太康地记》：涿有长乡而无阳乡矣。

**营州**[⑦]，《尚书·舜典》分十二州，其幽州（冀东北）、营州即今辽宁之地；营州是今辽宁省朝阳市的古称。《畿辅通志》云：古回城在蓟县，

----

① 参见曹学佺：《燕都名胜志稿》，见张江载：《京津风土丛书》，2页，上海，中华书局，1938。
② 参见曹学佺：《燕都名胜志稿》，见张江载：《京津风土丛书》，2页，上海，中华书局，1938。
③ 参见曹学佺：《燕都名胜志稿》，见张江载：《京津风土丛书》，2页，上海，中华书局，1938。
④ 参见曹学佺：《燕都名胜志稿》，见张江载：《京津风土丛书》，3页，上海，中华书局，1938。
⑤ 参见曹学佺：《燕都名胜志稿》，见张江载：《京津风土丛书》，3页，上海，中华书局，1938。
⑥ 参见曹学佺：《燕都名胜志稿》，见张江载：《京津风土丛书》，3页，上海，中华书局，1938。
⑦ 参见曹学佺：《燕都名胜志稿》，见张江载：《京津风土丛书》，3页，上海，中华书局，1938。

唐迁营州于蓟，为筑此城近邱旁。

**大湖**①，应为太湖府。大湖在府治西四十里，广袤十数亩，二泉涌出，冬日不冰，南流入洗马沟与玉渊潭，燕家泊诸水汇为西湖。

**上谷郡**②，始建于战国燕昭王二十九年，因建在大山谷上边而得名，上谷郡是燕国北疆西部第一郡。秦始皇统一中国后，分天下为三十六郡，上谷郡亦名列其中。东直门内五岳观，有汉朝绿石钟一口，高五尺，上围三尺八寸，下围五尺，钟钮残缺，石钟刻阴文大篆字，精细工巧，篆文曰，惟大汉建武二十年春，于上谷郡蓟县城内，建立大禹王庙铜铸夏禹王神乘龙坐，像高六十尺左右。

**蓟城**③，始建于春秋战国时期，燕国以蓟城为都。彰仪门内西砖胡衕墙内，有一铁碣，前面镌阳文为威震蓟城四大隶字，上左镌大燕元玺元年壬子冬腊日立二十小隶字，下右镌燕帝慕容儁御极铁铸九小隶字，阴文旁镌燕国中门记功铁碣八隶字，其铁碣高五尺五寸、宽一尺四寸，铁座宽二尺六寸，下埋土中。

**渤海郡**④，始建于西汉，属幽州。汉文帝前元十四年河间哀王薨，无后，国除，分为河间、渤海、广川三郡。汉为渤海郡章武县地，后属静海、武清二县。

**章武县**⑤，始建于西汉。汉高祖五年（前 202 年）设置，属渤海郡。汉文帝后元七年（前 157 年），汉景帝即位时封其舅窦广国为章武侯，章武县为章武侯国。35 年后，汉武帝元狩元年（前 122 年）废章武国复置章武县。公元 9 年，王莽改章武县为桓章县。东汉建武元年（25 年）复章武县名。献帝建安十年（205 年），曹操从渤海郡中划出部分县建立章武郡，属冀州刺史部，章武县为郡治所。魏黄初元年（220 年）魏国建立以后，章

---

①　参见曹学佺：《燕都名胜志稿》，见张江裁：《京津风土丛书》，3 页，上海，中华书局，1938。

②　参见张江裁：《燕京访古录》，见张江裁：《京津风土丛书》，1 页，上海，中华书局，1938。

③　参见张江裁：《燕京访古录》，见张江裁：《京津风土丛书》，1 页，上海，中华书局，1938。

④　参见张江裁：《天津杨柳青小志》，见张江裁：《京津风土丛书》，1 页，上海，中华书局，1938。

⑤　参见张江裁：《天津杨柳青小志》，见张江裁：《京津风土丛书》，1 页，上海，中华书局，1938。

武郡治迁至东平舒（今廊坊市大城县境内）。公元556年，北齐将章武县撤销并入高城县。汉为渤海郡章武县地，后属静海、武清二县，《畿辅通志》上说柳口在静海县，即杨柳青。

**静海县**[①]，静海县历史悠久，早在东周时期静海即有先民活动。可见，静海的地名起源亦较早。静海之地汉代为渤海郡章武县地，后属静海、武清二县，《畿辅通志》载，柳口在静海县，即杨柳青。又《长安客话》云，杨柳青地近丁字沽，四面多植杨柳，故名。可见渤海郡曾所属静海县地，受滨海多水地貌的影响，地名亦随之而有所表达。

**武清县**[②]，武清县是华北平原上最古老的县份之一。秦汉初年始设泉州、雍奴二县。唐朝天宝元年（742年），雍奴县更名武清县。汉为渤海郡章武县地，后属静海、武清二县。

《京津风土丛书》所收的《燕都名胜志稿》和李慎言著《燕都名山游记》[③]还记载了一些所见村落地名。如：

**张华村**，《郡国志》云：范阳有张华冢，临桑干河侧，名为张华村。[④]

**燕丹村**，《九州岛要记》云：燕昭王冢在古渔阳北之无终山，《一统志》云：在府西清河岸侧之燕丹村。[⑤]

**龙头冈**[⑥]，曾有燕晋龙头冈之战，房山城关西北，有个村子叫羊头岗，唐代叫昂头冈，残唐五代时叫龙头冈。旧传五代晋周德威擒燕将单廷珪于龙头冈。

**小汤山村**[⑦]，辽代已建村，称小汤山。山下的村，叫小汤山村，居民共一百多户。

---

① 参见张江裁：《天津杨柳青小志》，见张江裁：《京津风土丛书》，1页，上海，中华书局，1938。

② 参见张江裁：《天津杨柳青小志》，见张江裁：《京津风土丛书》，1页，上海，中华书局，1938。

③ 参见李慎言：《燕都名山游记》，北京，北新书局，1936。

④ 参见曹学佺：《燕都名胜志稿》，见张江裁：《京津风土丛书》，2页，上海，中华书局，1938。

⑤ 参见曹学佺：《燕都名胜志稿》，见张江裁：《京津风土丛书》，2页，上海，中华书局，1938。

⑥ 参见民国内务部：《京兆古物调查表》，122页，北京，北京图书馆出版社，2004。

⑦ 参见李慎言：《燕都名山游记》，152页，北京，北新书局，1936。

## 第五节　《京兆古物调查表》等所见北京前都时代政区地名

民国时期，内务部曾编辑了《京兆古物调查表》。其中有关于北京前都时代的政区地名整理如下：

**大兴**[①]，金朝贞元二年（1154 年）将永安府改为大兴府。明朝、清朝在北京设置大兴县。

**固安**[②]，固安县历史悠久，唐虞夏商属冀、幽之地。春秋时，该地为燕国方城邑。战国时，该地为方城邑、临乡侯国，隶属燕国和赵国。西汉时为方城县。据《读史舆纪要》载：方城县故城本燕方城邑。东汉时，方城县改隶幽州涿郡。隋开皇六年（586 年），设置固安县，治所仍在原方城故城。

**良乡**[③]，良乡镇位于北京西南 20 公里，是首都的西南门户。自秦朝建县以来，因"人物俱良"而得名，自古就是商贾云集之地。

**永清县**[④]，据《永清县志》记载：永清县先秦时期属燕国之地。隶广阳郡。汉高祖五年（前 201 年），置益昌侯国。东汉建武十三年（37 年）废益昌侯国置安次县。三国至隋属幽州，为安次、方城二县之地。隋大业七年（611 年）设置通泽县。唐如意元年（692 年）置武隆县。景云元年（710 年）改名为惠昌县。唐天宝元年（742 年）取"沙漠永清"之意，改惠昌县为永清县至今。

**三河县**[⑤]，三河是河北省廊坊市所辖县级市，地处京、津交界地带，与北京仅一河之隔，春秋战国时属燕国。秦分三十六郡，属渔阳郡。隋开皇初（581 年）废渔阳郡，改属涿郡。唐武德二年（619 年）置临沟县，分潞县东部为临沟县（即三河县前身），因濒临沟水而得名，隶属于玄州。

---

① 参见民国内务部：《京兆古物调查表》，1 页，北京，北京图书馆出版社，2004。
② 参见民国内务部：《京兆古物调查表》，13 页，北京，北京图书馆出版社，2004。
③ 参见民国内务部：《京兆古物调查表》，11、61 页，北京，北京图书馆出版社，2004。
④ 参见民国内务部：《京兆古物调查表》，15 页，北京，北京图书馆出版社，2004。
⑤ 参见民国内务部：《京兆古物调查表》，18 页，北京，北京图书馆出版社，2004。

唐开元四年（716年），再分潞县东部另建三河县。隶属于幽州。县名沿用至今。

**霸县**①，霸县一般是指霸州，霸州市是廊坊市代管的县级市，北距首都北京80公里，东临海港城市天津70公里，西距古城保定65公里。秦属广阳郡，汉属琢郡益昌县，五代后周显德六年（959年）建置霸州。历经金、元、明、清各朝，均为直隶管，民国二年（1913年）改州为县，属京兆特区。

**涿县**②，秦始皇二十六年（前221年），于涿邑地置涿县，属广阳郡。历史上的涿县位于河北省中部，地处京、津、保三角地带，为首都北京的"南大门"。东接固安、通廊坊、天津，南连高碑店市，西邻涞水县，距北京天安门55公里。

**范阳郡**③，今河北省涿州市。历史上有不同称呼，曾经有范阳国、范阳县等。三国魏黄初七年（226年），改涿郡设置，治涿县，西晋时改为范阳国。十六国、北朝时复为范阳郡。

**潞县**④，潞县是东汉所置。西汉于今区境置路县，属渔阳郡。治所在今区城东八里古城村处。王莽篡汉，改路县名通路亭，属通路郡。东汉建立后，废新莽所改，恢复西汉旧称，但改"路"为"潞"，始称潞县。

**渔阳**⑤，秦渔阳县。隋末改无终县为渔阳，即今北京市密云县西南。隋玄州渔阳郡、唐蓟州渔阳郡均治此。唐以后渔阳为蓟州治所。明省入蓟州。现蓟县西北有一山，名曰渔山，县城在山南，故名渔阳。

**昌平**⑥，位于北京西北部，西汉时期始设昌平县。明正德元年（1506年）县升为州。民国二年（1913年）撤州设县。

**武清**⑦，唐天宝元年，雍奴县更名武清县。关于"武清"两字的由来，据《郡县释名》中解释："武清取武功廓清之义也"。自此，武清县名一直沿用下来。今武清区是天津市下辖的市辖区，位于天津市西北部，北与北

① 参见民国内务部：《京兆古物调查表》，20页，北京，北京图书馆出版社，2004。
② 参见民国内务部：《京兆古物调查表》，21页，北京，北京图书馆出版社，2004。
③ 参见民国内务部：《京兆古物调查表》，23页，北京，北京图书馆出版社，2004。
④ 参见民国内务部：《京兆古物调查表》，31页，北京，北京图书馆出版社，2004。
⑤ 参见民国内务部：《京兆古物调查表》，34页，北京，北京图书馆出版社，2004。
⑥ 参见民国内务部：《京兆古物调查表》，38页，北京，北京图书馆出版社，2004。
⑦ 参见民国内务部：《京兆古物调查表》，38页，北京，北京图书馆出版社，2004。

京市通州区、河北省廊坊市香河县相连，南与天津市北辰区、西青区、河北省霸州市比邻，东与天津市宝坻区、宁河县搭界，西与河北省廊坊市安次区接壤。

**宝坻县**①，西汉置雍奴县。唐天宝元年（742 年）改称武清县。辽会同元年（938 年）割武清、潞、三河等县置香河县。金大定十二年（1172 年）分香河建县，取《诗经》中"如坻如京"之意，命名为宝坻县。今宝坻区位于天津市北部。

**平谷**②，西汉时，汉高祖十二年（前 195 年）始建平谷县，属渔阳郡，县沿在今山东庄镇大、小北关村南。

崇彝著《道咸以来朝野杂记》亦有北京前都时代政区地名，整理如下：

**宛平县**③，宛平县为原北京市属县，辽代地方建置之一。辽开泰元年（1012 年）十一月，改幽都府为析津府，治所仍在辽南京城内。更蓟北县为析津县（今西城区东部）。同时，更幽都县为宛平县（今西城区西部）。

清代震钧著《天咫偶闻》十卷亦载有北京前都时代的政区地名，今整理如下：

**热河**④，热河行围，前人多有诗纪之，以瓯北为最佳，然尚未备。

**怀柔**⑤，《天咫偶闻》录成倬云侍郎《多岁堂诗集》之《避暑山庄纪事》八十五首，其中有：

…………

风山口内路迂迴，

土壁中间一路开。

转过坡陀三四里，

青山如面向人来。

已近怀柔风候殊，

山城如斗势盘纤。

---

① 参见民国内务部：《京兆古物调查表》，38 页，北京，北京图书馆出版社，2004。
② 参见民国内务部：《京兆古物调查表》，65 页，北京，北京图书馆出版社，2004。
③ 参见崇彝：《道咸以来朝野杂记》，北京，北京古籍出版社，1982。
④ 参见震钧：《天咫偶闻》，13 页，北京，北京古籍出版社，1982。
⑤ 参见震钧：《天咫偶闻》，13 页，北京，北京古籍出版社，1982。

銮舆过后街区静,

间坐农民说免租。

岁岁居民望翠旄,

密云一带沐恩膏。

迎銮父老能追忆,

六十年来事八遭。

**昌平**[①],西汉时期始设昌平县,明正德元年县升为州。

**通州**[②],顺天科考试在通州,八旗在贡院。

**良乡县**[③],西汉设置为侯国,隶属涿郡。故城在今北京市房山区窦店村西一里,尚存遗址。王莽时称广阳,东汉复名良乡。三国魏隶属范阳郡。晋隶范阳国、范阳郡。

**武清**[④],今天津市下辖的市辖区,位于天津市西北部,北与北京市通州区、河北省廊坊市香河县相连。唐天宝元年,雍奴县更名武清县。关于"武清"两字的由来,据《郡县释名》中解释:"武清取武功廓清之义也"。

**析津府**[⑤],城方三十六里,崇三丈,衡广一丈五尺。

《天咫偶闻》亦载有与政区地名有关的古城地名,整理如下:

**凤凰城**[⑥],《天咫偶闻》录成倬云侍郎《多岁堂诗集》之《避暑山庄纪事》八十五首,其中有:

…………

凤山口内路迂迴,

土壁中间一路开。

转过坡陀三四里,

青山如面向人来。

已近怀柔风候殊,

---

① 参见震钧:《天咫偶闻》,59、128 页,北京,北京古籍出版社,1982。

② 参见震钧:《天咫偶闻》,65、186 页,北京,北京古籍出版社,1982。

③ 参见震钧:《天咫偶闻》,84 页,北京,北京古籍出版社,1982。

④ 参见震钧:《天咫偶闻》,186 页,北京,北京古籍出版社,1982。

⑤ 参见震钧:《天咫偶闻》,220 页,北京,北京古籍出版社,1982。

⑥ 参见震钧:《天咫偶闻》,13 页,北京,北京古籍出版社,1982。

山城如斗势盘纡。

銮舆过后街区静，

间坐农民说免租。

岁岁居民望翠旄，

密云一带沐恩膏。

迎銮父老能追忆，

六十年来事八遭。

**盖牟城**①，《天咫偶闻》录成倬云侍郎《多岁堂诗集》之《避暑山庄纪事》八十五首，其中有：

…………

凤山口内路迂迴，

土壁中间一路开。

转过坡陀三四里，

青山如面向人来。

已近怀柔风候殊，

山城如斗势盘纡。

銮舆过后街区静，

间坐农民说免租。

岁岁居民望翠旄，

密云一带沐恩膏。

迎銮父老能追忆，

六十年来事八遭。

**安市城**②，凤凰山麓有古石城一，周十余里，设二门，相传为旧凤凰城，朝鲜人呼之为安市城。

**辽东城**③，游兵鸭绿江，遂围辽东城，城溃，即其地建辽州。

《天咫偶闻》又有村落地名，整理如下：

**海王村**④，海王村亦名海王庄，在城东三里。

---

① 参见震钧：《天咫偶闻》，40 页，北京，北京古籍出版社，1982。
② 参见震钧：《天咫偶闻》，40 页，北京，北京古籍出版社，1982。
③ 参见震钧：《天咫偶闻》，40 页，北京，北京古籍出版社，1982。
④ 参见震钧：《天咫偶闻》，173 页，北京，北京古籍出版社，1982。

不著撰者的清抄本《燕都古迹古典杂记》亦有北京前都时代的政区地名，整理如下：

**良乡**①，西汉设置为侯国，隶属涿郡。故城在今北京市房山区窦店村西一里，尚存有遗址。王莽时称广阳，东汉复名良乡。三国魏隶属范阳郡。晋隶范阳国、范阳郡。② 良乡镇位于北京西南 20 公里，是首都的西南门户。自秦朝建县以来，因"人物俱良"而得名，自古就是商贾云集之地。

清代古粤顺德无名氏著《燕京杂记》一卷亦载有北京前都时代的政区地名。有州郡之名。

**蓟州**③，《天咫偶闻》录成倬云侍郎《多岁堂诗集》之《避暑山庄纪事》八十五首，其中有：

…………

风山口内路迂迴，

土壁中间一路开。

转过坡陀三四里，

青山如面向人来。

已近怀柔风候殊，

山城如斗势盘纡。

銮舆过后街区静，

间坐农民说免租。

岁岁居民望翠旄，

密云一带沐恩膏。

迎銮父老能追忆，

六十年来事八遭。

---

① 参见不著撰人：《燕都古迹古典杂记》，清抄本。

② 参见震钧：《天咫偶闻》，80 页，北京，北京古籍出版社，1982；民国内务部：《京兆古物调查表》，11、61 页，北京，北京图书馆出版社，2004。

③ 参见史玄、夏仁虎、古粤顺德无名氏：《旧京遗事》《旧京琐记》《燕京杂记》合订本，北京，北京古籍出版社，1986。

**昌平州**①，西汉时期始设昌平县，明正德元年县升为州。

**渔阳**②，《天咫偶闻》录成倬云侍郎《多岁堂诗集》之《避暑山庄纪事》八十五首，其中有：

…………

风山口内路迂迴，

土壁中间一路开。

转过坡陀三四里，

青山如面向人来。

已近怀柔风候殊，

山城如斗势盘纡。

銮舆过后街区静，

间坐农民说免租。

岁岁居民望翠旄，

密云一带沐恩膏。

迎銮父老能追忆，

六十年来事八遭。

《燕京杂记》《天咫偶闻》《京兆古物调查表》等亦载有村镇、古城等政区地名，整理如下：

**刘蕡故里**③，昌平州南数十里为唐刘谏义蕡故里。

**黄花镇**，"榛以黄花镇为最"④。

**固安**，"栗以固安为最"。隋开皇六年设固安县，隶属幽州涿郡。⑤

**采魏院**⑥，今属北京市大兴区。采育在辽开泰元年（1012 年）称为"采魏院"，为析津府辖区，属于北宋时期辽的范围。保大二年（1122 年），"采魏院"归金管辖；金天辅七年（1124 年），隶属北宋；北宋宣和七年

①　参见古粤顺德无名氏：《燕京杂记》，135 页，北京，北京古籍出版社，1986。
②　参见古粤顺德无名氏：《燕京杂记》，137 页，北京，北京古籍出版社，1986。
③　古粤顺德无名氏：《燕京杂记》，135 页，北京，北京古籍出版社，1986。
④　参见震钧：《天咫偶闻》，40 页，北京，北京古籍出版社，1982。
⑤　参见震钧：《天咫偶闻》，40 页，北京，北京古籍出版社，1982。
⑥　参见民国内务部：《京兆古物调查表》，7 页，北京，北京图书馆出版社，2004。

（1126 年）复入金；元朝至元十九年（1282 年），"采魏院"置属上林苑；辽开泰二十一年（1032 年）改为"采魏里"，明洪武元年（1368 年）称为"蕃育署"，清康熙二十三年（1684 年），"蕃育署"更名为"采育营"，"采育"一名由此延续至今。

**信安镇**①，历为京畿古镇，始建于西汉初年，唐置淤口关，周显德六年（959 年）废关置淤口寨，宋太宗太平兴国元年（976 年）置破房军，宋真宗景德元年（1004 年）改称信安军，金世宗大定七年（1167 年）降军为县，属霸州，金宣宗元光元年（1222 年）升为镇安府。元朝初年为信安镇。

**杨村**②，去通州不远。远至唐天宝元年，地图上便有杨村，隋炀帝开运河，这里即始落聚繁，人口繁衍兴盛，因系夹河成村，河东为东杨村，河西为西杨村，今位于天津武清区。

**楼桑村**，《燕京杂记》称："村去州西南五十里，汉昭烈故宅。昭烈所居有桑，垂荫如楼，因名楼桑。"③ 又《京兆古物调查表》记载有楼桑村，楼桑村是蜀汉昭烈帝刘备的故乡，在今河北涿州市。据《三国志·蜀志·先主传》：（先主）舍东南角篱上有桑树生高五丈余，遥望见童童如小车盖，先主少时，与宗中诸小儿戏于树下，后因称楼桑里。

**海王村**，"海王村亦名海王庄"。见《金史·后妃列传》，在城东三里。④

**华林、华黎、华林庄、华黎庄**，燕京析津县有华黎庄。华林又作华黎，《光绪顺天府志·金石二》载："《燕京析津县华黎庄兴建木塔记》。存。……乾统五年五月。在东直门外花黎坎。"⑤ 花梨坎今其名仍旧，在天竺西北 3 里有余，当即辽华林庄遗址。

**方城村**⑥，方城村是河北省廊坊市固安县下辖村，该村系一古村，建

---

① 参见民国内务部：《京兆古物调查表》，15 页，北京，北京图书馆出版社，2004。
② 参见古粤顺德无名氏：《燕京杂记》，119 页，北京，北京古籍出版社，1986。
③ 参见古粤顺德无名氏：《燕京杂记》，134 页，北京，北京古籍出版社，1986。
④ 参见震钧：《天咫偶闻》，173 页，北京，北京古籍出版社，1982。
⑤ 参见民国内务部：《京兆古物调查表》，2 页，北京，北京图书馆出版社，2004。
⑥ 参见民国内务部：《京兆古物调查表》，13 页，北京，北京图书馆出版社，2004。

立于春秋战国时期。据《固安县志》记载，燕王喜十二年，赵将李牧攻燕取方城，此方城即为今县西南十七里方城村，为汉方城县治故址。

草桥村①，草桥自古就是京城的花乡，花乡种花养花的历史可以追溯到春秋战国时期。

## 第六节　《北京市志稿》等所见北京前都时代政区地名

吴廷燮等纂《北京市志稿》②有北京前都时代的政区地名，其中《职官表》所见地名整理如下：

幽州，东北曰幽州，古九州及汉十三刺史部之一；是隋唐时北方的军事重镇、交通中心和商业都会。

以例历代，两汉、三国刺史之重，迄南北朝，以逮唐宋，都督、总管、节度、安抚，略可相拟。盖以诸官皆能专断，受统辖者，中央而已。自唐而前，幽州刺史、都督、节度，辽金以后，多曰府尹，帝境广狭，自属迥别，职权之实，则多相类。③

广阳郡，又称广阳国、燕国，是秦朝至西晋期间幽州刺史部下的一个郡国，以春秋战国的燕国国都蓟县（今北京市范围）为中心。《地理志》：广阳郡：蓟，本燕国刺史治，幽州刺史部，郡邑、国十一，县、邑、侯国九十。④

蓟，即蓟县。公元25年东汉建立，汉光武帝刘秀在全国设13个州，在今北京地区设立幽州，州治就在无终。相当于省会。《后汉书·郡国五》幽州刺史部广阳郡：蓟，本燕国。刺史治。⑤

---

① 参见崇彝：《道咸以来朝野杂记》，90页，北京，北京古籍出版社，1982。
② 参见吴廷燮等：《北京市志稿·职官表》，北京，燕山出版社，1998。
③ 参见吴廷燮等：《北京市志稿·职官表》1、2、3、4、5、6、7、8、9、10、14、15、16、17、18、19、20、21、22、23、24、25、26、27、28、29、30、31、32、33、34、36、37、38、39、40、41、43、44、45、46、48、49、50、51、52、53、54、55、56、57、58、59、60、61、62、63、64、68、69、71页，北京，燕山出版社，1998。
④ 参见吴廷燮等：《北京市志稿·职官表》，5、22页，北京，燕山出版社，1998。
⑤ 参见吴廷燮等：《北京市志稿·职官表》，5、6页，北京，燕山出版社，1998。

**燕国**，西汉时期，一级地方政区郡、国并行，汉高帝十二年立皇子刘建为燕王，设置燕国，定都蓟。汉高后七年刘建死，无后燕国除，改为燕郡。《后汉书·地理志》：幽州，燕国，蓟。①

**涿郡**，隋大业三年（607年），幽州改称涿郡，治所在今北京市境内。

注，《隋书·地理志》：涿郡旧置幽州。齐置东北道行台。后周平齐，改置总管府。大业初，府废。②

**易州**，隋开皇元年（581年）改南营州置，因境有易水得名。《旧唐书·地理志》：幽州大都督府，隋涿郡。武德元年，改幽州总管府，管幽、易、平、檀、燕、北燕、营、辽等八州。③

**平州**，汉末辽东即有平州之名。北魏以旧平州为营州，另设平州。唐时治所在卢龙（今属河北）。《旧唐书·地理志》：幽州大都督府，隋涿郡。武德元年，改幽州总管府，管幽、易、平、檀、燕、北燕、营、辽等八州。④

**檀州**，中国古代行政区划名，隋开皇十六年（596年）分幽州置。治所在燕乐（今北京市密云区东北）。唐武德元年（618年），复改为檀州，移治密云，即今密云城区。《旧唐书·地理志》：幽州大都督府，隋涿郡。武德元年，改幽州总管府，管幽、易、平、檀、燕、北燕、营、辽等八州。⑤

**燕州**，唐初置燕州，寄治幽州城内（今北京市区西南）。开元二十五年（737年）徙幽州北桃谷山（今昌平区东境桃峪口附近）。天宝元年（742年）改为归德郡。乾元元年（758年）复称燕州。建中二年（781年）废入幽都县。《旧唐书·地理志》：幽州大都督府，隋涿郡。武德元年，改幽州总管府，管幽、易、平、檀、燕、北燕、营、辽等八州。⑥

**北燕州**，后主（高纬）武平三年（572年）分东燕州地置北燕州（治今河北省涿鹿县城西南二十六里保岱镇），565年属北周，577年改北燕州

① 参见吴廷燮等：《北京市志稿·职官表》，6页，北京，燕山出版社，1998。
② 参见吴廷燮等：《北京市志稿·职官表》，8页，北京，燕山出版社，1998。
③ 参见吴廷燮等：《北京市志稿·职官表》，8页，北京，燕山出版社，1998。
④ 参见吴廷燮等：《北京市志稿·职官表》8、66页，北京，燕山出版社，1998。
⑤ 参见吴廷燮等：《北京市志稿·职官表》8页，北京，燕山出版社，1998。
⑥ 参见吴廷燮等：《北京市志稿·职官表》8页，北京，燕山出版社，1998。

为燕州。武德七年（624 年）唐平高开道，以怀戎县置北燕州，复北齐旧名。贞观八年（634 年）改北燕州为妫州。《旧唐书·地理志》：幽州大都督府，隋涿郡。武德元年，改幽州总管府，管幽、易、平、檀、燕、北燕、营、辽等八州。①

**营州**，《尚书·舜典》分十二州，其幽州（冀东北）、营州即今辽宁之地；营州是今辽宁省朝阳市的古称。《旧唐书·地理志》：幽州大都督府，隋涿郡。武德元年，改幽州总管府，管幽、易、平、檀、燕、北燕、营、辽等八州。②

**莫州**，唐景云中置，本郑州，旋改莫州。治莫县。乾元元年，复为幽州。幽州节度使治幽州，管涿、幽、瀛、莫、檀、蓟、平、营、妫、顺等十州。③

**蓟州**，在天津市之北，燕山脚下，有一座历史悠久的古城，春秋时期称无终子国，隋代为渔阳郡，唐代称蓟州，明代为宣大蓟辽之一的重要边关重镇蓟州。

注：乾元元年，复为幽州。幽州节度使治幽州，管涿、幽、瀛、莫、檀、蓟、平、营、妫、顺等十州。④

**妫州**，中国古代行政区划名，唐贞观八年（634 年）改北燕州置，属河北道，治怀戎县。乾元元年，复为幽州。幽州节度使治幽州，管涿、幽、瀛、莫、檀、蓟、平、营、妫、顺等十州。⑤

**蓟县**，公元 25 年东汉建立，汉光武帝刘秀在全国设 13 个州，在今北京地区设立幽州，州治就在无终，相当于省会。按：唐幽州升大都督府后，大都督例授亲王，不常除，幽州节度使兼大都督府长史，即如大都督。又，节度使管十州而自领幽州九县：蓟、幽都、广平、潞、武清、永清、安次、良乡、昌平。⑥

**幽都县**，唐建中二年（781 年），析蓟县置幽都县，隶属幽州。按：唐

---

①  参见吴廷燮等：《北京市志稿·职官表》8 页，北京，燕山出版社，1998。

②  参见吴廷燮等：《北京市志稿·职官表》8、18 页，北京，燕山出版社，1998。

③  参见吴廷燮等：《北京市志稿·职官表》8 页，北京，燕山出版社，1998。

④  参见吴廷燮等：《北京市志稿·职官表》，8 页，北京，燕山出版社，1998。

⑤  参见吴廷燮等：《北京市志稿·职官表》，8 页，北京，燕山出版社，1998。

⑥  参见吴廷燮等：《北京市志稿·职官表》，9 页，北京，燕山出版社，1998。

幽州升大都督府后，大都督例授亲王，不常除，幽州节度使兼大都督府长史，即如大都督。又，节度使管十州而自领幽州九县：蓟、幽都、广平、潞、武清、永清、安次、良乡、昌平。①

**广平县**，唐代，今县仍为三县辖地，只是辖属已变更，即魏县更隶魏州，成安改属相州，清漳更隶洺州。按：唐幽州升大都督府后，大都督例授亲王，不常除，幽州节度使兼大都督府长史，即如大都督。又，节度使管十州而自领幽州九县：蓟、幽都、广平、潞、武清、永清、安次、良乡、昌平。②

**潞县**，隋隶属幽州、涿郡，县治迁至今北京市通州区东八里之故城村。唐隶属幽州、范阳郡。按：唐幽州升大都督府后，大都督例授亲王，不常除，幽州节度使兼大都督府长史，即如大都督。又，节度使管十州而自领幽州九县：蓟、幽都、广平、潞、武清、永清、安次、良乡、昌平。③

**武清县**，始建于西汉，古为泉州，别称雍阳，唐天宝元年更名武清。按：唐幽州升大都督府后，大都督例授亲王，不常除，幽州节度使兼大都督府长史，即如大都督。又，节度使管十州而自领幽州九县：蓟、幽都、广平、潞、武清、永清、安次、良乡、昌平。④

**永清县**，唐如意元年（692 年）置武隆县。唐景云元年（710 年）改名惠昌县。唐天宝元年（742 年）取"沙漠永清"之意，改惠昌县为永清县至今。按：唐幽州升大都督府后，大都督例授亲王，不常除，幽州节度使兼大都督府长史，即如大都督。又，节度使管十州而自领幽州九县：蓟、幽都、广平、潞、武清、永清、安次、良乡、昌平。⑤

**安次县**，西汉始置安次县。按：唐幽州升大都督府后，大都督例授亲王，不常除，幽州节度使兼大都督府长史，即如大都督。又，节度使管十州而自领幽州九县：蓟、幽都、广平、潞、武清、永清、安次、良乡、昌平。⑥

---

①　参见吴廷燮等：《北京市志稿·职官表》，9、10 页，北京，燕山出版社，1998。
②　参见吴廷燮等：《北京市志稿·职官表》，9 页，北京，燕山出版社，1998。
③　参见吴廷燮等：《北京市志稿·职官表》，9、10 页，北京，燕山出版社，1998。
④　参见吴廷燮等：《北京市志稿·职官表》，9、10 页，北京，燕山出版社，1998。
⑤　参见吴廷燮等：《北京市志稿·职官表》，9、10 页，北京，燕山出版社，1998。
⑥　参见吴廷燮等：《北京市志稿·职官表》，9、10 页，北京，燕山出版社，1998。

**良乡县**，西汉设置为侯国，隶属涿郡。故城在今北京市房山区窦店村西一里，尚存遗址。王莽时称广阳，东汉复名良乡。三国魏隶属范阳郡。晋隶范阳国、范阳郡。北魏隶燕郡，徙治于今房山东，大石河西岸。北齐天保七年（556年），并入前县；武平六年（575年），复置，隶属涿郡。隋开皇六年（586年），隶属幽州；大业三年（607年），诏改州为郡，隶属涿郡。唐隶属幽州。按：唐幽州升大都督府后，大都督例授亲王，不常除，幽州节度使兼大都督府长史，即如大都督。又，节度使管十州而自领幽州九县：蓟、幽都、广平、潞、武清、永清、安次、良乡、昌平。①

**昌平县**，西汉时期始设昌平县。按：唐幽州升大都督府后，大都督例授亲王，不常除，幽州节度使兼大都督府长史，即如大都督。又，节度使管十州而自领幽州九县：蓟、幽都、广平、潞、武清、永清、安次、良乡、昌平。②

**析津府**，公元938年辽太宗将幽州定为"幽都府"，辽开泰元年（1012年），改南京幽都府为燕京析津府，名称来自"以燕分野旅寅为析木之津"。《辽史·地理志》：南京析津府，隋为幽州总管，唐置大都督府，改（范阳）节度使。晋高祖割幽州等十六州以献太宗，升为南京。府曰幽都，统州六，县十一：析津、宛平、昌平、良乡、潞、安次、永清、武清、香河、玉河、潞阴。③加幽都县才成十一县。

**南京**，即南京析津府，是辽国陪都，又称燕京。④

**析津县**，秦曾设置析津县。辽会同元年（938年）改名为蓟北县。开泰元年（1012年），改名为析津县，与宛平县同为燕京析津府治所。《辽史·地理志》：南京析津府。府曰幽都，统州六，县十一：析津、宛平、昌平、良乡、潞、安次、永清、武清、香河、玉河、潞阴。⑤当有幽都县。

**宛平县**，宛平县原北京市属县，辽代地方建置之一。《辽史·地理志》：南京析津府，隋为幽州总管，唐置大都督府，改（范阳）节度使。

① 参见吴廷燮等：《北京市志稿·职官表》，9、10页，北京，燕山出版社，1998。
② 参见吴廷燮等：《北京市志稿·职官表》，9页，北京，燕山出版社，1998。
③ 参见吴廷燮等：《北京市志稿·职官表》，10页，北京，燕山出版社，1998。
④ 参见吴廷燮等：《北京市志稿·职官表》，10、15、16、18、19、20、21、23、24、25、26、28、30、33、34、36页，北京，燕山出版社，1998。
⑤ 参见吴廷燮等：《北京市志稿·职官表》，10页，北京，燕山出版社，1998。

晋高祖割幽州等十六州以献太宗，升为南京。府曰幽都，统州六，县十一：析津、宛平、昌平、良乡、潞、安次、永清、武清、香河、玉河、漷阴。①

**香河县**，见《辽史·地理志》南京析津府。②

**玉河县**，旧址在今北京市门头沟区永定镇西辛称村。唐朝乾宁三年（896 年），幽州节度使刘仁恭撤矾山县、幽都县置玉河县，天福三年（938年），后晋高祖石敬瑭割燕、云等 16 州归契丹，玉河县属契丹。见《辽史·地理志》南京析津府。③

**漷阴县**，辽太平中（约 1026 年）析潞县南境设置，隶属燕京析津府，故城在今北京通州区南大、小北关，以及前、后南关之间。因在漷河之南故名。见《辽史·地理志》南京析津府。④

**蓟城**，周王朝自平王于公元前 770 年迁都洛邑后，习惯上称为东周。东周分为春秋和战国两个阶段，东迁后王室衰微，从"天下共主"沦落为托庇于诸侯大国的附庸，经过长期鲸吞蚕食，春秋时几十个国家兼并成 7个大国，历史上称为战国，自公元前 475 年起至秦统一中国，即公元前221 年止。北京地区是七雄之一的燕国所在地。燕国以蓟城为都。《后汉书·朱冯虞郑周列传》：迁偏将军，从破邯郸……乃拜浮为大将军，幽州牧，守蓟城，遂讨定北边。⑤

**马城**，在代郡。《后汉书·乌桓鲜卑列传》：建光元年秋，鲜卑于是围乌桓校尉徐常于马城，度辽将军耿夔与幽州刺史庞参发广阳、渔阳、涿郡甲卒，分为两道救之。⑥

**渔阳郡**，秦置，治渔阳县，故城在今北京密云区西南，《史记·荆燕世家》：燕筑长城，自造阳至襄平，置上谷、渔阳、右北平、辽西、辽东郡，秦二世发闾左戍渔阳即此，汉置渔阳县为郡治，城在渔水之阳，故名，三国魏郡县俱废，晋复置，后魏移郡治雍奴，以县属焉，北齐废。

①　参见吴廷燮等：《北京市志稿·职官表》，10 页，北京，燕山出版社，1998。
②　参见吴廷燮等：《北京市志稿·职官表》，10 页，北京，燕山出版社，1998。
③　参见吴廷燮等：《北京市志稿·职官表》，10 页，北京，燕山出版社，1998。
④　参见吴廷燮等：《北京市志稿·职官表》，10 页，北京，燕山出版社，1998。
⑤　参见吴廷燮等：《北京市志稿·职官表》，19 页，北京，燕山出版社，1998。
⑥　参见吴廷燮等：《北京市志稿·职官表》，22 页，北京，燕山出版社，1998。

《后汉书·乌桓鲜卑列传》：建光元年秋，鲜卑于是围乌桓校尉徐常于马城，度辽将军耿夔与幽州刺史庞参发广阳、渔阳、涿郡甲卒，分两道救之。①

    **涿郡**，汉高祖六年（前 202 年），分广阳郡南部、钜鹿郡北部及恒山郡一部，置涿郡，直隶于汉朝廷，治所在涿县（今河北省涿州市），辖涿县、范阳县（治所在今河北省定兴县固城镇）等 21 县（其中 7 个侯国）。西汉中后期增至 29 县（其中 13 个侯国）。西汉元封五年（前 106 年），全国设 13 刺史部为监察区，涿郡属幽州刺史部。新王莽始建国元年（9 年），涿郡改称垣翰郡。后在东汉时又复称涿郡。《后汉书·乌桓鲜卑列传》：建光元年秋，鲜卑于是围乌桓校尉徐常于马城，度辽将军耿夔与幽州刺史庞参发广阳、渔阳、涿郡甲卒，分两道救之。②

    **范阳**，在历史上所辖区域多有变动，约在今北京市和河北省保定市北部。《册府元龟》记载：天兴二年七月，范阳人卢溥聚众攻掠，杀幽州刺史封沓干。③

    **冀州**，上古时期，黄帝划野分州，冀为"九州岛之一"，大禹治水后，重新划分九州岛，冀为"九州岛之首"。武平末，为幽州道行台、右仆射、幽州刺史。周师入邺，诣冀州降。④

    **易州**，《元和郡县图志》记载：秦置三十六郡，以为上谷郡。汉分置涿郡，今州则汉涿郡故安县之地。隋开皇元年改为易州，因州南十三里易水为名。大业初为上谷郡，遥取汉上谷以为名。隋乱陷贼，武德四年又改为易州。七月辛未，遣李存审领军与李嗣源会于易州。⑤

    **涿州**，五代，后晋天福元年（936 年），涿州范阳县属辽，辽于涿州置永泰军。六月己巳，宋主围南京。七月癸未，休哥斜轸横击，大败之，宋主仅以身免，至涿州遁去。⑥

    **燕京**，公元 938 年，辽太宗将幽州定为"南京幽都府"，公元 1012 年

---

    ① 参见吴廷燮等：《北京市志稿·职官表》，22、35 页，北京，燕山出版社，1998。

    ② 参见吴廷燮等：《北京市志稿·职官表》，22 页，北京，燕山出版社，1998。

    ③ 参见吴廷燮等：《北京市志稿·职官表》，14、16、35、40、41 页，北京，燕山出版社，1998。

    ④ 参见吴廷燮等：《北京市志稿·职官表》，17、43 页，北京，燕山出版社，1998。

    ⑤ 参见吴廷燮等：《北京市志稿·职官表》，19 页，北京，燕山出版社，1998。

    ⑥ 参见吴廷燮等：《北京市志稿·职官表》，22 页，北京，燕山出版社，1998。

改号"析津府"。是辽国陪都，人称燕京，是为北京建都之始。十一月辛亥，以权燕京留守兼侍中萧惠为燕京统军使，宰相兼枢密使马保忠权知燕京留守。①

《北京市志稿·人物志上》所见北京前都时代政区地名如下：

**燕国**，曹魏太和五年（231 年），魏明帝封其叔曹宇为燕王，改燕郡为燕国，都蓟城，咸熙二年（265 年）魏亡，国除。徐邈，字景山，燕国蓟人也。②

**蓟**，即蓟县。公元 25 年东汉建立，汉光武帝刘秀在全国设 13 个州，在今北京地区设立幽州，州治就在无终。相当于省会。徐邈，字景山，燕国蓟人也。③

**幽州**，东北曰幽州，古九州岛及汉十三刺史部之一；隋唐时北方的军事重镇、交通中心和商业都会。鲁炅，幽州蓟人。④

**妫州**，中国古代行政区划名，唐贞观八年（634 年）改北燕州置，属河北道，治怀戎县。周知裕，字好问，幽州人。少事燕将刘仁恭，为骑将，表为妫州刺史。⑤

**平州**，汉末辽东即有平州之名。北魏以旧平州为营州，另设平州。唐时治所在卢龙（今属河北）。天祐中，刘守光为燕帅，性惨酷，不喜儒士，希崇乃掷笔以自效，为军中偏将，将兵戍平州。⑥

**蓟州**，在天津市之北，燕山脚下，有一座历史悠久的古城，春秋时期称无终子国，隋代为渔阳郡，唐代称蓟州，明代为宣大蓟辽之一的重要边关重镇蓟州。李殷，蓟州人。⑦

**北燕**，春秋战国时期的北燕国，即古燕国，公元前 11 世纪由周天子分封的诸侯国，战国七雄之一，开国君主是燕召公奭，在今北京、河北北部、辽宁西部一带。于公元前 7 世纪灭掉蓟国，建都蓟（今北京市房山

---

① 参见吴廷燮等：《北京市志稿·职官表》，28、30、32 页，北京，燕山出版社，1998。
② 参见吴廷燮等：《北京市志稿·人物志上》，4 页，北京，燕山出版社，1998。
③ 参见吴廷燮等：《北京市志稿·人物志上》，4、6、15 页，北京，燕山出版社，1998。
④ 参见吴廷燮等：《北京市志稿·人物志上》，6、9、10、12、13、15、18、22、24 页，北京，燕山出版社，1998。
⑤ 参见吴廷燮等：《北京市志稿·人物志上》，9 页，北京，燕山出版社，1998。
⑥ 参见吴廷燮等：《北京市志稿·人物志上》，15、16 页，北京，燕山出版社，1998。
⑦ 参见吴廷燮等：《北京市志稿·人物志上》，17 页，北京，燕山出版社，1998。

区）。扈载，字仲熙，北燕人也。①

**南京**，即南京析津府，是辽国陪都，又称燕京。室昉，字梦奇，南京人。②

**宛平**，原北京市属县，辽代地方建置之一。张俭，宛平人，性端悫，不事外饰。③

**析津**，辽开泰元年（1012年），改南京幽都府为燕京析津府，名称来自"以燕分野旅寅为析木之津"。耶律俨，字若思，析津人。④

北京市宣武区人民政府于1982年编的《北京市宣武区地名录》⑤中记录了一些北京前都时代的政区地名。如：

**柳河村**，牛街旧称（辽）。⑥

**燕下乡、海王村**，琉璃厂旧称（辽）。⑦

1980年北京市海淀区地名录编辑委员会编的《北京市海淀区地名录》⑧，1996年北京市测绘设计研究院再出版，其中有北京前都时代的政区地名。如：

**双塔**，因昔日村南北各有一塔而得名。《永乐大典顺天府》："双塔故城，在县西南一十里孟村社。"旧为辽人所筑，遗址尚存。⑨

**鹫峰寨**，建于辽，北安河村西侧。⑩

北京市房山区地名志编辑委员会编的《北京市房山区地名志》⑪亦有北京前都时代的政区地名。如：

①　参见吴廷燮等：《北京市志稿·人物志上》，19页，北京，燕山出版社，1998。

②　参见吴廷燮等：《北京市志稿·人物志上》，47、48、55页，北京，燕山出版社，1998。

③　参见吴廷燮等：《北京市志稿·人物志上》，50、53页，北京，燕山出版社，1998。

④　参见吴廷燮等：《北京市志稿·人物志上》，55页，北京，燕山出版社，1998。

⑤　参见宣武区地名录编辑委员会：《北京市宣武区地名录》，北京市宣武区人民政府，1982。

⑥　参见宣武区地名录编辑委员会：《北京市宣武区地名录》，113页，北京市宣武区人民政府，1982。

⑦　参见宣武区地名录编辑委员会：《北京市宣武区地名录》，121页，北京市宣武区人民政府，1982。

⑧　参见海淀区地名录编辑委员会：《北京市海淀区地名录》，北京市海淀区人民政府，1980。

⑨　参见海淀区地名录编辑委员会：《北京市海淀区地名录》，220页，北京市海淀区人民政府，1980。

⑩　参见海淀区地名录编辑委员会：《北京市海淀区地名录》，276页，北京市海淀区人民政府，1980。

⑪　参见房山区地名志编辑委员会：《北京市房山区地名志》，北京，北京出版社，1992。

十渡村，辽代。①

北京市朝阳区地名志编辑委员会编的《北京市朝阳区地名志》②载有北京前都时代的政区地名。如：

**龙道村**，被称为地名寿星，建于隋唐时期。③

**孙侯屯**，建于辽，今孙河。④

**苇店**，建于辽，今前、后苇沟。⑤

**安德乡**，今东坝，蜀后主刘禅降晋后，封为安乐县公，寓居于此。⑥

北京市延庆县地名志编辑委员会编的《北京市延庆县地名志》⑦载有北京前都时代的政区地名，如：

**阪泉**⑧，上下阪泉村一带，炎黄阪泉之战于此⑨，今延庆县张山营镇境内。⑩

**白马村**，辽村名，在今延庆北三里。⑪

1993年北京市怀柔县地名志编辑委员会编的《北京市怀柔县地名志》⑫著录有北京地区前都时代的政区地名。如：

---

① 参见房山区地名志编辑委员会：《北京市房山区地名志》，389页，北京，北京出版社，1992。

② 参见朝阳区地名志编辑委员会：《北京市朝阳区地名志》，北京，北京出版社，1993。

③ 参见朝阳区地名志编辑委员会：《北京市朝阳区地名志》，7页，北京，北京出版社，1993。

④ 参见朝阳区地名志编辑委员会：《北京市朝阳区地名志》，7页，北京，北京出版社，1993。

⑤ 参见朝阳区地名志编辑委员会：《北京市朝阳区地名志》，7页，北京，北京出版社，1993。

⑥ 参见朝阳区地名志编辑委员会：《北京市朝阳区地名志》，7页，北京，北京出版社，1993。

⑦ 参见延庆县地名志编辑委员会：《北京市延庆县地名志》，北京，北京出版社，1993。

⑧ 参见延庆县地名志编辑委员会：《北京市延庆县地名志》，108页，北京，北京出版社，1993。

⑨ 参见延庆县地名志编辑委员会：《北京市延庆县地名志》，108页，北京，北京出版社，1993。

⑩ 参见延庆县地名志编辑委员会：《北京市延庆县地名志》，151页，北京，北京出版社，1993。

⑪ 参见延庆县地名志编辑委员会：《北京市延庆县地名志》，516页，北京，北京出版社，1993。

⑫ 参见怀柔县地名志编辑委员会：《北京市怀柔县地名志》，北京，北京出版社，1993。

**宋城镇**，古聚落名，《太平寰宇记》记载。①

**高峰戍**，古聚落名，《水经注》记载。②

北京市石景山区地名志编辑委员会编的《北京市石景山区地名志》③
搜集了北京前都时代的政区地名。如：

**幽都乡**，幽都县属。④

**房仙乡**，幽都县属。⑤

**安祖寨**，今衙门口，始称于宋。⑥

北京市大兴县人民政府编的《北京市大兴县地名录》⑦记录有北京前
都时代的政区地名。如：

**蓟县**，秦时北京地名，属渔阳郡。⑧

《北京市志稿·民政志》⑨记录有北京前都时代的政区地名。如：

**析津府、析津县**，北京在辽代的旧称。⑩

**宛平县**，辽开泰元年（1012 年）改幽都县为宛平县。⑪

**永清县**，后晋地名，属南京道。⑫

《北京市志稿·金石志》⑬亦载有北京前都时代的政区地名。如：

**昆山县**，唐。⑭

---

① 参见怀柔县地名志编辑委员会：《北京市怀柔县地名志》，62 页，北京，北京出版社，
1993。

② 参见怀柔县地名志编辑委员会：《北京市怀柔县地名志》，62 页，北京，北京出版社，
1993。

③ 参见石景山区地名志编辑委员会：《北京市石景山区地名志》，北京，科学技术出版社，
1991。

④ 参见石景山区地名志编辑委员会：《北京市石景山区地名志》，4、25 页，北京，科学技术
出版社，1991。

⑤ 参见石景山区地名志编辑委员会：《北京市石景山区地名志》，4、25 页，北京，科学技术
出版社，1991。

⑥ 参见石景山区地名志编辑委员会：《北京市石景山区地名志》，30 页，北京，科学技术出
版社，1991。

⑦ 参见大兴县人民政府：《北京市大兴县地名录》，大兴县印刷厂印刷，1982。

⑧ 参见大兴县人民政府：《北京市大兴县地名录》，1 页，大兴县印刷厂印刷，1982。

⑨ 参见吴廷燮等：《北京市志稿·民政志》，北京，燕山出版社，1998。

⑩ 参见吴廷燮等：《北京市志稿·民政志》，4 页，北京，燕山出版社，1998。

⑪ 参见吴廷燮等：《北京市志稿·民政志》，21 页，北京，燕山出版社，1998。

⑫ 参见吴廷燮等：《北京市志稿·民政志》，21 页，北京，燕山出版社，1998。

⑬ 参见吴廷燮等：《北京市志稿·金石志》，北京，燕山出版社，1998。

⑭ 参见吴廷燮等：《北京市志稿·金石志》，568 页，北京，燕山出版社，1998。

北京市门头沟区地名志编辑委员会编的《北京市门头沟区地名志》①
搜集了北京前都时代的政区地名。如：

**涿鹿县**，河北省张家口市境内。②

**涞水县**，河北省保定市境内。③

**怀来县**，河北省直属。④

**蓟县**，古称渔阳，春秋时期称为无终子国，战国时称无终邑，秦代属
右北平郡，唐朝设蓟州。⑤

**广平县**，唐代，北部属洺州清漳县，东南部属魏州的魏县，西南部属
相州的成安县。⑥

**玉河县**，唐朝乾宁三年（896年），幽州节度使刘仁恭撤矾山县、幽都
县，置玉河县。天福三年（938年），后晋高祖石敬瑭割燕、云等16州归
契丹，玉河县属契丹。⑦又"玉河县"属辽末燕京。⑧

**宛平县**，辽开泰元年（1012年）改幽都县为宛平县。⑨

1992年出版的《北京市密云县地名志》⑩也有北京前都时代的政区地
名。如：

**渔阳县**，属东汉渔阳郡，在今密云县境内。⑪

---

① 参见门头沟区地名志编辑委员会：《北京市门头沟区地名志》，北京，北京出版社，1993。
② 参见门头沟区地名志编辑委员会：《北京市门头沟区地名志》，2页，北京，北京出版社，1993。
③ 参见门头沟区地名志编辑委员会：《北京市门头沟区地名志》，2页，北京，北京出版社，1993。
④ 参见门头沟区地名志编辑委员会：《北京市门头沟区地名志》，2页，北京，北京出版社，1993。
⑤ 参见门头沟区地名志编辑委员会：《北京市门头沟区地名志》，2页，北京，北京出版社，1993。
⑥ 参见门头沟区地名志编辑委员会：《北京市门头沟区地名志》，2页，北京，北京出版社，1993。
⑦ 参见门头沟区地名志编辑委员会：《北京市门头沟区地名志》，2页，北京，北京出版社，1993。
⑧ 参见门头沟区地名志编辑委员会：《北京市门头沟区地名志》，129页，北京，北京出版社，1993。
⑨ 参见门头沟区地名志编辑委员会：《北京市门头沟区地名志》，2页，北京，北京出版社，1993。
⑩ 参见密云县地名志编辑委员会：《北京市密云县地名志》，北京，北京出版社，1992。
⑪ 参见密云县地名志编辑委员会：《北京市密云县地名志》，1页，北京，北京出版社，1992。

**傂奚县**，属东汉渔阳郡，在今密云县境内。①

**白檀县**，属渔阳郡，西汉置，今河北省隆化县境。②

**狐奴县**，属幽州燕国。③

**俊靡县**，属幽州燕国。④

**要阳县**，东魏地名，属密云郡。⑤

**广兴县**，东魏地名，属广阳郡。⑥

**燕乐县**，后魏至五代县名，在今古北口外隆化县境。⑦

**方城县**，后魏县名，于太平真君九年并入密云县。⑧

**土垠县**，东魏地名，属安乐郡，太平真君九年置。⑨

**安市县**，后魏县名，属安乐郡，今密云县东北境。⑩

**行唐县**，辽太祖于檀州境置行唐县。⑪

**密云县**，地名始于北魏，今河北省丰宁县境内。⑫

---

① 参见密云县地名志编辑委员会：《北京市密云县地名志》，1 页，北京，北京出版社，1992。

② 参见密云县地名志编辑委员会：《北京市密云县地名志》，1 页、436 页，北京，北京出版社，1992。

③ 参见密云县地名志编辑委员会：《北京市密云县地名志》，1 页，北京，北京出版社，1992。

④ 参见密云县地名志编辑委员会：《北京市密云县地名志》，1 页，北京，北京出版社，1992。

⑤ 参见密云县地名志编辑委员会：《北京市密云县地名志》，1 页，北京，北京出版社，1992。

⑥ 参见密云县地名志编辑委员会：《北京市密云县地名志》，1、435 页，北京，北京出版社，1992。

⑦ 参见密云县地名志编辑委员会：《北京市密云县地名志》，1、114、435 页，北京，北京出版社，1992。

⑧ 参见密云县地名志编辑委员会：《北京市密云县地名志》，1、435 页，北京，北京出版社，1992。

⑨ 参见密云县地名志编辑委员会：《北京市密云县地名志》，1、435 页，北京，北京出版社，1992。

⑩ 参见密云县地名志编辑委员会：《北京市密云县地名志》，1、435 页，北京，北京出版社，1992。

⑪ 参见密云县地名志编辑委员会：《北京市密云县地名志》，1、436 页，北京，北京出版社，1992。

⑫ 参见密云县地名志编辑委员会：《北京市密云县地名志》，11 页，北京，北京出版社，1992。

**渔阳县**，在渔水之阳，故名。①

**得渔县**，王莽时改西汉渔阳县为得渔县。②

**厗奚县**，古县名，属渔阳郡，王莽时期更名敦德县。③

**敦德县**，即厗奚县，属渔阳郡。④

**犷平县**，西汉县名，属渔阳郡。⑤

**平犷县**，王莽改西汉犷平县为平犷县。⑥

**提携城**，即汉代厗奚县故城，东魏时期《魏书》记载为提携城。⑦

北京市朝阳区地名志编辑委员会编的《北京市朝阳区地名志》⑧搜集有北京前都时代的政区地名。如：

**蓟县**，属燕郡，东晋地名。⑨

**渔阳**，今之密云。⑩

民国时期的《古北口志》⑪亦载有北京前都时代的政区地名。如：

**密云县**，地名始于北魏，今河北省丰宁县境内。⑫

---

① 参见密云县地名志编辑委员会：《北京市密云县地名志》，432页，北京，北京出版社，1992。

② 参见密云县地名志编辑委员会：《北京市密云县地名志》，432页，北京，北京出版社，1992。

③ 参见密云县地名志编辑委员会：《北京市密云县地名志》，433页，北京，北京出版社，1992。

④ 参见密云县地名志编辑委员会：《北京市密云县地名志》，433页，北京，北京出版社，1992。

⑤ 参见密云县地名志编辑委员会：《北京市密云县地名志》，433页，北京，北京出版社，1992。

⑥ 参见密云县地名志编辑委员会：《北京市密云县地名志》，434页，北京，北京出版社，1992。

⑦ 参见密云县地名志编辑委员会：《北京市密云县地名志》，433页，北京，北京出版社，1992。

⑧ 参见朝阳区地名志编辑委员会：《北京市朝阳区地名志》，北京，北京出版社，1993。

⑨ 参见朝阳区地名志编辑委员会：《北京市朝阳区地名志》，3页，北京，北京出版社，1993。

⑩ 参见朝阳区地名志编辑委员会：《北京市朝阳区地名志》，594页，北京，北京出版社，1993。

⑪ 参见热河省公署古北口办事处：《古北口志》，见《北京师范大学图书馆藏稀见方志丛刊》（一），北京，北京图书馆出版社，2007；中国华北文献丛书编辑委员会：《古北口志》，见《中国华北文献丛书》第一辑《华北稀见地方志文献》，北京，学苑出版社，2012。

⑫ 参见中国华北文献丛书编辑委员会：《古北口志》，见《中国华北文献丛书》第一辑《华北稀见地方志文献》，593、594页，北京，学苑出版社，2012。

　　北京市怀柔县地名志编辑委员会编的《北京市怀柔县地名志》<sup>①</sup> 载有北京前都时代的政区地名。如：

**渔阳县**，属渔阳郡。<sup>②</sup>

**通路郡**，王莽改渔阳郡为通路郡。<sup>③</sup>

**得渔县**，王莽改渔阳县为得渔县。<sup>④</sup>

**潞县**，今通县地。<sup>⑤</sup>

**狐奴县**，属西晋幽州燕国。<sup>⑥</sup>

**要阳**，属西晋幽州燕国。<sup>⑦</sup>

**密云县**，属西晋幽州燕国。<sup>⑧</sup>

**白檀**，属北魏安州密云郡。<sup>⑨</sup>

**怀柔县**，北宋燕山府路顺州。<sup>⑩</sup>

　　北京市延庆县地名志编辑委员会编的《北京市延庆县地名志》<sup>⑪</sup> 载有北京前都时代的政区地名。如：

**夷舆县**，西汉时期延庆县境内。<sup>⑫</sup>

---

① 参见怀柔县地名志编辑委员会：《北京市怀柔县地名志》，北京，北京出版社，1993。
② 参见怀柔县地名志编辑委员会：《北京市怀柔县地名志》，2 页，北京，北京出版社，1993。
③ 参见怀柔县地名志编辑委员会：《北京市怀柔县地名志》，2 页，北京，北京出版社，1993。
④ 参见怀柔县地名志编辑委员会：《北京市怀柔县地名志》，2 页，北京，北京出版社，1993。
⑤ 参见怀柔县地名志编辑委员会：《北京市怀柔县地名志》，2 页，北京，北京出版社，1993。
⑥ 参见怀柔县地名志编辑委员会：《北京市怀柔县地名志》，2 页，北京，北京出版社，1993。
⑦ 参见怀柔县地名志编辑委员会：《北京市怀柔县地名志》，2 页，北京，北京出版社，1993。
⑧ 参见怀柔县地名志编辑委员会：《北京市怀柔县地名志》，2 页，北京，北京出版社，1993。
⑨ 参见怀柔县地名志编辑委员会：《北京市怀柔县地名志》，2 页，北京，北京出版社，1993。
⑩ 参见怀柔县地名志编辑委员会：《北京市怀柔县地名志》，2 页，北京，北京出版社，1993。
⑪ 参见北京市延庆县地名志编辑委员会：《北京市延庆县地名志》，北京，北京出版社，1993。
⑫ 参见北京市延庆县地名志编辑委员会：《北京市延庆县地名志》，3、56、196、509 页，北京，北京出版社，1993。

**居庸县**，西汉时期延庆县境内。①

**怀戎县**，北齐时期延庆县属怀戎县地。②

**妫川县**，乾元八年在延庆县境内置妫川县，属妫州。③

**缙山县**，唐末析妫川县东部设置，为儒州治。④

**上兰县**，秦地名。⑤

**阴莫亭**，古亭名，《水经注》记载。⑥

北京市通县地名志编辑委员会编的《北京市通县地名志》⑦收录有北京前都时代的政区地名。如：

**路县**，西汉初始置，今通县、三河镇前身，属渔阳郡。⑧

**潞县**，东汉建武二年更名。⑨

**渔阳县**，属玄州。⑩

**临沟县**，属玄州。⑪

**无终县**，属玄州。⑫

**潞阴县**，辽代县名。⑬

---

①　参见北京市延庆县地名志编辑委员会：《北京市延庆县地名志》，3 页，北京，北京出版社，1993。

②　参见北京市延庆县地名志编辑委员会：《北京市延庆县地名志》，3、196、509 页，北京，北京出版社，1993。

③　参见北京市延庆县地名志编辑委员会：《北京市延庆县地名志》，3、196、510 页，北京，北京出版社，1993。

④　参见北京市延庆县地名志编辑委员会：《北京市延庆县地名志》，3、196 页，北京，北京出版社，1993。

⑤　参见北京市延庆县地名志编辑委员会：《北京市延庆县地名志》，516 页，北京，北京出版社，1993。

⑥　参见北京市延庆县地名志编辑委员会：《北京市延庆县地名志》，516 页，北京，北京出版社，1993。

⑦　参见通县地名志编辑委员会：《北京市通县地名志》，北京，北京出版社，1992。

⑧　参见通县地名志编辑委员会：《北京市通县地名志》，2、381 页，北京，北京出版社，1992。

⑨　参见通县地名志编辑委员会：《北京市通县地名志》，3、15、38 页，北京，北京出版社，1992。

⑩　参见通县地名志编辑委员会：《北京市通县地名志》，3 页，北京，北京出版社，1992。

⑪　参见通县地名志编辑委员会：《北京市通县地名志》，3 页，北京，北京出版社，1992。

⑫　参见通县地名志编辑委员会：《北京市通县地名志》，3 页，北京，北京出版社，1992。

⑬　参见通县地名志编辑委员会：《北京市通县地名志》，3、382 页，北京，北京出版社，1992。

北京市石景山区地名志编辑委员会编的《北京市石景山区地名志》①
中有北京前都时代的政区地名。如：

**武宁县**，属蓟县。②

**广平县**，属蓟县。③

**辽西县**，建中年间废广平置辽西。④

**幽都县**，建中年间广平县又改为幽都县。⑤

**宛平县**，辽开泰元年（1012 年）改幽都县为宛平县。⑥

**潞邑**，今通县。⑦

北京市昌平县地名志编辑委员会编的《北京市昌平县地名志》⑧ 中亦
有北京前都时代的政区地名。如：

**昌平县**，西汉始置，属上谷郡。⑨

**东燕州**，东魏北齐时期地名。⑩

**军都县**，北魏昌平县入军都县，西汉始置，属上谷郡。⑪

---

① 参见石景山区地名志编辑委员会：《北京市石景山区地名志》，北京，北京科学技术出版
社，1991。

② 参见石景山区地名志编辑委员会：《北京市石景山区地名志》，4 页，北京，北京科学技术
出版社，1991。

③ 参见石景山区地名志编辑委员会：《北京市石景山区地名志》，4 页，北京，北京科学技术
出版社，1991。

④ 参见石景山区地名志编辑委员会：《北京市石景山区地名志》，4 页，北京，北京科学技术
出版社，1991。

⑤ 参见石景山区地名志编辑委员会：《北京市石景山区地名志》，4、25 页，北京，北京科学
技术出版社，1991。

⑥ 参见石景山区地名志编辑委员会：《北京市石景山区地名志》，4 页，北京，北京科学技术
出版社，1991。

⑦ 参见石景山区地名志编辑委员会：《北京市石景山区地名志》，25 页，北京，北京科学技
术出版社，1991。

⑧ 参见北京市昌平县地名志编辑委员会：《北京市昌平县地名志》，北京，北京出版社，
1997。

⑨ 参见北京市昌平县地名志编辑委员会：《北京市昌平县地名志》，7 页，北京，北京出版
社，1997。

⑩ 参见北京市昌平县地名志编辑委员会：《北京市昌平县地名志》，7、903 页，北京，北京
出版社，1997。

⑪ 参见北京市昌平县地名志编辑委员会：《北京市昌平县地名志》，7、903 页，北京，北京
出版社，1997。

　　**燕平县**，五代唐同光二年，昌平县改成燕平县。①又该书 21、905 页提到，五代唐庄宗同光二年，称燕平县。②

　　**万年县**，东魏至隋初时期政区名。③

　　**万言县**，东魏至隋初政区名，亦作万年县。④

　　**平舒县**，东魏政区名。⑤

　　**居庸县**，东魏政区名。⑥

　　**广武县**，东魏武定元年，称广武县。⑦

　　**沃野县**，肤施大业三年置，及置延安郡，有丰林山。丰林后魏置，曰广武，及遍城郡。开皇初郡废，十八年改为丰林，大业初又并沃野县入焉。⑧

　　**孤竹县**，唐代曾称。⑨

　　**沮阳县**，汉代属上谷郡。⑩

　　**涿鹿县**，汉代属上谷郡。⑪

---

　　①　参见北京市昌平县地名志编辑委员会：《北京市昌平县地名志》，8 页，北京，北京出版社，1997。

　　②　参见北京市昌平县地名志编辑委员会：《北京市昌平县地名志》，21、905 页，北京，北京出版社，1997。

　　③　参见北京市昌平县地名志编辑委员会：《北京市昌平县地名志》，20 页，北京，北京出版社，1997。

　　④　参见北京市昌平县地名志编辑委员会：《北京市昌平县地名志》，903 页，北京，北京出版社，1997。

　　⑤　参见北京市昌平县地名志编辑委员会：《北京市昌平县地名志》，903 页，北京，北京出版社，1997。

　　⑥　参见北京市昌平县地名志编辑委员会：《北京市昌平县地名志》，903 页，北京，北京出版社，1997。

　　⑦　参见北京市昌平县地名志编辑委员会：《北京市昌平县地名志》，903 页，北京，北京出版社，1997。

　　⑧　参见北京市昌平县地名志编辑委员会：《北京市昌平县地名志》，20、904 页，北京，北京出版社，1997。

　　⑨　参见北京市昌平县地名志编辑委员会：《北京市昌平县地名志》，21、904、1002 页，北京，北京出版社，1997。

　　⑩　参见北京市昌平县地名志编辑委员会：《北京市昌平县地名志》，24 页，北京，北京出版社，1997。

　　⑪　参见北京市昌平县地名志编辑委员会：《北京市昌平县地名志》，24 页，北京，北京出版社，1997。

**泉上县**，汉代属上谷郡。①

**潘县**，汉代属上谷郡。②

**夷与县**，汉代属上谷郡。③

**宁县**，汉代属上谷郡。④

**广宁县**，汉代属上谷郡。⑤

**且居县**，汉代属上谷郡。⑥

**茹县**，汉代属上谷郡。⑦

**女祁县**，汉代属上谷郡。⑧

**下落县**，汉代属上谷郡。⑨

**涿县**，属涿郡，东汉时期地名。⑩

**安次县**，属广阳郡，东汉时期地名。⑪又该书 28 页：安次县为唐代县名，属幽州。⑫

---

① 参见北京市昌平县地名志编辑委员会：《北京市昌平县地名志》，24 页，北京，北京出版社，1997。

② 参见北京市昌平县地名志编辑委员会：《北京市昌平县地名志》，24 页，北京，北京出版社，1997。

③ 参见北京市昌平县地名志编辑委员会：《北京市昌平县地名志》，24 页，北京，北京出版社，1997。

④ 参见北京市昌平县地名志编辑委员会：《北京市昌平县地名志》，24 页，北京，北京出版社，1997。

⑤ 参见北京市昌平县地名志编辑委员会：《北京市昌平县地名志》，24 页，北京，北京出版社，1997。

⑥ 参见北京市昌平县地名志编辑委员会：《北京市昌平县地名志》，24 页，北京，北京出版社，1997。

⑦ 参见北京市昌平县地名志编辑委员会：《北京市昌平县地名志》，24 页，北京，北京出版社，1997。

⑧ 参见北京市昌平县地名志编辑委员会：《北京市昌平县地名志》，24 页，北京，北京出版社，1997。

⑨ 参见北京市昌平县地名志编辑委员会：《北京市昌平县地名志》，24 页，北京，北京出版社，1997。

⑩ 参见北京市昌平县地名志编辑委员会：《北京市昌平县地名志》，26 页，北京，北京出版社，1997。

⑪ 参见北京市昌平县地名志编辑委员会：《北京市昌平县地名志》，26 页，北京，北京出版社，1997。

⑫ 参见北京市昌平县地名志编辑委员会：《北京市昌平县地名志》，28 页，北京，北京出版社，1997。

**潞县**，属广阳郡，东汉时期地名。[①]

**安乐县**，属广阳郡，东汉时期地名。[②]

**泉州县**，属广阳郡，东汉时期地名。[③]

**雍奴县**，属广阳郡，东汉时期地名。[④]又该书 28 页：雍奴县，唐代县名，属幽州。[⑤]

**狐奴县**，属广阳郡，东汉时期地名。[⑥]

**蓟县**，属燕郡，东晋地名。[⑦] 又蓟县为唐代县名，属幽州。[⑧]

**良乡县**，唐代县名，属幽州。[⑨]

**范阳县**，唐代县名，属幽州。[⑩]

**昌平县**，唐代县名，属幽州。[⑪]

**渔阳县**，唐代县名，属幽州。[⑫]

**潞县**，唐代县名，属幽州。[⑬]

---

① 参见北京市昌平县地名志编辑委员会：《北京市昌平县地名志》，26 页，北京，北京出版社，1997。

② 参见北京市昌平县地名志编辑委员会：《北京市昌平县地名志》，26 页，北京，北京出版社，1997。

③ 参见北京市昌平县地名志编辑委员会：《北京市昌平县地名志》，26 页，北京，北京出版社，1997。

④ 参见北京市昌平县地名志编辑委员会：《北京市昌平县地名志》，26 页，北京，北京出版社，1997。

⑤ 参见北京市昌平县地名志编辑委员会：《北京市昌平县地名志》，28 页，北京，北京出版社，1997。

⑥ 参见北京市昌平县地名志编辑委员会：《北京市昌平县地名志》，26 页，北京，北京出版社，1997。

⑦ 参见北京市昌平县地名志编辑委员会：《北京市昌平县地名志》，27 页，北京，北京出版社，1997。

⑧ 参见北京市昌平县地名志编辑委员会：《北京市昌平县地名志》，28 页，北京，北京出版社，1997。

⑨ 参见北京市昌平县地名志编辑委员会：《北京市昌平县地名志》，28 页，北京，北京出版社，1997。

⑩ 参见北京市昌平县地名志编辑委员会：《北京市昌平县地名志》，28 页，北京，北京出版社，1997。

⑪ 参见北京市昌平县地名志编辑委员会：《北京市昌平县地名志》，28 页，北京，北京出版社，1997。

⑫ 参见北京市昌平县地名志编辑委员会：《北京市昌平县地名志》，28 页，北京，北京出版社，1997。

⑬ 参见北京市昌平县地名志编辑委员会：《北京市昌平县地名志》，28 页，北京，北京出版社，1997。

**固安县**，唐代县名，属幽州。①

**孤竹县**，唐代县名，属师州。②

**固节县**，后周县名，属幽州。③

**归义县**，后周县名，属幽州。④

**玉田县**，后周县名，属幽州。⑤

**武隆县**，后周县名，属幽州。⑥

**永清县**，后晋地名，属南京道。⑦

**武清县**，后晋地名，属南京道。⑧

**三河县**，后晋地名，属南京道。⑨

**香河县**，后晋地名，属南京道。⑩

**广武县**，后魏定武九年，遍城县领广武、沃野二县。⑪

**辽西县**，唐代县名，属燕州归德郡。⑫

一些地名录、地名志还记录了北京前都时代的州、府等政区地名。如：

---

① 参见北京市昌平县地名志编辑委员会：《北京市昌平县地名志》，28 页，北京，北京出版社，1997。

② 参见北京市昌平县地名志编辑委员会：《北京市昌平县地名志》，28 页，北京，北京出版社，1997。

③ 参见北京市昌平县地名志编辑委员会：《北京市昌平县地名志》，28 页，北京，北京出版社，1997。

④ 参见北京市昌平县地名志编辑委员会：《北京市昌平县地名志》，28 页，北京，北京出版社，1997。

⑤ 参见北京市昌平县地名志编辑委员会：《北京市昌平县地名志》，28 页，北京，北京出版社，1997。

⑥ 参见北京市昌平县地名志编辑委员会：《北京市昌平县地名志》，28 页，北京，北京出版社，1997。

⑦ 参见北京市昌平县地名志编辑委员会：《北京市昌平县地名志》，30 页，北京，北京出版社，1997。

⑧ 参见北京市昌平县地名志编辑委员会：《北京市昌平县地名志》，30 页，北京，北京出版社，1997。

⑨ 参见北京市昌平县地名志编辑委员会：《北京市昌平县地名志》，30 页，北京，北京出版社，1997。

⑩ 参见北京市昌平县地名志编辑委员会：《北京市昌平县地名志》，30 页，北京，北京出版社，1997。

⑪ 参见北京市昌平县地名志编辑委员会：《北京市昌平县地名志》，904 页，北京，北京出版社，1997。

⑫ 参见北京市昌平县地名志编辑委员会：《北京市昌平县地名志》，904 页，北京，北京出版社，1997。

**析津府**，公元938年辽太宗将幽州（今北京西南的广安门一带）定为"幽都府"，辽开泰元年（1012年），改南京幽都府为燕京析津府。①

**幽州**②，北京旧称（周）。③

**奉圣**，辽代奉圣州，今河北省张家口市涿鹿县。④

**平州**，辽金时期河北省卢龙县旧称。⑤

**云州**，幽云十六州之一。⑥

**应州**，幽云十六州之一。⑦

**朔州**，幽云十六州之一。⑧

**弘州**，幽云十六州之一。⑨

**幽州**，周代，今北京。⑩又《北京市志稿·民政志》580页，有宋代幽州。⑪

《北京市志稿·金石志》⑫亦载有北京前都时代的政区地名。如：

**幽州**，唐代。⑬

**朔州**，唐代。⑭

**安州**，今河北省丰宁县境。⑮

**冀州**，唐尧时密云地属冀州，夏商时属冀州。⑯

**幽州**，虞舜时地属幽州。⑰

————————

① 参见大兴县人民政府：《北京市大兴县地名录》，1页，大兴县印刷厂印刷，1982。
② 参见吴廷燮等：《北京市志稿·民政志》，北京，燕山出版社，1998。
③ 参见吴廷燮等：《北京市志稿·民政志》，2页，北京，燕山出版社，1998。
④ 参见吴廷燮等：《北京市志稿·民政志》，19页，北京，燕山出版社，1998。
⑤ 参见吴廷燮等：《北京市志稿·民政志》，19页，北京，燕山出版社，1998。
⑥ 参见吴廷燮等：《北京市志稿·民政志》，20页，北京，燕山出版社，1998。
⑦ 参见吴廷燮等：《北京市志稿·民政志》，20页，北京，燕山出版社，1998。
⑧ 参见吴廷燮等：《北京市志稿·民政志》，20页，北京，燕山出版社，1998。
⑨ 参见吴廷燮等：《北京市志稿·民政志》，20页，北京，燕山出版社，1998。
⑩ 参见吴廷燮等：《北京市志稿·民政志》，549、573页，北京，燕山出版社，1998。
⑪ 参见吴廷燮等：《北京市志稿·民政志》，580页，北京，燕山出版社，1998。
⑫ 参见吴廷燮等：《北京市志稿·金石志》，北京，燕山出版社，1998。
⑬ 参见吴廷燮等：《北京市志稿·金石志》，561页，北京，燕山出版社，1998。
⑭ 参见吴廷燮等：《北京市志稿·金石志》，563页，北京，燕山出版社，1998。
⑮ 参见密云县地名志编辑委员会：《北京市密云县地名志》，1页，北京，北京出版社，1992。
⑯ 参见密云县地名志编辑委员会：《北京市密云县地名志》，1页，北京，北京出版社，1992。
⑰ 参见密云县地名志编辑委员会：《北京市密云县地名志》，1页，北京，北京出版社，1992。

**元州**，后周改安州为元州。①

**檀州**，隋开皇六年于旧元州置檀州，隋至元沿用，明洪武元年废。②

**析津府**，辽南京，即南京析津府，是辽国陪都，又称燕京（今北京西南）。③

**元州**，汉代地名。④

**安州**，后魏州名，即今密云县境。⑤

**玄州**，北周州名，本为安州，北周改名为玄州，唐初曾改渔阳郡为玄州，后废。⑥

**幽州**，东北曰幽州，古九州岛及汉十三刺史部之一；隋唐时北方的军事重镇、交通中心和商业都会。⑦

**析津府**，辽南京，即南京析津府，是辽国陪都，又称燕京（今北京西南）。⑧

**冀州**，密云县在唐尧时属于冀州。⑨ 冀州，夏属。⑩ 冀州，夏商。⑪ 冀

① 参见密云县地名志编辑委员会：《北京市密云县地名志》，1 页，北京，北京出版社，1992。

② 参见密云县地名志编辑委员会：《北京市密云县地名志》，1、434 页，北京，北京出版社，1992。

③ 参见密云县地名志编辑委员会：《北京市密云县地名志》，1 页，北京，北京出版社，1992。

④ 参见密云县地名志编辑委员会：《北京市密云县地名志》，114 页，北京，北京出版社，1992。

⑤ 参见密云县地名志编辑委员会：《北京市密云县地名志》，434 页，北京，北京出版社，1992。

⑥ 参见密云县地名志编辑委员会：《北京市密云县地名志》，434 页，北京，北京出版社，1992。

⑦ 参见朝阳区地名志编辑委员会：《北京市朝阳区地名志》，3 页，北京，北京出版社，1993。

⑧ 参见朝阳区地名志编辑委员会：《北京市朝阳区地名志》，3 页，北京，北京出版社，1993。

⑨ 参见中国华北文献丛书编辑委员会：《古北口志》，见《中国华北文献丛书》第一辑《华北稀见地方志文献》，593 页，北京，学苑出版社，2012。

⑩ 参见怀柔县地名志编辑委员会：《北京市怀柔县地名志》，2 页，北京，北京出版社，1993。

⑪ 参见延庆县地名志编辑委员会：《北京市延庆县地名志》，56 页，北京，北京出版社，1993。

州，昌平夏属冀州。①

幽州，虞舜时分冀州为幽并二州，密云县属幽州。② 幽州，周代。③ 幽州，昌平商代属幽州。④

**安州**，北魏。⑤

**玄州**，北魏改安州为玄州。⑥

**顺州**，辽南京道析津府，今顺义。⑦

**檀州**，隋玄州名。⑧

**路顺州**，北宋燕山府。⑨

**弹汗州**，唐代怀柔为弹汗州属县。⑩

**归顺州**，开元四年改怀柔为归顺州属县。⑪

**顺州**，五代十国改归顺州为顺州。⑫

**北燕州**，唐初延庆属北燕州。⑬

---

① 参见北京市昌平县地名志编辑委员会：《北京市昌平县地名志》，7页，北京，北京出版社，1997。

② 参见中国华北文献丛书编辑委员会：《古北口志》，见《中国华北文献丛书》第一辑《华北稀见地方志文献》，593页，北京，学苑出版社，2012。

③ 参见延庆县地名志编辑委员会：《北京市延庆县地名志》，56页，北京，北京出版社，1993。

④ 参见北京市昌平县地名志编辑委员会：《北京市昌平县地名志》，7页，北京，北京出版社，1997。

⑤ 参见怀柔县地名志编辑委员会：《北京市怀柔县地名志》，2页，北京，北京出版社，1993。

⑥ 参见怀柔县地名志编辑委员会：《北京市怀柔县地名志》，2页，北京，北京出版社，1993。

⑦ 参见怀柔县地名志编辑委员会：《北京市怀柔县地名志》，2页，北京，北京出版社，1993。

⑧ 参见怀柔县地名志编辑委员会：《北京市怀柔县地名志》，2页，北京，北京出版社，1993。

⑨ 参见怀柔县地名志编辑委员会：《北京市怀柔县地名志》，2页，北京，北京出版社，1993。

⑩ 参见怀柔县地名志编辑委员会：《北京市怀柔县地名志》，3页，北京，北京出版社，1993。

⑪ 参见怀柔县地名志编辑委员会：《北京市怀柔县地名志》，3页，北京，北京出版社，1993。

⑫ 参见怀柔县地名志编辑委员会：《北京市怀柔县地名志》，3页，北京，北京出版社，1993。

⑬ 参见延庆县地名志编辑委员会：《北京市延庆县地名志》，3页，北京，北京出版社，1993。

妫州，贞观八年，改北燕州为妫州。①

儒州，古地名，晋王石敬塘镇河东时所表置。②

玄州，唐武德二年在潞县置玄州。③

析津府，辽南京，即南京析津府，是辽国陪都，又称燕京（今北京西南）。④

东燕州，东魏北齐时期地名。⑤

析津府，辽南京，即南京析津府，是辽国陪都，又称燕京（今北京西南）。⑥

燕山府，宋昌平属燕山府广阳郡。⑦

恒州，今山西大同东北，北齐地名。⑧

易州，唐代州名，属幽州总管府。⑨ 易州，后晋，属南京道。⑩

平州，唐代州名，属幽州总管府。⑪

檀州，唐代州名，属幽州总管府。⑫

---

① 参见延庆县地名志编辑委员会：《北京市延庆县地名志》，3、196 页，北京，北京出版社，1993。

② 参见延庆县地名志编辑委员会：《北京市延庆县地名志》，3、56、196、379、510 页，北京，北京出版社，1993。

③ 参见通县地名志编辑委员会：《北京市通县地名志》，3、15 页，北京，北京出版社，1992。

④ 参见石景山区地名志编辑委员会：《北京市石景山区地名志》，4 页，北京，北京科学技术出版社，1991。

⑤ 参见北京市昌平县地名志编辑委员会：《北京市昌平县地名志》，7、903 页，北京，北京出版社，1997。

⑥ 参见北京市昌平县地名志编辑委员会：《北京市昌平县地名志》，7 页，北京，北京出版社，1997。

⑦ 参见北京市昌平县地名志编辑委员会：《北京市昌平县地名志》，8 页，北京，北京出版社，1997。

⑧ 参见北京市昌平县地名志编辑委员会：《北京市昌平县地名志》，27 页，北京，北京出版社，1997。

⑨ 参见北京市昌平县地名志编辑委员会：《北京市昌平县地名志》，28 页，北京，北京出版社，1997。

⑩ 参见北京市昌平县地名志编辑委员会：《北京市昌平县地名志》，30 页，北京，北京出版社，1997。

⑪ 参见北京市昌平县地名志编辑委员会：《北京市昌平县地名志》，28 页，北京，北京出版社，1997。

⑫ 参见北京市昌平县地名志编辑委员会：《北京市昌平县地名志》，28 页，北京，北京出版社，1997。

**燕州**，唐代州名，属幽州总管府。①

**营州**，唐代州名，属幽州总管府。②

**辽州**，唐代州名，属幽州总管府。③

**师州**，唐代州名，以契丹室韦部落置师州。④

**顺州**，后晋，属南京道。⑤

**檀州**，后晋，属南京道。⑥

**莫州**，后晋，属南京道。⑦

**瀛洲**，后晋，属南京道。⑧

**景州**，属燕京，辽。⑨

**带州**，唐代羁縻州，属营州都督。⑩

**燕郡**，北京旧称（魏）。魏幽州燕郡。⑪

**涿郡**，北京旧称（隋）。⑫

**范阳郡**，北京旧称（唐）。唐幽州范阳郡。⑬又《北京市志稿·民政志》

---

①　参见北京市昌平县地名志编辑委员会：《北京市昌平县地名志》，28 页，北京，北京出版社，1997。

②　参见北京市昌平县地名志编辑委员会：《北京市昌平县地名志》，28 页，北京，北京出版社，1997。

③　参见北京市昌平县地名志编辑委员会：《北京市昌平县地名志》，28 页，北京，北京出版社，1997。

④　参见北京市昌平县地名志编辑委员会：《北京市昌平县地名志》，28 页，北京，北京出版社，1997。

⑤　参见北京市昌平县地名志编辑委员会：《北京市昌平县地名志》，30 页，北京，北京出版社，1997。

⑥　参见北京市昌平县地名志编辑委员会：《北京市昌平县地名志》，30 页，北京，北京出版社，1997。

⑦　参见北京市昌平县地名志编辑委员会：《北京市昌平县地名志》，30 页，北京，北京出版社，1997。

⑧　参见北京市昌平县地名志编辑委员会：《北京市昌平县地名志》，30 页，北京，北京出版社，1997。

⑨　参见北京市昌平县地名志编辑委员会：《北京市昌平县地名志》，31 页，北京，北京出版社，1997。

⑩　参见北京市昌平县地名志编辑委员会：《北京市昌平县地名志》，904 页，北京，北京出版社，1997。

⑪　参见吴廷燮等：《北京市志稿·民政志》，3 页，北京，燕山出版社，1998。

⑫　参见吴廷燮等：《北京市志稿·民政志》，3 页，北京，燕山出版社，1998。

⑬　参见吴廷燮等：《北京市志稿·民政志》，4 页，北京，燕山出版社，1998。

580 页：范阳郡，唐代，今北京。①

**上谷郡**，始建于战国燕昭王二十九年（前 283 年），郡治在今河北省张家口市怀来县。②

**广阳郡**，又称广阳国、燕国，是秦朝至西晋期间幽州刺史部下的一个郡国。③

**密云郡、密云县**，北魏皇始二年，属安州，因北魏塞外密云山而得名。④

**渔阳郡**，春秋战国，秦时属渔阳郡。⑤

**密云郡**，北朝与唐代郡名，皇始二年置，在古北口外。⑥

**广阳郡**，后魏郡名，太平真君二年置，属安州。⑦

**安乐郡**，东魏郡名，北齐属安州，太平真君二年置，隋将檀州改为安乐郡，唐初废郡为檀州。⑧

**通路郡**，王莽时改渔阳郡为通路郡。⑨

**上谷郡**，燕昭王所设。⑩

**渔阳郡**，燕昭王所设。⑪

---

① 参见吴廷燮等：《北京市志稿·民政志》，580 页，北京，燕山出版社，1998。
② 参见门头沟区地名志编辑委员会：《北京市门头沟区地名志》，2 页，北京，北京出版社，1993。
③ 参见门头沟区地名志编辑委员会：《北京市门头沟区地名志》，2 页，北京，北京出版社，1993。
④ 参见密云县地名志编辑委员会：《北京市密云县地名志》，1 页，北京，北京出版社，1993。
⑤ 参见密云县地名志编辑委员会：《北京市密云县地名志》，1、167、432 页，北京，北京出版社，1993。
⑥ 参见密云县地名志编辑委员会：《北京市密云县地名志》，1、436 页，北京，北京出版社，1993。
⑦ 参见密云县地名志编辑委员会：《北京市密云县地名志》，1、436 页，北京，北京出版社，1993。
⑧ 参见密云县地名志编辑委员会：《北京市密云县地名志》，1、2、434 页，北京，北京出版社，1993。
⑨ 参见密云县地名志编辑委员会：《北京市密云县地名志》，432 页，北京，北京出版社，1993。
⑩ 参见怀柔县地名志编辑委员会：《北京市怀柔县地名志》，2 页，北京，北京出版社，1993。
⑪ 参见密云县地名志编辑委员会：《北京市密云县地名志》，2 页，北京，北京出版社，1992。

**右北平郡**，燕昭王所设。①

**辽西郡**，燕昭王所设。②

**辽东郡**，燕昭王所设。③

**通路郡**，王莽改渔阳郡为通路郡。④

**密云郡**，北魏安州。⑤

**归化郡**，天宝元年改怀柔为归化郡属县。⑥

**上谷郡**，战国时期居庸关以北地区。⑦

**渔阳郡**，西汉郡名。⑧

**广阳郡**，秦灭燕后隶属广阳郡，东汉昌平县改属广阳郡，宋昌平属燕山府广阳郡。⑨

**燕郡**，属幽州。⑩

**涿郡**，隋代郡名，大业三年，昌平县改属涿郡。⑪

**上谷郡**，昌平秦属上谷郡。⑫

---

① 参见密云县地名志编辑委员会：《北京市密云县地名志》，2 页，北京，北京出版社，1992。

② 参见密云县地名志编辑委员会：《北京市密云县地名志》，2 页，北京，北京出版社，1992。

③ 参见密云县地名志编辑委员会：《北京市密云县地名志》，2 页，北京，北京出版社，1992。

④ 参见密云县地名志编辑委员会：《北京市密云县地名志》，2 页，北京，北京出版社，1992。

⑤ 参见密云县地名志编辑委员会：《北京市密云县地名志》，2 页，北京，北京出版社，1992。

⑥ 参见密云县地名志编辑委员会：《北京市密云县地名志》，3 页，北京，北京出版社，1992。

⑦ 参见延庆县地名志编辑委员会：《北京市延庆县地名志》，3、56、196、509 页，北京，北京出版社，1993。

⑧ 参见通县地名志编辑委员会：《北京市通县地名志》，3、15 页，北京，北京出版社，1992

⑨ 参见石景山区地名志编辑委员会：《北京市石景山区地名志》，3、7、8 页，北京，北京科学技术出版社，1991。

⑩ 参见石景山区地名志编辑委员会：《北京市石景山区地名志》，3 页，北京，北京科学技术出版社，1991。

⑪ 参见石景山区地名志编辑委员会：《北京市石景山区地名志》，4、8 页，北京，北京科学技术出版社，1991。

⑫ 参见石景山区地名志编辑委员会：《北京市石景山区地名志》，5 页，北京，北京科学技术出版社，1991。

**平昌郡**，东魏至北周时期地名。①

**昌平郡**，即平昌郡，《水经注》中作昌平郡。②

**范阳郡**，唐代昌平县属幽州范阳郡。③

**雁门郡**，东汉建武十五年，居庸关以东。④

**代郡**，东汉建武十五年，居庸关以东。⑤

**渤海郡**，属上谷郡，东汉和帝永元八年。⑥

**遍城郡**，东魏政区名。⑦

**归德郡**，唐代郡名，天宝元年改燕州为归德郡。⑧

**广阳国**，北京旧称（汉）。⑨

**燕国**，北京旧称（晋）。⑩ 燕国，燕国并蓟后属燕国。⑪ 燕国，商和西周。⑫ 燕国，西晋昌平县改属幽州燕国。⑬

**蓟国**，西周初属蓟国。⑭ 蓟国，东周末期石景山属蓟国之地。⑮

---

① 参见石景山区地名志编辑委员会：《北京市石景山区地名志》，7、903 页，北京，北京科学技术出版社，1991。

② 参见石景山区地名志编辑委员会：《北京市石景山区地名志》，903 页，北京，北京科学技术出版社，1991。

③ 参见石景山区地名志编辑委员会：《北京市石景山区地名志》，8 页，北京，北京科学技术出版社，1991。

④ 参见石景山区地名志编辑委员会：《北京市石景山区地名志》，25 页，北京，北京科学技术出版社，1991。

⑤ 参见石景山区地名志编辑委员会：《北京市石景山区地名志》，25 页，北京，北京科学技术出版社，1991。

⑥ 参见石景山区地名志编辑委员会：《北京市石景山区地名志》，26 页，北京，北京科学技术出版社，1991。

⑦ 参见石景山区地名志编辑委员会：《北京市石景山区地名志》，904 页，北京，北京科学技术出版社，1991。

⑧ 参见石景山区地名志编辑委员会：《北京市石景山区地名志》，904 页，北京，北京科学技术出版社，1991。

⑨ 参见吴廷燮等：《北京市志稿·民政志》，2 页，北京，燕山出版社，1998。

⑩ 参见吴廷燮等：《北京市志稿·民政志》，3 页，北京，燕山出版社，1998。

⑪ 参见门头沟区地名志编辑委员会：《北京市门头沟区地名志》，1 页，北京，北京出版社，1993。

⑫ 参见怀柔县地名志编辑委员会：《北京市怀柔县地名志》，2 页，北京，北京出版社，1993。

⑬ 参见北京市昌平县地名志编辑委员会：《北京市昌平县地名志》，7 页，北京，北京出版社，1997。

⑭ 参见门头沟区地名志编辑委员会：《北京市门头沟区地名志》，1 页，北京，北京出版社，1993。

⑮ 参见通县地名志编辑委员会：《北京市通县地名志》，3 页，北京，北京出版社，1992。

## 第七节　《春明梦余录》等所见北京前都时代政区地名

### 一、州郡县政区地名

昌平县、燕平县，（昌平）州西八里为昌平旧县，县名始见于汉……
至《魏书》云，军都县有昌平城，则已废，不为县矣……《隋书》云，昌
平县有关官，有长城。《唐书》，武德初徙突地稽部落于幽州之昌平城。胡
三省《通鉴》注，城在军都关南。[①] 昌平，汉军都县也，以境内有军都山
得名。元魏置东燕州及昌平郡县，后郡废而县存。五代唐改燕平县，石晋
复昌平旧名，至今延之。[②]

军都县、浑都县，汉立军都县于（军都）山之南，胡骑经军都，耿舒
袭破其众，斩匈奴两王，是也。亦作浑都，《史记绛侯周勃世家》，屠浑
都，是也。后徙，今州东四十里，有军都村，亦曰故县址。[③]

芹城，在（昌平）州东三十里，有桥，桥下有水，出芹城北，南流入
于沙河。水经注，芹城水出北山南，径芹城东南注湿余水。以此知沙河之
为古湿余水也。[④]

顺州，（昌平）州东南九十里为顺义县。隋开皇中，粟末靺鞨与高丽
战不胜，厥稽部长突地稽率八部胜兵数千人自扶余城西北举落内附，置顺
州以处之。[⑤]

燕州，唐武德初改燕州，会昌中改归顺州，唐末仍为顺州。[⑥]

怀柔县、五柳城、顺义县，（燕州）统县一，曰怀柔。贞观六年置，

① 参见顾炎武：《昌平山水记》，14～15页，北京，北京古籍出版社，1982。
② 参见蒋一葵：《长安客话》，120页，北京，北京古籍出版社，2001。
③ 参见顾炎武：《昌平山水记》，18页，北京，北京古籍出版社，1982。
④ 参见顾炎武：《昌平山水记》，19页，北京，北京古籍出版社，1982。
⑤ 参见顾炎武：《昌平山水记》，22页，北京，北京古籍出版社，1982。
⑥ 参见顾炎武：《昌平山水记》，22页，北京，北京古籍出版社，1982。

治五柳城，改顺义县。①

**松汉府、弹汗州、归化县、归化军**，开元四年置松汉府弹汗州，天宝元年改归化县。乾元元年复名怀柔。辽为顺州归化军。②

**顺州都督府、五柳戍**，唐贞观四年，以突厥突利为右卫大将军，封北平郡王，以其部落置顺州都督府，拜突利为顺州都督，使帅其众治营州南之五柳戍（今辽宁省朝阳市）。③

**通州**，（金史）贞祐初，中都戒严，（王晦）以户部郎中募兵得万余人，卫送通州，粟入中都有功。④

**狐奴县**，（狐奴）山西南百步有汉狐奴县址。后汉王梁传，太守彭宠以梁守狐奴令。……魏文帝黄初二年省。⑤

**温阳县**，金明昌六年，改县名曰温阳。⑥（温榆河）顺义谓之西河，而金人名县曰温阳以此。⑦

**安乐郡**，后魏安乐郡故城在（顺义）县西北六里。⑧

**交州、交郡、安市县**，延和元年（432 年）置交州，太平真君二年（441 年），罢州置郡。领县二：土垠、安市。北齐废土垠入安市，后周废安市入密云县。隋开皇初，郡废……按水经注言，湿余水又东南流径安乐故城西，更始使谒者韩鸿北徇，拜吴汉为安乐令，即此城也。《晋书·地道记》曰：魏封刘禅为安乐公国。⑨

**土垠县**，有二，一在（顺义）县北门外里许，一在密云县东一百里陈宫山下。⑩

**南河县**，又有唐南河县故城，在（顺义）县东南二十五里。⑪

---

① 参见顾炎武：《昌平山水记》，22 页，北京，北京古籍出版社，1982。
② 参见顾炎武：《昌平山水记》，22 页，北京，北京古籍出版社，1982。
③ 参见顾炎武：《昌平山水记》，22 页，北京，北京古籍出版社，1982。
④ 参见顾炎武：《昌平山水记》，22 页，北京，北京古籍出版社，1982。
⑤ 参见顾炎武：《昌平山水记》，23 页，北京，北京古籍出版社，1982。
⑥ 参见顾炎武：《昌平山水记》，22 页，北京，北京古籍出版社，1982。
⑦ 参见顾炎武：《昌平山水记》，24 页，北京，北京古籍出版社，1982。
⑧ 参见顾炎武：《昌平山水记》，25 页，北京，北京古籍出版社，1982。
⑨ 参见顾炎武：《昌平山水记》，25 页，北京，北京古籍出版社，1982。
⑩ 参见顾炎武：《昌平山水记》，25 页，北京，北京古籍出版社，1982。
⑪ 参见顾炎武：《昌平山水记》，25 页，北京，北京古籍出版社，1982。

军都县，而军都县故城在（顺义）县西三十里，盖军都之别徙者也。①

白檀县，（昌平）州东北一百二十里为密云县，汉白檀县也。三国志，曹公历白檀，破乌丸于柳城。②

密云郡、提携城，后魏皇始二年（公元397年），置密云郡，治提携城，领密云、要阳、白檀三县。北齐废密云郡，反要阳、白檀二县入密云县。③

檀州、武威军，隋开皇十八年，以密云、燕乐二县置檀州。唐天宝元年，改密云郡，乾元元年，复为檀州。辽为檀州武威军，领密云、行唐二县，金以密云县属顺州。④

燕乐县、新兴城，石匣（怀柔县城东北六十里为石匣城）西二十里有燕乐县故城，后魏置此县，治白檀古城。唐长寿二年（693年）徙治新兴城，即此县也。⑤

虎奚县，在汉为虎奚县地，距今（怀柔）县北五十里。⑥

要阳县，其见于史者汉有要阳县（今承德市滦平县西北）。⑦

方城县，魏有安州方城县（今固安县西南）。⑧ 张华，范阳方城人（大兴涿州边界）……所住宅，在芦沟桥南，今废。⑨

行唐县，辽有行唐县，今靡得而详焉。（今密云东）。⑩

共城，在（怀柔）县东北五十里，亦作龚城。括地志云，舜流共工幽州居此城，在檀州燕乐县界。⑪

女祁县，（大小兴州，在今承德市西）本汉女祁县（治所在今赤城县南）地。⑫

---

① 参见顾炎武：《昌平山水记》，25页，北京，北京古籍出版社，1982。
② 参见顾炎武：《昌平山水记》，26页，北京，北京古籍出版社，1982。
③ 参见顾炎武：《昌平山水记》，26页，北京，北京古籍出版社，1982。
④ 参见顾炎武：《昌平山水记》，26页，北京，北京古籍出版社，1982。
⑤ 参见顾炎武：《昌平山水记》，28页，北京，北京古籍出版社，1982。
⑥ 参见顾炎武：《昌平山水记》，28页，北京，北京古籍出版社，1982。
⑦ 参见顾炎武：《昌平山水记》，28页，北京，北京古籍出版社，1982。
⑧ 参见顾炎武：《昌平山水记》，28页，北京，北京古籍出版社，1982。
⑨ 参见沈榜：《宛署杂记》，175页，北京，北京古籍出版社，1982。
⑩ 参见顾炎武：《昌平山水记》，29页，北京，北京古籍出版社，1982。
⑪ 参见顾炎武：《昌平山水记》，29页，北京，北京古籍出版社，1982。
⑫ 参见顾炎武：《昌平山水记》，31页，北京，北京古籍出版社，1982。

兴化县、宜兴县，（大小兴州，在今承德市西）辽为北安州兴化军兴化县，金承安五年，升为兴州宁朔军节度，领县二，曰兴化、宜兴。[1]

新安平县，（辽中京大定府）汉为新安平县，汉末步奚居之。幅员千里，多大山深谷。[2]

饶乐都督府，唐太宗伐高丽，驻跸于此（辽中京大定府），部帅苏支从征有功，奚长可度率众内附，为置饶乐都督府。[3]

中京大定府，圣宗统和二十五年城之，实以汉户，号曰中京大定府。宫掖、楼阁、府库、市肆、廊庑，拟神都之制。[4]

北京，金海陵贞元元年，更（辽中京）为北京。[5]

代郡，今代郡废城在蔚州。[6]

龙门县，龙门城（今赤城县西南，辽金时亦有龙门县）距长安岭三十里，本唐龙门县，因龙门山以名。[7]

华林庄、天柱庄，（辽顺州）城东北有华林、天柱二庄，辽建凉殿。[8]

## 二、村镇地名

白浮村，白浮山在昌平南一十里，山有二龙潭，流经白浮村。元人郭守敬引此水西折而南，经瓮山流入积水潭以通漕运。[9]

仰山村，有村焉，是名仰山村（京西八十里）。[10]

楼桑村，涿州西南十五里，道右大桑，高十丈，层荫如楼，其荫百亩，汉昭烈故居桑也。昭烈儿时，与宗中儿戏桑下，指谓帝王羽葆，后因

---

① 参见顾炎武：《昌平山水记》，31 页，北京，北京古籍出版社，1982。
② 参见顾炎武：《昌平山水记》，32 页，北京，北京古籍出版社，1982。
③ 参见顾炎武：《昌平山水记》，32 页，北京，北京古籍出版社，1982。
④ 参见顾炎武：《昌平山水记》，32 页，北京，北京古籍出版社，1982。
⑤ 参见顾炎武：《昌平山水记》，33 页，北京，北京古籍出版社，1982。
⑥ 参见蒋一葵：《长安客话》，163 页，北京，北京古籍出版社，2001。
⑦ 参见蒋一葵：《长安客话》，167 页，北京，北京古籍出版社，2001。
⑧ 参见顾炎武：《昌平山水记》，25 页，北京，北京古籍出版社，1982。
⑨ 参见孙承泽：《春明梦余录》，1318 页，北京，北京古籍出版社，1992。
⑩ 参见刘侗、于奕正：《帝京景物略》，320 页，北京，北京古籍出版社，1982。

名村，千五百年矣。① 楼桑村在涿州西南十五里，云是汉先主故宅。桑高
五丈余，层荫如楼。先主儿时与里中小儿戏树下，便指以为帝王羽葆，后
人因以名村。②

**狼牙村**，耶律斜轸传，继业败走至狼牙村，众军皆溃。③

**安乐乡**，邵康节先生范阳郡安乐乡人……安乐乡在顺义县，今安乐庄
也……涿州属范阳南境，故亦载康节事。④

**草桥**，右安门外南十里草桥，方十里，皆泉也。⑤

## 三、军政地名

**潮河营**，（牛栏）山之东南为潮河营，有城二门，把总一人守之（沈
括语）。⑥

**威武军、三叉城、横山城、米城、大王镇、北来镇、保要镇、鹿固
镇、赤城镇、邀虏镇、石子港镇、临河戍、黄崖戍**，唐有威武军（今密
云），有三叉城、横山城、米城，有大王、北来、保要、鹿固、赤城、邀
虏、石子港七镇，有临河、黄崖二戍。⑦

**黄栌岭、社平戍**，北齐天保三年（552 年），自黄栌岭起长城北至社平
戍四百余里，置三十六戍（通鉴注，此长城盖起于唐石州，北抵武州之
境）。⑧

**信安军**，南山在霸州城南一十八里，郡旧信安军处，乔林修竹，周十
数里内设亭台，自昔称胜⑨。

**保定军**，宋熙宁中……王临言：文安、保定（在霸州市西南）、塘泺

---

① 参见刘侗、于奕正：《帝京景物略》，357 页，北京，北京古籍出版社，1982。
② 参见蒋一葵：《长安客话》，90 页，北京，北京古籍出版社，2001。
③ 参见顾炎武：《京东考古录》，6 页，北京，北京古籍出版社，1982。
④ 参见蒋一葵：《长安客话》，129 页，北京，北京古籍出版社，2001。
⑤ 参见刘侗、于奕正：《帝京景物略》，119 页，北京，北京古籍出版社，1982。
⑥ 参见顾炎武：《昌平山水记》，23 页，北京，北京古籍出版社，1982。
⑦ 参见顾炎武：《昌平山水记》，28~29 页，北京，北京古籍出版社，1982。
⑧ 参见顾炎武：《京东考古录》，16 页，北京，北京古籍出版社，1982。
⑨ 参见孙承泽：《天府广记》，508 页，北京，北京古籍出版社，1984。

以西可筑植木凡十九里。①

　　**平戎军、破卤军、顺安军**，凡雄、鄚、霸州，平戎、破卤、顺安军兴堰六百里，置斗门引淀水灌溉。②

　　**陈家谷**，（杨业）遇（辽军）于雁门北陈家谷口，力战不支被擒。③ 业指陈家谷口曰：诸君于此张步弓强弩为左右翼以援。④

　　**大胜甸**，此元人与金人大战处。元人大胜，因名其地曰大胜甸，在今万全右卫。⑤

　　**黑树林**，元太祖问计于札八儿，对曰：从此（居庸关）而北，黑树林中有间道，骑行可一人。⑥

## 第八节　《畿辅通志》等所见北京前都时代政区地名

　　以下是《宸垣识略》《潞城考古录》《（同治）畿辅通志》等传世文献中所见的北京前都时代的政区及相关地名。

### 一、政区和城镇地名

　　**琉璃厂**⑦，辽称海王村。厂甸在正阳门外二里许，古曰海王村，即今工部之琉璃厂也。《日下旧闻考》：琉璃厂东有辽御史大夫李内贞墓，乃乾隆三十六年（1771 年）工部郎中孟澍得其志石于土中，有葬于海王村之语。

　　①　参见孙承泽：《天府广记》，540 页，北京，北京古籍出版社，1984。
　　②　参见孙承泽：《天府广记》，540 页，北京，北京古籍出版社，1984。
　　③　参见顾炎武：《昌平山水记》，30 页，北京，北京古籍出版社，1982。
　　④　参见顾炎武：《京东考古录》，5 页，北京，北京古籍出版社，1982。
　　⑤　参见蒋一葵：《长安客话》，165 页，北京，北京古籍出版社，2001。
　　⑥　参见顾炎武：《昌平山水记》，16 页，北京，北京古籍出版社，1982。
　　⑦　参见富察敦崇：《燕京岁时记》，北京，北京古籍出版社铅印本，1981。

**武清**，东汉称武清为雍奴。《后汉书·彭宠传》：隆军潞南，浮军雍奴。[①] 又汉晋称雍奴、泉州二县为武清；北魏沿称雍奴；北魏晚期称古雍奴县，武清为古雍奴县。与《水经注》又南至雍奴县北，屈东入于海。[②]

**唐天宝初**，雍奴更名武清。[③] 按二汉及晋，雍奴、泉州各自为县，至北魏太平真君七年，并泉州入雍奴。[④]

**甘棠乡**，五胡十六国前燕时代称甘棠乡。通州东十五里，有甘棠乡。十六国春秋，慕容隽观兵近郊。[⑤]

**幽州**，河北北部、辽宁西部东汉称幽州。汉建安十年（205年），故安赵犊霍奴等，杀幽州刺史、涿郡太守。[⑥]

**涿州**，东汉称涿郡。《三国志·魏武帝纪》：汉建安十年（205年），故安赵犊霍奴等，杀幽州刺史、涿郡太守。[⑦]

**易京**，河北雄县西北。《北齐书·斛律羡传》：幽州刺史导高梁水，北合易京，东会于潞，因以灌田。[⑧]

**琉璃厂**[⑨]，辽称海王村，又今琉璃厂在正阳门外，而近得辽时墓碑，称其地为燕京东门外之海王村。[⑩]

**蔡公庄**，辽称玉河乡池水村，普会寺辽之驻跸寺也，在玉河乡池水村，明嘉靖中太监蔡秀恭重建。土人呼其地为蔡公店。[⑪]

**潞城**，西汉称路县，盖河至此折而东流，正经古城之南，与《水经注》所谓屈而东南流经潞城南正合，则古城为汉潞县故城。新朝（王莽时期）称通潞亭，按《汉书》，王莽改县，以亭名者三百六十。以应符命文。则莽所谓亭即县也。北齐称渔阳郡，北周称渔阳郡。《隋书·地理志》"涿郡潞县"下云：旧置渔阳郡。开皇初郡废。隋承周后。周之渔阳郡治潞。

---

①　参见刘锡信：《潞城考古录》卷下，23页，上海，商务印书馆，1936。
②　参见刘锡信：《潞城考古录》卷上，8页，上海，商务印书馆，1936。
③　参见刘锡信：《潞城考古录》卷上，19页，上海，商务印书馆，1936。
④　参见魏收：《魏书》卷一百零六，《地形志》，北京，中华书局，1974。
⑤　参见刘锡信：《潞城考古录》卷上，13页，上海，商务印书馆，1936。
⑥　参见刘锡信：《潞城考古录》卷下，23页，上海，商务印书馆，1936。
⑦　参见刘锡信：《潞城考古录》卷下，23页，上海，商务印书馆，1936。
⑧　参见刘锡信：《潞城考古录》卷下，23页，上海，商务印书馆，1936。
⑨　参见吴长元：《宸垣识略》卷二，306页，北京，北京古籍出版社，1983。
⑩　参见吴长元：《宸垣识略》卷二，306页，北京，北京古籍出版社，1983。
⑪　参见吴长元：《宸垣识略》卷二，306页，北京，北京古籍出版社，1983。

明矣。考周灭北齐，仅四年，即禅于隋。于齐之郡县，未必大有更置。《隋志》不曰周置，而曰旧置，或统承齐氏而言之也。

**唐称古渔阳城**，属于渔阳郡，或元州渔阳郡（唐太宗之前），或幽州范阳郡（唐太宗时期），或蓟州渔阳郡（唐玄宗时期）。岁在壬午，土人于古城北，得一石刻。为唐景城主簿彭君权殡志铭。予屡访之不获。至癸巳岁始得焉。志云：季弟长源迎神葬于古渔阳城北采贵里之原。称此城为古渔阳城。[①]

又**《唐书·地理志》"潞县"下云**：武德二年（619 年），自无终徙渔阳郡于此，置元州。盖隋渔阳郡。治无终。至此。徙治潞县也。唐人州郡并称，如幽州范阳郡，元州则渔阳郡也。迨贞观元年（627 年），罢元州，以潞隶幽州。开元十八年（730 年），又分置蓟州亦号渔阳郡。

**安德乡**，北朝称安乐县《魏书·地形志·潞县下》云：真君七年，并安乐县。《太平寰宇记》云：安乐故城，汉县。废城在今潞县西北。州志云：遗址莫考。按今州城西北二十里有安德乡，地名坝上。通州称曰北坝，都人称曰东坝，即郑村坝也。明设御马苑于此，其故城尚存。疑安德乡，即安乐故县。安德为安乐之讹，以音相近而误耳。[②]

**潞县**，唐初称临泃县。开元初称三河县，潞县既治河西、与县东境辽远。唐初所以析置临泃县，既省之后。开元初复析置三河县。皆割潞之。[③]潞在汉时，东西最阔。至元魏，北并平谷安乐二县，而南北亦加宽广矣。唐析潞，置三河县，而东境始狭。[④]

**香河县**，辽称孙村。又《辽史》：香河县本武清之孙村。[⑤]

**怀柔县**，金称温阳。《辽史》顺州有温余河，金更怀柔县为温阳，岂尽无据。《水经注》既无善本，今人习见坊刻，遂指温字为湿字之讹。[⑥]

**北京**，东汉称蓟。《后汉书·耿弇传》：光武还蓟。[⑦]

**平谷**，东汉称平谷。《后汉书·耿弇传》：光武还蓟。复遣弇与十三将

---

① 参见刘锡信：《潞城考古录》卷上，1～4 页，上海，商务印书馆，1936。
② 参见刘锡信：《潞城考古录》卷上，4 页，上海，商务印书馆，1936。
③ 参见刘锡信：《潞城考古录》卷上，5 页，上海，商务印书馆，1936。
④ 参见刘锡信：《潞城考古录》卷上，6 页，上海，商务印书馆，1936。
⑤ 参见刘锡信：《潞城考古录》卷上，6 页，上海，商务印书馆，1936。
⑥ 参见刘锡信：《潞城考古录》卷上，21 页，上海，商务印书馆，1936。
⑦ 参见刘锡信：《潞城考古录》卷下，23 页，上海，商务印书馆，1936。

军，追贼至潞东，及平谷，再战。①

**蓟县**，东汉称右北平郡。《后汉书·耿弇传》：光武还蓟。复遣弇与十三将军，追贼至潞东，及平谷，再战。遂穷追于右北平。无终土垠之间，至浚靡而还。② 东汉时范围包括无终、土垠、浚靡等。

**涿州**，唐称幽州范阳郡。《唐书·地理志》幽州范阳郡有府十四，曰：吕平、涿城、德闻、潞城、乐上、清化、洪源、良乡、开福、政和、停骖、柘河、良杜、咸宁（此即府兵也）。③

**临潢府**，赤峰市巴林左旗林东镇南郊，辽称临潢府。《辽史·地理志》临潢府潞县，本幽州潞县民。天赞元年（922年），太祖破蓟州，掠潞县民，布于京东，与渤海人杂处。隶崇德宫。户三千。④

**古北口**，辽称古北口。《辽史·太祖本纪》：神册六年十一月，下古北口。分兵略檀顺、安远、三河、良乡、望都、潞、满城、遂城等十余城，俘其民徙内地。⑤

**御夷镇**，魏称御夷镇，《水经注》：沽河出御夷镇西北九十里丹花岭下。御夷镇是魏太和时为防北狄而设。⑥

**安乐县**，北京顺义县西南古城村北。北魏省入潞县。《水经注》：沽水又南迳安乐县故城东。西汉设置，东汉因之，三国魏时，隶属燕国。⑦

**狐奴县**，今顺义北小营北府村前、狐奴山下。北魏称狐奴县。《水经注》：沽水西南流迳狐奴山西，又南迳狐奴县故城西。狐奴县置于西汉初年，属古渔阳郡。三国时，曾将渔阳、傿奚、犷平三县入狐奴。后魏将狐奴入蓟县。⑧

**北京**，后汉称广阳郡。晋称范阳郡。究其沿革，唐虞则为幽都，夏殷皆入于冀地，周封尧后于蓟，封召公于燕，正此地也。后汉曰广阳，晋曰

① 参见刘锡信：《潞城考古录》卷下，23页，上海，商务印书馆，1936。
② 参见刘锡信：《潞城考古录》卷下，23页，上海，商务印书馆，1936。
③ 参见刘锡信：《潞城考古录》卷下，23页，上海，商务印书馆，1936。
④ 参见刘锡信：《潞城考古录》卷下，25页，上海，商务印书馆，1936。
⑤ 参见刘锡信：《潞城考古录》卷下，25页，上海，商务印书馆，1936。
⑥ 参见刘锡信：《潞城考古录》卷下，40页，上海，商务印书馆，1936。
⑦ 参见刘锡信：《潞城考古录》卷下，40页，上海，商务印书馆，1936。
⑧ 参见刘锡信：《潞城考古录》卷下，40页，上海，商务印书馆，1936。

范阳。① 北京辽称南京析津府。辽太宗会同元年，以幽州为南京析津府。城方三十六里，崇三丈，衡广一丈五尺，敌楼战橹具。八门：东曰安东、迎春，南曰开阳、丹凤，西曰显西、清浦，北曰通天、拱辰。大内在西南隅。皇城内有景宗、圣宗御容殿。殿东曰宣和，南曰大内。内门曰宣教。外三门，曰：南端、左掖、右掖。门有楼阁，球场在其南。东为永平馆。皇城西门曰显西，设而不开。北曰子北。西城巅有凉殿，东北隅有燕角楼。（圣宗统和中，改宣教门为元和，左掖门为万春，右掖门为千秋）度卢沟河六十里至幽州，号燕京子城，就罗郭西南为之。正南曰启夏门，内有元和殿。东门曰宣和。城中坊皆有楼。又顺天府署在鼓楼东灵椿坊安定大街之西，即元大都路总治旧署。明为顺天府，今仍之，有世宗御书堂额曰肃清畿甸。先是辽升为京，立幽都府，又改为析津府；至金为大兴府；元初为大都路，号大兴府。《宸垣识略》卷六"内城二（东中北，东北）"第。又《畿辅通志·舆地略一·直隶省》：顺天府，东西广四百四十里，南北袤五百。府尹治大兴、宛平，辖厅四。②

**宛平县**，汉称蓟县，唐称幽都，辽称宛平。宛平县属在地安门迤西积庆坊，面皇城，南向。本汉蓟县地，唐为幽都，辽名宛平，元、明、本朝仍之。③

**大兴**，大兴县，附郭府治东。东除城属八里外，至通州界十五里，至州治三十三里，西无管辖，系宛平县属。④

**宛平**，宛平县，附郭府治西。东无管辖，系大兴县属。⑤

**良乡**，良乡县，府西南七十里。⑥

---

①　参见吴长元：《宸垣识略》卷十五，302 页，北京，北京古籍出版社，1983。

②　参见李鸿章、张树声、黄彭年：《畿辅通志·舆地略一·直隶省》第七册，卷四十六，80 页，光绪十年（1884 年）刻本。

③　参见吴长元：《宸垣识略》卷八，418 页，北京，北京古籍出版社，1983。

④　参见李鸿章、张树声、黄彭年：《畿辅通志·舆地略一·直隶省》第七册，卷四十六，80 页，光绪十年（1884 年）刻本。

⑤　参见李鸿章、张树声、黄彭年：《畿辅通志·舆地略一·直隶省》第七册，卷四十六，81 页，光绪十年（1884 年）刻本。

⑥　参见李鸿章、张树声、黄彭年：《畿辅通志·舆地略一·直隶省》第七册，卷四十六，81 页，光绪十年（1884 年）刻本。

**固安**，固安县，府西南一百二十里①。

**永清**，永清县，府南少东一百四十里。②

**东安**，东安县，府东南一百四十里。③

**香河**，香河县，府东南一百二十里④。

**通州**，通州，府东西十里。⑤

**三河**，三河县，府东少北一百一十里。⑥

**武清**，武清县，府东南九十里。⑦

**宝坻**，宝坻县，府东少南一百八十里⑧。

**宁河**，宁河县，府东南三百里。⑨

**昌平**，昌平州，府北少西七十五里。⑩

**顺义**，顺义县，府东北六十里。⑪

**密云**，密云县，府东北一百三十里。⑫

---

① 参见李鸿章、张树声、黄彭年：《畿辅通志·舆地略一·直隶省》第七册，卷四十六，82页，光绪十年（1884年）刻本。
② 参见李鸿章、张树声、黄彭年：《畿辅通志·舆地略一·直隶省》第七册，卷四十六，82页，光绪十年（1884年）刻本。
③ 参见李鸿章、张树声、黄彭年：《畿辅通志·舆地略一·直隶省》第七册，卷四十六，82页，光绪十年（1884年）刻本。
④ 参见李鸿章、张树声、黄彭年：《畿辅通志·舆地略一·直隶省》第七册，卷四十六，82页，光绪十年（1884年）刻本。
⑤ 参见李鸿章、张树声、黄彭年：《畿辅通志·舆地略一·直隶省》第七册，卷四十六，83页，光绪十年（1884年）刻本。
⑥ 参见李鸿章、张树声、黄彭年：《畿辅通志·舆地略一·直隶省》第七册，卷四十六，83页，光绪十年（1884年）刻本。
⑦ 参见李鸿章、张树声、黄彭年：《畿辅通志·舆地略一·直隶省》第七册，卷四十六，84页，光绪十年（1884年）刻本。
⑧ 参见李鸿章、张树声、黄彭年：《畿辅通志·舆地略一·直隶省》第七册，卷四十六，84页，光绪十年（1884年）刻本。
⑨ 参见李鸿章、张树声、黄彭年：《畿辅通志·舆地略一·直隶省》第七册，卷四十六，84页，光绪十年（1884年）刻本。
⑩ 参见李鸿章、张树声、黄彭年：《畿辅通志·舆地略一·直隶省》第七册，卷四十六，85页，光绪十年（1884年）刻本。
⑪ 参见李鸿章、张树声、黄彭年：《畿辅通志·舆地略一·直隶省》第七册，卷四十六，85页，光绪十年（1884年）刻本。
⑫ 参见李鸿章、张树声、黄彭年：《畿辅通志·舆地略一·直隶省》第七册，卷四十六，85页，光绪十年（1884年）刻本。

**怀柔**，怀柔县，府东北一百里。[①]

**涿州**，涿州，府西南一百四十里。[②]

**房山**，房山县，府西南九十里。[③]

**霸州**，霸州，府南一百八十里。[④]

**文安**，文安县，府南少东二百四十里。[⑤]

**大城**，大城县，府东南二百九十里。[⑥]

**保定**，保定县，府南少西二百里。[⑦]

**蓟州**，蓟州，府东少北一百八十里。[⑧]

**平谷**，平谷县，府东北一百五十里。[⑨]

　　**顺天府**，秦上谷郡地；汉初为燕国。元凤元年改为广阳郡。本始元年
又改为广阳国，属幽州。后汉建武十三年（37 年）省入上谷郡。永元八年
（96 年）复置广阳郡，为幽州刺史治。三国属魏。太和六年（232 年）为
燕国，属幽州，兼有范阳、章武二郡地。晋幽州燕国，建兴后陷于石勒，
永和六年（350 年）前燕慕容儁曾都此。其后前秦苻坚、后燕慕容垂相继
有其地。北魏、北齐、后周为幽州燕郡。改为郡。齐置东北道行台。周置
幽州总管府。隋：涿郡。开皇初郡废，大业初废总管府，改郡名。唐代为
幽州范阳郡。武德三年（620 年）复曰幽州，置总管府，六年（623 年）

---

① 参见李鸿章、张树声、黄彭年：《畿辅通志·舆地略一·直隶省》第七册，卷四十六，86
页，光绪十年（1884 年）刻本。

② 参见李鸿章、张树声、黄彭年：《畿辅通志·舆地略一·直隶省》第七册，卷四十六，86
页，光绪十年（1884 年）刻本。

③ 参见李鸿章、张树声、黄彭年：《畿辅通志·舆地略一·直隶省》第七册，卷四十六，87
页，光绪十年（1884 年）刻本。

④ 参见李鸿章、张树声、黄彭年：《畿辅通志·舆地略一·直隶省》第七册，卷四十六，87
页，光绪十年（1884 年）刻本。

⑤ 参见李鸿章、张树声、黄彭年：《畿辅通志·舆地略一·直隶省》第七册，卷四十六，87
页，光绪十年（1884 年）刻本。

⑥ 参见李鸿章、张树声、黄彭年：《畿辅通志·舆地略一·直隶省》第七册，卷四十六，88
页，光绪十年（1884 年）刻本。

⑦ 参见李鸿章、张树声、黄彭年：《畿辅通志·舆地略一·直隶省》第七册，卷四十六，87
页，光绪十年（1884 年）刻本。

⑧ 参见李鸿章、张树声、黄彭年：《畿辅通志·舆地略一·直隶省》第七册，卷四十六，88
页，光绪十年（1884 年）刻本。

⑨ 参见李鸿章、张树声、黄彭年：《畿辅通志·舆地略一·直隶省》第七册，卷四十六，89
页，光绪十年（1884 年）刻本。

改大总管府，七年（624 年）改大都督府。贞观初属河北道。开元二年（714 年）置幽州节度使。天宝元年（742 年）改为范阳郡。乾元元年（758 年）复改郡曰幽州，后又兼卢龙节度使。五代唐乾宁中为刘仁恭所据，及子守光僭号称燕。梁乾化三年（913 年）于晋。后唐仍置幽州及卢龙节度。石晋天福初割入契丹。辽：南京析津府。会同元年该南京幽州府，置南京道。开泰元年（1012 年）改燕京析津府。[①]

**大兴县**，秦：蓟县，属上谷郡，汉为广阳国治，后汉兼为幽州治。三国魏：蓟县。燕国治。晋：蓟县。建兴后陷于石勒，永和六年（350 年）前燕慕容儁曾都此。其后前秦苻坚、后燕慕容垂相继有其地。北魏、北齐、后周：蓟县。幽州燕郡治。隋：蓟县。涿郡治。唐：蓟县。幽州治。辽：析津县。初改曰蓟北县，开泰元年（1012 年）改析津县，为燕京析津府治。[②]

**宛平县**，汉：阴乡县。本蓟县地，前汉置县，属广阳国，后汉省。三国魏：广阳县。属燕国。晋：广阳县。属燕国。北魏、北齐：广阳县。属燕郡，齐省入蓟县。唐：幽都县。建中二年析置，与蓟县并治幽州郭下。广平县。天宝元年（742 年）析蓟县置，属幽州，三年省，至德后复置。五代：五河县。刘仁恭置，属幽州。辽：宛平县。开泰元年（1012 年）改名，府治。[③]

**良乡县**，汉：广阳县。属广阳国。阳乡侯国。前汉属涿郡，后汉省。唐：良乡县地。五代：良乡县。后唐长兴三年始移良乡来治。辽：良乡县。属析津府。[④]

**固安县**，汉：方城县。前汉属广阳国，后汉属涿郡。临乡侯国。前汉属涿郡，后汉省。三国魏：方城县。属范阳国。晋：方城县。属范阳国。长香县。初置属范阳国。北魏、北齐：方城县。属范阳郡，齐天保七年

---

①　参见李鸿章、张树声、黄彭年：《畿辅通志·府厅州县沿革表、封建表》第三册，卷十六，34～42 页，光绪十年（1884 年）刻本。

②　参见李鸿章、张树声、黄彭年：《畿辅通志·府厅州县沿革表、封建表》第三册，卷十六，66～70 页，光绪十年（1884 年）刻本。

③　参见李鸿章、张树声、黄彭年：《畿辅通志·府厅州县沿革表、封建表》第三册，卷十六，66～70 页，光绪十年（1884 年）刻本。

④　参见李鸿章、张树声、黄彭年：《畿辅通志·府厅州县沿革表、封建表》第三册，卷十六，66～70 页，光绪十年（1884 年）刻本。

（556 年）省。后周：长香县。齐省。隋：固安县。开皇六年置，属涿郡。唐：固安县。武德五年属北义州，贞观元年（627 年）属幽州，大历四年（769 年）改属涿州。五代：固安县。辽：固安县。①

**永清县**，汉：益昌县地。晋：安次、方城二县地。唐：永清县。如意元年（692 年）分安次置武隆县，属幽州。景云元年（710 年）改曰会昌，天宝元年（742 年）又改曰永清。五代：永清县。后晋天福初入辽。辽：永清县。属析津府。②

**东安县**，汉：安次县。前汉属渤海郡，后汉属广阳郡。三国魏：安次县。属燕国。晋：安次县。属燕国。北魏、北齐：安城县。属燕郡。隋：安次县。属涿郡。唐：安次县。武德初属幽州。四年移治石梁城，贞观八年移治常道城，开元二十三年（735 年）又移治耿就桥南。辽：安次县。属析津府。③

**香河县**，汉：雍奴县地。唐：武清县地。辽：香河县。属析津府。④

**通州**，汉：路县。前汉属渔阳郡，后汉曰潞。三国魏：潞县。晋：潞县。北魏、北齐：渔阳郡、潞县。隋：潞县。唐：元州、潞县。五代：潞县。后唐时赵德钧移治。辽：潞县、漷阴县。属析津府。太平中，分武清县置，属析津府。⑤

**三河县**，汉：潞、雍奴二县地。唐：贞观初废，开元四年（716 年）复置三河县，属幽州，武德四年置临泃县。五代：三河县。初废，后唐长兴三年（932 年）复置，移今属蓟州。辽：三河县。属元州。十八年改属蓟州。⑥

---

① 参见李鸿章、张树声、黄彭年：《畿辅通志・府厅州县沿革表、封建表》第三册，卷十六，66～70 页，光绪十年（1884 年）刻本。
② 参见李鸿章、张树声、黄彭年：《畿辅通志・府厅州县沿革表、封建表》第三册，卷十六，66～70 页，光绪十年（1884 年）刻本。
③ 参见李鸿章、张树声、黄彭年：《畿辅通志・府厅州县沿革表、封建表》第三册，卷十六，66～70 页，光绪十年（1884 年）刻本。
④ 参见李鸿章、张树声、黄彭年：《畿辅通志・府厅州县沿革表、封建表》第三册，卷十六，67～71 页，光绪十年（1884 年）刻本。
⑤ 参见李鸿章、张树声、黄彭年：《畿辅通志・府厅州县沿革表、封建表》第三册，卷十六，67～71 页，光绪十年（1884 年）刻本。
⑥ 参见李鸿章、张树声、黄彭年：《畿辅通志・府厅州县沿革表、封建表》第三册，卷十六，67～71 页，光绪十年（1884 年）刻本。

**武清县**，汉：雍奴县、泉州县。属渔阳郡。三国魏：雍奴县。改属燕国。泉州县。改属燕国。晋：雍奴县。泉州县。北魏、北齐：雍奴县。初为渔阳郡治，后仍属。太平真君七年（446 年）省泉州县入雍奴。隋：雍奴县。属涿郡。唐：武清县。天宝初改名，属幽州。辽：武清县。属析津府。①

**宝坻县**，汉：泉州、雍奴二县地。唐：武清县地。辽：香河县地。②

**宁河县**，汉：雍奴县地。唐：玉田、武清二县地。③

**昌平县**，汉：军都县。前汉属上谷郡，后汉改属广阳郡昌平县。三国魏：军都县。属燕国。昌平县。属燕国。晋：军都县。昌平县。北魏、北齐、后周：东燕州平昌郡。天平中置。周州郡并废寻复置郡。昌平县。天平中改置为州，郡治。万年县。天平中置，属平昌郡。隋：开皇初废平昌郡。昌平县，属涿郡，开皇初并省万年县入焉。唐：昌平县。属幽州。五代：昌平县。后唐徙治曹村，又徙治白浮图村，石晋时入辽。辽：昌平县。属析津府。④

**顺义县**，汉：狐奴县。属渔阳郡。安乐县。属渔阳郡，后汉末废。三国魏：景初二年（238 年），废狐奴县。安乐县，景初二年（238 年）复置，属燕国。晋：狐奴县、安乐县。北魏、北齐、后周：初废狐奴县，太平真君七年（446 年）并省安乐县。唐：顺州。开皇十五年（595 年）徙置燕州于此，天宝初改归德郡，乾元初复曰燕州，建中二年（781 年）省，后复置，改名。五代：顺州。后晋天福初入辽。辽：顺州。属南京道。⑤

**密云县**，汉：渔阳郡。秦置。渔阳县。郡治。犷平县。属渔阳郡。厗奚县。属渔阳郡。后汉僆曰厗。三国魏：废渔阳郡。并废渔阳、犷平二县。北魏、北齐、后周：渔阳县。复置，属渔阳郡。密云郡。皇始二年

---

① 参见李鸿章、张树声、黄彭年：《畿辅通志·府厅州县沿革表、封建表》第三册，卷十六，67～71 页，光绪十年（1884 年）刻本。

② 参见李鸿章、张树声、黄彭年：《畿辅通志·府厅州县沿革表、封建表》第三册，卷十六，67～71 页，光绪十年（1884 年）刻本。

③ 参见李鸿章、张树声、黄彭年：《畿辅通志·府厅州县沿革表、封建表》第三册，卷十六，67～71 页，光绪十年（1884 年）刻本。

④ 参见李鸿章、张树声、黄彭年：《畿辅通志·府厅州县沿革表、封建表》第三册，卷十六，72～80 页，光绪十年（1884 年）刻本。

⑤ 参见李鸿章、张树声、黄彭年：《畿辅通志·府厅州县沿革表、封建表》第三册，卷十六，72～80 页，光绪十年（1884 年）刻本。

置，治提携城，属安州。密云县。分渔阳郡治，属密云郡。白檀县。魏改傞奚，置为郡治。周元象中移安州广阳郡燕乐县来治。安乐郡。延和元年置交州，太平真君二年（441 年）罢州置郡，领土垠、安市二县。玄州。齐废密云郡，周改安州广阳郡置。燕乐县。齐废白檀为燕乐县。安乐郡。齐废土垠，入安市，周废安市入密云。隋：安乐郡。密云县。开皇六年（586 年）废玄州，大业改为郡。燕乐县。郡治。唐：檀州。密云县。武德元年（618 年）置州，天宝初改郡名，属河北道。密云县。州治。燕乐县，属檀州。五代：檀州。后晋天福初入辽。密云县。燕乐县。属檀州，唐长寿二年（693 年）移治新兴城。辽：檀州武威军。①

**怀柔县，**汉：渔阳县地。唐：归顺州归化郡。贞观二十年（646 年）置弹汗州，开元四年（716 年）改名。怀柔县。初置州治。辽：废归顺州。怀柔县。②

**涿州，**汉：涿郡。高帝置，属幽州。涿县。郡治。西乡侯国。前汉属涿郡，后汉省。三国魏：范阳郡。黄初中改名。涿县。晋：范阳国。涿县。北魏、北齐、后周：范阳郡。涿县。隋：县属涿郡。唐：涿州。大历四年（769 年）置，属河北道。范阳县。武德七年（624 年）改名为州治。五代：涿州。后晋天福初入辽。范阳县。辽：涿州。属南京道析津府，置永泰军。③

**房山县，**汉：良乡县。属涿郡。三国魏：良乡县。属范阳郡。晋：良乡县。属范阳国。北魏、北齐、后周：良乡县。改属燕国，齐省入蓟县，寻复置。隋：良乡县。属涿郡。唐：良乡县。圣历元年改曰固节，神龙初复故。五代：后唐时徙废。淤口寨。④

**霸州，**汉：益昌县。前汉属涿郡，后汉省为安次县地。唐：永清县地。五代：霸州。后晋天福初入辽，周显德六年（959 年）收复益津关置。

---

① 参见李鸿章、张树声、黄彭年：《畿辅通志·府厅州县沿革表、封建表》第三册，卷十六，72～80 页，光绪十年（1884 年）刻本。

② 参见李鸿章、张树声、黄彭年：《畿辅通志·府厅州县沿革表、封建表》第三册，卷十六，72～80 页，光绪十年（1884 年）刻本。

③ 参见李鸿章、张树声、黄彭年：《畿辅通志·府厅州县沿革表、封建表》第三册，卷十六，72～80 页，光绪十年（1884 年）刻本。

④ 参见李鸿章、张树声、黄彭年：《畿辅通志·府厅州县沿革表、封建表》第三册，卷十六，72～80 页，光绪十年（1884 年）刻本。

永清县。周置为州治。①

**文安县**，汉：文安县。前汉属渤海郡，后汉属河间国。三国魏：文安县。晋：文安县。改属章武国。北魏、北齐、后周：文安县。属章武郡。隋：文安县。仍属河间郡。唐：文安县。初属瀛州，贞观初移今治，景云二年改属莫州。五代：文安县。后周显德六年（959 年）割属霸州。②

**大城县**，汉：东平舒县。前汉属渤海郡，后汉属河间国。三国魏：东平舒县。晋：章武国。泰始元年（265 年）置。东平舒县。国治。北魏、北齐、后周：章武郡。平舒县郡治。隋：开皇初废章武郡属河间郡。唐：平舒县。武德四年（621 年）属景州，贞观元年（627 年）还属瀛州。五代：大城县。后晋天福初入辽，后周显德六年（959 年）改名，属霸州。③

**保定县**，汉：易县地。唐：归义县地。辽：尚武军。属析津府。④

**蓟州**，汉：无终县。秦置，属右北平郡。三国魏：无终县。晋：无终县。属北平郡。北魏、北齐、后周：无终县。改属渔阳郡。隋：渔阳郡。开皇十六年（596 年）徙置玄州，大业初改为郡。无终县，州郡治，大业末改名渔阳。唐：蓟州渔阳郡。初属幽州，开元十八年（730 年）置州，属河北道。渔阳县。州治。五代：蓟州。后晋天福初入辽。渔阳县。辽：蓟州。属南京道。⑤

**平谷县**，汉：平谷县，属渔阳郡。三国魏：平谷县。晋：平谷县。初省，后复置。北魏、北齐、后周：太平真君七年（446 年）省平谷入潞县。唐：渔阳县地。⑥

---

　　①　参见李鸿章、张树声、黄彭年：《畿辅通志·府厅州县沿革表、封建表》第三册，卷十六，73～81 页，光绪十年（1884 年）刻本。

　　②　参见李鸿章、张树声、黄彭年：《畿辅通志·府厅州县沿革表、封建表》第三册，卷十六，73～81 页，光绪十年（1884 年）刻本。

　　③　参见李鸿章、张树声、黄彭年：《畿辅通志·府厅州县沿革表、封建表》第三册，卷十六，73～81 页，光绪十年（1884 年）刻本。

　　④　参见李鸿章、张树声、黄彭年：《畿辅通志·府厅州县沿革表、封建表》第三册，卷十六，73～81 页，光绪十年（1884 年）刻本。

　　⑤　参见李鸿章、张树声、黄彭年：《畿辅通志·府厅州县沿革表、封建表》第三册，卷十六，73～81 页，光绪十年（1884 年）刻本。

　　⑥　参见李鸿章、张树声、黄彭年：《畿辅通志·府厅州县沿革表、封建表》第三册，卷十六，73～81 页，光绪十年（1884 年）刻本。

## 二、村落地名

**太子府**，辽代称太子府，考《金史·胥持国传》，上书者言民间冒占官地，如太子务、大王庄，非私家所宜有。持国言，此地自异代已为民有，不可取也。务与府音相近，每多互讹。则二村得名，当自辽代始矣。①

**大王庄**，辽代称大王庄。考《金史·胥持国传》，上书者言民间冒占官地，如太子务、大王庄，非私家所宜有。持国言，此地自异代已为民有，不可取也。务与府音相近，每多互讹。则二村得名，当自辽代始矣。②

**海王村**，《析津日记》：在今延寿寺街，以明正统六年（1441 年）开渠得断碑，上有大金延寿寺字为据。考延寿寺街西邻琉璃厂。辽、金时当为海王村地。③

---

① 参见刘锡信：《潞城考古录》卷上，13 页，上海，商务印书馆，1936。
② 参见刘锡信：《潞城考古录》卷上，13 页，上海，商务印书馆，1936。
③ 参见陈宗蕃：《燕都丛考》，2 页，北京，北京古籍出版社，1991。

## 第四章

# 秦汉以后文献所见北京前都时代建筑工事类地名

## 第一节 古城址地名

### 一、文献所见前都时代古城址地名

**金中都皇城**，皇城周九里三十步，自天津桥之北曰宣阳门（南门）。中门绘龙，两偏绘凤，用金钉钉之。中门唯车驾出入乃开，两偏分双单日开一门。过门有两楼：曰文（楼），曰武（楼）。文之转东曰来宁馆，武之转西曰会同馆。正北曰千步廊，东西对焉。廊之半各有偏门，向东曰太庙，向西曰尚书省。至通天门，后改名应天楼，高八丈，朱门五，饰以金封。东西相去一里余，又各设一门，左曰左掖，右曰右掖。内城之正东曰宣华，正西曰玉华，北曰拱辰（又曰后朝门）。及殿凡九重，殿凡三十有六，楼阁倍之。正中位曰皇帝正位，后曰皇后正位。位之东曰内省，西曰十六位，乃妃嫔居之。西出玉华门，曰同乐园，若瑶池、蓬瀛、柳庄、杏村皆在焉。……范石湖《揽辔录》其略云：（金中都宫城）端门内有左、右翔龙门，日华、月华门。前殿曰大安殿。使人自左掖门入，北循大安殿东廊入敷德门东北行，直东有殿宇，门曰东宫。直北西南列三门，中曰书英，是故寿康殿，母后所居。西曰会通门，自会通北入承明门，又北则昭庆门，东则集禧门，尚书省在门外。东西则左、右嘉会门。门有楼，即太安殿后门。……入仁政隔门，至仁政殿下，团凤大花毯可半庭。①

**安次城**，汉代安次县旧址。②

**安乐城**，北魏安乐郡城址，在密云县东北五十里。③

**北城村**，《水经注》载沧河流经北城村故城，在今北京市延庆区。④

**博陆城**，属蓟州，西汉封大司马霍光博陆侯之地。⑤

**常道城**，在东安县西北，魏文帝封宇文英常道乡公之处。⑥

**蚩尤城**，《魏土地记》称涿鹿城东南六里有蚩尤城。⑦

**广陵城**，在文安县西北，北宋守益津关积粮处。⑧

**韩侯城**，为固安县南韩寨营。⑨

**军都城**，汉代军都县旧址。⑩

**平谷城**，在通州北，汉代渔阳郡平谷县旧址。⑪

**平曲城**，在霸州东，汉景帝封公孙浑邪为平曲侯之地。⑫

**秦城**，在宝坻县，李世民征讨幽州时驻军处。⑬

**石梁城**，唐武德年间移治安次县之址。⑭

**通潞亭**，在通州城东南，王莽所置汉通潞亭旧址。⑮

---

① 参见孙承泽：《春明梦余录》，40～42 页，北京，北京古籍出版社，1992。
② 参见沈应文、张元芳：《（万历）顺天府志》，35 页，济南，齐鲁书社，1996。
③ 参见沈应文、张元芳：《（万历）顺天府志》，35 页，济南，齐鲁书社，1996。
④ 参见郦道元、陈桥驿：《水经注校证》卷十三《㶟水》，322 页，北京，中华书局，2007。
⑤ 参见沈应文、张元芳：《（万历）顺天府志》，37 页，济南，齐鲁书社，1996。
⑥ 参见沈应文、张元芳：《（万历）顺天府志》，35 页，济南，齐鲁书社，1996。
⑦ 参见郦道元、陈桥驿：《水经注校证》卷十三《㶟水》，322 页，北京，中华书局，2007。
⑧ 参见沈应文、张元芳：《（万历）顺天府志》，37 页，济南，齐鲁书社，1996。
⑨ 参见沈应文、张元芳：《（万历）顺天府志》，35 页，济南，齐鲁书社，1996。
⑩ 参见沈应文、张元芳：《（万历）顺天府志》，35 页，济南，齐鲁书社，1996。
⑪ 参见沈应文、张元芳：《（万历）顺天府志》，36 页，济南，齐鲁书社，1996。
⑫ 参见沈应文、张元芳：《（万历）顺天府志》，37 页，济南，齐鲁书社，1996。
⑬ 参见沈应文、张元芳：《（万历）顺天府志》，36 页，济南，齐鲁书社，1996。
⑭ 参见沈应文、张元芳：《（万历）顺天府志》，35 页，济南，齐鲁书社，1996。
⑮ 参见沈应文、张元芳：《（万历）顺天府志》，36 页，济南，齐鲁书社，1996。

**武阳城**，在固安县西北，战国燕昭王所建。①

**西乡城**，在涿州西北，汉代西乡县旧址。②

**信安城**，在霸州，宋信安军旧址。③

**雄武城**，安禄山在范阳城北所建城池。④

**阳乡城**，在顺天府西南，汉代阳乡县旧址。⑤

**涿鹿城**，《魏土地记》曰在下洛城东南六十里处。⑥

**白狼城**，《北齐书》载，显祖伐契丹，以十月丁酉至平州，从西道趋长堑，辛丑，至白狼城。⑦

**硖石城**，平滦旧有榆关，土地旷衍，无险可据。唐时置硖石、白狼诸城以控之，唐后遂废去。⑧

**轩辕城**，（保安）州东南四十里有轩辕城。⑨

**轩辕城**，（保安）州东南四十里有轩辕城。⑩

**幽州旧城**，幽州旧城在今城西南，唐藩镇城及辽金故城也。⑪

**博陆城**，今城坡遗址，西汉时期建。⑫

**萧太后城**，即梁氏园所在也。⑬

张江裁所辑的《京津风土丛书》（中华书局，1938年）所见城镇地名：

**君子城**，《太平寰宇记》：在宛平县西西山口，俗名君子口。箕子城即君子城也，《晋载记》，石勒每破一州，必简别衣冠，号君子城。洎乎幽州，擢荀绰、裴宪等，还襄国，路经此。后俗讹为箕子城。⑭

———————————

① 参见沈应文、张元芳：《（万历）顺天府志》，35页，济南，齐鲁书社，1996。
② 参见沈应文、张元芳：《（万历）顺天府志》，36页，济南，齐鲁书社，1996。
③ 参见沈应文、张元芳：《（万历）顺天府志》，36页，济南，齐鲁书社，1996。
④ 参见刘昫等：《旧唐书》卷二百上《安禄山传》，5369页，北京，中华书局，1975。
⑤ 参见沈应文、张元芳：《（万历）顺天府志》，35页，济南，齐鲁书社，1996。
⑥ 参见郦道元、陈桥驿：《水经注校证》卷十三《灅水》，322页，北京，中华书局，2007。
⑦ 参见顾炎武：《京东考古录》，8页，北京，北京古籍出版社，1982。
⑧ 参见蒋一葵：《长安客话》，146页，北京，北京古籍出版社，2001。
⑨ 参见孙承泽：《春明梦余录》，1页，北京，北京古籍出版社，1992。
⑩ 参见孙承泽：《天府广记》，1页，北京，北京古籍出版社，1984。
⑪ 参见孙承泽：《天府广记》，40页，北京，北京古籍出版社，1984。
⑫ 参见平谷县地名志编委会：《北京市平谷县地名志》，531页，北京，北京出版社，1993。
⑬ 参见励宗万：《京城古迹考》，4页，北京，北京古籍出版社，1981。
⑭ 参见曹学佺：《燕都名胜志稿》，见张江裁：《京津风土丛书》，1页，上海，中华书局，1938。

**雍奴城**，始建于东汉，属渔阳郡。雍奴城，汉执金吾寇恂所筑。①

**古回城**，大回城，位于大兴区东部。东邻东回城，西近凤河，村北是古回城遗址，故名。《大明一统志》云古回城在蓟县，东唐迁营州于蓟，为筑此城近蓟丘傍。②

**蓟**，春秋战国时期燕国都城，在今北京城西南。③

**广阳五城**，北京旧称（后汉）。④

**蓟城**，秦。⑤

**蓟**，燕国都城。⑥

**博陆城**，今城坡遗址，西汉时期建。⑦

**马兰城**，古城名，《水经注》记载，今延庆县与怀来县交界一带。⑧

**蓟城**，唐。⑨

**白浮图城**，北魏延昌二年（513 年）至元朝延祐二年（1315 年），昌平城。⑩

**虎裕**，战国时期古城，现存残垣。⑪

**芹城**，昌平县境内汉代古城。⑫

---

① 参见曹学佺：《燕都名胜志稿》，见张江裁：《京津风土丛书》，1 页，上海，中华书局，1938。

② 参见曹学佺：《燕都名胜志稿》，见张江裁：《京津风土丛书》，3 页，上海，中华书局，1938。

③ 参见西城区地名录编委会：《北京市西城区地名录》，1 页，西城区人民政府，1998。

④ 参见吴廷燮等：《北京市志稿·民政志》，3 页，北京，燕山出版社，1998。

⑤ 参见吴廷燮等：《北京市志稿·金石志》，354 页，北京，燕山出版社，1998。

⑥ 参见门头沟区地名志编辑委员会：《北京市门头沟区地名志》，2 页，北京，北京出版社，1993。

⑦ 参见中国华北文献丛书编辑委员会：《古北口志》，见《中国华北文献丛书》第一辑《华北稀见地方志文献》，593 页，北京，学苑出版社，2012。

⑧ 参见延庆县地名志编辑委员会：《北京市延庆县地名志》，515 页，北京，北京出版社，1993。

⑨ 参见石景山区地名志编辑委员会：《北京市石景山区地名志》，25 页，北京，科学技术出版社，1991。

⑩ 参见北京市昌平地名志编辑委员会：《北京市昌平县地名志》，819 页，北京，北京出版社，1997。

⑪ 参见北京市昌平地名志编辑委员会：《北京市昌平县地名志》，819 页，北京，北京出版社，1997。

⑫ 参见北京市昌平地名志编辑委员会：《北京市昌平县地名志》，819 页，北京，北京出版社，1997。

## 二、考古所见北京前都时代部分古城址地名

北京及周边地区考古发现的战国秦汉古城址，一部分是战国时期燕国的国都，在秦汉时期发展为郡县治所，如秦汉蓟城、广阳古城、窦店古城、作为燕下都的武阳城；一部分是小区域内的中心城市，其中有的后来也发展为郡县治所，如长沟古城、蔡庄古城、安乐古城、渔阳古城、犀奚古城、狐奴古城、军都古城、沮阳古城、犷平古城、路县古城、间城古城、博陆古城等。另外有的还和军事活动有关，如朱房古城。秦汉时期，这些古城多为郡县治所，考察战国秦汉北京地区的郡县设置区域，特别是作为它们治所的古城遗址，有一个基本的地理分布规律，那就是多位于山前台地、山前老冲积平原、高河流阶地的地貌部位。如西汉广阳郡的蓟城、阴乡、广阳，涿郡的涿、良乡、西乡、阳乡，上谷郡的军都、昌平，渔阳郡的渔阳、安乐、狐奴等县，基本上位于这样的地理位置。考古发掘的燕国国都、郡县古城遗址也多在此区。而在永定河、温榆河、潮白河的海拔 50 米左右的新期冲积平原上，这样的郡县治所相当少，甚至在局部地区没有。我们在梳理北京及附近地区考古发现战国秦汉城址地貌部位的基础上，试图探讨它们在建城、设置郡县时期所反映的历史地理特征。

### （一）考古发现古城遗址分布及其历史沿革

我们共搜集整理了十数座北京及周边区域内考古发现的战国秦汉古城。今以此为研究对象，初步探讨本区域战国秦汉古城遗址的地理分布规律及其特征，并从历史地理的角度解析其特征形成的原因。首先介绍一下这些古城遗址。

#### 1. 战国秦汉蓟城遗址地名

20 世纪 50 年代，考古工作者在今会城门村东经白云观、象来街、和平门一线发现了 151 座东周至汉代的陶井。其中属于战国时期的有 36 座，汉代的有 115 座。而今宣武门到和平门一线分布尤为密集，部分地区在 6

平方米内就发现陶井 4 座。[1] 这恐怕是只有古代城市才能出现的现象，由此学者们推测东周至汉代的蓟城可能就位于今宣武门、和平门一线以南。1965 年，考古工作者又在宣武门外西侧、广安门内外等处发现 65 座东周和汉代的陶井，而宣武门、和平门一带仍然是分布最为密集的地区，大约有 50 座。[2] 1972 年在北京和平门外韩家潭又发现战国时期燕国宫殿建筑独有的饕餮纹半瓦当，同时出土的还有战国时期的燕明刀和细绳纹陶片。[3] 另外，1957 年在广安门外桥南考古工作者还发现了一座夯土高台，呈正方形，夯土下面文化层中出有饕餮纹半瓦当、陶豆柄、绳纹陶片等。[4] 这就更加证实了以上有关战国至汉代蓟城位置推测的可靠性。[5]

## 2. 广阳古城

广阳古城位于房山区长阳镇广阳村。[6] 考古工作者在这里曾采集到东周至汉代的遗物，由此可断，广阳古城始建于战国末西汉初，在汉代为广阳县治。[7] 广阳村东南尚保存一段长约 40 米、高约 4 米的残城墙，为汉广阳县城的西北角，由此向南，有黄土墙基露出地面，长约 500 米，即城之西南角；由此再向东约 600 米处，有一土坑，与城西南角相对，为城东南角。[8] 城墙南北长约 750 米，东西略窄，长约 700 米，城整体为南北向的长方形，周长 2 400 米，按照秦汉时期"千丈之城"为大县城之制的说法，广阳城址当是一大县。

## 3. 窦店古城

窦店古城位于北京市房山区窦店镇西芦村东北[9]，起初称"芦村古

---

① 参见苏天钧：《北京西郊白云观遗址》，载《考古》，1963（3）。

② 参见北京文管处：《北京地区的古瓦井》，载《文物》，1972（2）。

③ 参见北京文管处：《北京又发现燕饕餮纹半瓦当》，载《考古》，1980（2）。

④ 参见赵正之：《北京广安门外发现战国和战国以前的遗迹》，载《文物参考资料》1957（7）。

⑤ 参见于德源：《北京古代城址变迁》，载《城市问题》，1990（3）。

⑥ 参见北京市文物工作队：《北京房山县考古调查简报》，载《考古》，1963（3）。

⑦ 参见北京市文物研究所：《北京考古四十年》，北京，燕山出版社，1990。

⑧ 参见北京市房山区志编纂委员会：《北京市房山区志》，562 页，北京，北京出版社，1999。

⑨ 参见刘之光、周桓：《北京市周口店区窦店土城调查》，载《文物》，1959（9）；叶学明、陈光：《北京市窦店古城调查与试掘报告》，载《考古》，1990（8）；叶学明、陈光：《燕中都城址调查与试掘》，载《北京文物与考古》（第三辑），1992。

城"①。城址呈长方形，分内城、外城两层。外城东西长约 1 400 米，南北宽约 800 米。仅存南、北、西三面城墙，东墙大部分被毁。内城（子城）只有南北两面各存一段，亦为长方形，东西长约 400 米，南北宽约 300 米。城址地基稍高于四周地表，内城又高于城内地表。② 城墙现在高约 4.6 米。从西南角裸露的断面看，城墙系用土夯筑而成。时代为战国至西汉③，曾是燕之中都④，陈平先生认为燕中都的始建年代可能是春秋晚期，系燕悼公为避齐国之祸而从临易迁都于此的。⑤ 汉代为良乡县治所⑥，即《汉书·地理志》所谓"良乡、侯国，莽曰广阳"⑦。

### 4. 长沟古城

长沟古城位于房山区与河北交界的长沟镇东长沟村东约 250 米。⑧ 1962 年调查时，南、北、西三面城墙保存还相当高，东墙已为平地。⑨ 城平面呈刀形，南宽北窄，南北长 500 米，南墙长 360 米，北墙长 320 米，西墙南段长 210 米，北段长 290 米。城墙最高处为 5 米，最低处仅为 1 米。⑩ 此城位于古代幽州（北京）通往涿郡（涿县）、易州（易县）的交通要道上。1958 年在房山县城址的调查中，考古工作者曾在城内采集到泥质灰陶豆、绳纹陶片、夹砂红陶等，还有板瓦、筒瓦、兽面纹半瓦当等，说明此城始建于战国，沿用至汉代，在汉代为西乡县治。⑪

### 5. 蔡庄古城

蔡庄古城位于房山区西南部与河北省涞水县交界的大石窝镇蔡庄村南 0.5 公里处，西北距房山（老）县城约 30 公里，城址选择在顺北拒马河向

---

① 参见冯秉其、唐云明：《房山县古城址调查》，载《文物》，1959（1）。
② 参见刘之光、周桓：《北京市周口店区窦店土城调查》，载《文物》，1959（9）。
③ 参见冯秉其、唐云明：《房山县古城址调查》，载《文物》，1959（1）。
④ 参见叶学明、陈光：《北京市窦店古城调查与试掘报告》，载《考古》，1990（8）。
⑤ 参见陈平：《燕都兴废、迁徙谈》，载《北京社会科学》，1998（1）。
⑥ 参见北京市文物研究所：《北京考古四十年》，北京，燕山出版社，1990。
⑦ 参见刘之光、周桓：《北京市周口店区窦店土城调查》，载《文物》，1959（9）。
⑧ 参见冯秉其、唐云明：《房山县古城址调查》，载《文物》，1959（1）。
⑨ 参见北京市文物工作队：《北京房山县考古调查简报》，载《考古》，1963（3）。
⑩ 参见齐心：《图说北京史》，北京，燕山出版社，1999。
⑪ 参见北京市文物研究所：《北京考古四十年》，北京，燕山出版社，1990。

下约 2.5 公里的一块高敞台地上。[①] 城址南至涞水县板城 1.5 公里，西到涞水县北庄 1.5 公里，东至涞水县王家碾约 1 公里。始建于战国时期，城大致呈正方形，长宽各约 300 米，现仅存东、西、南三面，北城墙可能被河水冲毁。东南、西南两城角保存尚好，高约 3.5 米，南墙和西墙中部各有一处向外凸出，可能是城门所在地。南墙凸出处有豁口，顺豁口直入城内河沿，有深沟一道，将城内空地分为两半，或为原城内街道久经雨水冲刷而致。城墙为版筑。遗址分布有大量陶片，均为夹砂陶，有红、黑两种，文饰以绳纹为主，还有铜铁箭镞、五铢钱，说明该城可能沿用至汉代。[②]

### 6. 燕下都古城遗址

燕下都是战国中晚期燕国营建的，当时属于其下都，曰武阳城。城址位于今河北省易县东南 5 公里处的北易水和中易水之间。平面为不规则方形，东西长约 8 000 米、南北宽 4 000～6 000 米，总面积约 30 平方公里。城址中部有一条南北向古河道（运粮河），河道东岸有一堵与其平行的城墙，二者将燕下都分为东、西二城。西城始建年代稍晚于东城。东城平面为"凸"字形，东西约 4 500 米、南北约 4 000 米，据原报告资料推测，其面积约 17 平方公里。西城东西约 3 500 米、南北约 3 700 米，推测其面积约 13 平方公里。[③] 东城内文化遗存丰富，发现数条古河道，其中南支古河道以北分布有大量的大型夯土台基，应为宫殿区，其内还有制铁、制骨等作坊遗址。古河道北支东端为蓄水池。古河道南支以南分布大量遗址，应为主要居住区，还发现有制铁、制兵器、铸钱、制陶等手工业作坊址。东城西北隅有南北两个贵族墓区。西城内遗物少，可能是后来为了屯兵和加强东城安全而增建的。

### 7. 朱房古城

朱房古城又叫"清河古城"，位于清河镇西约二里的朱房村西[④]，南临

---

① 参见王汉彦：《北京市周口店区蔡庄古城遗址》，载《文物》，1959 (5)。
② 参见北京市文物研究所：《北京考古四十年》，北京，燕山出版社，1990。
③ 参见河北省文物研究所：《燕下都》，北京，文物出版社，1996；许宏：《燕下都营建过程的考古学考察》，载《考古》，1999 (4)。
④ 参见《北京郊区发现汉代古城遗址》，载《文物参考资料》，1955 (1)。

清河。古城垣只有西南角保存较完整。由西南角向北延伸约 115 米，由西南角向东延伸的南墙角完整，有 150 米左右。城四至基本探明，城为方形，每边长约 500 米。古城遗址发掘前后共五次①，通过发掘，初步判断该城是一座具有军事意义的边城，因为按照《周礼·冬官考工记》"墙厚三尺，崇三之"的记载，墙底宽与高比是 1∶3，朱房古城正好符合此制，其高大之势，可以想见。北京距离长城不远，秦汉时期，该城是防御胡人的军事基地之一，是拱卫古北京城即蓟城的犄角。同时也是当时蓟城—居庸关胡汉贸易交通线上的商品集散地之一。② 古城遗址以西不远出土多室汉墓一座。③ 综合调查、发掘所得遗物，朱房古城时代为战国至汉代。

### 8. 安乐古城

安乐古城位于顺义后沙峪乡古城村北，温榆河东岸，故也称"后沙峪古城"。遗址存在东西向高土岗，土岗底宽 7 米，顶部宽 3 米，高 5 米。土层中有明显夯窝。地面有秦汉时期大量的砖瓦和陶器碎片。当地还曾出土过战国时期的刀币、半两钱、五铢钱等古代钱币。遗址东南 3 里许有一片汉代墓葬，据出土器物判断为平民墓葬区。可能是汉代安乐县县治所在之城。北魏郦道元《水经·湿余水注》云："湿余水又东南流，左合芹城水……又东南流迳安乐县故城西"；又《沽水注》云："沽水又南与螺山之水合，水出渔阳城南小山。《魏土地记》曰："城南五里有螺山，其水西南入沽水，沽水又南迳安乐县故城东。"④。看来，今后沙峪古城很可能是汉以来的安乐县治。东汉安乐县令吴汉是东汉的开国功臣，官至大司马。三国时期，曹魏灭蜀，封刘备之子刘禅为安乐县公，此即其封地。

### 9. 狐奴古城

位于顺义区北小营镇北府村南狐奴山下遗址，俗称城坡。地表遗存大量的汉代砖瓦碎片，曾出土有陶井、汉瓦、青铜剑、五铢钱等汉代器物。

---

① 参见周耿：《北京清河镇古城试掘报告》，未刊稿。
② 参见北京市文物研究所：《北京考古四十年》，340 页，北京，燕山出版社，1990。
③ 参见北京市海淀区地方志编纂委员会：《北京市海淀区志》，873 页，北京，北京出版社，2004。
④ 参见郦道元：《水经·沽水注》，上海，上海古籍出版社，1990。

《水经·沽水注》记载："（沽水）南过渔阳狐奴县北，西南流迳狐奴山西，又南迳狐奴县故城西。"沽水即今白河的前身，在当时从今密云至顺义是独流的。《昌平山水记》云："顺义东北二十五里为狐奴山，西南百步为狐奴县址。"[1] 看来，《昌平山水记》对狐奴城的位置记述更具体一些；汉初设置狐奴县，说明当地已有一定数量的人口，且具有一定的经济军事价值。狐奴县的地域，相当于顺义地区。狐奴县，置于西汉初年，属古渔阳郡。三国时，曾将渔阳、傂奚、犷平三县入狐奴，即整个京北平原，都属狐奴之地。后魏将狐奴入蓟县，自汉至北魏，历时 600 余年。东汉初，渔阳太守张堪屯兵狐奴，开稻田 8 000 余顷[2]，开北京地区种水稻之先。

### 10. 军都古城

军都古城俗称"土城"，位于昌平城区西南 8.5 公里的土城村。建于战国末期，是军都县的治所，属上谷郡。军都县是昌平地方建县制以来最早的名称。城为长方形，南北 0.75 公里，东西 0.5 公里。县名源于军都山、军都陉（关沟）。燕建军都是为了屯兵。再者，太行山共有八条沟通东西山间的通道，称"太行八陉"，最后一陉是在军都山下，因之以陉取名，县的名称也就以山、陉为名了。北魏时将昌平县治所搬入军都城，又新建万年县，军都县被分为二。自此以后不再见军都之名称。唐德宗时，土城荒废。

### 11. 沮阳古城

沮阳古城位于今河北省怀来县大古城村。1954 年 1 月，修建官厅水库时，河北省文化局对此遗址进行了初步的调查。当时古城遗址的部分已被水冲毁，工作人员采集了绳纹、方格纹陶瓦和鱼骨盆残片，据当地居民讲，遗址内还发现过铜镞、刀币、方足布、五铢钱和铜镜等遗物。[3] 1954 年 6 月，安志敏先生和河北省文化局的考古工作者在大古城遗址再次调查，

---

[1]　参见顾炎武：《昌平山水记》，北京，北京古籍出版社，1982。

[2]　参见范晔：《后汉书》卷十三《张堪传》，北京，中华书局，1965。

[3]　参见尤文远、孟浩：《河北怀来县大古城遗址调查情况》，载《文物参考资料》，1954 (9)。

发现该遗址是东西相连的大小两城，大城北城墙部分被河水冲毁，并确定其为秦汉时代上谷郡郡治沮阳城。[①] 1981 年，河北省张家口考古队在官厅水库沿岸做考古调查，发现大古城遗址大城北垣已被河水淹没，南垣坍塌严重，东、西垣尚有保留。考古队采集到壶、盆、豆、釜、鼎、瓮、灶等陶器残片和"小泉直一"钱范。[②] 1999 年 5—10 月，首都师范大学历史系师生对大古城遗址进行了再次踏查。对古城遗址的面积、残留城垣进行了测量，此时大城的北墙和西墙已经不存在，仅东墙和南墙有部分保留；小城的四面城墙都有保留。并采集到东周、秦汉及魏晋南北朝时期的遗物。[③]

### 12. 路县古城

路县古城位于通州城区东 5 公里，运潮减河之南。清代前期，该古城遗址东、西、北三面城墙都有残存，残高约 5 尺，西北角高约 1 丈。南部城墙因为当时修建官道而被夷平，周长约 2 公里。[④] 20 世纪 80 年代文物普查中，测量了北墙残长 41 米，宽 18 米，残高 4 米夯窝清晰可辨。[⑤] 西汉初年（前 202 年），因其地靠近潞水，始置路县县治于此，东汉改路曰潞，路从水旁，治所未变。渔阳郡太守彭宠，曾一度将郡治自密云西南迁其地，始称潞城。建武中毁于兵燹，后形成聚落，村名古城。

### 13. 渔阳古城

渔阳古城位于怀柔区北房镇梨园庄村东 0.5 公里处、白河故道之东[⑥]，东北距密云城区约 10 公里。遗址东西长 300～400 米，南北宽 200～300 米。地势较高，曾发现过战国刀币、汉日光铜镜、五铢钱等，地面上秦砖汉瓦残片甚多。相传周围有土城墙，故得名"城子地"。渔阳郡，建于燕昭王二十九年（前 283 年），秦统一后，又置渔阳县。以在渔水之阳而得

---

① 参见安志敏：《河北怀来大古城村古城址调查记》，载《考古》，1955（3）。
② 参见张家口考古队：《河北怀来官厅水库沿岸考古调查简报》，载《考古》，1988（8）。
③ 参见李维明、郗志群、宋卫忠、张秀荣：《河北怀来县大古城遗址 1999 年调查简报》，载《考古》，2001（11）。
④ 参见刘锡信：《潞城考古录》卷上，1 页，上海，商务印书馆，1936。
⑤ 参见北京市文物事业管理局：《北京名胜古迹辞典》，585 页，北京，燕山出版社，1989。
⑥ 参见郭仁：《关于渔阳城的位置及其附近河道的复原》，载《考古》，1963（1）。

名，县址与郡址同。西晋时废，后复，北齐废渔阳县入密云。秦汉时渔阳郡治所在此。秦二世发闾左戍渔阳即指此地。历史上渔阳郡治所更改过多次，如北魏时移治所于雍奴（今天津市武清县以北）；北齐时迁渔阳于幽州东（今北京市通州地区）；隋唐又迁"渔阳"于蓟县。早年城垣在地面上暴露明显。后因扩大耕地，城垣遗址遭破坏。70 年代调整插花地，部分遗址划入怀柔县。修建京密公路，又将遗址分成南北两块。1983 年，中国科学院考古工作人员在公路北侧试掘，距地表不足 1 米处发现古城垣遗址，并出土一些秦汉时期的陶器碎片。[①]

### 14. 厗奚古城

厗奚古城有南北二遗址。北厗奚城遗址位于密云城区北部 60 公里的田庄村南大道两侧高坡台地上，面积 1 万多平方米。此地发现许多锅台、灶坑和木炭，出土许多坛、罐之类的器物。1984 年文物普查时，发现遗址上暴露很多陶器碎片。红陶器物上有划纹装饰。《汉书·地理志》载，厗奚，渔阳郡辖县。经 1988 年考察，此遗址当为西汉时的厗奚故城。南厗奚城位于密云城区东南 4 公里的提辖庄村北，面积 2 万余平方米。遗址大部分遭到破坏，有 2 000～3 000 平方米遗址尚在。现提辖庄村内和遗址地表，到处是汉代的碎绳纹砖和灰陶片。从遗址土层看，地下堆积的文化层非常清楚。文化层中叠压的灰坑、砖瓦和陶器碎片仍然存在。有些墙基址和木炭灰也有暴露。1984 年文物普查时，收集到十几枚汉五铢钱和灰陶罐。遗址周围发现有大量的汉代绳纹砖和碎陶片。后又考察，证实此处是东汉厗奚县故城，亦称南厗奚城。东魏时密云郡迁于此。[②]

### 15. 犷平古城

犷平古城位于今密云水库北高岭镇石匣村，其故城东南角与明石匣城西南角相叠，距密云城区 30 公里。经实地考察，发现故城墙遗址，同时发现两汉时期的大量遗物。密云水库建成后，故城址已没于水中，只有水位下降时才能露出水面。犷平县，西汉设置，属渔阳郡，废于西晋，前后存

---

① 参见密云县志编纂委员会：《密云县志》，568 页，北京，北京出版社，1998。
② 参见密云县志编纂委员会：《密云县志》，568、569 页，北京，北京出版社，1998。

在 500 多年。[①]

### 16. 阎城古城

汉代阎城古城，在今大兴区芦城乡东、西芦城村。唐代之师州，曾寄治于阎城。至元代阎城废。据《大元一统志》记载，古有阎城，"城址尚存，南门外有二石兽"。约自明代开始，因谐音，阎城改称芦城。新中国成立后的 50 年代中期，村民在村西烧砖取土时，发现汉代小型砖室墓多处，出土陶器、铜镜等文物多件。东、西芦城之间偏北地区地势突高，高地的北边沿处，今仍保存一段宽约 5 米、长约 200 米的土龙，疑为汉代土城墙残段。[②]

### 17. 博陆古城

汉代博陆古城遗址，位于距今平谷城区西北 5 公里的北城子村。[③]1959 年北京市文物工作队在北城子村西南部的西柏店墓葬发掘时，对博陆古城进行过调查，在城址南面断崖上发现了烧土和灰坑，在西边发现了陶窑。[④] 汉武帝死后，遗诏封大司马、大将军霍光为博陆侯。《水经·鲍丘水注》即指明此处为博陆侯的博陆城。城址保存情况不甚明晰。

## （二）诸古城遗址的历史地理考察

从总体上考察，这些古城多分布在海拔 40 米左右至 100 米的山前台地、高河流阶地或洪冲积平原之上，属于永定河、拒马河、潮白河、泃河的老冲积扇上。大多距离西山、军都山、燕山 15 公里左右。且其所在地区的土壤类型也多为适于耕种的普通褐土、褐土性土、潮褐土、潮土。[⑤] 特别是位于今房山区的广阳古城、窦店古城、长沟古城、蔡庄古城、燕下都

---

① 参见密云县志编纂委员会：《密云县志》，569 页，北京，北京出版社，1998。
② 参见大兴县志编纂委员会：《大兴县志》，536、537 页，北京，北京出版社，2002。
③ 参见齐心：《图说北京史》，北京，燕山出版社，1999。
④ 参见北京市文物工作队：《北京平谷县西柏店和唐庄子汉墓发掘简报》，载《考古》，1962(5)。
⑤ 参见霍亚贞：《北京自然地理》，北京，北京师范学院出版社，1989。

武阳城等，在西山、太行山山前呈"一"字形近等距离分布，由于它们距离西山的里程几乎一样，所以前四城之间的连线与房山区西山和平原间的分界线相平行。前四城的连接向西南可延伸到燕下都武阳古城，向东北可延伸到清河镇的朱房古城，一直到北犀奚古城。这条两端延伸出去的古城间连线同时也就是古代自中原北通内蒙古高原及东北松嫩平原交通线的重要组成部分。

战国秦汉时期，为什么在西山山前地带会出现近等距离分布的多座古城？从历史地理的角度考虑，我们认为，城市的兴起与发展离不开人口的增长，而人口的增加是需要良好的地理条件（在中国古代特别是农业耕种条件）作基础的。反过来，可以根据人口的多寡推断某地区农业地理条件的优劣，二者是相辅相成的。蒋刚先生曾对东周时期列国都城的人口做过研究，提出了一个估测东周时期主要列国都城人口的指数，即 290 平方米/户。并据此指数初步估测了东周时期主要列国都城的人口数，由此认为城市人口的数量是城市发展水平、城市所代表国家实力的一个重要标志。其中燕下都的人口，蒋刚先生的结论是 29.3 万～35.2 万人[1]，可谓人口众多，可见这里的自然环境、农业资源比较丰富。

从农业发展必需的水资源方面考察，上述古城遗址的所在地区，分布着较多的潜水和承压水类型的地下水，地下水资源较为丰富，且多是分布于冲洪积扇中上部的二、三层结构的砂、卵砾石层中的潜水、承压水，以及分布于冲洪积扇中部的多层结构的砂砾石夹少数砂层的承压水，适于打井灌溉，是大力发展农业的重要条件之一。北京及附近河北地区年降水量除受大气环流影响外，还受地形的很大影响。年平均降水量等值线走向大体与山脉走向相一致，多雨中心沿西山、燕山迎风坡分布，部分多雨区可达 700 毫米以上。从与弧形山脉大致平行分布的山前多雨区向西北、东南两个相反方向递减。[2] 而前述战国秦汉古城正好分布在西山、军都山、燕山的山前多雨地带，这也为该区的农业发展提供了良好的天然条件。

在中国古代地方行政建制的发展史上，春秋战国时期开始出现，经过

---

① 参见蒋刚：《东周时期主要列国都城人口问题研究》，载《文物春秋》，2002（6）。

② 参见霍亚贞：《北京自然地理》，122 页，北京，北京师范学院出版社，1989。

秦代大发展，至汉代全面推行的郡县制，是一个很特殊的制度。一方面，它不仅在地方行政制度发展史上处于一个较为靠前的位置，并在全国范围内实施；另一方面，郡县制度的推行，还和中国早期城市的形成与发展有一定的联系。这个时期一个郡县的治所往往就是该级行政区划管辖范围内最大的中心城市。这些小区域范围内中心城市的出现，与该区域人口的发展情况有密切的关系，因为郡县行政机构的设置，是该区域人口、赋税达到一定数额后方可出现的。而一定数量的人口也必须生活在适宜的地理环境之中。在以农业为主要经济生产方式的中国古代社会，某区域农业地理环境的优劣很大程度上决定了该区域人口的发展。

《汉书·地理志》记载了相当于今北京及附近地区的广阳国、上谷郡、渔阳郡、涿郡、右北平郡等郡国的户数与口数（见表三）：其中广阳国"户二万七百四十，口七万六百五十八。县四：蓟，方城，广阳，阴乡"。上谷郡"户三万六千八，口十一万七千七百六十二。县十五"。渔阳郡"户六万八千八百二，口二十六万四千一百一十六。县十二"。涿郡"户十九万五千六百七，口七十八万二千七百六十四。县二十九"。右北平郡"户六万六千六百八十九，口三十二万七百八十。县十六"。

表三　　　　　　今北京地区所属西汉诸郡国人口户、口数

| 广阳国 | | 上谷郡 | | 渔阳郡 | | 涿郡 | | 右北平郡 | |
|---|---|---|---|---|---|---|---|---|---|
| 户 | 口 | 户 | 口 | 户 | 口 | 户 | 口 | 户 | 口 |
| 20 740 | 70 658 | 36 800 | 117 762 | 68 820 | 264 116 | 195 670 | 782 764 | 66 689 | 320 780 |

在所举诸郡国中，广阳国平均每县 5 185 户，上谷郡平均每县 2 453 户，渔阳郡平均每县 5 735 户，涿郡平均每县 6 747 户，右北平郡平均每县 4 168 户。其中涿郡、渔阳郡和广阳国平均每县都超过 5 000 户。又涿郡置县最多，为 29 县，足见涿郡、广阳国诸郡国人口的突出地位。前文涉及的秦汉蓟城、窦店古城、燕下都武阳城、长沟古城、蔡庄古城、朱房古城等就位于西汉的涿郡、广阳国境内。

西汉时期在全国推行"轻徭薄赋"的政策，燕蓟地区广泛使用了铁农具，如考古发掘出土的铁铧犁、镢头、锄、铲、镰刀、耧角等[①]，这些铁

---

　　① 参见北京大学历史系《北京史》编写组：《北京史（增订本）》，42 页，北京，北京出版社，1999。

器是当时重要的耕田、除草、播种工具。铁制农具的广泛使用，使北京及附近河北地区的荒地得到大量开发。海淀、延庆、平谷等区的西汉墓中出土了各种铁制农具。当时冶铁技术的发展为这些农具的生产在技术上提供了可能性。西汉官府在渔阳郡和涿郡以及右北平郡设有铁官①，极大地提高了西汉北京及附近河北地区冶铁手工业的发展。北京市海淀区清河镇朱房村西汉古城遗址中发现了冶铸遗迹，当时已经开始使用高温柔化处理技术，生产出比生铸铁更具有韧性的可锻性铸铁器。蓟城的冶铁工匠还掌握了当时极为先进的生铁固态淬火脱碳成钢技术。②加之新发明用于农业耕作的铁足耧车播种技术的推广，使得汉代幽州地区的农业得到了突飞猛进的发展，特别是上述考古发掘的诸城址及其周围宜于农业耕作的地区，粮食的大量生产成为可能，这就为当时人口的增长提供了足够的条件。这些考古发掘的农业技术信息和文献记载的情况与考古发现城址的地理分布特征是相符的。

另外，上述诸古城大多位于古代交通道路上，为古代交通贸易提供了方便。反过来也可以说是古城遗址的存在，在一定程度上决定了古代交通线的展布。如地图三所示，战国秦汉时期，北京及周边河北地区帝王巡游、军旅出击、商贸往来所依之要道，从古城遗址的地理分布来看，大致可以梳理出三条来：

第一条就是中原地区向北沿太行山东麓（今河北省西部）过永定河，然后朝东北方向经北京市区、顺义区、怀柔城区东南、密云区，自密云水库东南部至水库北的高岭镇经古北口出北京市地界，然后远去东北。沿途经过的战国秦汉时期古城有燕下都武阳城—蔡庄古城—长沟古城—窦店古城—广阳古城—战国秦汉古蓟城—朱房古城—安乐古城—狐奴古城—渔阳古城—南犀奚古城—犷平古城—北犀奚古城等。这是一条北东至西南向贯穿北京及附近河北地区的古道，依此亦可将该区分为西北部和东南部，西北部是以山地文明为主，体现了山文化的独特风貌和草原文明的特征，如战国时期延庆一带的山戎文化和后来的匈奴文化；东南部是以近海文明为

---

① 《汉书·地理志》"涿郡"条下班固自注："有铁官"；又"渔阳郡渔阳"下注云："有铁官"；又"右北平郡夕阳"下注云："有铁官"。

② 参见齐心：《图说北京史》，北京，燕山出版社，1999。

主，体现出耕作文明和水文化的特色，如前燕时期分布在北京、河北的围坊—张家园上层文化和战国时期燕国的农业文明及后来发展起来以通州为代表的运河文化。因此，上述古城遗址所确定的通道是北京地区一条重要的人文地理界限。

第二条是在第一条所经之广阳古城处分出的一条向东路线，途经间城古城、路城古城，沿平谷南山南麓经今天津蓟县、河北省东北部至山海关。这条路线就是侯仁之先生所指出的后来途经山海关、辽西走廊至东北地区道路的雏形。[①]

第三条道路是沿燕山、军都山山前地带近东西展布的，是由军都古城、渔阳古城、博陆古城等确定下来的。这条通道充分显示了早期北京小平原内部东西主干交通线的位置。上述诸条由古城遗址分布连接而成的条形地带本身就是文化发达地区，之所以发达，根源于这里是农耕文明与游牧文明交汇、交流、融合的发生地带。在这样的地区兴起早期城市是可以想见的。

汉代继承了秦代的驿站制度，并加以改进，自长安、洛阳北上经河北达燕蓟地区的驿道，大体上沿袭了秦代驰道的路线。蓟城是燕蓟地区驿道的中心，从这里又有多条通往所辖诸郡县的交通道路。同时燕蓟地区是中原和东北、西北地区交通的枢纽。以上战国秦汉诸城就位于以蓟城为商品交流中心的经济贸易交通体系的要道上。而广阳古城、窦店古城、长沟古城、蔡庄古城、燕下都武阳城等就位于燕蓟地区同中原地区的贸易交通线上。

北京及近边河北地区考古发现的战国秦汉古城遗址多分布在山前台地、老洪冲积扇及其周围的地区。这不是历史发展的偶然性造成的，据徐海鹏教授研究，早在新石器时代，北京地区文明发达的区域就选择了山前地带，延至战国秦汉，北京地区的文化中心地区没有发生多大的变化。徐教授通过对北京地区新石器时代东胡林、镇江营、上宅、北埝头、雪山等新石器文化遗址地理环境的综合分析，认为：新石器时代北京及附近河北地区三大地貌区的发育演化特征及其规律，决定了山前地带是该区域文明

---

① 参见侯仁之：《北京城的兴起：再论与北京建城有关的历史地理问题》，载《燕都》，1991(4)。

发展的主要地区。该地区既是沟通中国南北方交通的重要枢纽地带，也是新石器时代南、北方中国文化交流的地带。[①]

北京、河北山前平原在历史上得到优先开发，和这里的地貌类型、地理环境分不开。燕山、太行山山间盆地中的台地、河谷阶地和山前洪积冲积平原，平面形态缓倾斜，地势高爽，地表的厚层次生黄土土质疏松、肥沃，农业自然条件优越。[②]从新石器时代人类开发这里开始，一直到商周、战国秦汉，这里始终承担着北京地区粮食的主要生产任务。在这样的地区建立郡县，设官管理，城市遂兴起并较快发展，是很容易理解的。

## 第二节　交通道路地名

### 一、道路地名

**渝关沿海道**，自（渝）关东北循海有道，道狭处才数尺，旁皆乱山高峻不可越。[③]

**太常街**[④]，据《长安志》记载，长安城中的 8 条大街，分别是华阳街、香室街、章台街、夕阴街、尚冠街、太常街、藁街和前街。

### 二、关隘要塞地名

**白崄**，燕山关口之一，位置不详。[⑤]

---

①　参见徐海鹏：《北京新石器时代人类活动的地理环境》，载《北京大学学报》（历史地理学专刊），1992。

②　参见邢嘉明、苏天钧：《北京古都地理环境评价与历史区域开发问题》，见侯仁之等：《环境变迁研究》第五辑，149～158 页，沈阳，辽宁古籍出版社，1996。

③　参见顾炎武：《京东考古录》，12 页，北京，北京古籍出版社，1982。

④　参见震钧：《天咫偶闻》，122 页，北京，北京古籍出版社，1982。

⑤　参见魏收：《魏书》卷八十二《常景传》，1804 页，北京，中华书局，1974。

**草桥关**，故址在今河北省雄县。①

**常山关**，故址在今河北唐县，明代后称倒马关。②

**蓟门关**，古关，唐代取此关之名置蓟州。在唐代蓟州东南六十里。③

**军都关**，军都山关口。④

**卢龙塞**，即今河北喜峰口，在河北省迁安县西北。⑤

**祁沟关**，亦称岐沟关，故址在今河北省涿州市。⑥

**石门关**，即居庸北口。⑦

**瓦桥关**，唐末置此以防契丹，故址在今河北省雄县城西南。⑧

**雁门关**，唐初在雁门山立西陉关，亦称雁门关，故址在山西省忻州市代县。⑨

**益津关**，唐朝所建，故址在今河北省霸州市。⑩

**紫荆关**，始建于战国，汉时称上谷关，东汉名五阮关，又有蒲阴径、子庄关之称，宋、金时名金坡关，后因山上多紫荆树易名紫荆关。故址在河北省易县紫荆岭。⑪

**下口（夏口）**，又西六里为居庸关南口，有城，南北二门，《魏书》谓之下口。《常景传》载：都督元谭据居庸下口。《北齐书》谓之夏口，《文宣纪》，天保六年（555年），筑长城自幽州北夏口至恒州九百余里，是也。⑫（北齐天保）六年，发民一百八十万，筑长城，自幽州夏口西至恒州九百余里（《通鉴》注，幽州夏口即居庸下口也。幽州军都县西北有居庸关）。⑬

---

① 参见熊梦祥：《析津志辑佚》，259页，北京，北京古籍出版社，1983。
② 参见班固：《汉书》卷二十八上，《地理志》，1623页，北京，中华书局，1964。
③ 参见熊梦祥：《析津志辑佚》，259页，北京，北京古籍出版社，1983。
④ 参见魏收：《魏书》卷八十二《常景传》，1804页，北京，中华书局，1974。
⑤ 参见陈寿：《三国志》卷一《武帝纪》，29页；魏收：《魏书》卷八十二《常景传》，1804页，北京，中华书局，1974。
⑥ 参见熊梦祥：《析津志辑佚》，259页，北京，北京古籍出版社，1983。
⑦ 参见贾敬颜：《五代宋金元人边疆行记十三种疏证稿》，14页，北京，中华书局，2004。
⑧ 参见熊梦祥：《析津志辑佚》，259页，北京，北京古籍出版社，1983。
⑨ 参见熊梦祥：《析津志辑佚》，259页，北京，北京古籍出版社，1983。
⑩ 参见熊梦祥：《析津志辑佚》，259页，北京，北京古籍出版社，1983。
⑪ 参见熊梦祥：《析津志辑佚》，259页，北京，北京古籍出版社，1983。
⑫ 参见顾炎武：《昌平山水记》，15页，北京，北京古籍出版社，1982。
⑬ 参见顾炎武：《京东考古录》，16页，北京，北京古籍出版社，1982。

**居庸关**，《淮南子》云：天下九塞，居庸其一。而《金史》言中都之有居庸，犹秦之崤函，蜀之剑门。山自太行山迤北至此数百里不绝。自麓至脊，皆陡峻不可登，中间为径者八，名之曰陉，居庸其第八陉也。设关于此，不知始于何代。而《后汉书》，建武十五年徙雁门、代、上谷三郡民，置常山居庸关以东。元初五年（118年），鲜卑入上谷，攻居庸关，则自汉有之矣……然辽之亡也，天祚以劲兵守居庸，及金兵临关，厓石自崩，戍卒压死，不战而溃。金之亡也，冶铁锢重门，布鹿角蒺藜百余里，守以精锐。① 昌平（今昌平县西南）之西乃居庸关。②

**西关**，（居庸关）亦谓之西关。《三国志》，田畴乃上西关，出塞傍北山直趋朔方，是也。③

**军都关**，（居庸关）亦谓之军都关。《魏书》，杜洛周反于燕州，敕都督元谭西至军都关，北从卢龙塞，据此二险，以杜贼出入之路，是也。④

**纳款关**，（居庸关）亦谓之纳款关。《唐书》，幽州昌平县西北三十五里有纳款关，即居庸故关。《通典》，古居庸关在昌平县西北，齐改为纳款，是也。⑤

**古北口**，古北口自唐始名。《唐书》，檀州燕乐县有东军、北口二守捉。北口，长城口也。⑥ 顺州之北乃古北口。⑦ 古北口：在密云县东北一百二十里。两崖壁立，中有路仅容一车，下有涧，巨石磊块，凡四十五里。⑧ 而古北口控两关中，崖壁崎峭，道路扼隘，距都城不二百里，尤为锁钥重地。⑨

**留斡岭**，《金史》，古北口国言曰留斡岭。⑩

**松亭关**，景州（今遵化市）东北乃松亭关。⑪

① 参见顾炎武：《昌平山水记》，16 页，北京，北京古籍出版社，1982。
② 参见孙承泽：《春明梦余录》，4 页，北京，北京古籍出版社，1992。
③ 参见顾炎武：《昌平山水记》，16 页，北京，北京古籍出版社，1982。
④ 参见顾炎武：《昌平山水记》，16 页，北京，北京古籍出版社，1982。
⑤ 参见顾炎武：《昌平山水记》，16 页，北京，北京古籍出版社，1982。
⑥ 参见顾炎武：《昌平山水记》，29 页，北京，北京古籍出版社，1982。
⑦ 参见孙承泽：《春明梦余录》，18 页，北京，北京古籍出版社，1992。
⑧ 参见孙承泽：《天府广记》，8～9 页，北京，北京古籍出版社，1984。
⑨ 参见蒋一葵：《长安客话》，153 页，北京，北京古籍出版社，2001。
⑩ 参见顾炎武：《昌平山水记》，29 页，北京，北京古籍出版社，1982。
⑪ 参见孙承泽：《春明梦余录》，4 页，北京，北京古籍出版社，1992。

**榆关**，平州（今卢龙县）之东乃榆关。即山海关。① 案《通鉴》，出幽州北七百里有渝关，下有渝水通海。② 平滦旧有榆关，土地旷衍，无险可据。唐时置碣石、白狼诸城以控之，唐后遂废去。③

**金坡关**，按燕京易州西北乃金坡关，即紫荆关。④

**临渝关**，（临渝县）万岁通天二年更名，有临渝关，有大海，有碣石山。是武后所改名之石城，又非魏之石城矣。⑤

**进午口**，（渝关）北至进午口，旧置八防御军。⑥

**益津关**，霸，故唐益津关也。石晋以赂契丹，周复三关，始置州曰霸。⑦

另外，《北京市志稿》中引用了一些古代北京地区的关隘地名，今亦录于下：

**渝关**，古关名。依渝水而建，渝水源自燕山东麓，古代渝水河水量充沛，水流湍急，古人因此设立关隘，一作榆关，又称临闾关、临渝关、临榆关。初，幽州北七百里有渝关，下有渝水，自关东北循海有道，道狭处才数尺，旁皆乱山，高峻不可越，北至进牛口，置八防御军，募土兵守之，田租皆供军食，不入于蓟，幽州岁致缯纩，以供战士衣，每岁早获，清野坚壁，以待契丹。⑧

**居庸关**，得名始于秦代。⑨ 三国时代名西关，北齐时改名纳款关，唐代有居庸关、蓟门关、军都关等。

居庸关是京北长城沿线上的著名古关城，与紫荆关、倒马关、固关并称明朝京西四大名关，其中居庸关、紫荆关、倒马关又称内三关。今海内可以建都，而立于不败者，惟幽燕耳。幽燕地位，在黄河之北，所距东西朔南各省，满蒙回藏各区，道里相去，大约均平，有控制之势，无鞭长之虑，盛平则利于交通，变乱亦便于策应，且燕山之地，其重险

---

① 参见孙承泽：《春明梦余录》，4 页，北京，北京古籍出版社，1992。
② 参见孙承泽：《春明梦余录》，12 页，北京，北京古籍出版社，1992。
③ 参见蒋一葵：《长安客话》，146 页，北京，北京古籍出版社，2001。
④ 参见孙承泽：《春明梦余录》，4 页，北京，北京古籍出版社，1992。
⑤ 参见顾炎武：《京东考古录》，11 页，北京，北京古籍出版社，1982。
⑥ 参见顾炎武：《京东考古录》，12 页，北京，北京古籍出版社，1982。
⑦ 参见蒋一葵：《长安客话》，115 页，北京，北京古籍出版社，2001。
⑧ 参见吴廷燮等：《北京市志稿·民政志》，17～18 页，北京，燕山出版社，1998。
⑨ 参见吴廷燮等：《北京市志稿·民政志》，19 页，北京，燕山出版社，1998。

则易州西北，乃紫荆关，昌平之西，乃居庸关，顺州之北，乃古北口，平州之东，乃榆关，此数关皆天造地设，在燕京之背，若负扆然，可谓天然之雄矣。①

**安达马口**，辽代地名，即今安达木河上游流入长城之口。②

**虎北口**，唐代古北口旧称。③

**紫荆关**，宋时名金陂关，后因山多紫荆树而改名。④

**倒马关**，倒马关位于河北省唐县西北60公里的倒马关乡倒马关村。倒马关最初战国时置，称鸿之塞，汉代称常山关，北魏叫铁关，亦名鸿山关，明代以后通称倒马关。⑤

**古北口**，从西周开始，延至春秋战国便在古北口筑墩设防，但古北口在早期并没有长城，战国、秦、汉时期的长城是从古北口以北很远的地方经过的，北齐时为了防御突厥、奚和契丹族而修筑的长城经过古北口，这是古北口第一次出现长城；北齐时修筑长城，古北口是重点设防的关口。⑥北齐长城曾被隋唐修缮利用，古北口自唐代始获其名，因是唐幽州（今北京）之北重要长城关口而得名"北口"，当时幽州长城之外为奚族聚居区，所以古北口又称"奚关"，唐代北口，五代起已称古北口或虎北口；古北口成为一处雄关隘口，是从明朝开始的。

今海内可以建都，而立于不败者，惟幽燕耳。幽燕地位，在黄河之北，所距东西朔南各省，满蒙回藏各区，道里相去，大约均平，有控制之势，无鞭长之虑，盛平则利于交通，变乱亦便于策应，且燕山之地，其重险则易州西北，乃紫荆关，昌平之西，乃居庸关，顺州之北，乃古北口，平州之东，乃榆关，此数关皆天造地设，在燕京之背，若负扆然，可谓天然之雄矣。⑦

**榆关**，南至海，北至山，东至山海关，西北抵青龙都山。今海内可

---

①　参见螺冈居士：《燕京形势》，5页，天津，义利印刷材料局，1912。

②　参见密云县地名志编委会：《北京市密云县地名志》，437页，北京，北京出版社，1992。

③　参见中国华北文献丛书编辑委员会：《古北口志》，见《中国华北文献丛书》第一辑《华北稀见地方志文献》，594页，北京，学苑出版社，2012。

④　参见古粤顺德无名氏：《燕京杂记》，135页，北京，北京古籍出版社，1986。

⑤　参见古粤顺德无名氏：《燕京杂记》，135页，北京，北京古籍出版社，1986。

⑥　参见北京市特别市公署社会局观光科：《北京景观》，61页，北京特别市公署出版，1939。

⑦　参见螺冈居士：《燕京形势》，5页，天津，义利印刷材料局，1912。

以建都，而立于不败者，惟幽燕耳。幽燕地位，在黄河之北，所距东西朔南各省，满蒙回藏各区，道里相去，大约均平，有控制之势，无鞭长之虑，盛平则利于交通，变乱亦便于策应，且燕山之地，其重险则易州西北，乃紫荆关，昌平之西，乃居庸关，顺州之北，乃古北口，平州之东，乃榆关，此数关皆天造地设，在燕京之背，若负扆然，可谓天然之雄矣。①

张江裁《京津风土丛书》亦见有关北京前都时代的古关隘、漕运、桥梁等地名。如下：

**铜马门**，始建于十六国前燕时期，位于幽州城东部，属蓟县。《郡国志》云：蓟城南北九里，东西七里，开十门，燕慕容隽铸铜为马，因名铜马门。②

**车箱渠**，灅水流域水利工程。③

**督亢陂**，燕国水利工程，在今河北省涿州市。④

**高桥**，金中都一桥梁。⑤

**和义门外石桥**，金代始建。⑥

**浑河金口铜闸**，在卢沟河东岸金口。⑦

**戾陵堰**，灅水流域水利工程。⑧

**卢沟桥**，始建于金明昌元年。⑨

**万安桥**，亦称国桥。⑩

**温余河大夏陂**，在顺州西五十里。⑪

**西寺白玉石桥**，金代所建，在护国仁王寺南。⑫

**卢沟桥**，按《金史章宗纪》，桥作于大定二十九年六月，成于明昌三

---

① 参见螺冈居士：《燕京形势》，5 页，天津，义利印刷材料局，1912。

② 参见曹学佺：《燕都名胜志稿》，见张江裁辑：《京津风土丛书》，1 页，上海，中华书局，1938。

③ 参见郦道元、陈桥驿：《水经注校证》卷十三《灅水》，339 页，北京，中华书局，2007。

④ 参见熊梦祥：《析津志辑佚》，246 页，北京，北京古籍出版社，1983。

⑤ 参见脱脱等：《金史》卷七《世宗中》，164 页，北京，中华书局，1975。

⑥ 参见熊梦祥：《析津志辑佚》，101 页，北京，北京古籍出版社，1983。

⑦ 参见熊梦祥：《析津志辑佚》，242 页，北京，北京古籍出版社，1983。

⑧ 参见郦道元、陈桥驿：《水经注校证》卷十三《灅水》，339 页，北京，中华书局，2007。

⑨ 参见熊梦祥：《析津志辑佚》，99 页，北京，北京古籍出版社，1983。

⑩ 参见熊梦祥：《析津志辑佚》，97 页，北京，北京古籍出版社，1983。

⑪ 参见熊梦祥：《析津志辑佚》，248 页，北京，北京古籍出版社，1983。

⑫ 参见熊梦祥：《析津志辑佚》，100 页，北京，北京古籍出版社，1983。

年三月癸未，赐名广利。①

**卢沟桥（广利桥）**，卢沟桥跨卢沟水，金明昌初建。② 桥亘周行，金明昌初建。正统间重修，长二百余步。③ 按《金史章宗纪》，桥作于大定二十九年六月，成于明昌三年三月癸未，赐名广利。④

**草桥**，州北一里旧有界河，相传杨延朗建草桥于此，关因得名。⑤

**车箱渠**，嘉平二年，刘靖立遏，以道高梁河开车箱渠立水门。⑥

**草桥**，位于今丰台区，远在唐代已有桥名。四月一日至八日游戒坛、潭柘、香山、卧佛、碧云、玉泉、天宁寺诸名胜，为浴佛会也。十日至十八日游高梁桥、西顶、草桥之中顶、弘仁桥、里二泗、�髻山。⑦


## 三、驿站、驿馆、屯戍地名


**白沟驿**，辽代驿站，在雄州白沟河。⑧

**部落馆**，辽代驿馆。⑨

**打造馆**，辽代驿馆，又称打造部落馆，在今河北省隆化县韩麻营镇。⑩

**富谷馆**，辽代驿馆。⑪

**虎北馆**，辽代驿馆，在古北口。⑫

**怀柔馆**，辽代驿馆，在怀柔区。⑬

---

① 参见励宗万：《京城古迹考》，19 页，北京，北京古籍出版社，1981。
② 参见刘侗、于奕正：《帝京景物略》，143 页，北京，北京古籍出版社，1982。
③ 参见蒋一葵：《长安客话》，77 页，北京，北京古籍出版社，2001。
④ 参见励宗万：《京城古迹考》，19 页，北京，北京古籍出版社，1981。
⑤ 参见蒋一葵：《长安客话》，116 页，北京，北京古籍出版社，2001。
⑥ 参见于敏中：《日下旧闻考》，19 页，北京，北京古籍出版社，1981。
⑦ 参见张茂才、李开泰：《大兴岁时志稿》，王养濂、李开泰：《宛平岁时志稿》，见张江裁：《京津风土丛书》，上海，中华书局，1938。
⑧ 参见贾敬颜：《五代宋金元人边疆行记十三种疏证稿》，83 页，北京，中华书局，2004。
⑨ 参见贾敬颜：《五代宋金元人边疆行记十三种疏证稿》，58 页，北京，中华书局，2004。
⑩ 参见贾敬颜：《五代宋金元人边疆行记十三种疏证稿》，146 页，北京，中华书局，2004。
⑪ 参见贾敬颜：《五代宋金元人边疆行记十三种疏证稿》，59 页，北京，中华书局，2004。
⑫ 参见贾敬颜：《五代宋金元人边疆行记十三种疏证稿》，55 页，北京，中华书局，2004。
⑬ 参见贾敬颜：《五代宋金元人边疆行记十三种疏证稿》，138 页，北京，中华书局，2004。

**蓟门馆**，唐代范阳城内，河朔叛军囚禁幽州节度使弘靖之场所。①

**金沟馆**，辽代驿馆。②

**柳河馆**，辽代驿馆，在今河北省滦平县红旗村。③

**鹿儿馆**，辽代驿馆，又称鹿峡馆、鹿儿峡馆，在今河北省承德市东山嘴。④

**密云馆**，辽代驿馆，在檀州。⑤

**牛山馆**，辽代驿馆，在今河北省承德县头沟。⑥

**孙侯馆**，辽代驿馆，后改名望京馆，在辽南京北门。⑦

**孙侯馆**，辽南京城北驿馆。⑧

**铁浆馆**，辽代驿馆，今河北省平泉县洼子店东南之沙坨子。⑨

**通天馆**，辽代驿馆，在今内蒙古自治区赤峰市八里罕镇。⑩

**望京馆**，辽代驿馆，在望京甸。⑪ 又宋沈括曰，幽州东北三十里有望京馆，东行少北十里余，出古长城⑫，望京馆在城东北五十里孙侯村。辽建，为南北使臣宿息、饯饮之所。宋王曾《上契丹事》曰：出燕京北门至望京馆，即此。⑬

**卧如馆**，辽代驿馆，卧如来馆简称。⑭

**新馆**，辽代驿馆，约在今滦平县西南。⑮

**永和馆**，辽南京城南驿馆，《辽志》四为永平馆。⑯

**永平馆**，辽代驿馆，旧名碣石馆，在辽南京城内右掖千秋门东。⑰

---

① 参见刘昫等：《旧唐书》卷一百二十九《张延赏传》，3612 页，北京，中华书局，1975。
② 参见贾敬颜：《五代宋金元人边疆行记十三种疏证稿》，92 页，北京，中华书局，2004。
③ 参见贾敬颜：《五代宋金元人边疆行记十三种疏证稿》，57 页，北京，中华书局，2004。
④ 参见贾敬颜：《五代宋金元人边疆行记十三种疏证稿》，59 页，北京，中华书局，2004。
⑤ 参见贾敬颜：《五代宋金元人边疆行记十三种疏证稿》，140 页，北京，中华书局，2004。
⑥ 参见贾敬颜：《五代宋金元人边疆行记十三种疏证稿》，58 页，北京，中华书局，2004。
⑦ 参见贾敬颜：《五代宋金元人边疆行记十三种疏证稿》，89 页，北京，中华书局，2004。
⑧ 参见贾敬颜：《五代宋金元人边疆行记十三种疏证稿》，53 页，北京，中华书局，2004。
⑨ 参见贾敬颜：《五代宋金元人边疆行记十三种疏证稿》，59 页，北京，中华书局，2004。
⑩ 参见贾敬颜：《五代宋金元人边疆行记十三种疏证稿》，59 页，北京，中华书局，2004。
⑪ 参见贾敬颜：《五代宋金元人边疆行记十三种疏证稿》，138 页，北京，中华书局，2004。
⑫ 参见顾炎武：《昌平山水记》，25 页，北京，北京古籍出版社，1982。
⑬ 参见刘侗、于奕正：《帝京景物略》，1236 页，北京，北京古籍出版社，1982。
⑭ 参见贾敬颜：《五代宋金元人边疆行记十三种疏证稿》，57 页，北京，中华书局，2004。
⑮ 参见贾敬颜：《五代宋金元人边疆行记十三种疏证稿》，55 页，北京，中华书局，2004。
⑯ 参见贾敬颜：《五代宋金元人边疆行记十三种疏证稿》，46 页，北京，中华书局，2004。
⑰ 参见贾敬颜：《五代宋金元人边疆行记十三种疏证稿》，88 页，北京，中华书局，2004。

金沟馆，宋王曾《上契丹事》曰，出燕京北门三十里至望京馆，五十里至顺州，七十里至檀州，渐入山，五十里至金沟馆。[①]

新馆、卧如来馆、柳河馆、打造部落、牛山馆、鹿儿峡馆、铁浆馆、富谷馆、通天馆，宋王曾《上契丹事》曰：自古北口度德胜岭，盘道数层，俗名思乡岭，八十里至新馆，过雕窠岭、偏枪嵌，四十里至卧如来馆，过乌滦河，东有滦州，又过黑（一作墨）斗岭、度云岭、芹菜岭，七十里至柳河馆，河在馆旁，西北有铁冶，又过松亭岭，甚险峻，七十里至打造部落，东南行五十里至牛山馆，八十里至鹿儿峡馆，过虾蟆岭，九十里至铁浆馆，过石子岭，自此渐出山。七十里至富谷馆，八十里至通天馆，二十里至中京大定府。[②]

永平馆（碣石馆），辽南京门外永平馆，旧名碣石馆，请和后易之。[③]

大同馆，次至大同馆。[④]

白沟驿、督亢亭，宋王曾《奉使录》略曰：自雄州白沟驿渡河，四十里至新城县，右督亢亭之地。[⑤]

固节驿（以县得名），（完颜亮）复召葛王乌林答氏。妃谓乌禄曰："妾不行，上怒必杀王，我当自裁，不以相累。"行至良乡驿，妃问何名，左右以固节对。妃曰："吾得死所矣。"遂自杀。[⑥]

金沟馆，（密云区境东北）宋王曾《上契丹事》：自顺州至檀州，渐入山，五十里至金沟馆。将至馆，川原平旷，谓之金沟淀。[⑦]

望京馆，辽代供南北使臣食宿，位于孙河西南。[⑧] 又辽建望京馆，望京馆在城东北五十里孙侯村，辽建，为南北使臣宿息饮饯之所。[⑨]

高峰戍，古聚落名，《水经注》记载。[⑩] 今其地名孙河屯或孙侯村之转

① 参见顾炎武：《昌平山水记》，28 页，北京，北京古籍出版社，1982。
② 参见顾炎武：《昌平山水记》，32 页，北京，北京古籍出版社，1982。
③ 参见孙承泽：《春明梦余录》，40 页，北京，北京古籍出版社，1992。
④ 参见顾炎武：《昌平山水记》，32 页，北京，北京古籍出版社，1982。
⑤ 参见孙承泽：《春明梦余录》，40 页，北京，北京古籍出版社，1992。
⑥ 参见蒋一葵：《长安客话》，97 页，北京，北京古籍出版社，2001。
⑦ 参见蒋一葵：《长安客话》，12 页，北京，北京古籍出版社，2001。
⑧ 参见朝阳区地名志编辑委员会：《北京市朝阳区地名志》，7、329 页，北京，北京出版社，1993。
⑨ 参见吴长元：《宸垣识略》卷十二，487 页，北京，北京古籍出版社，1983。
⑩ 参见吴长元：《宸垣识略》卷十二，487 页，北京，北京古籍出版社，1983。

音也，为古北口孔道。

## 第三节　宫室殿宇地名

**北苑**，金中都皇宫园林之一。[①]

**便殿**，辽南京宫殿。[②]

**别殿**，金中都宫殿。[③]

**常武殿**，金中都宫殿。[④]

**承华殿**，金中都皇太子东宫之殿，原名慈训殿，明昌五年改名。[⑤]

**崇政殿**，金中都宫殿。[⑥]

**垂拱殿**，金中都宫殿。[⑦]

**大安殿**，金中都宫之前殿。[⑧]

**太宁宫**，金中都宫殿。[⑨]

**大庆殿**，金中都宫殿。[⑩]

**芳苑**，金中都皇宫园林之一。[⑪]

**福安殿**，金中都宫殿。[⑫]

**光明殿**，汉代蓟县宫殿，故址在北魏时仍存。[⑬]

---

① 参见脱脱等：《金史》卷十《章宗纪二》，232 页，北京，中华书局，1975。
② 参见脱脱等：《辽史》卷四《太宗下》，47 页，北京，中华书局，1974。
③ 参见脱脱等：《金史》卷三十一《礼志四》，768 页，北京，中华书局，1975。
④ 参见脱脱等：《金史》卷三十一《礼志四》，753 页，北京，中华书局，1975。
⑤ 参见脱脱等：《金史》卷十九《显宗纪》，415 页，北京，中华书局，1975。
⑥ 参见脱脱等：《金史》卷一百《路铎列传》，2205 页，北京，中华书局，1975。
⑦ 参见脱脱等：《金史》卷七《世宗纪中》，161 页，北京，中华书局，1975。
⑧ 参见脱脱等：《金史》卷八《世宗纪下》，203 页，北京，中华书局，1975；脱脱等：《金史》卷三十六《礼志九》，832 页，北京，中华书局，1975。
⑨ 参见脱脱等：《金史》卷二十三《五行志》，538 页，北京，中华书局，1975。
⑩ 参见脱脱等：《金史》卷三十一《礼志四》，768 页，北京，中华书局，1975。
⑪ 参见脱脱等：《金史》卷十一《章宗纪三》，258 页，北京，中华书局，1975。
⑫ 参见脱脱等：《金史》卷八《世宗纪下》，203 页，北京，中华书局，1975。
⑬ 参见郦道元、陈桥驿：《水经注校证》卷十三《灅水》，325 页，北京，中华书局，2007。

**归仁馆**，金太宗殿位所在地。①

**后园**，金中都皇宫园林之一。②

**厚德殿**，金中都宫殿。③

**蓟宫**，后燕宫殿。④

**嘉宁殿**，辽南京宫殿。⑤

**建春宫**，金中都宫殿，在大兴县。⑥

**碣石宫**，战国时期燕国宫殿，在蓟县宁台之东。⑦

**景明宫**，金代西京路桓州避暑宫殿。⑧

**栗园**，辽南京皇宫园林之一。⑨

**凉殿**，辽南京宫殿。⑩

**凉殿**，在辽南京皇城西城颠。⑪

**临水殿**，辽南京宫殿。⑫

**临朔宫**，隋炀帝在涿郡所建宫殿。⑬

**隆庆宫**，金中都皇太子所居之东宫。⑭

**磨室宫**，战国时期燕国宫殿，在蓟县宁台。⑮

**南苑**，金中都皇宫园林之一。⑯

**内果园**，辽南京皇宫园林之一。⑰

---

① 参见脱脱等：《金史》卷三十三《礼志六》，791页，北京，中华书局，1975。

② 参见脱脱等：《金史》卷十《章宗纪二》，237页，北京，中华书局，1975。

③ 参见脱脱等：《金史》卷六《世宗纪上》，126页，北京，中华书局，1975。

④ 参见房玄龄等：《晋书》卷一百二十四《慕容宝载记》，3095页，北京，中华书局，1974。

⑤ 参见脱脱等：《辽史》卷二十一《道宗纪一》，257页，北京，中华书局，1974。

⑥ 参见脱脱等：《金史》卷十一《章宗纪三》，260页，北京，中华书局，1975。

⑦ 参见司马迁：《史记》卷七十四《孟子荀卿列传》，2345页，北京，中华书局，1959。

⑧ 参见脱脱等：《金史》卷一百《路铎列传》，2205页，北京，中华书局，1975。

⑨ 参见脱脱等：《辽史》卷一百零三《文学上》，1446页，北京，中华书局，1974。

⑩ 参见脱脱等：《辽史》卷四《太宗下》，49页，北京，中华书局，1974。

⑪ 参见脱脱等：《辽史》卷四十《地理志四》，494页，北京，中华书局，1974。

⑫ 参见脱脱等：《辽史》卷六十八《部族表》，1057页，北京，中华书局，1974。

⑬ 参见魏征等：《隋书》卷八《礼仪志三》，160页，北京，中华书局，1973。

⑭ 参见脱脱等：《金史》卷九《章宗纪一》，214页，北京，中华书局，1975。

⑮ 参见司马迁：《史记》卷八十《乐毅列传》，2431页，北京，中华书局，1959。

⑯ 参见脱脱等：《金史》卷七十八《刘颖列传》，1775页，北京，中华书局，1975。

⑰ 参见脱脱等：《辽史》卷十七《圣宗八》，198页，北京，中华书局，1974。

**磐宁宫**，海陵王三年所建行宫，在大房山。①

**磐宁宫**，金中都皇后宫殿之一。②

**丕承殿**，原大安殿，海陵王三年改名。③

**清辉殿**，金中都宫殿。④

**清凉殿**，辽南京宫殿。⑤

**庆春殿**，金中都宫殿。⑥

**庆和殿**，金中都宫殿。⑦

**睿宗神御殿**，金中都宫殿。⑧

**神龙殿**，金中都宫殿。⑨

**圣武殿**，金中都宫殿。⑩

**世祖神御殿**，金中都宫殿。⑪

**寿安宫**，金中都宫殿，原福寿殿，大定七年（1167年）改名。⑫

**寿康宫**，金中都皇太后居所之一。⑬

**太和殿**，金中都宫殿。⑭

**太极宫**，金中都宫殿，始建于金章宗泰和三年。⑮

**太极宫**，金中都宫殿。⑯

**太清宫**，金中都宫殿。⑰

---

① 参见脱脱等：《金史》卷五《海陵纪》，105页，北京，中华书局，1975。
② 参见脱脱等：《金史》卷六十四《后妃下》，1522页，北京，中华书局，1975。
③ 参见脱脱等：《金史》卷五《海陵纪》，105页，北京，中华书局，1975。
④ 参见脱脱等：《金史》卷六十九《宗敏列传》，1610页，北京，中华书局，1975。
⑤ 参见脱脱等：《辽史》卷二十一《道宗纪一》，253页，北京，中华书局，1974。
⑥ 参见脱脱等：《金史》卷八十八《石琚列传》，1958页，北京，中华书局，1975。
⑦ 参见脱脱等：《金史》卷八《世宗纪下》，200页，北京，中华书局，1975。
⑧ 参见脱脱等：《金史》卷七《世宗纪中》，162页，北京，中华书局，1975。
⑨ 参见脱脱等：《金史》卷六《世宗纪上》，12页，北京，中华书局，1975。
⑩ 参见脱脱等：《金史》卷七《世宗纪中》，162页，北京，中华书局，1975。
⑪ 参见脱脱等：《金史》卷七《世宗纪中》，162页，北京，中华书局，1975。
⑫ 参见脱脱等：《金史》卷八《世宗纪下》，183页，北京，中华书局，1975。
⑬ 参见脱脱等：《金史》卷五《海陵纪》，105页，北京，中华书局，1975。
⑭ 参见脱脱等：《金史》卷六《世宗纪上》，125页，北京，中华书局，1975。
⑮ 参见脱脱等：《金史》卷十一《章宗纪三》，260页，北京，中华书局，1975。
⑯ 参见脱脱等：《金史》卷十二《章宗纪四》，267页，北京，中华书局，1975。
⑰ 参见脱脱等：《金史》卷十一《章宗纪三》，259页，北京，中华书局，1975。

太宗神御殿，金中都宫殿。①

泰和殿，金中都宫殿，泰和二年更名庆宁殿。②

天香殿，金中都宫殿。③

天兴殿，金中都宫殿。④

万宁宫，金中都北的离宫，大定十九年建，初名太宁宫，后更为寿宁，又更为寿安，明昌二年更此名。⑤

万载宫，汉代蓟县宫殿，故址在北魏时仍存。⑥

万载宫，汉燕刺王旦之宫殿。⑦

南园，金中都皇宫园林之一。⑧

西苑，金中都皇宫园林之一。⑨

熙春殿，金中都宫殿。⑩

宣庆殿，辽南京宫殿。⑪

衍庆宫，金中都宫殿。⑫

瑶光殿，金中都宫殿。⑬

鱼藻殿，金中都宫殿，在鱼藻池（今莲花池）旁，鱼藻池故址在今北京市崇文门外西南。⑭

元和殿，辽南京宫殿。⑮

元英宫，战国时期燕国宫殿，在蓟县宁台。⑯

---

① 参见脱脱等：《金史》卷七《世宗纪中》，162 页，北京，中华书局，1975。
② 参见脱脱等：《金史》卷五《海陵纪》，105 页，北京，中华书局，1975。
③ 参见脱脱等：《金史》卷九十八《完颜匡列传》，2168 页，北京，中华书局，1975。
④ 参见脱脱等：《金史》卷三十三《礼志六》，791 页，北京，中华书局，1975。
⑤ 参见脱脱等：《金史》卷十二《章宗纪四》，267 页，北京，中华书局，1975。
⑥ 参见郦道元、陈桥驿：《水经注校证》卷十三《漯水》，325 页，北京，中华书局，2007。
⑦ 参见班固：《汉书》卷二十六《天文志六》，1307 页，北京，中华书局，1964；班固：《汉书》卷六十三《武王子传》，2757 页，北京，中华书局，1964。
⑧ 参见脱脱等：《金史》卷十九《显宗纪》，415 页，北京，中华书局，1975。
⑨ 参见脱脱等：《金史》卷九《章宗纪一》，214 页，北京，中华书局，1975。
⑩ 参见脱脱等：《金史》卷十九《显宗纪》，415 页，北京，中华书局，1975。
⑪ 参见脱脱等：《辽史》卷五十二《礼志五》，862 页，北京，中华书局，1974。
⑫ 参见脱脱等：《金史》卷五《海陵纪》，103 页，北京，中华书局，1975。
⑬ 参见脱脱等：《金史》卷十《章宗纪二》，242 页，北京，中华书局，1975。
⑭ 参见脱脱等：《金史》卷十一《章宗纪三》，260 页，北京，中华书局，1975。
⑮ 参见脱脱等：《辽史》卷四《太宗下》，47 页，北京，中华书局，1974。
⑯ 参见司马迁：《史记》卷八十《乐毅列传》，2431 页，北京，中华书局，1959。

**长春宫，** 金中都宫殿。①

**长春宫，** 辽南京宫殿。②

**昭明宫。** ③

**昭庆殿，** 辽南京宫殿。④

**贞元殿，** 金中都宫殿。⑤

**正殿，** 辽南京宫殿。⑥

**紫宸殿，** 金中都宫殿。⑦

**碣石宫，** 碣石宫在幽州蓟县西三十里，宁台之东。⑧

**临朔宫，** 七年二月，（隋炀）帝自江都行幸涿郡，御龙舟渡河，入永济渠。夏四月，车驾至涿郡之临朔宫。⑨

**广寒殿，** 达琼华岛，登广寒殿而超方羊。⑩

**万宁宫，** 金明昌中万宁宫西园。⑪

**永兴宫，** 宫之扁曰永兴，曰积庆，曰延昌。⑫

**积庆宫，** 宫之扁曰永兴，曰积庆，曰延昌。⑬

**延昌宫，** 宫之扁曰永兴，曰积庆，曰延昌。⑭

**御容殿，** 景宗、圣宗御容殿。⑮

**弘义宫，** 太和宫、永昌宫、元和殿、长春宫、嘉宁殿。⑯

**怀荒殿，** 大业七年征高丽，炀帝遣诸将于蓟城南桑干河上筑社、稷二

---

① 参见脱脱等：《金史》卷八《世宗纪下》第 197 页，北京，中华书局，1975。
② 参见脱脱等：《辽史》卷十二《圣宗三》，129 页，北京，中华书局，1974。
③ 参见熊梦祥：《析津志辑佚》，90 页，北京，北京古籍出版社，1983。
④ 参见脱脱等：《辽史》卷四《太宗下》，47 页，北京，中华书局，1974。
⑤ 参见脱脱等：《金史》卷六《世宗纪上》，北京，中华书局，1975。
⑥ 参见脱脱等：《辽史》卷一《太祖上》，3 页，北京，中华书局，1974。
⑦ 参见脱脱等：《金史》卷十《章宗纪二》，239 页，北京，中华书局，1975。
⑧ 参见于敏中：《日下旧闻考》，20 页，北京，北京古籍出版社，1981。
⑨ 参见于敏中：《日下旧闻考》，33 页，北京，北京古籍出版社，1981。
⑩ 参见于敏中：《日下旧闻考》，404 页，北京，北京古籍出版社，1981。
⑪ 参见于敏中：《日下旧闻考》，404 页，北京，北京古籍出版社，1981。
⑫ 参见于敏中：《日下旧闻考》，404 页，北京，北京古籍出版社，1981。
⑬ 参见于敏中：《日下旧闻考》，404 页，北京，北京古籍出版社，1981。
⑭ 参见于敏中：《日下旧闻考》，404 页，北京，北京古籍出版社，1981。
⑮ 参见于敏中：《日下旧闻考》，405 页，北京，北京古籍出版社，1981。
⑯ 参见于敏中：《日下旧闻考》，405 页，北京，北京古籍出版社，1981。

坛，帝斋于临朔宫怀荒殿。①

　　**万载宫、光明殿**，汉光武封叔父良为广阳王。其城有万载宫、光明殿。②

　　**元和殿、洪武殿**，（辽南京）子城就罗郭西南为之。正南曰启夏门，内有元和殿、洪武殿。③

　　**芙蓉殿**，玉泉山有芙蓉殿，基存。玉泉山顶有金行宫芙蓉殿故址，相传章宗尝避暑于此。④

　　**芙蓉殿**，（玉泉山）旧有芙蓉殿，金章宗行宫也。⑤

　　**丕承殿**，（贞元三年）十一月乙巳朔，梓宫发丕承殿。⑥

　　**燕王宫殿**，有宁台、元英、磨室，见《史记·乐毅传》。正义曰：元英、磨室二宫在幽州蓟县西二里，宁台之下又有碣石宫，在蓟县西三十里，宁台之东。⑦

　　**万载宫、光明殿**，汉燕刺王旦有万载宫、光明殿。⑧

　　**临朔宫**，隋炀帝有事于辽东，大业七年四月庚午，至涿郡之临朔宫。⑨

　　**万宁宫**，丘处机，九岁时从重阳祖师游。金世宗召问，以持盈守成之难为对。居万宁宫，后迁终南。⑩ 《金史·地理志》：京城北离宫有太宁宫……明昌二年更为万宁宫。

　　**碣石宫**，燕昭王时，梁人邹衍有大志，知名诸侯，比入燕，昭王筑碣石宫亲师事之。《大明一统志》：都城南旧有碣石馆，考之乃辽时永平馆，朝士宴集之所也。或谓蓟州东去抚宁县，枕海有石，如甬道数十里，即禹贡冀州之碣石。⑪

　　**弘义宫、长宁宫、永兴宫、积庆宫、延昌宫、彰愍宫、崇德宫、延庆**

---

①　参见于敏中：《日下旧闻考》，1557 页，北京，北京古籍出版社，1981。

②　参见孙承泽：《春明梦余录》，2 页，北京，北京古籍出版社，1992。

③　参见孙承泽：《春明梦余录》，40 页，北京，北京古籍出版社，1992。

④　参见蒋一葵：《长安客话》，48 页，北京，北京古籍出版社，2001。

⑤　参见刘侗、于奕正：《帝京景物略》，296 页，北京，北京古籍出版社，1982。

⑥　参见顾炎武：《京东考古录》，2 页，北京，北京古籍出版社，1982。

⑦　参见孙承泽：《天府广记》，46 页，北京，北京古籍出版社，1984。

⑧　参见孙承泽：《天府广记》，47 页，北京，北京古籍出版社，1984。

⑨　参见孙承泽：《天府广记》，47 页，北京，北京古籍出版社，1984。

⑩　参见沈榜：《宛署杂记》，186 页，北京，北京古籍出版社，1982。

⑪　参见蒋一葵：《长安客话》，5 页，北京，北京古籍出版社，2001。

宫、敦睦宫，辽代。①

　　九天宫，宋。②

　　**大历万佛龙泉宝殿**，创建于唐，今万佛堂。③

　　**玉皇殿**，唐武德中建。④

　　**瑶屿行宫**，北海琼华岛旧称（辽）。⑤

　　**大安殿**，辽称金正殿，金正殿曰大安，常朝殿曰仁政（系辽旧殿）。⑥
曰元和、曰神龙、曰泰和、曰常武，皆召见奏事、锡宴观射之所。

　　**仁政殿**，辽称常朝殿。金正殿曰大安，常朝殿曰仁政（系辽旧殿）。
曰元和、曰神龙、曰泰和、曰常武，皆召见奏事、锡宴观射之所。⑦

　　**凉殿**，始建于辽。《辽史》南京析津府，地方三十六里，崇三丈，衡
广一丈五尺，敌楼、战橹具。八门：东曰安东、迎春；南曰开阳、丹凤；
西曰显西、清音；北曰通天、拱辰。大内在西南隅。西城巅有凉殿，东北
隅有燕角楼。⑧

## 第四节　城郭门阙及京台地名

　　**磨室宫、碣石宫**⑨，始建于战国时期。

　　**拱长门**，辽称拱长门。辽京城名。⑩

　　**拱辰门**：辽南京北门之一。辽南京元和殿门之一。

---

① 参见吴廷燮等：《北京市志稿·民政志》，400 页，北京，燕山出版社，1998。
② 参见吴廷燮等：《北京市志稿·宗教志》，291 页，北京，燕山出版社，1998。
③ 参见房山区地名志编辑委员会：《北京市房山区地名志》，397 页，北京，北京出版社，1992。
④ 参见石景山区地名志编辑委员会：《北京市石景山区地名志》，88 页，北京，科学技术出版社，1991。
⑤ 参见西城区地名录编委会：《北京市西城区地名录》，107 页，西城区人民政府，1998。
⑥ 参见吴长元：《宸垣识略》卷十五，306 页，北京，北京古籍出版社，1983。
⑦ 参见吴长元：《宸垣识略》卷十五，306 页，北京，北京古籍出版社，1983。
⑧ 参见陈宗蕃：《燕都丛考》，23 页，北京，北京古籍出版社，1991。
⑨ 参见曹学佺：《燕都名胜志稿》，见张江裁辑：《京津风土丛书》，2 页，上海，中华书局，1938。
⑩ 参见巴哩克杏芬：《京师地名对》，光绪二十七年（1901）刻本。

安东门，辽南京东门之一。①

宝昌门，金中都城门之一。②

北安门，辽南京城北外之门。③

大安门，金中都城门之一。④

丹凤门，辽南京南门之一。⑤

东神门，金中都城门之一。⑥

东掖门，后燕宫门之一。⑦

端门，燕王宫之正门。⑧

汾门，战国时城邑，在涿州南，武遂北，遗址留存至元。⑨

丰宜门，金中都城门之一。⑩

丰宜门，金中都南城门之一。⑪

蓟门，在金中都城中，元代已废。⑫

开阳门，辽南京南门之一。⑬

南端门，辽南京皇城外三门之一。⑭

南神门，金中都城门之一。⑮

启夏门，辽南京南门之一。⑯

清晋门，辽南京西门之一。⑰

---

① 参见脱脱等：《辽史》卷四十《地理志四》，494 页，北京，中华书局，1974。
② 参见脱脱等：《金史》卷五《海陵纪》，105 页，北京，中华书局，1975。
③ 参见贾敬颜：《五代宋金元人边疆行记十三种疏证稿》，53 页，北京，中华书局，2004。
④ 参见脱脱等：《金史》卷三十六《礼志九》，832 页，北京，中华书局，1975。
⑤ 参见脱脱等：《辽史》卷四十《地理志四》，494 页，北京，中华书局，1974。
⑥ 参见脱脱等：《金史》卷三十一《礼志四》，756 页，北京，中华书局，1975。
⑦ 参见房玄龄等：《晋书》卷一百一十《慕容儁载记》，2838 页，北京，中华书局，1974。
⑧ 参见班固：《汉书》卷六十三《武王子传》，2757 页，北京，中华书局，1964。
⑨ 参见熊梦祥：《析津志辑佚》，113 页，北京，北京古籍出版社，1983。
⑩ 参见脱脱等：《金史》卷二十八《礼志一》，693 页，北京，中华书局，1975。
⑪ 参见熊梦祥：《析津志辑佚》，115 页，北京，北京古籍出版社，1983。
⑫ 参见熊梦祥：《析津志辑佚》，113 页，北京，北京古籍出版社，1983。
⑬ 参见脱脱等：《辽史》卷四十《地理志四》，494 页，北京，中华书局，1974。
⑭ 参见脱脱等：《辽史》卷四十《地理志四》，494 页，北京，中华书局，1974。
⑮ 参见脱脱等：《金史》卷三十一《礼志四》，756 页，北京，中华书局，1975。
⑯ 参见脱脱等：《辽史》卷四十《地理志四》，496 页，北京，中华书局，1974。
⑰ 参见脱脱等：《辽史》卷四十《地理志四》，494 页，北京，中华书局，1974。

施仁门，金中都城门之一。①

通天门，辽南京北门之一。②

通玄门，金中都城门之一。③

铜马门，即前燕都城蓟城的十门之一，因慕容隽筑铜马像而得名。④

西横门，金中都城门之一。⑤

显西门，辽南京西门之一。⑥

宣和门，辽南京东门之一。⑦

宣华门，金中都城门之一，正隆三年（1158 年）始建。⑧

宣教门，辽南京皇城内门，后改名元和。⑨

宣阳门，金中都城门之一。⑩

迎春门，辽南京东门之一。⑪

应天门，金中都城门之一。⑫

右掖门，辽南京皇城外三门之一，后改名千秋。⑬

元德东偏门，金中都宫门之一，为礼仪时妃嫔所乘之车经过之门。⑭

彰义门，金中都西城门之一。⑮

子北门，辽南京皇城北门。⑯

左掖门，辽南京皇城外三门之一，后改名万春。⑰

---

① 参见脱脱等：《金史》卷二十八《礼志一》，693 页，北京，中华书局，1975。
② 参见脱脱等：《辽史》卷四十《地理志四》，494 页，北京，中华书局，1974。
③ 参见脱脱等：《金史》卷二十八《礼志一》，693 页，北京，中华书局，1975。
④ 参见沈应文、张元芳：《（万历）顺天府志》，33 页，济南，齐鲁书社，1996。
⑤ 参见脱脱等：《金史》卷十《章宗纪二》，242 页，北京，中华书局，1975。
⑥ 参见脱脱等：《辽史》卷四十《地理志四》，494 页，北京，中华书局，1974。
⑦ 参见脱脱等：《辽史》卷四十《地理志四》，496 页，北京，中华书局，1974。
⑧ 参见脱脱等：《金史》卷五《海陵纪》，106 页，北京，中华书局，1975。
⑨ 参见脱脱等：《辽史》卷四十《地理志四》，494 页，北京，中华书局，1974。
⑩ 参见脱脱等：《金史》卷十二《章宗纪四》，267 页，北京，中华书局，1975。
⑪ 参见脱脱等：《辽史》卷四十《地理志四》，494 页，北京，中华书局，1974。
⑫ 参见脱脱等：《金史》卷二十《天文志一》，421 页，北京，中华书局，1975。
⑬ 参见脱脱等：《辽史》卷四十《地理志四》，494 页，北京，中华书局，1974。
⑭ 参见脱脱等：《金史》卷三十一《礼志四》，756 页，北京，中华书局，1975。
⑮ 参见脱脱等：《金史》卷二十八《礼志一》，693 页，北京，中华书局，1975。
⑯ 参见脱脱等：《辽史》卷四十《地理志四》，494 页，北京，中华书局，1974。
⑰ 参见脱脱等：《辽史》卷四十《地理志四》，494 页，北京，中华书局，1974。

**左掖门**，金中都城门之一。①

**午门**，其南则有午门、端门、左掖、右掖。②

**端门、左掖、右掖**，其南则有午门、端门、左掖、右掖。③

**显西门**，皇城西门。④

**子北门**，皇城北门。⑤

**宣教门**。⑥ 皇城内有景宗、圣宗御容殿、殿东曰宣和，南曰大内，内门曰宣教。

**铜马门**，燕慕容氏都蓟门城，城有十门，志所载铜马门者其一也。⑦

**彰义门**，后海陵增广其城门十有三，其西有名彰义者。⑧

**朱夏门**，辽中京大定府南门。天方楼、大衢楼、通阛楼、望阙楼：城方圆才四里许，门但重屋，无筑阁之制。南门曰朱夏，门内通步廊，多坊门，又有市楼四，曰天方、大衢、通阛、望阙。⑨

**阳德门、阊阖门**，辽中京大定府北门。其门正北曰阳德、阊阖，城西内西南隅冈上有寺，城南有园圃宴射之所。⑩

**辽南京八门**，方三十六里……八门：东曰安东、迎春，南曰开阳、丹凤，西曰显西、清晋，北曰通天、拱辰。⑪ 燕京方三十六里，有八门：东曰安东、迎春，南曰开阳、丹凤，西曰显西、清晋，北曰通天、拱宸。大内在西南隅。

**金中都十三门**，金海陵天德二年（1150 年），命张洪等增广燕城。门十三：东曰施仁、宣曜、阳春，南曰景风、丰宜、端礼，西曰丽泽、颢华、彰义，北曰会城、通元、崇智、光泰。⑫ 亦《金史》云，天德三年，

---

① 参见脱脱等：《金史》卷三十一《礼志四》，759 页，北京，中华书局，1975。
② 参见于敏中：《日下旧闻考》，405 页，北京，北京古籍出版社，1981。
③ 参见于敏中：《日下旧闻考》，405 页，北京，北京古籍出版社，1981。
④ 参见于敏中：《日下旧闻考》，405 页，北京，北京古籍出版社，1981。
⑤ 参见于敏中：《日下旧闻考》，405 页，北京，北京古籍出版社，1981。
⑥ 参见于敏中：《日下旧闻考》，405 页，北京，北京古籍出版社，1981。
⑦ 参见励宗万：《京城古迹考》，3 页，北京，北京古籍出版社，1981。
⑧ 参见励宗万：《京城古迹考》，3 页，北京，北京古籍出版社，1981。
⑨ 参见顾炎武：《昌平山水记》，32 页，北京，北京古籍出版社，1982。
⑩ 参见顾炎武：《昌平山水记》，32 页，北京，北京古籍出版社，1982。
⑪ 参见孙承泽：《春明梦余录》，19 页，北京，北京古籍出版社，1992。
⑫ 参见孙承泽：《春明梦余录》，19 页，北京，北京古籍出版社，1992。

命张浩等增广燕城。城门十三：东曰施仁、曰宣曜、曰阳春，南曰景风、曰丰宜、曰端礼，西曰丽泽、曰颢华、曰彰义，北曰会城、曰通玄、曰崇智、曰光泰。①

**启夏门**，（辽南京）子城就罗郭西南为之。正南曰启夏门，内有元和殿、洪武殿。②

**宣和门**，（辽南京宫城）东门曰宣和，城中坊门皆有楼。③

**古蓟门**，《大元一统志》云，城西北隅即古蓟门，旧有楼馆并废，但门外存二土阜，旁多林木，颇为近之。④ 今都城德胜门外有土城关，相传是古蓟门遗址，亦曰蓟邱。⑤

陈宗蕃《燕都丛考》亦载有北京前都时代城门地名，如：

**辽南京八门**，安东、迎春、开阳、丹凤、显西、清晋、通天、拱辰。（辽）圣宗开泰元年（1012 年），改幽都府为析津府，城方三十六里，崇三丈，衡广一丈五尺，敌楼、战橹具。八门：东曰安东、迎春；南曰开阳、丹凤；西曰显西、清晋；北曰通天、拱辰。⑥

**显西门**，始建于辽。《辽史》云皇城西门曰显西，设而不开，北曰子北，其西城巅有凉殿。⑦

**子北门**：始建于辽。《辽史》云皇城西门曰显西，设而不开，北曰子北，其西城巅有凉殿。⑧

## 第五节　亭台楼阁、馆榭、井池、苑囿、游憩地、园院地名

**拜天台**，金中都祭台之一，在常武殿。⑨

---

① 参见沈榜：《宛署杂记》，30 页，北京，北京古籍出版社，1982。
② 参见孙承泽：《春明梦余录》，40 页，北京，北京古籍出版社，1992。
③ 参见孙承泽：《春明梦余录》，40 页，北京，北京古籍出版社，1992。
④ 参见顾炎武：《京东考古录》，1 页，北京，北京古籍出版社，1982。
⑤ 参见蒋一葵：《长安客话》，3 页，北京，北京古籍出版社，2001。
⑥ 参见陈宗蕃：《燕都丛考》，10、23 页，北京，北京古籍出版社，1991。
⑦ 参见陈宗蕃：《燕都丛考》，114 页，北京，北京古籍出版社，1991。
⑧ 参见陈宗蕃：《燕都丛考》，114 页，北京，北京古籍出版社，1991。
⑨ 参见脱脱等：《金史》卷三十一《礼志四》，753 页，北京，中华书局，1975。

**葆台**，在元大都南城之南，传为金明昌时李妃避暑之台。①

**草三亭**，金元有多处名为"草兰亭"的游乐之所，在元大都南城分布最多。②

**大悲阁**：金中都佛阁。③

**钓鱼台**，在元大都平则门西，传为金章宗春月钓鱼之处。④

**钓鱼台**，金王郁钓鱼台，台其处。郁前玉渊潭，今池也。有泉涌地出，古今人因之。郁台焉，钓焉，钓鱼台以名。⑤ 金时，郡人王郁隐此，作一池上，假钓为乐。至今人呼其地为钓鱼台。⑥

**广乐园**，金中都皇宫内园林之一。⑦

**华阳台**，在京西南涿州境。旧传燕丹与樊将军置酒华阳馆，出美人奇马，即此处。东南有督沆陂，则燕丹使荆轲赍地图以献秦者，其地沃美，故秦宣使人求之。⑧

**环秀亭**，金中都城郊建筑。⑨

**黄金台**，战国时燕昭王所筑，《（万历）顺天府志》载在府东南十六里，遗址在今河北省定兴县高里乡北章村台上。⑩ 又《春明梦余录》载有黄金台：在城东南一十六里……梁任昉《述异记》：燕王为郭隗筑台，今在幽州燕王故城中。土人呼为贤士台，亦谓招贤台。又王隐《晋书》：段匹磾讨石勒，屯故燕太子丹黄金台。盖昭王创台于前，子丹踵之于后，今人知昭王而不知子丹。唐人有题《黄金台》诗，云：燕昭北筑黄金台，四方豪杰乘风来，秦家烧书杀儒客，肘腋之间千里隔。去年八月幽州道，昭王墓前哭秋草，今年五月咸阳关，秦家城外悲河山。河上关头车马路，残日青烟五陵树。⑪ 黄金台名，后人拟名也。其地，后人拟地也。……土人

---

① 参见熊梦祥：《析津志辑佚》，104 页，北京，北京古籍出版社，1983。

② 参见熊梦祥：《析津志辑佚》，104 页，北京，北京古籍出版社，1983。

③ 参见脱脱等：《金史》卷十三《卫绍王纪》，293 页，北京，中华书局，1975。

④ 参见熊梦祥：《析津志辑佚》，104 页，北京，北京古籍出版社，1983。

⑤ 参见刘侗、于奕正：《帝京景物略》，213 页，北京，北京古籍出版社，1982。

⑥ 参见蒋一葵：《长安客话》，63 页，北京，北京古籍出版社，2001。

⑦ 参见脱脱等：《金史》卷八《世宗纪下》，183 页，北京，中华书局，1975。

⑧ 参见孙承泽：《春明梦余录》卷六十四，3 页。参见文渊阁《四库金书》本、乾隆四十六年。

⑨ 参见脱脱等：《金史》卷十《章宗纪二》，239 页，北京，中华书局，1975。

⑩ 参见沈应文、张元芳：《（万历）顺天府志》，33 页，济南，齐鲁书社，1996。

⑪ 参见孙承泽：《春明梦余录》，1229 页，北京，北京古籍出版社，1992。

或呼贤士台、招贤台。有台名，无黄金名……《水经注》云：固安县有黄金台遗址，图经云然，始有黄金台名。今易州易水边二黄金台，都城朝阳门外东南又一黄金台。三黄金台，岿然皆土阜。[①] 然黄金台实在今都城之东，其当时所得士。[②] 故燕昭王所为乐、郭筑而礼之者，其胜迹皆在定兴。[③] 出朝阳门循濠而南，至东南角，岿然一土阜是也。[④] 又《晋书》载记有金台，众次金台，支雄长驱入蓟。辽四十余城并降于季龙。[⑤]

**郊天台**，在元大都南五里，金大定十一年（1171 年）始建。[⑥]

**看花台**，辽代萧太后避暑看花处，《（万历）顺天府志》载在怀柔县北二十里。[⑦]

**卢思台**，亦称卢师台，在桑干河畔。[⑧]

**南亭**，幽州城南之亭。[⑨]

**宁台**，战国时期燕国元英、磨室二宫所在地，在蓟县。[⑩]

**雀台**，《（万历）顺天府志》载为固安县西南十八里李牧将台。[⑪]

**瑞云楼**，金中都宫殿中阁楼之一。[⑫]

**梳洗楼**，金所建，在元大都开阳坊，元代时有遗址。[⑬]

**通潞亭**，在通州，王莽置通潞县时之遗迹。[⑭]

**洗妆台**，在元大都南城，金故宫之西，传为金明昌时李妃梳妆之台。[⑮]

**香阁**，金中都宫殿中阁楼之一。[⑯]

**轩辕台**，在元大都西，为李白赋诗"燕山雪花大如席，片片飞入轩辕

① 参见刘侗、于奕正：《帝京景物略》，88～89 页，北京，北京古籍出版社，1982。
② 参见沈榜：《宛署杂记》，187 页，北京，北京古籍出版社，1982。
③ 参见蒋一葵：《长安客话》，4 页，北京，北京古籍出版社，2001。
④ 参见蒋一葵：《长安客话》，5 页，北京，北京古籍出版社，2001。
⑤ 参见于敏中：《日下旧闻考》，30 页，北京，北京古籍出版社，1981。
⑥ 参见熊梦祥：《析津志辑佚》，103 页，北京，北京古籍出版社，1983。
⑦ 参见沈应文、张元芳：《（万历）顺天府志》，35 页，济南，齐鲁书社，1996。
⑧ 参见刘昫等：《旧唐书》卷七十七《韦挺传》，2670 页，北京，中华书局，1975。
⑨ 参见贾敬颜：《五代宋金元人边疆行记十三种疏证稿》，43 页，北京，中华书局，2004。
⑩ 参见司马迁：《史记》卷八十《乐毅列传》，2431 页，北京，中华书局，1959。
⑪ 参见沈应文、张元芳：《（万历）顺天府志》，35 页，济南，齐鲁书社，1996。
⑫ 参见脱脱等：《金史》卷一百零五《杨伯雄列传》，2319 页，北京，中华书局，1975。
⑬ 参见熊梦祥：《析津志辑佚》，108 页，北京，北京古籍出版社，1983。
⑭ 参见熊梦祥：《析津志辑佚》，105 页，北京，北京古籍出版社，1983。
⑮ 参见熊梦祥：《析津志辑佚》，104 页，北京，北京古籍出版社，1983。
⑯ 参见脱脱等：《金史》卷八《世宗纪下》，196 页，北京，中华书局，1975。

台"之地。①

**燕角楼**，在辽南京东北隅。②

**燕台**，在元大都奉先坊元福寺内，后人追念樊于期所建。③

**易台**，在易水之上，传为送别荆轲之地。④

**应天楼**，在金正阳门，元代时有遗址。⑤

**状元楼**，金人任提领所建，在蓟门北街西。⑥

**濯清亭**，金代滦河旁大亭，在滦州。⑦

**西苑**，又有西苑，越在子城。入自西安，出则乾宁。⑧

**太液**，太液之池，环抱泓渟。虽名由元立，天肇明祯。然徙宋艮岳，延引玉泉，则金代之所经营。⑨

**琼华岛**，达琼华岛，登广寒殿而超方羊。⑩

**永平馆**，（燕京子城）南门外有裕悦王廨，为宴集之所。门外永平馆，旧名碣石馆。清和后易之。南即桑干河。⑪

**迎月楼**，乾道四年十月乙未幸南京。十一月乙亥御迎月楼赐贫民钱。⑫

**妆台**，元乃贤诗所咏白马庙、妆台等迹，向在城南者，今皆在内城、西北城。⑬

**梁园**，更按刘定之《游梁园记》，园在京西南五六里，其外有旧城。⑭

**萧太后城**，即梁氏园所在也。⑮

**鱼藻池**，按刘侗《帝京景物略》，金故有鱼藻池，宴赏地也。⑯

---

① 参见熊梦祥：《析津志辑佚》，103 页，北京，北京古籍出版社，1983。
② 参见脱脱等：《辽史》卷四十《地理志四》，494 页，北京，中华书局，1974。
③ 参见熊梦祥：《析津志辑佚》，103 页，北京，北京古籍出版社，1983。
④ 参见熊梦祥：《析津志辑佚》，103 页，北京，北京古籍出版社，1983。
⑤ 参见熊梦祥：《析津志辑佚》，108 页，北京，北京古籍出版社，1983。
⑥ 参见熊梦祥：《析津志辑佚》，106 页，北京，北京古籍出版社，1983。
⑦ 参见贾敬颜：《五代宋金元人边疆行记十三种疏证稿》，231 页，北京，中华书局，2004。
⑧ 参见于敏中：《日下旧闻考》，404 页，北京，北京古籍出版社，1981。
⑨ 参见于敏中：《日下旧闻考》，404 页，北京，北京古籍出版社，1981。
⑩ 参见于敏中：《日下旧闻考》，404 页，北京，北京古籍出版社，1981。
⑪ 参见于敏中：《日下旧闻考》，405 页，北京，北京古籍出版社，1981。
⑫ 参见于敏中：《日下旧闻考》，405 页，北京，北京古籍出版社，1981。
⑬ 参见励宗万：《京城古迹考》，4 页，北京，北京古籍出版社，1981。
⑭ 参见励宗万：《京城古迹考》，4 页，北京，北京古籍出版社，1981。
⑮ 参见励宗万：《京城古迹考》，4 页，北京，北京古籍出版社，1981。
⑯ 参见励宗万：《京城古迹考》，9 页，北京，北京古籍出版社，1981。

**督亢亭**，宋王曾《奉使录》略曰：自雄州白沟驿渡河，四十里至新城县，右督亢亭之地。①

**鹿围**，大通桥（出崇文门二里许）东有鹿围，方广十余里……相传是金章宗时故址。②

**景梁台**，今居民不满百家，而唐狄梁公祠香火特盛。……考之《唐书》，突厥陷赵、定纵掠而归，公为行军副元帅，独以兵追之不及，又为河北道安抚大使，意其尝至此也。③ 过沙河二十里……西数里，有台曰景梁台，土人立以思狄梁公也。……又五里，始梁公祠。祠自唐，草间不全碑碣，犹唐也。④ 狄梁公祠：在昌平旧治北，元成宗大德二年（1298 年），因旧基重建。⑤ 狄祠在（昌平，当时治所在今昌平区旧县村）县北。每岁四月初吉，乡村居民皆来谒庙。⑥

**于越王廨**，（辽南京）南门外有于越王廨，为晏集之所。⑦

**望月台**，七曰云仙台，金之望月台。⑧

**妆台**，十一曰妆台，李妃所筑，今在昭明观后。妃尝与章宗露坐。⑨

**展台**，在京西南。与碣石宫俱燕昭王展贤之地。⑩

**华阳台**，在京西南涿州境，旧传燕丹与樊将军置酒华阳馆，出美人奇马，即此处。⑪（涿州）西南有华阳台，旧传燕丹与樊将军置酒华阳馆，出美人奇马，即此处。⑫

**红心堤**，在宝坻东南滨海，秦始皇筑。⑬

**雀台**，在固安县南，地名韩寨，乃秦李牧将台。⑭

---

① 参见孙承泽：《春明梦余录》，40 页，北京，北京古籍出版社，1992。
② 参见蒋一葵：《长安客话》，80 页，北京，北京古籍出版社，2001。
③ 参见顾炎武：《昌平山水记》，15 页，北京，北京古籍出版社，1982。
④ 参见刘侗、于奕正：《帝京景物略》，331 页，北京，北京古籍出版社，1982。
⑤ 参见孙承泽：《天府广记》，102 页，北京，北京古籍出版社，1984。
⑥ 参见蒋一葵：《长安客话》，123 页，北京，北京古籍出版社，2001。
⑦ 参见孙承泽：《春明梦余录》，40 页，北京，北京古籍出版社，1992。
⑧ 参见孙承泽：《春明梦余录》，1998 页，北京，北京古籍出版社，1992。
⑨ 参见孙承泽：《春明梦余录》，18 页，北京，北京古籍出版社，1992。
⑩ 参见孙承泽：《春明梦余录》，1229 页，北京，北京古籍出版社，1992。
⑪ 参见孙承泽：《春明梦余录》，1229 页，北京，北京古籍出版社，1992。
⑫ 参见蒋一葵：《长安客话》，89 页，北京，北京古籍出版社，2001。
⑬ 参见孙承泽：《春明梦余录》，1229 页，北京，北京古籍出版社，1992。
⑭ 参见孙承泽：《春明梦余录》，1230 页，北京，北京古籍出版社，1992。

**披云楼**，在京城南。旧有题额，是金章宗手书上，有远树影，虽风雨晦明，皆见。①

**西山八院**，此为金代西山八院，乃金章宗游宴之所。②

**香水院**，其香水院在京山口，石碑尚存。③

**清水院**，稍东为清水院，今改为大觉寺。④

**鹿园**，鹿园在东便门外通惠河边。⑤

**琼花岛**，在禁城西北太液池之阳。当蒙古初起时，臣服于金。其境内有一山石皆玲珑，势甚秀峭。金人望气者谓此山有王气，谋欲厌胜之，使人言欲得此山以镇压我土，蒙古许之。金人乃大发卒凿掘，辇运至幽州城北，积累成山。⑥

**祭星台**，面其（弘光寺）前者，金章宗祭星台。⑦ 在县西四十里香山寺前。金章宗祭星之所，台废址存。⑧ 来青轩之前，两腋皆是叠嶂环列，宾轩为祭星台，金章宗祭星处。⑨

**轩辕台**，京东北平谷县境内渔子山有大冢，俗呼轩辕台，相传为黄帝陵。旧有庙，今圮。⑩ 世传黄帝陵在渔子山。今平谷县西北十五里，冈阜隆然，形如大冢，即渔子山也。其下旧有轩辕庙云。

**栖云啸台**，（昌平州西南二十五里驻跸山）上有台，章宗自题栖云啸台四字。⑪

**督亢亭**，陂有故亭址，高丈，周七十步，土人称之曰督亢亭，时掘得瓦砾金钱也。⑫

**郦亭**，今所传郦道元故居者，涿州楼桑村南三里，曰郦亭，而楼桑村

---

① 参见孙承泽：《春明梦余录》，1234 页，北京，北京古籍出版社，1992。
② 参见孙承泽：《春明梦余录》，1236 页，北京，北京古籍出版社，1992。
③ 参见孙承泽：《春明梦余录》，1236 页，北京，北京古籍出版社，1992。
④ 参见孙承泽：《春明梦余录》，1236 页，北京，北京古籍出版社，1992。
⑤ 参见孙承泽：《春明梦余录》，1236 页，北京，北京古籍出版社，1992。
⑥ 参见孙承泽：《春明梦余录》，1236 页，北京，北京古籍出版社，1992。
⑦ 参见孙承泽：《春明梦余录》，1306 页，北京，北京古籍出版社，1992。
⑧ 参见沈榜：《宛署杂记》，30 页，北京，北京古籍出版社，1982。
⑨ 参见蒋一葵：《长安客话》，53 页，北京，北京古籍出版社，2001。
⑩ 参见孙承泽：《春明梦余录》，1349 页，北京，北京古籍出版社，1992。
⑪ 参见刘侗、于奕正：《帝京景物略》，343 页，北京，北京古籍出版社，1982。
⑫ 参见刘侗、于奕正：《帝京景物略》，360 页，北京，北京古籍出版社，1982。

则涿西南十五里也。①

**钓鱼台**，在县西香山七图，离京五里，系金章宗皇帝钓鱼古台，今为内官庄宅。②

**义井**，在县南，离京二十里，金章宗皇帝过此，饮水味甘，封为义井。③

**琼华岛中台**，岛之巅有台，是金时遗址，章宗引李妃登焉。④

**上华严、下华严**，玉泉山有古台基三，即辽金元主游幸之地，故名上下华严。⑤

**护驾道**，其（祭星台）西南有护驾道，章宗驾经此，道傍松阴密覆，因呼为护驾松。⑥

**李牧将台**，固安县西南十八里有土台故迹，俗呼雀台。世传是赵李牧将台，将与雀声相近，故误称也。⑦

**霸台**，故霸台在州署后圃，盖周宋时将台第一坯土耳。⑧

**凤凰台**，在武清县南。⑨

**晾鹰台**，晾鹰旧台在（漷）县西南得仁务西，相传辽主游猎处，遗址尚存。⑩

**李陵台**，龙门城南界有土台，高二丈余，相传汉李陵望乡处。⑪

**文忠王府**，辽代。⑫

**南京太学**，辽代建。⑬

**采魏院**。⑭

① 参见刘侗、于奕正：《帝京景物略》，362页，北京，北京古籍出版社，1982。
② 参见沈榜：《宛署杂记》，30页，北京，北京古籍出版社，1982。
③ 参见沈榜：《宛署杂记》，30页，北京，北京古籍出版社，1982。
④ 参见蒋一葵：《长安客话》，14页，北京，北京古籍出版社，2001。
⑤ 参见蒋一葵：《长安客话》，48页，北京，北京古籍出版社，2001。
⑥ 参见蒋一葵：《长安客话》，53页，北京，北京古籍出版社，2001。
⑦ 参见蒋一葵：《长安客话》，100页，北京，北京古籍出版社，2001。
⑧ 参见蒋一葵：《长安客话》，115页，北京，北京古籍出版社，2001。
⑨ 参见蒋一葵：《长安客话》，134页，北京，北京古籍出版社，2001。
⑩ 参见蒋一葵：《长安客话》，136页，北京，北京古籍出版社，2001。
⑪ 参见蒋一葵：《长安客话》，168页，北京，北京古籍出版社，2001。
⑫ 参见吴廷燮等：《北京市志稿·民政志》，400页，北京，燕山出版社，1998。
⑬ 参见吴廷燮等：《北京市志稿·文教志》，2页，北京，燕山出版社，1998。
⑭ 参见吴廷燮等：《北京市志稿·金石志》，113页，北京，燕山出版社，1998。

护国院。①

清水院，辽旸台山清水院，名始于辽。②

大都督府，唐，属幽州。③

采育，采育在辽开泰元年（1012 年）称为"采魏院"，至景福三年（1033 年）改为"采魏里"④。

礼贤，早在春秋战国时期，雄才大略的燕昭王为雪国耻，复兴燕国，曾在此建"黄金台"、设"招贤馆"，以揽天下英才，重振大业，人们耳熟能详的"千金买马骨"的故事即源于此，成语"礼贤下士"也得而产生，古镇由此而得名。⑤

文忠王府，辽代。⑥

护国院。⑦

中南海，中海和南海的合称，始建于辽金时代。⑧

西苑，中南海旧称。⑨

将台，位于今将台洼村，东晋十六国时期前燕景昭帝慕容儁所筑。⑩

谎粮台，位于今六里屯，唐太宗在东征时所设。⑪

钟鼓楼⑫。

翰林院⑬，翰林院在玉河桥畔，门外左右有积土二阜，高数尺。翰林院从唐朝开始设立，初时为艺能人士供职的机构。

国子监⑭，贞观元年（627 年）唐将国子学改称国子监，同时成为独立

---

① 参见吴廷燮等：《北京市志稿·金石志》，116 页，北京，燕山出版社，1998。

② 参见吴廷燮等：《北京市志稿·金石志》，117 页，北京，燕山出版社，1998。

③ 参见吴廷燮等：《北京市志稿·金石志》，561 页，北京，燕山出版社，1998。

④ 大兴县人民政府：《北京市大兴县地名录》，15、61、93 页，大兴县印刷厂印刷，1982。

⑤ 参见大兴县人民政府：《北京市大兴县地名录》，94 页，大兴县印刷厂印刷，1982。

⑥ 参见吴廷燮等：《北京市志稿·民政志》，400 页，北京，燕山出版社，1998。

⑦ 参见吴廷燮等：《北京市志稿·金石志》，116 页，北京，燕山出版社，1998。

⑧ 参见北京市特别市公署社会局观光科：《北京景观》，14 页，北京特别市公署出版，1939。

⑨ 参见北京市特别市公署社会局观光科：《北京景观》，14 页，北京特别市公署出版，1939。

⑩ 参见朝阳区地名志编辑委员会：《北京市朝阳区地名志》，7 页，北京，北京出版社，1993。

⑪ 参见朝阳区地名志编辑委员会：《北京市朝阳区地名志》，7、153 页，北京，北京出版社，1993。

⑫ 参见古粤顺德无名氏：《燕京杂记》，116 页，北京，北京古籍出版社，1986。

⑬ 参见古粤顺德无名氏：《燕京杂记》，122 页，北京，北京古籍出版社，1986。

⑭ 参见震钧：《天咫偶闻》，46 页，北京，北京古籍出版社，1982。

的教育行政机构。

**瑶池殿**①，"鱼藻池、瑶池殿为贞元元年建"。

**钓鱼台**②，金代章宗皇帝曾在这里建台垂钓，故后有"皇帝的钓鱼台"之称。

**钓鱼台**③，据书中所记载"钓鱼台，阜成门外三里许，俗称望海楼"。金代章宗皇帝曾在这里建台垂钓，故后有"皇帝的钓鱼台"之称。

**金台**，众次金台，支雄长驱入蓟。辽四十余城并降于季龙。④

**栗园**，辽称栗园。西便门外白云观西南，按《辽史》南京有栗园，某家奴当典之疑即此。⑤

**燕角楼**，始建于辽。《辽史》南京析津府，城方三十六里，崇三丈，衡广一丈五尺，敌楼、战橹具。八门：东曰安东、迎春；南曰开阳、丹凤；西曰显西、清晋；北曰通天、拱辰。大内在西南隅。西城颠有凉殿，东北隅有燕角楼。⑥

**宣化坊**，《（万历）顺天府志》宣化坊当亦在元旧城中，其名不见于《大元一统志》，盖辽时旧名也。⑦

**燕角**，《（万历）顺天府志》北燕角，燕角，辽旧名也，俗讹烟阁，烟或作线。⑧

**张公山亭**，唐易州刺史张工山亭再葺记，王璇撰，行书，建中二年立。⑨

**兰马台**，始建于战国时期。兰马台刻石，在金台北，燕昭王多筑台馆，至今败壁犹有石刻。⑩

**金台**，始建于战国时期。兰马台刻石，在金台北，燕昭王多筑台馆，至今败壁犹有石刻。⑪

---

① 参见震钧：《天咫偶闻》，220 页，北京，北京古籍出版社，1982。
② 参见崇彝：《道咸以来朝野杂记》，90 页，北京，北京古籍出版社，1982。
③ 参见不著撰人：《燕都古迹古典杂记》，清抄本。
④ 参见于敏中：《日下旧闻考》，30 页，北京，北京古籍出版社，1981。
⑤ 参见巴哩克杏芬：《京师地名对》卷下，1 页，光绪二十七年（1901）刻本。
⑥ 参见陈宗蕃：《燕都丛考》，23、599 页，北京，北京古籍出版社，1991。
⑦ 参见陈宗蕃：《燕都丛考》，593 页，北京，北京古籍出版社，1991。
⑧ 参见陈宗蕃：《燕都丛考》，593、599 页，北京，北京古籍出版社，1991。
⑨ 参见孙星衍：《京畿金石考》，46 页，北京，中华书局，1985。
⑩ 参见孙星衍：《京畿金石考》，47 页，北京，中华书局，1985。
⑪ 参见孙星衍：《京畿金石考》，47 页，北京，中华书局，1985。

黄金台，始建于战国时期。黄金台在府东南六十里，又有小金台相去一里。按：燕昭王于易水东南筑金台延天下士，后人慕其好贤之名仿筑于此，为京师八景之一，名曰金台夕照。①

小金台，始建于战国时期。黄金台在府东南六十里，又有小金台相去一里。按：燕昭王于易水东南筑金台延天下士，后人慕其好贤之名仿筑于此，为京师八景之一，名曰金台夕照。②

谎粮台，始建于唐。谎粮台在东朝阳关六里许，旧传唐太宗征高丽屯兵虚设困仓以疑敌人。③

## 第六节　官衙、市政公所、宅院、府邸、庭、府第地名

卢植故宅，汉卢侍中植故宅，在涿州东十五里卢家淀（泊）。④

郦亭，在涿州南二十里，为郦道元故居。⑤

张华宅，在固安县东北八里，犹有一八角井，乃其故宅。⑥

张华宅，范阳故处，曰张华宅者二：其一，卢沟河北岸，指是焉耳，更无址迹可寻；其一，固安县东北八里，张华村头。⑦

学宫，唐咸通中，立学舍一区以处生徒。辽道宗清宁元年（1055 年）十二月，诏京师设学养士，颁五经传疏，令博士助教讲解训导。金世宗大定十六年（1176 年），诏京府设学养士共千人，凡经史注疏会课学规，一同大学之制。⑧

---

①　参见曹学佺：《燕都名胜志稿》，见张江裁：《京津风土丛书》，3 页，上海，中华书局，1938。

②　参见曹学佺：《燕都名胜志稿》，见张江裁：《京津风土丛书》，3 页，上海，中华书局，1938。

③　参见曹学佺：《燕都名胜志稿》，见张江裁：《京津风土丛书》，3 页，上海，中华书局，1938。

④　参见孙承泽：《春明梦余录》，1230 页，北京，北京古籍出版社，1992。

⑤　参见孙承泽：《春明梦余录》，1232 页，北京，北京古籍出版社，1992。

⑥　参见孙承泽：《春明梦余录》，1232 页，北京，北京古籍出版社，1992。

⑦　参见刘侗、于奕正：《帝京景物略》，363 页，北京，北京古籍出版社，1982。

⑧　参见孙承泽：《天府广记》，25 页，北京，北京古籍出版社，1984。

**蓟州儒学**，蓟州儒学在州西北，自唐以来亦即有址，金人崇其堂宇。[1]

**玉田县儒学**，金乾统年建于县西南。[2]

**丰润县儒学**，金大定二十七年（1187年）建。[3]

**涿州儒学**，涿州儒学在州治西南。辽统和年间建。[4]

**文安县儒学**，文安县儒学在县治西，宋大观间建，金毁。[5]

**三河县儒学**，金太和间建，旧在白河西十七里。[6]

**国子监**，金海陵天德三年（1151年），始置国子监。[7]

**贾岛宅**，岛，范阳人，初祝发于瀛洲法善寺，寺在州城南，已芜没……岛后居房山西峪，峪有石庵，云是岛故宅。[8]

**梁园**，更按刘定之游梁园记，园在京西南五六里，其外有旧城[9]。

## 第七节　府宅及供农业生产场所地名

**窦禹钧宅**，始建于五代时期。城西二十里为窦禹钧宅，禹钧，五代后周人，于宅南建书院四十间，聚书数千卷。[10]

**王罗药帅府**，始建于隋。崇文门内东单牌楼北三条胡衕，帅府园南面，清代神机营捷字队兵厂，有汉白玉石影壁一座，长八尺、高六寸、厚五尺五寸，雪白滑致，坚硬莫比，考知为隋时燕山府北平王罗药帅府故址，此壁当系府前影壁。[11]

---

① 参见孙承泽：《天府广记》，28页，北京，北京古籍出版社，1984。
② 参见孙承泽：《天府广记》，28页，北京，北京古籍出版社，1984。
③ 参见孙承泽：《天府广记》，28页，北京，北京古籍出版社，1984。
④ 参见孙承泽：《天府广记》，29页，北京，北京古籍出版社，1984。
⑤ 参见孙承泽：《天府广记》，29页，北京，北京古籍出版社，1984。
⑥ 参见孙承泽：《天府广记》，28页，北京，北京古籍出版社，1984。
⑦ 参见孙承泽：《天府广记》，34页，北京，北京古籍出版社，1984。
⑧ 参见蒋一葵：《长安客话》，95页，北京，北京古籍出版社，2001。
⑨ 参见励宗万：《京城古迹考》，4页，北京，北京古籍出版社，1981。
⑩ 参见曹学佺：《燕都名胜志稿》，见张江裁：《京津风土丛书》，4页，上海，中华书局，1938。
⑪ 参见张江裁：《燕京访古录》，见张江裁：《京津风土丛书》，2页，上海，中华书局，1938。

**龙泉雾、琉璃窑，**龙泉雾村早在辽代已经开始烧造"辽三彩"琉璃。①

## 第八节　宗教类地名

**宝集寺，**在元大都南城，始建于唐。②

**报恩精舍，**辽代始建，后不知何时改名报恩寺，在元代为报恩寺，在元大都齐化门太庙西北。③

**报先寺，**辽代始建。④

**崇国寺，**始建于唐，在大悲阁北。⑤

**崇孝寺，**辽代始建。⑥

**大悯忠寺，**在元大都旧城南，唐代始建。⑦

**大圣安寺，**在元大都旧城，金皇统初年为大延圣寺，七年改名。⑧

**大万寿寺，**金代始建。⑨

**东一塔，**唐安禄山建。⑩

**法藏寺，**金代始建。⑪

**奉福寺，**辽南京寺庙之一。⑫

**佛岩寺，**金中都西山寺庙。⑬

---

① 参见门头沟区地名志编辑委员会：《北京市门头沟区地名志》，5 页，北京，北京出版社，1993。

② 参见熊梦祥：《析津志辑佚》，70 页，北京，北京古籍出版社，1983。

③ 参见熊梦祥：《析津志辑佚》，69 页，北京，北京古籍出版社，1983。

④ 参见熊梦祥：《析津志辑佚》，78 页，北京，北京古籍出版社，1983。

⑤ 参见熊梦祥：《析津志辑佚》，72 页，北京，北京古籍出版社，1983。

⑥ 参见熊梦祥：《析津志辑佚》，69 页，北京，北京古籍出版社，1983。

⑦ 参见熊梦祥：《析津志辑佚》，69 页，北京，北京古籍出版社，1983。

⑧ 参见熊梦祥：《析津志辑佚》，68 页，北京，北京古籍出版社，1983。

⑨ 参见熊梦祥：《析津志辑佚》，69 页，北京，北京古籍出版社，1983。

⑩ 参见熊梦祥：《析津志辑佚》，119 页，北京，北京古籍出版社，1983。

⑪ 参见熊梦祥：《析津志辑佚》，78 页，北京，北京古籍出版社，1983。

⑫ 参见脱脱等：《辽史》卷二十四《道宗四》，289 页，北京，中华书局，1974。

⑬ 参见脱脱等：《金史》卷一百零一《李英列传》，2235 页，北京，中华书局，1975。

**福圣寺**，金大定年间始建。①

**感化寺**，金代蓟州寺庙，在盘山上。②

**归义寺**，唐代处罗可汗自突厥归顺，受唐高祖封归义郡王，置此寺，在元大都时和坊。③

**国业寺石经院**，即今云居寺，唐代始建。④

**昊天寺**，金中都寺庙。⑤

**弘法寺**，在元大都旧城，金大定十八年修。⑥

**护国仁王寺**，金代始建，在元大都西，高良河南。⑦

**华严寺**，辽南京城北寺庙，后名万寿寺。⑧

**建福观**，在元朝宝坻县坊市西门外街北，金代始建。⑨

**净名寺**，金代蓟州寺庙。⑩

**开泰寺**，辽代耶律斜轸建，本名圣寿寺，辽圣宗开泰六年（1017 年）改名。⑪ 龙祠宫，金代都水监在卢沟河畔建造的龙庙。⑫

**悯忠寺**，金中都寺庙之一。⑬

**苜蓿苑**，在元代改为胜因寺，有芙蓉亭（元代改名八拱亭）。⑭

**庆寿寺**，在卢沟桥附近。⑮

**三觉寺**，在元大都南城，辽代始建。⑯

**三学寺**，辽南京寺庙之一。⑰

---

① 参见熊梦祥：《析津志辑佚》，76 页，北京，北京古籍出版社，1983。
② 参见脱脱等：《金史》卷八《世宗纪下》，194 页，北京，中华书局，1975。
③ 参见熊梦祥：《析津志辑佚》，67 页，北京，北京古籍出版社，1983。
④ 参见贾敬颜：《五代宋金元人边疆行记十三种疏证稿》，42 页，北京，中华书局，2004。
⑤ 参见徐梦莘：《三朝北盟会编》卷九十八，724 页，上海，上海古籍出版社，1987 年。
⑥ 参见熊梦祥：《析津志辑佚》，68 页，北京，北京古籍出版社，1983。
⑦ 参见熊梦祥：《析津志辑佚》，100 页，北京，北京古籍出版社，1983。
⑧ 参见贾敬颜：《五代宋金元人边疆行记十三种疏证稿》，53 页，北京，中华书局，2004。
⑨ 参见熊梦祥：《析津志辑佚》，89 页，北京，北京古籍出版社，1983。
⑩ 参见脱脱等：《金史》卷八《世宗纪下》，194 页，北京，中华书局，1975。
⑪ 参见贾敬颜：《五代宋金元人边疆行记十三种疏证稿》，86 页，北京，中华书局，2004。
⑫ 参见贾敬颜：《五代宋金元人边疆行记十三种疏证稿》，220 页，北京，中华书局，2004。
⑬ 参见脱脱等：《金史》卷二十三《五行志》，538 页，北京，中华书局，1975。
⑭ 参见熊梦祥：《析津志辑佚》，73 页，北京，北京古籍出版社，1983。
⑮ 参见脱脱等：《金史》卷五十《食货五》，1125 页，北京，中华书局，1975。
⑯ 参见熊梦祥：《析津志辑佚》，78 页，北京，北京古籍出版社，1983。
⑰ 参见脱脱等：《辽史》卷十九《兴宗二》，228 页，北京，中华书局，1974。

上方寺，金代蓟州寺庙，在盘山上。①

圣恩寺，即大悲阁，有方石瓷八角塔，唐始建，在元大都南城旧市中。②

太祖庙，供奉金太祖之庙。③

唐狄梁公庙，在今北京市昌平区。④

唐悯忠寺无垢净光塔，唐至德二年（757 年）始建。⑤

天王寺，金中都寺庙之一。⑥

天香寺，金代蓟州寺庙，在盘山上。⑦

天长观，金中都道观之一。⑧

天长观，唐代始建，在归义寺南。⑨

仙洞寺，金代蓟州寺庙。⑩

仙露寺，在北京玉虚宫前。⑪

香林寺，金代蓟州寺庙。⑫

修真院，在元大都旧城开阳西坊，金天会年间始建。⑬

玄真观，金中都道观之一。⑭

延洪寺，中唐始建，在元大都崇智门内。⑮

延圣寺，金中都寺庙之一。⑯

延寿寺，辽南京寺庙之一。⑰

① 参见脱脱等：《金史》卷八《世宗纪下》，194 页，北京，中华书局，1975。
② 参见熊梦祥：《析津志辑佚》，68 页，北京，北京古籍出版社，1983。
③ 参见脱脱等：《金史》卷六《世宗纪上》，124 页，北京，中华书局，1975。
④ 参见熊梦祥：《析津志辑佚》，261 页，北京，北京古籍出版社，1983。
⑤ 参见熊梦祥：《析津志辑佚》，117 页，北京，北京古籍出版社，1983。
⑥ 参见脱脱等：《金史》卷一百二十一《忠义一》，2641 页，北京，中华书局，1975。
⑦ 参见脱脱等：《金史》卷八《世宗纪下》，194 页，北京，中华书局，1975。
⑧ 参见脱脱等：《金史》卷十《章宗纪二》，242 页，北京，中华书局，1975。
⑨ 参见熊梦祥：《析津志辑佚》，87 页，北京，北京古籍出版社，1983。
⑩ 参见脱脱等：《金史》卷八《世宗纪下》，194 页，北京，中华书局，1975。
⑪ 参见熊梦祥：《析津志辑佚》，72 页，北京，北京古籍出版社，1983。
⑫ 参见脱脱等：《金史》卷八《世宗纪下》，194 页，北京，中华书局，1975。
⑬ 参见熊梦祥：《析津志辑佚》，85 页，北京，北京古籍出版社，1983。
⑭ 参见脱脱等：《金史》卷六十四《后妃下》，1528 页，北京，中华书局，1975。
⑮ 参见熊梦祥：《析津志辑佚》，68 页，北京，北京古籍出版社，1983。
⑯ 参见脱脱等：《金史》卷五《海陵纪》，105 页，北京，中华书局，1975。
⑰ 参见脱脱等：《辽史》卷十九《兴宗二》，228 页，北京，中华书局，1974。

仰山寺，辽穆宗应历十年（960 年）始建。①

玉虚观：金中都道观之一。②

原庙，金天眷二年（1139 年）始建，正隆二年（1157 年）毁。③

云峰寺，金中都寺庙之一。④

中盘寺，金代蓟州寺庙，在盘山上。⑤

独乐道院，辽时渔阳有独乐道院，沙门圆新居之。⑥

醴泉院，静安寺在渔山之西，旧名醴泉院。辽道宗赐额净名寺，金大定间改今名。⑦

净名寺，静安寺在渔山之西，旧名醴泉院。辽道宗赐额净名寺，金大定间改今名。⑧

天宁寺，隋之天宁寺，旧在城中，今在城外矣。⑨

悯忠寺，唐之悯忠寺，亦在城内东南隅……今则在外城西南僻境矣。⑩

天庆寺（永泰寺），按《通志》，寺本辽之永泰寺，大安兵毁。⑪

晋阳庵，有古铜大士像……下有款识云大唐贞观十四年（640 年）尉迟敬德监造。⑫

白塔寺，考此寺建于辽寿昌二年（1096 年）。⑬

淤泥寺，鹫峯寺，按《畿辅通志》云：即唐淤泥寺。⑭

西刘村寺，弘慈广济寺，……相传为西刘村寺，建于宋。⑮

弘业寺，按天宁寺建于元魏，旧号光林，隋仁寿间名弘业寺，唐开元

①　参见熊梦祥：《析津志辑佚》，72 页，北京，北京古籍出版社，1983。
②　参见脱脱等：《金史》卷十一《章宗纪三》，259 页，北京，中华书局，1975。
③　参见脱脱等：《金史》卷七十五《左泌列传》，1727 页，北京，中华书局，1975。
④　参见脱脱等：《金史》卷五《海陵纪》，105 页，北京，中华书局，1975。
⑤　参见脱脱等：《金史》卷八《世宗纪下》，194 页，北京，中华书局，1975。
⑥　参见于敏中：《日下旧闻考》，1883 页，北京，北京古籍出版社，1981。
⑦　参见于敏中：《日下旧闻考》，1883 页，北京，北京古籍出版社，1981。
⑧　参见于敏中：《日下旧闻考》，1883 页，北京，北京古籍出版社，1981。
⑨　参见励宗万：《京城古迹考》，4 页，北京，北京古籍出版社，1981。
⑩　参见励宗万：《京城古迹考》，4 页，北京，北京古籍出版社，1981。
⑪　参见励宗万：《京城古迹考》，9 页，北京，北京古籍出版社，1981。
⑫　参见励宗万：《京城古迹考》，11 页，北京，北京古籍出版社，1981。
⑬　参见励宗万：《京城古迹考》，13 页，北京，北京古籍出版社，1981。
⑭　参见励宗万：《京城古迹考》，15 页，北京，北京古籍出版社，1981。
⑮　参见励宗万：《京城古迹考》，14 页，北京，北京古籍出版社，1981。

中改额天王寺，金大定二十一年（1181 年）改为大万安祥寺。①

**额天王寺**，按天宁寺建于元魏，旧号光林，隋仁寿间名弘业寺，唐开元中改额天王寺，金大定二十一年（1181 年）改为大万安祥寺。②

**大万安祥寺**，按天宁寺建于元魏，旧号光林，隋仁寿间名弘业寺，唐开中改额天王寺，金大定二十一年（1181 年）改为大万安祥寺。③

**聚慧寺**，万寿寺，按寺郎唐之聚慧寺也。④

**兜率寺**，寿安寺在宛平县寿安山，本唐兜率寺，元至治元年（1321 年）重建。⑤

**嘉福寺**，潭柘寺在宛平县潭柘山，晋曰嘉福，唐曰龙泉，亦曰岫云，金，元间名万寿。⑥

**龙泉寺**，潭柘寺在宛平县潭柘山，晋曰嘉福，唐曰龙泉，亦曰岫云，金，元间名万寿。⑦

**万寿寺**，潭柘寺在宛平县潭柘山，晋曰嘉福，唐曰龙泉，亦曰岫云，金，元间名万寿。⑧

**慧聚寺**，戒坛寺系唐武德中建，旧名慧聚。⑨

**悯忠寺**，悯忠寺石坛，传为唐太宗征高丽回埋战骨处。⑩ 悯忠寺建于贞观十九年（645 年）……又于幽州城内建悯忠寺，作佛事以超度之。悯忠寺者，悯战亡将卒，以蜡封骼胔，为无所知，复借资冥冥，慰其死忠魂魄也。唐史称贞观十八年（644 年），太宗以张亮李世绩为行军大总管，诏亲战高丽。十九年七月攻安市城不下，诏班师。十月，帝还至营州，诏战亡士卒遗骸集柳城，帝自为文祭之，临哭尽哀。抵幽州，复作佛寺，以资冥福，赐名悯忠寺。有高阁着闻，故志称悯忠阁也。……有燕京大悯忠寺

① 参见励宗万：《京城古迹考》，16 页，北京，北京古籍出版社，1981。
② 参见励宗万：《京城古迹考》，16 页，北京，北京古籍出版社，1981。
③ 参见励宗万：《京城古迹考》，16 页，北京，北京古籍出版社，1981。
④ 参见励宗万：《京城古迹考》，18 页，北京，北京古籍出版社，1981。
⑤ 参见励宗万：《京城古迹考》，21 页，北京，北京古籍出版社，1981。
⑥ 参见励宗万：《京城古迹考》，22 页，北京，北京古籍出版社，1981。
⑦ 参见励宗万：《京城古迹考》，22 页，北京，北京古籍出版社，1981。
⑧ 参见励宗万：《京城古迹考》，22 页，北京，北京古籍出版社，1981。
⑨ 参见励宗万：《京城古迹考》，24 页，北京，北京古籍出版社，1981。
⑩ 参见戴璐：《藤阴杂记》，75 页，北京，北京古籍出版社，1982。

观音地宫舍利函记，有金大安十年沙门善制撰。①

**悯忠阁**，（悯忠寺）中有高阁，故但以阁名。唐谚：悯忠高阁，去天一握。是也。②

**云峰寺**：《金史海陵纪》，贞元三年（1155 年）三月乙卯，命以大房山云峰寺为山陵，建行宫其麓。③

**延寿寺**，宋徽宗北来寓此。④

**万福寺**，今右安门外十里草桥，唐时有万福寺，寺废而桥存。⑤

**弘业寺**，隋文帝尝……州各一塔，幽州弘业寺其一也。⑥

**寿安寺（聚慧）**，抵寿安寺……像自有唐兴袈罗同植。⑦

**觉雄寺**，在县治西，辽重熙十三年（1044 年）建，嘉靖八年（1529 年）重修，内有僧会司。⑧

**临泉寺**，在东高村（在平谷县东南八里）东一里，至县八里，大辽时建。嘉靖二十七年（1548 年）重修，今俗称高村寺。⑨

**香岚寺**，在渔子山寨南二里，至县二十里，金明昌三年（1192 年）建，嘉靖三十四年（1555 年）重修，今俗称独波峪寺。⑩

**兴善寺**，在峨眉山营东二里，至县二十里，唐咸通三年（862 年）建，正统八年（1443 年）重修，寺之东北一里许灵泉山下有泉出焉，经流于寺，今俗称水峪寺。⑪

**净宁寺**，在西鹿角庄（在平谷县西南八里），金大定二十年（1180 年）建，今俗称鹿角寺。⑫

**净平寺**，在大新寨，至县八里（西北），辽天庆十年（1120 年）建，

---

① 参见刘侗、于奕正：《帝京景物略》，118～119 页，北京，北京古籍出版社，1982。
② 参见孙承泽：《春明梦余录》，1269 页，北京，北京古籍出版社，1992。
③ 参见顾炎武：《京东考古录》，2 页，北京，北京古籍出版社，1982。
④ 参见戴璐：《藤阴杂记》，93 页，北京，北京古籍出版社，1982。
⑤ 参见潘荣陛：《帝京岁时纪胜》，20 页，北京，北京古籍出版社，1981。
⑥ 参见谈迁：《北游录》，48 页，北京，中华书局，1960。
⑦ 参见谈迁：《北游录》，252 页，北京，中华书局，1960。
⑧ 参见任在陛：《（雍正）平谷县志》，16 页，海口，海南出版社，2001。
⑨ 参见任在陛：《（雍正）平谷县志》，16 页，海口，海南出版社，2001。
⑩ 参见任在陛：《（雍正）平谷县志》，16 页，海口，海南出版社，2001。
⑪ 参见任在陛：《（雍正）平谷县志》，16 页，海口，海南出版社，2001。
⑫ 参见任在陛：《（雍正）平谷县志》，16 页，海口，海南出版社，2001。

正德元年（1506 年）重修，今俗称新乘寺。①

**开元寺**，元王恽言，（顺义）有唐大历五年（770 年）试太子洗马郑宣力撰开元寺碑，今亡。②

**法华寺**，（银山）下有法华寺，有隐峰十诗，曰白银峰，曰佛顶峰，曰古佛岩，曰说法台，曰佛觉塔，曰懿行塔，曰雪堂，曰云堂，曰茶亭，曰蒙泉。金大定六年（1166 年）立石。③

**驻跸寺**，可于驻跸寺东引入郊亭淀，三五日弥漫百余里，即幽州隔在水南。④

**悯忠寺**，（辽南京）有悯忠寺，本唐太宗为征辽阵亡将士所造。⑤

**开泰寺**，（辽南京）又有开泰寺，魏王耶律汉宁造，皆邀朝士游观城。⑥

**竹林寺**，九曰竹林寺，金熙宗驸马宫也。寺僧云：一塔无影。⑦ 今长椿街东里。

**龙头观**，十曰龙头观，龙头悬一牙签，刻曰建龙元年。⑧ 只能查到宋太祖建隆元年（960 年）的早期资料。

**晋像观音寺**，天福中，僧道翊所造。后汉乾祐中，僧从勖以佛舍利亲安大士顶。兀术入临安，宋高宗逊于海，遂与玉帛图籍俱航而北。僧志完率徒，以从至燕都城西五里玉河乡（今门头沟区），建寺居之。杭州上天竺观音大士古像，晋天福年，僧道翊见瑞光发涧，得奇木以刻也。后汉乾祐年，僧从勖自洛阳奉佛舍利，安大士顶。妙相既备，昼而白光。宋建炎四年（1130 年），兀术入临安，高宗逊于海，兀术问知像缘，遂与玉帛图籍尽航而北。僧智完率徒以从，至燕，舍都城西南五里之玉河乡，建寺奉之。此观音寺也。

**嘉福寺、龙泉寺（潭柘寺）**，晋嘉福寺，唐改龙泉寺，即今潭柘寺也。

---

① 参见任在陛：《（雍正）平谷县志》，16 页，海口，海南出版社，2001。
② 参见顾炎武：《昌平山水记》，22 页，北京，北京古籍出版社，1982。
③ 参见顾炎武：《昌平山水记》，18 页，北京，北京古籍出版社，1982。
④ 参见孙承泽：《春明梦余录》，1232 页，北京，北京古籍出版社，1992。
⑤ 参见孙承泽：《春明梦余录》，40 页，北京，北京古籍出版社，1992。
⑥ 参见孙承泽：《春明梦余录》，40 页，北京，北京古籍出版社，1992。
⑦ 参见孙承泽：《春明梦余录》，1228 页，北京，北京古籍出版社，1992。
⑧ 参见孙承泽：《春明梦余录》，1228 页，北京，北京古籍出版社，1992。

寺两鸱尾自潭中涌出，奇伟之甚。昔谓有柘千万章，今亡矣。……幽州此寺之最古者也。① 在平园村，金大定十三年（1173 年）建。旧名龙泉寺，一曰嘉福寺。

**智泉寺、大云寺、龙兴寺**，建于（东魏）元象元年戊午，幽州刺史尉苌命造，后改为智泉寺。武则天时改为大云寺。开元中改为龙兴寺。在悯忠寺前，隋造塔藏舍利处。②

**舍利塔**，建于隋文帝仁寿二年壬戌正月初。文帝为太子时，有梵僧以释迦佛舍利遗之，至登极勅天下大州建舍利塔时，幽州节制窦抗造五层木塔，扃舍利于其下。③

**天王寺**，隋天王寺，今之天宁寺。开皇中建，唐开元中修。④ 天宁寺，隋塔也。隋文帝遇阿罗汉，授舍利一裹，与法师昌迁数之，数多数少莫能定。乃七宝函，致雍、岐等三十州，州各一塔。天宁寺塔，其一也……寺在唐开元名天王寺……京师，古幽州也，隋所建塔藏舍利者，幽之弘业也。在新门外白纸坊，有古塔，旧名弘业，见隋碑神州塔传。唐开元改名天王，元末兵火，碑亡。（天宁寺）隋仁寿间幽州弘业寺建塔藏舍利即此。唐开元间，改额天王寺。⑤

**吉祥寺**，唐吉祥寺，在城西南隅……盖修时（万历年间）于地掘得石镫，上刻唐人所书《心经》。⑥

**晋阳庵**，唐晋阳庵，供大士像，上刻：大唐贞观十四年尉迟敬德监造。庵在宣武门外。尉迟敬德造观音像，自唐贞观，一千一十二年至今。观音古铜身，三尺，不以髹塑，不以金涂饰，妙相慈颜端若，而丈夫概具，磊磊然也。下刻：大唐贞观十四年尉迟敬德监造字。旧供宣武门外晋阳庵。⑦ 出宣武门二里许，晋阳庵内古铜观音坐像一尊，高三尺余……下有款识曰"大唐贞观某年尉迟敬德监造"⑧。在今潘家胡同。

---

① 参见孙承泽：《春明梦余录》，1268 页，北京，北京古籍出版社，1992。
② 参见孙承泽：《春明梦余录》，1268 页，北京，北京古籍出版社，1992。
③ 参见孙承泽：《春明梦余录》，1268 页，北京，北京古籍出版社，1992。
④ 参见孙承泽：《春明梦余录》，1269 页，北京，北京古籍出版社，1992。
⑤ 参见蒋一葵：《长安客话》，66 页，北京，北京古籍出版社，2001。
⑥ 参见孙承泽：《春明梦余录》，1269 页，北京，北京古籍出版社，1992。
⑦ 参见刘侗、于奕正：《帝京景物略》，180 页，北京，北京古籍出版社，1982。
⑧ 蒋一葵：《长安客话》，82 页，北京，北京古籍出版社，2001。

**聚慧寺（聚瑟寺）**，唐聚慧寺，武德中建。正统中，改万寿寺，在城西戒坛。[①] 聚瑟寺，在广源闸西数十武（半步）。[②]

**兜率寺**，唐兜率寺，今名永安，俗呼卧佛寺。殿前娑罗树来自西域，唐建寺时所植，今大三围高参天。（卧佛）寺，唐名兜率……以后殿香木佛，又后铜佛，俱卧，遂目卧佛云。自碧云寺折而东六七里乃抵（卧佛）寺……两殿各卧一佛，长可丈余，其一渗金甚精，寺因以名。[③] 该寺始建于唐贞观年间（627—649 年），原名兜率寺，又名寿安寺。由于唐代寺内就有檀木雕成的卧佛，后来元代又在寺内铸造了一尊巨大的释迦牟尼佛涅槃铜像，因此，一般人都把这座寺院叫作"卧佛寺"。

**佑圣教寺**，唐佑圣教寺，在通州城内西北隅，内浮图十三层，高三百八十尺……创于唐贞观七年……每天气晴朗，塔影垂映白河中。[④] 佑圣教寺：古有曰佑圣教寺者，今通州学宫也……塔别存石一方，唐贞观某年尉迟敬德修。[⑤]

**淤泥寺**，唐淤泥寺，即今鹫峰寺。鹫峰者，唐僧之号也，见唐人石刻心经中。寺在内城西隅，中有旃檀瑞相。[⑥]

**瑞云寺**，五代瑞云寺，李克用建，今改百家寺，在百花山。[⑦] 瑞云寺，古刹遗址。[⑧] 位于房山区史家营乡曹家房村，这里有始建于汉代的瑞云寺，辽以后多次重修。在清水社村，即唐李克用、李存勖建亭百花山之所。有碑记云寺始汉明时，历唐、宋、辽、金、元至明，重翻三十八次。[⑨]

**弥陀寺**，金弥陀寺，即法藏寺，在外城东南，金大定中建，景泰二年（1451 年）修，后有塔，中空可登，凡七级，高十丈余。[⑩]

**护圣寺**，金护圣寺，即功德寺，宣德中僧板庵重修，改今名。（玉泉

① 参见孙承泽：《春明梦余录》，1269 页，北京，北京古籍出版社，1992。
② 参见蒋一葵：《长安客话》，47 页，北京，北京古籍出版社，2001。
③ 参见蒋一葵：《长安客话》，57 页，北京，北京古籍出版社，2001。
④ 参见孙承泽：《春明梦余录》，1270 页，北京，北京古籍出版社，1992。
⑤ 参见刘侗、于奕正：《帝京景物略》，365 页，北京，北京古籍出版社，1982。
⑥ 参见孙承泽：《春明梦余录》，1270 页，北京，北京古籍出版社，1992。
⑦ 参见孙承泽：《春明梦余录》，1270 页，北京，北京古籍出版社，1992。
⑧ 参见沈榜：《宛署杂记》，223 页，北京，北京古籍出版社，1982。
⑨ 参见沈榜：《宛署杂记》，229 页，北京，北京古籍出版社，1982。
⑩ 参见孙承泽：《春明梦余录》，1271 页，北京，北京古籍出版社，1992。

山）西湖上有功德寺，旧名护圣寺，建自金时，元仍旧。[1]

**雀儿庵**，金雀儿庵，在潭柘寺后，章宗弹雀于此，即行幄建庵。[2]

**昊天寺**，金昊天寺，大定四年（1164 年）秦越公主建，正统四年（1439 年）王振修，改隆恩寺。[3]

**大定寺**，金大定寺，章宗建，有诗刻石。今改栖隐寺，在仰山。[4]

**甘露寺**，金甘露寺，即香山寺，建于大定中。……山有祭星台、护驾松、梦感泉，皆金章宗遗迹。[5] 香山寺，寺始金大定。

**白塔寺**，辽白塔寺，建于寿昌二年（1096 年），塔制如幢，色白如银……天顺二年（1458 年），改名妙应寺。白塔（阜成门内妙应寺塔），世传是塔创自辽寿昌二年（1096 年），为释迦佛舍利建。[6]

**秀峰寺**，唐秀峰寺石幢，心经贞观二十二年（648 年）书。[7]

**万福寺**，故李唐万福寺，寺废而桥（右安门外南十里草桥）存。[8]

**庆寿寺**，时（金宣宗年间）中和老人章公，住燕京之庆寿寺，梦僧杖而入门，踞狮子座。……旧有石刻金章宗"飞渡桥、飞虹桥"六大字（今西长安街北侧）。[9]

**白塔寺（妙应寺）**，塔自辽寿昌二年（1096 年），相传藏法宝种种，有光静夜，疑是塔然。[10]

**慧聚寺**，过永庆庵，盘盘一里而寺，唐武德中之慧聚寺也（阜成门西七十余里）。

**嘉福寺、龙泉寺（潭柘寺）**，谚曰：先有潭柘，后有幽州。夫潭先柘，柘先寺，寺奚遽幽州论先，潭柘则先焉矣。潭柘而寺之，寺莫先焉矣。……寺，晋、梁、唐、宋，代有尊宿，而唐华严为著。……寺先名嘉

① 参见蒋一葵：《长安客话》，51 页，北京，北京古籍出版社，2001。
② 参见孙承泽：《春明梦余录》，1271 页，北京，北京古籍出版社，1992。
③ 参见孙承泽：《春明梦余录》，1271 页，北京，北京古籍出版社，1992。
④ 参见孙承泽：《春明梦余录》，1271 页，北京，北京古籍出版社，1992。
⑤ 参见孙承泽：《春明梦余录》，1271 页，北京，北京古籍出版社，1992。
⑥ 参见蒋一葵：《长安客话》，26 页，北京，北京古籍出版社，2001。
⑦ 参见孙承泽：《春明梦余录》，1289 页，北京，北京古籍出版社，1992。
⑧ 参见刘侗、于奕正：《帝京景物略》，119 页，北京，北京古籍出版社，1982。
⑨ 参见刘侗、于奕正：《帝京景物略》，118～119 页，北京，北京古籍出版社，1982。
⑩ 参见刘侗、于奕正：《帝京景物略》，182 页，北京，北京古籍出版社，1982。

福，后名龙泉，独潭柘名传久不衰。[①]

**雀儿庵**，雀儿庵在潭柘后山五里……庵名雀儿者，金章宗幸此，弹雀，弹往雀下，发百不虚。盖山无人，雀无机，树有响，弦无声也。章宗喜，即行幄庵之，曰雀儿。后方僧来住，未悉本所名义，以臆造佛母孔雀明王佛像。[②]

**昊天寺**，金大定四年（1164年）秦越公主建，名昊天寺（在京西八十里仰山）……一大士古，唐像也。[③]

**栖隐寺**，（仰）山上栖隐寺，金大定寺也。[④] 仰山在县西百里，有五峰。金主即其地创栖隐寺，为游幸之所。

**大延圣寺**，（银山）中峰下有寺，金天会三年（1125年）建，曰大延圣寺（位于今南横街西口）。[⑤]

**法善寺、云盖寺**，（贾岛）初祝发法善寺，一曰云盖寺，在瀛州（今河间市）城南[⑥]。

**千佛寺**，下有寺，曰千佛，唐开元寺也，今颓矣。

**桃花寺**，《魏志》：渔阳有桃花山，山顶有泉流绕山麓如沟河，泉上有桃花寺。[⑦]

**戒坛**，在马鞍山，离城七十里。辽金时僧说法之所（属宛平县境）。从卢沟桥西北行三十里为灰厂。出灰厂渐入山，两壁夹径，不止百折，行者前后不相见，径尽始见山门。有高阁在山中央，可望百里。……阁后……折而右即戒坛。坛创自隋唐间……辽金时所植松今尚在。[⑧]

**大觉寺**，圆通寺，在西山，唐名大觉寺。山势蜿蜒，百折而升，半山忽有平坡，百里烟云，举目几席，因呼平坡寺。平坡寺既回禄后，荒凉殊甚，惟后殿藤胎大士像亦唐制佳。[⑨]

---

① 参见刘侗、于奕正：《帝京景物略》，118～119页，北京，北京古籍出版社，1982。
② 参见刘侗、于奕正：《帝京景物略》，318页，北京，北京古籍出版社，1982。
③ 参见刘侗、于奕正：《帝京景物略》，118～119页，北京，北京古籍出版社，1982。
④ 参见刘侗、于奕正：《帝京景物略》，118～119页，北京，北京古籍出版社，1982。
⑤ 参见刘侗、于奕正：《帝京景物略》，340页，北京，北京古籍出版社，1982。
⑥ 参见刘侗、于奕正：《帝京景物略》，335页，北京，北京古籍出版社，1982。
⑦ 参见孙承泽：《天府广记》，533页，北京，北京古籍出版社，1984。
⑧ 参见蒋一葵：《长安客话》，78页，北京，北京古籍出版社，2001。
⑨ 参见蒋一葵：《长安客话》，159页，北京，北京古籍出版社，2001。

**净土禅寺**，在石景山，古刹，无考。有元和四年碑文，年久难辨。

**开元寺**，在白家滩（今海淀区白家疃村），旧传唐开元年建。

**会聚寺**，西峰寺，在李家峪，唐名会聚。西峰寺位于门头沟区永定镇岢崂坨（今作苟萝坨）村西。

**胜泉禅寺**，在孟家胡同（按卷五街道，应在今门头沟区西部），系辽元故刹。①

**毗卢寺、圆觉寺**，俱在黄各庄（密云区、大兴区各有一个），唐朝建。②

**栖隐寺**，在仰山，金时创。③

**兴教寺**，在河南村（位于顺义区仁和镇），辽天庆年修。④

**隆兴寺**，在求贤村（在大兴区榆垡镇），先朝天庆年建。⑤

**白瀑寺**，在雁翅社（今门头沟区雁翅镇），金时僧人圆正建，皇统六年（1146 年）沙门希辩记。⑥

**紫荆寺**，在田家庄。相传隋田真、田广、田庆兄弟三人分居，议分紫荆，一夕枯死，兄弟感悟，复合，荆亦复荣，即此地也。

**团山禅林**，在桑峪社村（今门头沟区桑峪村），宋景定（1260—1264 年）时建，旧名团山禅林。⑦

**圣泉寺**，宋景炎年建。⑧

**灵泉寺**，在凌水村（今门头沟区斋堂镇灵水村），起自汉时。⑨

**云严寺**，在齐家庄（今门头沟区清水镇齐家庄村），唐武德初建。⑩

**碧云庵**，在聚宝山。金章宗建玩景楼于此，年久废坠。

**关王庙**，一在积庆坊（西安门外），宋建。一在大新庄（相传先朝唐

---

① 参见沈榜：《宛署杂记》，227 页，北京，北京古籍出版社，1982。
② 参见沈榜：《宛署杂记》，228 页，北京，北京古籍出版社，1982。
③ 参见沈榜：《宛署杂记》，228 页，北京，北京古籍出版社，1982。
④ 参见沈榜：《宛署杂记》，228 页，北京，北京古籍出版社，1982。
⑤ 参见沈榜：《宛署杂记》，228 页，北京，北京古籍出版社，1982。
⑥ 参见沈榜：《宛署杂记》，228 页，北京，北京古籍出版社，1982。
⑦ 参见沈榜：《宛署杂记》，228 页，北京，北京古籍出版社，1982。
⑧ 参见沈榜：《宛署杂记》，228 页，北京，北京古籍出版社，1982。
⑨ 参见沈榜：《宛署杂记》，228 页，北京，北京古籍出版社，1982。
⑩ 参见沈榜：《宛署杂记》，228 页，北京，北京古籍出版社，1982。

敬德建)。①

观音堂，一在大新庄，离城一百里，相传唐敬德建。② 一在长安城，离城二百里。

古佛堂，在大峪村，离城六十里，相传唐时建。③

永安寺，香山在都城西北三十里，以山有大石如香炉，故名，盖胜境也。永安寺创自李唐，沿于辽金，兴废莫详，而遗址仅存。香山寺，据记载唐代已有吉安、香山二寺。金大定二十六年（1186 年）将二寺合一，金章宗赐名"大永安寺"。

云居寺，寺在云表，仅通鸟道，曰云居寺。迤南三里有石级，长里许，级尽，东折为雷音殿。四壁镌梵语，悉隋唐人所书。④

龟镜寺，遵化县南四十里有莲花池，在磨台山。金大定间，忽见大龟负镜出漾池面，士人异之，寺因以名。⑤

福泉寺，遵化县北四十里有福泉寺，即汤泉寺，唐贞观二年建。内有汤泉，宽平约半亩，泉沸如星，温可浴。⑥

佑胜教塔，通州佑胜教寺在州治西北……有燃灯古佛舍利宝塔，创自唐贞观七年（633 年）。⑦

尉使君寺，始建于东魏。《日下旧闻考》之"唐采诗伦书重藏舍利记"载：原寺，后魏元象元年（538 年）戊午，幽州刺史尉苌命所造，遂号尉使君寺。后以为智泉寺。

智泉寺，始建于东魏。《日下旧闻考》之"唐采诗伦书重藏舍利记"载：原寺，后魏元象元年（538 年）戊午，幽州刺史尉苌命所造，遂号尉使君寺。后以为智泉寺。⑧

光林寺，天宁寺旧称（北魏）。⑨

---

① 参见沈榜：《宛署杂记》，232 页，北京，北京古籍出版社，1982。
② 参见沈榜：《宛署杂记》，235 页，北京，北京古籍出版社，1982。
③ 参见沈榜：《宛署杂记》，235 页，北京，北京古籍出版社，1982。
④ 参见蒋一葵：《长安客话》，94 页，北京，北京古籍出版社，2001。
⑤ 参见蒋一葵：《长安客话》，111 页，北京，北京古籍出版社，2001。
⑥ 参见蒋一葵：《长安客话》，111 页，北京，北京古籍出版社，2001。
⑦ 参见蒋一葵：《长安客话》，131 页，北京，北京古籍出版社，2001。
⑧ 参见吴廷燮等：《北京市志稿》，17 页，北京，燕山出版社，1998。
⑨ 参见宣武区地名录编辑委员会：《北京市宣武区地名录》，111 页，北京市宣武区人民政府，1982。

**宏业寺**，天宁寺旧称（隋）。

**天王寺**，天宁寺旧称（金）。

**悯忠寺**，法源寺旧称（唐）。①

**天长观**，白云观旧称（唐）。②

**大觉寺**，始建于辽代咸雍四年（1068 年），称清水院。③

**龙泉寺**，始建于辽代应历初年。④

**上方寺**，建于辽应历十年（960 年）。⑤

**兜率寺**，即卧佛寺，始建于唐贞观年间，又名寿安寺、普觉寺。⑥

**五华寺**，建于唐，卧佛寺内。⑦

**孔子庙**，辽代建。⑧

**姚斌关帝庙**，隋代。⑨

**嘉福寺**，晋，今潭柘寺。⑩

**龙泉寺**，唐，今潭柘寺。⑪

**昭仁寺**，唐。⑫

**悯忠寺**，唐，今法源寺。⑬

**延寿寺**，辽。⑭

---

①　参见宣武区地名录编辑委员会：《北京市宣武区地名录》，111 页，北京市宣武区人民政府，1982。

②　参见西城区地名录编委会：《北京市西城区地名录》，106 页，西城区人民政府，1998。

③　参见海淀区地名录编辑委员会：《北京市海淀区地名录》，200 页，北京市海淀区人民政府，1980。

④　参见海淀区地名录编辑委员会：《北京市海淀区地名录》，228 页，北京市海淀区人民政府，1980。

⑤　参见海淀区地名录编辑委员会：《北京市海淀区地名录》，228 页，北京市海淀区人民政府，1980。

⑥　参见海淀区地名录编辑委员会：《北京市海淀区地名录》，264 页，北京市海淀区人民政府，1980。

⑦　参见海淀区地名录编辑委员会：《北京市海淀区地名录》，265 页，北京市海淀区人民政府，1980。

⑧　参见吴廷燮等：《北京市志稿·文教志》，2 页，北京，燕山出版社，1998。

⑨　参见吴廷燮等：《北京市志稿·文教志》，548 页，北京，燕山出版社，1998。

⑩　参见吴廷燮等：《北京市志稿·宗教志》，1 页，北京，燕山出版社，1998。

⑪　参见吴廷燮等：《北京市志稿·文教志》，101 页，北京，燕山出版社，1998。

⑫　参见吴廷燮等：《北京市志稿·宗教志》，2 页，北京，燕山出版社，1998。

⑬　参见吴廷燮等：《北京市志稿·宗教志》，2、76 页，北京，燕山出版社，1998。

⑭　参见吴廷燮等：《北京市志稿·宗教志》，2、64 页，北京，燕山出版社，1998。

淤泥寺，唐，今鹫峰寺。①

吉祥寺，唐。②

开元寺，唐，今慈寿寺。③

北留庵，唐，今弥勒庵。④

翊教寺，宋。⑤

圆通寺，宋，今圆通庵。⑥

崇效寺，唐。⑦

小报国寺，辽。⑧

大悲阁，唐，今广恩寺。⑨

报国寺，辽。⑩

燕角楼，辽，今宝应寺。⑪

归义寺，辽。⑫

白马寺，隋。⑬

竹林寺，辽。⑭

大云寺，北魏。⑮

尉使君寺，北魏。⑯

延寿寺，唐，今大延寿寺。⑰

---

① 参见吴廷燮等：《北京市志稿·宗教志》，47 页，北京，燕山出版社，1998。
② 参见吴廷燮等：《北京市志稿·宗教志》，48 页，北京，燕山出版社，1998。
③ 参见吴廷燮等：《北京市志稿·宗教志》，49 页，北京，燕山出版社，1998。
④ 参见吴廷燮等：《北京市志稿·宗教志》，55 页，北京，燕山出版社，1998。
⑤ 参见吴廷燮等：《北京市志稿·宗教志》，58 页，北京，燕山出版社，1998。
⑥ 参见吴廷燮等：《北京市志稿·宗教志》，66 页，北京，燕山出版社，1998。
⑦ 参见吴廷燮等：《北京市志稿·宗教志》，70 页，北京，燕山出版社，1998。
⑧ 参见吴廷燮等：《北京市志稿·宗教志》，72 页，北京，燕山出版社，1998。
⑨ 参见吴廷燮等：《北京市志稿·宗教志》，72 页，北京，燕山出版社，1998。
⑩ 参见吴廷燮等：《北京市志稿·宗教志》，73 页，北京，燕山出版社，1998。
⑪ 参见吴廷燮等：《北京市志稿·宗教志》，77 页，北京，燕山出版社，1998。
⑫ 参见吴廷燮等：《北京市志稿·宗教志》，78 页，北京，燕山出版社，1998。
⑬ 参见吴廷燮等：《北京市志稿·宗教志》，78 页，北京，燕山出版社，1998。
⑭ 参见吴廷燮等：《北京市志稿·宗教志》，78 页，北京，燕山出版社，1998。
⑮ 参见吴廷燮等：《北京市志稿·宗教志》，78 页，北京，燕山出版社，1998。
⑯ 参见吴廷燮等：《北京市志稿·宗教志》，79 页，北京，燕山出版社，1998。
⑰ 参见吴廷燮等：《北京市志稿·宗教志》，79 页，北京，燕山出版社，1998。

**智泉寺**，后周，今大延寿寺。①

**普觉寺**，隋，今大延寿寺。②

**紫金寺**，宋。③

**仙露寺**，辽，今增寿寺④

**永泰寺**，辽，今天庆寺⑤

**宏业寺**，隋，今天宁寺。⑥

**天王寺**，唐，今天宁寺。⑦

**感应寺**，唐，今证果寺。⑧

**万福寺**，唐，今碧霞元君庙。⑨

**清胜寺**，辽，今广恩寺⑩

**周桥寺**，辽，今广恩寺。⑪

**白塔寺**，辽，今妙应寺。⑫

**火德真君庙**，唐，今火神庙。⑬

**五显关帝庙**，宋。⑭

**东岳庙**，宋。⑮

**天长观**，唐，今白云观。⑯

**牛街礼拜寺**，宋。⑰

**淤泥寺**，位于唐幽州城北郊（今百盛购物中心一带），建于唐贞观二

---

① 参见吴廷燮等：《北京市志稿·宗教志》，79 页，北京，燕山出版社，1998。
② 参见吴廷燮等：《北京市志稿·宗教志》，79 页，北京，燕山出版社，1998。
③ 参见吴廷燮等：《北京市志稿·宗教志》，79 页，北京，燕山出版社，1998。
④ 参见吴廷燮等：《北京市志稿·宗教志》，79 页，北京，燕山出版社，1998。
⑤ 参见吴廷燮等：《北京市志稿·宗教志》，81 页，北京，燕山出版社，1998。
⑥ 参见吴廷燮等：《北京市志稿·宗教志》，87 页，北京，燕山出版社，1998。
⑦ 参见吴廷燮等：《北京市志稿·宗教志》，87 页，北京，燕山出版社，1998。
⑧ 参见吴廷燮等：《北京市志稿·宗教志》，93 页，北京，燕山出版社，1998。
⑨ 参见吴廷燮等：《北京市志稿·宗教志》，105 页，北京，燕山出版社，1998。
⑩ 参见吴廷燮等：《北京市志稿·宗教志》，106 页，北京，燕山出版社，1998。
⑪ 参见吴廷燮等：《北京市志稿·宗教志》，106 页，北京，燕山出版社，1998。
⑫ 参见吴廷燮等：《北京市志稿·宗教志》，238 页，北京，燕山出版社，1998。
⑬ 参见吴廷燮等：《北京市志稿·宗教志》，281 页，北京，燕山出版社，1998。
⑭ 参见吴廷燮等：《北京市志稿·宗教志》，287 页，北京，燕山出版社，1998。
⑮ 参见吴廷燮等：《北京市志稿·宗教志》，290 页，北京，燕山出版社，1998。
⑯ 参见吴廷燮等：《北京市志稿·宗教志》，293 页，北京，燕山出版社，1998。
⑰ 参见吴廷燮等：《北京市志稿·宗教志》，311 页，北京，燕山出版社，1998。

十二年（648 年），是今西城境内最早的寺庙之一。①

**北留庵**，唐。②

**天长观**，白云观旧称（唐）。③

**延洪寺**，圣宗统和六年（988 年），耶律隆绪曾临幸燕京延寿寺和延洪寺礼佛。④

**宝集寺**，宝集寺在南城披云楼对巷之东五十武。寺建于唐。⑤

**千佛寺**，千佛寺位于德胜门北八步口。⑥

**法宝寺**。⑦

**昊天寺**，辽代皇家佛教寺院。旧址在西便门内路西（今长城光学仪器厂以西）。⑧

**奉福寺**，原广恩寺辽之奉福寺也，在白云观西南，地名栗园。⑨

**归义寺**，归义寺在今北京宣武区善果寺西北，创自唐代，辽代寺名不改，并立经幢、建佛殿。⑩

**聚慧寺**，辽。⑪

**香山寺**，辽。⑫

**崇孝寺**，辽。⑬

**报国寺**，报国寺始建于辽代，但规模很小，"有寺无额"，世称小报国寺。⑭

**驻跸寺**，在池水村辽建驻跸寺。⑮

---

① 参见吴廷燮等：《北京市志稿·金石志》，95 页，北京，燕山出版社，1998。
② 参见吴廷燮等：《北京市志稿·金石志》，96 页，北京，燕山出版社，1998。
③ 参见吴廷燮等：《北京市志稿·金石志》，103 页，北京，燕山出版社，1998。
④ 参见吴廷燮等：《北京市志稿·金石志》，106 页，北京，燕山出版社，1998。
⑤ 参见吴廷燮等：《北京市志稿·金石志》，106 页，北京，燕山出版社，1998。
⑥ 参见吴廷燮等：《北京市志稿·金石志》，106 页，北京，燕山出版社，1998。
⑦ 参见吴廷燮等：《北京市志稿·金石志》，113 页，北京，燕山出版社，1998。
⑧ 参见吴廷燮等：《北京市志稿·金石志》，115 页，北京，燕山出版社，1998。
⑨ 参见吴廷燮等：《北京市志稿·金石志》，115 页，北京，燕山出版社，1998。
⑩ 参见吴廷燮等：《北京市志稿·金石志》，116 页，北京，燕山出版社，1998。
⑪ 参见吴廷燮等：《北京市志稿·金石志》，118 页，北京，燕山出版社，1998。
⑫ 参见吴廷燮等：《北京市志稿·金石志》，119 页，北京，燕山出版社，1998。
⑬ 参见吴廷燮等：《北京市志稿·金石志》，123 页，北京，燕山出版社，1998。
⑭ 参见吴廷燮等：《北京市志稿·金石志》，123 页，北京，燕山出版社，1998。
⑮ 参见吴廷燮等：《北京市志稿·金石志》，124 页，北京，燕山出版社，1998。

　　**报先寺**，辽。①

　　**大昊天寺**，辽代皇家佛教寺院。旧址在西便门内路西（今长城光学仪器厂以西）。②

　　**复舜庙**，唐。③

　　**悯忠寺**，法源寺旧称（唐），始建于唐，北京最古老的名刹。④

　　**清真寺**，位于今北京市西城区广安门内牛街，建于北宋至道二年（996年），北京规模最大历史最悠久的清真寺。

　　**卧佛寺**，始建于唐贞观年间，又名兜率寺、寿安寺、普觉寺。⑤

　　**潭柘寺**，始建于西晋愍帝建兴四年（316年），是佛教传入北京地区后修建最早的一座寺庙。始创时规模不大，名叫嘉福寺。⑥

　　**戒台寺**，前身为创建于唐高祖武德五年（622年）的"慧聚寺"⑦。

　　**西峰寺**，始建于唐，初名会聚寺，元称玉泉寺，寺内清泉一泓，名胜泉池。英宗朱祁镇赐额名"西峰寺"⑧。

　　**灵岳寺**，位于门头沟区斋堂镇北部5公里的白铁山上。灵岳寺创建于唐贞观年间。灵岳寺传说先有寺后有斋堂城。辽代时重建。⑨

　　**白瀑寺**，始建于辽代乾统初年，初名白瀑院，后改"白瀑寿峰禅寺"，通称白瀑寺。⑩

　　**灵严寺**，位于门头沟区清水镇齐家庄村。始建于唐武德年间。⑪

　　① 参见吴廷燮等：《北京市志稿·金石志》，124页，北京，燕山出版社，1998。
　　② 参见吴廷燮等：《北京市志稿·金石志》，125页，北京，燕山出版社，1998。
　　③ 参见吴廷燮等：《北京市志稿·金石志》，415页，北京，燕山出版社，1998。
　　④ 参见北京市特别市公署社会局观光科：《北京景观》，31页，北京特别市公署出版，1939。
　　⑤ 参见北京市特别市公署社会局观光科：《北京景观》，50页，北京特别市公署出版，1939。
　　⑥ 参见门头沟区地名志编辑委员会：《北京市门头沟区地名志》，5页，北京，北京出版社，1993。
　　⑦ 门头沟区地名志编辑委员会：《北京市门头沟区地名志》，5页，北京，北京出版社，1993。
　　⑧ 门头沟区地名志编辑委员会：《北京市门头沟区地名志》，5页，北京，北京出版社，1993。
　　⑨ 参见门头沟区地名志编辑委员会：《北京市门头沟区地名志》，5、65、274页，北京，北京出版社，1993。
　　⑩ 参见门头沟区地名志编辑委员会：《北京市门头沟区地名志》，5页，北京，北京出版社，1993。
　　⑪ 参见门头沟区地名志编辑委员会：《北京市门头沟区地名志》，5页，北京，北京出版社，1993。

会聚寺，创建于唐，今西峰寺。①

灵严寺，创建于唐武德年间，位于今齐家庄村。②

双林寺，辽统和年间建。③

柏山寺，始建于唐代。④

白瀑寺，辽代古刹。⑤

嘉福寺，今潭柘寺，晋代初建时称嘉福寺。⑥

龙泉寺，今潭柘寺，唐代时称龙泉寺。⑦

仰山栖隐寺，始建于辽。⑧

慧聚寺，建于唐高祖武德五年，今戒台寺。⑨

白贴山院，灵岳寺辽时旧称。⑩

西域寺，始建于隋末唐初，今云居寺。⑪

兜率寺，即卧佛寺，始建于唐贞观年间，又名兜率寺、寿安寺、普觉寺。⑫

六聘山天开寺，古刹茅庵群辽时旧称。⑬

---

① 参见门头沟区地名志编辑委员会：《北京市门头沟区地名志》，124、274 页，北京，北京出版社，1993。

② 参见门头沟区地名志编辑委员会：《北京市门头沟区地名志》，128 页，北京，北京出版社，1993。

③ 参见门头沟区地名志编辑委员会：《北京市门头沟区地名志》，144 页，北京，北京出版社，1993。

④ 参见门头沟区地名志编辑委员会：《北京市门头沟区地名志》，154 页，北京，北京出版社，1993。

⑤ 参见门头沟区地名志编辑委员会：《北京市门头沟区地名志》，174、177 页，北京，北京出版社，1993。

⑥ 参见门头沟区地名志编辑委员会：《北京市门头沟区地名志》，210、273 页，北京，北京出版社，1993。

⑦ 参见门头沟区地名志编辑委员会：《北京市门头沟区地名志》，210、273 页，北京，北京出版社，1993。

⑧ 参见门头沟区地名志编辑委员会：《北京市门头沟区地名志》，221 页，北京，北京出版社，1993。

⑨ 参见门头沟区地名志编辑委员会：《北京市门头沟区地名志》，274 页，北京，北京出版社，1993。

⑩ 参见门头沟区地名志编辑委员会：《北京市门头沟区地名志》，274 页，北京，北京出版社，1993。

⑪ 参见房山区地名志编辑委员会：《北京市房山区地名志》，394 页，北京，北京出版社，1992。

⑫ 参见房山区地名志编辑委员会：《北京市房山区地名志》，399 页，北京，北京出版社，1992。

⑬ 参见房山区地名志编辑委员会：《北京市房山区地名志》，399 页，北京，北京出版社，1992。

兴善寺，又名水域寺，唐咸通三年（862 年）建。①

临泉寺，始建于辽，因临近泉水山顾名。②

大明寺，红螺寺旧称。③

仙圣传院，唐代凤翔寺旧称。④

文殊寺，建于唐代。⑤

应梦寺，建于辽，萧太后命人修建。⑥

龙安寺，辽代建，缙阳山上。⑦

缙阳观，辽统和三年（985 年）建，缙阳山上。⑧

缙阳寺，建于唐，辽圣宗赐名。⑨

佛岩寺，居庸关西北二十五里，创自辽金时。⑩

延寿寺，辽代。

龙泉寺，唐代寺院，今灵光寺。⑪

感应寺，唐代证果寺旧称。⑫

大觉寺，唐乾元年间，今香界寺。⑬

① 参见平谷县地名志编委会：《北京市平谷县地名志》，359 页，北京，北京出版社，1993。
② 参见平谷县地名志编委会：《北京市平谷县地名志》，361 页，北京，北京出版社，1993。
③ 参见怀柔县地名志编纂委员会：《北京市怀柔县地名志》，64 页，北京，北京出版社，1993。
④ 参见怀柔县地名志编纂委员会：《北京市怀柔县地名志》，569 页，北京，北京出版社，1993。
⑤ 参见怀柔县地名志编纂委员会：《北京市怀柔县地名志》，610 页，北京，北京出版社，1993。
⑥ 参见延庆县地名志编辑委员会：《北京市延庆县地名志》，379 页，北京，北京出版社，1993。
⑦ 参见延庆县地名志编辑委员会：《北京市延庆县地名志》，380 页，北京，北京出版社，1993。
⑧ 参见延庆县地名志编辑委员会：《北京市延庆县地名志》，380 页，北京，北京出版社，1993。
⑨ 参见延庆县地名志编辑委员会：《北京市延庆县地名志》，380 页，北京，北京出版社，1993。
⑩ 参见延庆县地名志编辑委员会：《北京市延庆县地名志》，482 页，北京，北京出版社，1993。
⑪ 参见石景山区地名志编辑委员会：《北京市石景山区地名志》，99、322 页，北京，科学技术出版社，1991。
⑫ 参见石景山区地名志编辑委员会：《北京市石景山区地名志》，94、327 页，北京，科学技术出版社，1991。
⑬ 参见石景山区地名志编辑委员会：《北京市石景山区地名志》，325 页，北京，科学技术出版社，1991。

**卢师寺**，今清凉寺，始建于隋。①

**碧霞元君祠**，妙峰山有碧霞元君祠，俗称娘娘顶。妙峰山娘娘庙始建于辽代，妙峰山传统庙会始于明代崇祯年间。②

**白云观**，白云观位于现今北京市西城区。初建于唐开元二十六年（739 年），原名天长观，金明昌三年（1192 年），重修此观，改名为太极宫，金泰和三年（1203 年），太极宫毁于火。元初全真派道长长春真人丘处机奉元太祖成吉思汗之诏，驻太极宫，掌管全国道教，遂更名长春宫。金天会五年（1127 年）丘处机逝世，其弟子在宫东建立道院，取名白云观。元代末年，长春宫等建筑毁于兵燹，白云观独存。③

**悯忠寺**④，南城悯忠寺，岁之四月八日为放生大会。悯忠寺现名法源寺，位于北京市西城区教子胡同南端的法源寺前街。唐贞观十九年（645 年）唐太宗李世民为纪念跨海东征中死难的将士，在幽州城内建一座寺庙。寺还没有建成，李世民去世了。经高宗李治、武则天多次降诏后，于武后万岁通天元年建成，命名为"悯忠寺"。

**承天护圣寺**⑤，按《日下旧闻考》或谓之此湖（昆明湖）为历朝驻跸之所，在辽则有承天护圣寺。

**白塔寺**⑥，阜成门内有白塔寺，建自辽寿昌间，中有白塔一座，高约十余丈，色白如雪。

**香山寺**⑦，香山寺位于北京香山公园内，历史悠久，据记载唐代已有吉安、香山二寺。

**燃灯佛塔**⑧，通州城西北隅有燃灯佛塔，建自后周宇文氏，十三层，高二十八丈，周围十丈四尺。

**石镫庵**⑨，在象房西承恩寺街，元代为吉祥庵。唐广德二年（764 年）

---

① 参见石景山区地名志编辑委员会：《北京市石景山区地名志》，396 页，北京，科学技术出版社，1991。

② 参见震钧：《天咫偶闻》，204 页，北京，北京古籍出版社，1982。

③ 参见震钧：《天咫偶闻》，214 页，北京，北京古籍出版社，1982。

④ 参见古粤顺德无名氏：《燕京杂记》，124、131 页，北京，北京古籍出版社，1986。

⑤ 参见古粤顺德无名氏：《燕京杂记》，127 页，北京，北京古籍出版社，1986。

⑥ 参见古粤顺德无名氏：《燕京杂记》，133 页，北京，北京古籍出版社，1986。

⑦ 参见古粤顺德无名氏：《燕京杂记》，133 页，北京，北京古籍出版社，1986。

⑧ 参见古粤顺德无名氏：《燕京杂记》，133 页，北京，北京古籍出版社，1986。

⑨ 参见震钧：《天咫偶闻》，44 页，北京，北京古籍出版社，1982。

少府裴监施、朝请郎赵偓书，适黄仪部汝亨过其地，以庵甫治而蹬适出，遂手书额，自是称石镫庵焉。

**旃檀寺**[①]，本名宏仁，以旃檀佛像所在，俗呼为旃檀云。

**宝应寺**[②]，位于北京市宣武区莱登胡同 29 号，寺旁有明司礼监王安墓，相传是唐代建制的古刹。

**大佛寺**[③]，隆兴寺，别名大佛寺，位于河北省石家庄市正定县城东门里街，原是东晋十六国时期后燕慕容熙的龙腾苑，隋文帝开皇六年（586年）在苑内改建寺院，时称龙藏寺，唐朝改为龙兴寺，清朝改为隆兴寺；是国内时代较早、规模较大而又保存完整的佛教寺院之一。

**卧佛寺**[④]，据《天咫偶闻》所记，"鹫峰寺俗称卧佛寺，在卧佛寺街"。另据《日下旧闻考》记载："唐淤泥寺，即今鹫峰寺。鹫峰者，唐僧之号也，见唐人石刻心经中。寺在内城西隅。"

**淤泥寺**[⑤]，唐淤泥寺经幢最有名，淤泥寺位于唐幽州城北郊（今百盛购物中心一带），建于唐贞观二十二年（648年），是今西城境内最早的寺庙之一。

**灵光寺**[⑥]，位于北京市石景山区翠微山东部西山八大处，是一座有1 200多年历史的佛家古刹，始建于唐代大历年间（766—779年），初名龙泉寺，辽代曾扩建，金代改叫觉山寺，明代成化十五年（1479年）重修后，才改称为灵光寺，此寺名一直沿用至今。

**天庆寺**[⑦]，"天庆寺旧址位于崇文区东晓市街。其东与南药王庙毗邻，为辽代的水泰寺。元代至元九年（1272年）重建时，发现一口废钟刻有"天庆"二字，经考证是辽代年号，因此就以"天庆"为寺名。"

**姚斌关帝庙**[⑧]，"姚斌关帝庙，在药王庙东，相传始于隋代，概无可考"。

---

① 参见震钧：《天咫偶闻》，18、214 页，北京，北京古籍出版社，1982。
② 参见震钧：《天咫偶闻》，46 页，北京，北京古籍出版社，1982。
③ 参见震钧：《天咫偶闻》，64 页，北京，北京古籍出版社，1982。
④ 参见震钧：《天咫偶闻》，103、198、215 页，北京，北京古籍出版社，1982。
⑤ 参见震钧：《天咫偶闻》，103 页，北京，北京古籍出版社，1982。
⑥ 参见震钧：《天咫偶闻》，113 页，北京，北京古籍出版社，1982。
⑦ 参见震钧：《天咫偶闻》，135 页，北京，北京古籍出版社，1982。
⑧ 参见震钧：《天咫偶闻》，204 页，北京，北京古籍出版社，1982。

**法藏寺**①，"天坛之东有法藏寺，浮屠十三级。登之所见甚远"。

**南台寺**②，"南台寺，在夕照寺后，亦古刹也"。夕照寺位于北京市广渠门大街中街，但南台寺具体方位不明。

**法源寺**③，"法源寺，即古悯忠寺也"。

**善果寺**④，善果寺坐落在广安门内广义街东侧，历史悠久、建筑规模宏伟，是北京外八刹之一。始建于五代时期的后梁乾化元年（911 年），善果寺初名唐安寺，明英宗朱祁镇赐名为善果寺。

**天宁寺**⑤，"天宁寺，其来最古，所谓元魏之光林寺也，地在金代南城内"。

**岫云寺**⑥，"过罗睺岭以西为岫云寺，古称'潭柘'"。

**大悲寺**⑦，"灵光寺……再上，北为大悲寺"。大悲寺旧名隐寂寺，始建于辽金时代（1033 年），明嘉靖二十九年（1550 年）在原有两层大殿后增建了大悲阁，以供奉观世音菩萨。清康熙五十一年（1711 年）重建此庙，改为大悲寺。

**龙泉寺**，龙泉寺坐落在北京西山凤凰岭山脚下，始建于辽代应历初年。

**香界寺**⑧，香界寺位于今北京市石景山区八大处公园，创建于唐朝，起初称平坡大觉寺。明朝重修时，改称大圆通寺。清朝康熙年间重修，改称圣感寺。清朝乾隆年间又重修，改称香界寺，沿用至今。

**五华寺**⑨，位于现北京市植物园樱桃沟内红星桥东侧。原为道观，金世宗敕建，始建于金大定二十七年（1187 年）。

**法藏寺**⑩，位于崇文区，法藏寺地名得自法藏寺庙。法藏寺是当年北京有名的大庙。建于金大定年间，原名弥陀寺。明朝景泰年间重修，才改

---

① 参见震钧：《天咫偶闻》，204 页，北京，北京古籍出版社，1982。
② 参见震钧：《天咫偶闻》，204 页，北京，北京古籍出版社，1982。
③ 参见震钧：《天咫偶闻》，159、172 页，北京，北京古籍出版社，1982。
④ 参见震钧：《天咫偶闻》，174 页，北京，北京古籍出版社，1982。
⑤ 参见震钧：《天咫偶闻》，195 页，北京，北京古籍出版社，1982。
⑥ 参见震钧：《天咫偶闻》，195 页，北京，北京古籍出版社，1982。
⑦ 参见震钧：《天咫偶闻》，198 页，北京，北京古籍出版社，1982。
⑧ 参见震钧：《天咫偶闻》，198 页，北京，北京古籍出版社，1982。
⑨ 参见震钧：《天咫偶闻》，198 页，北京，北京古籍出版社，1982。
⑩ 参见震钧：《天咫偶闻》，215 页，北京，北京古籍出版社，1982。

名法藏寺，俗名白塔寺。

**天宁寺**①，"隋代舍利塔，位于北京广安门外天宁寺。寺隋名宏业，仁寿二年建塔，安置舍利。据清《日下旧闻考》引旧籍考证，寺始建于5世纪北魏孝文帝时，初名光林寺。隋仁寿二年（602年）称宏业寺"。

**卧佛寺**②，"唐淤泥寺经幢藏于西城鹫峰寺一名卧佛寺中，八面刻宫官张功谨敬德，建造贞观二十三年（649年）三月"。

另据《日下旧闻考》记载："唐淤泥寺，即今鹫峰寺。鹫峰者，唐僧之号也，见唐人石刻心经中。寺在内城西隅。"

**淤泥寺**③，"唐淤泥寺经幢藏于西城鹫峰寺一名卧佛寺中，八面刻宫官张功谨敬德，建造贞观二十三年（649年）三月"。淤泥寺位于唐幽州城北郊（今百盛购物中心一带），建于唐贞观二十二年（648年），是今西城境内最早的寺庙之一。

**悯忠寺**④，悯忠寺现名法源寺位于北京市西城区教子胡同南端的法源寺前街。唐贞观十九年（645年），唐太宗李世民为纪念跨海东征中死难的将士，在幽州城内建一座寺庙。寺还没有建成，李世民已去世。经高宗李治、武则天多次降诏后，于武后万岁通天元年建成，命名为"悯忠寺"。

**法源寺**⑤，悯忠寺现名法源寺，位于北京市西城区教子胡同南端的法源寺前街。

**崇效寺**⑥，"崇效寺位于北京市宣武区白纸坊附近，唐贞观元年（627年）始建"。

**归义寺**⑦，"归义寺尊胜经幢藏于外城善果寺"。《大元一统志》云："归义寺，在旧城时和坊内，有大唐再修归义寺碑，幽州节度掌书记荣禄大夫检校太子洗马兼侍御史上柱国张冉撰。略曰：归义金刹，肇自天宝岁。迫以安氏乱常，金陵史氏归顺，特诏封归义郡王，兼总幽燕节制，始置此寺，诏以归义为额。大中十年丙子九月立石"。据考证归义废寺在今

① 参见民国内务部：《京兆古物调查表》，2页，北京，北京图书馆出版社，2004。
② 参见民国内务部：《京兆古物调查表》，6页，北京，北京图书馆出版社，2004。
③ 参见民国内务部：《京兆古物调查表》，6页，北京，北京图书馆出版社，2004。
④ 参见民国内务部：《京兆古物调查表》，6页，北京，北京图书馆出版社，2004。
⑤ 参见民国内务部：《京兆古物调查表》，6～9页，北京，北京图书馆出版社，2004。
⑥ 参见民国内务部：《京兆古物调查表》，6页，北京，北京图书馆出版社，2004。
⑦ 参见民国内务部：《京兆古物调查表》，7页，北京，北京图书馆出版社，2004。

广安门大街北，当时在金中都之时和坊内，坊系沿唐、辽时旧坊名（见鲁晓帆《唐幽州诸坊考》）。

**善果寺**①，"归义寺尊胜经幢藏于外城善果寺"。善果寺坐落在广安门内广义街东侧，历史悠久、建筑规模宏伟，是北京外八刹之一。始建于五代时期的后梁乾化元年（911 年），善果寺初名唐安寺，明英宗朱祁镇赐名为善果寺。

**奉福寺**②，奉福寺最早可以上溯至后魏时期。永乐大典本《（万历）顺天府志》卷七：奉福寺，按旧志记，寺起于后魏孝文之世。为院百有二十区，后罹兵烬。唐贞观十年（636 年），诏仍旧基加修葺。五季盗起，一炬无遗。至辽乾统（1101—1110 年）中，有安禅大师法珍者，戒行精固，见颓垣废址，遂结茅而居。奉福寺历史上为潭柘寺的下院，《日下旧闻考》卷九十五："原广恩寺辽之奉福寺也，在白云观西南，地名栗园。原敕赐广恩寺碑：北京西南去都城五里，有奉福寺。"

**广恩寺**③，《日下旧闻考》卷九十五："原广恩寺辽之奉福寺也，在白云观西南，地名栗园。……原敕赐广恩寺碑：北京西南去都城五里，有奉福寺。"

**大觉寺**④，即今海淀区苏家坨镇西南阳台山下大觉寺。大觉寺位于海淀区西北阳台山麓。始建于辽咸雍四年（1068 年），因寺内有清泉流入，故又名清水院。大觉寺在金代称灵泉寺，明宣德三年（1428 年）重修后改称大觉寺。

**戒坛聚惠寺**⑤，位于北京西山的马鞍山，距市区 35 公里，始建于唐武德五年（622 年），名慧聚寺。辽咸雍年间（1065—1074 年），有法均和尚在此建戒坛，四方僧众多来受戒，故俗称戒坛寺。

**报国寺**⑥，报国寺位于北京市市西城区报国寺前街 1 号，始建于辽代，但规模很小，"有寺无额"，世称小报国寺。明初塌毁。成化二年（1466

---

① 参见民国内务部：《京兆古物调查表》，7 页，北京，北京图书馆出版社，2004。
② 参见民国内务部：《京兆古物调查表》，7 页，北京，北京图书馆出版社，2004。
③ 参见民国内务部：《京兆古物调查表》，7 页，北京，北京图书馆出版社，2004。
④ 参见民国内务部：《京兆古物调查表》，7 页，北京，北京图书馆出版社，2004。
⑤ 参见民国内务部：《京兆古物调查表》，7～8 页，北京，北京图书馆出版社，2004。
⑥ 参见民国内务部：《京兆古物调查表》，8 页，北京，北京图书馆出版社，2004。

年）重修，改名慈仁寺，俗称报国寺。

**驻跸寺**①，辽南京南城外有宝光寺，东城外有驻跸寺。

**潭柘岫云寺**②，潭柘寺位于北京市西部门头沟区东南部的潭柘山麓，距市中心30余公里。潭柘寺始建于西晋永嘉元年（307年），寺院初名"嘉福寺"，清代康熙皇帝赐名为"岫云寺"，但因寺后有龙潭，山上有柘树，故民间一直称为潭柘寺。

**延寿寺**③，位于北京市宣武区，琉璃厂东街以北，一说建造于北宋年间，至今已无存。

**西城双塔寺**④，据《大元一统志》记载，双塔寺是创建于金世宗大定二十六年（1186年）的一座著名古刹，是金朝的庆寿宫，元代改称大庆寿寺。因寺内西南隅有两座玲珑秀丽、巍峨壮观的砖塔，左右相拥矗立，而被百姓们俗称为"双塔寺"。元朝初年，双塔庆寿寺占地面积颇大。东起现在的府右街，西到如今的西单路口东侧的横二条，北到力学胡同，南到现在的西长安街。

**西峰寺**⑤，西峰寺位于门头沟区永定镇岢罗坨村西，始建于唐，初名会聚寺，元称玉泉寺，寺内清泉一泓，名胜泉池。英宗朱祁镇赐额名"西峰寺"。

**瑞云寺**⑥，瑞云寺位于房山区史家营乡曹家房村，始建于汉代，辽以后多次重修，清为护国显光禅寺。该寺原有四进，为天王殿、药师殿、菩萨殿和千佛阁。

**多宝佛塔**⑦，"志称塔五级高十五丈，四面有门。阶级环上唐尉迟敬德修。"良乡多宝佛塔俗称良乡塔，在良乡镇东北的燎石岗上，建于辽代。塔为平面八角形，高约36米，五级空心楼阁式。

**清凉寺**⑧，位于现窦店卫生院，始建于隋末唐初，占地约六亩，有三

---

① 参见民国内务部：《京兆古物调查表》，8页，北京，北京图书馆出版社，2004。
② 参见民国内务部：《京兆古物调查表》，9页，北京，北京图书馆出版社，2004。
③ 参见民国内务部：《京兆古物调查表》，9页，北京，北京图书馆出版社，2004。
④ 参见民国内务部：《京兆古物调查表》，10页，北京，北京图书馆出版社，2004。
⑤ 参见民国内务部：《京兆古物调查表》，10、11页，北京，北京图书馆出版社，2004。
⑥ 参见民国内务部：《京兆古物调查表》，10页，北京，北京图书馆出版社，2004。
⑦ 参见民国内务部：《京兆古物调查表》，11页，北京，北京图书馆出版社，2004。
⑧ 参见民国内务部：《京兆古物调查表》，12、13、25页，北京，北京图书馆出版社，2004。

层大殿，曾居住过 7 代僧人。

**龙泉寺**①，辽大康年（1075—1084 年）建，位于霸州市信安镇。

**大佛寺**②，北宋建，在永清南辛溜村。

**隆庆寺**③，辽乾统九年（1109 年）建，在永清县西义口村。

**延寿寺**④，寻延寿寺位置沿革无果，却有"寿延寺"，其中"寿延寺见金代建，永清南陈各庄村"地址与《京兆古物调查表》所记载陈各庄相同。

**石各庄寺**⑤，金代建，永清县南石各庄村。

**昭烈庙**⑥，汉代昭烈庙，在涿县西南楼桑村。

**昭佑灵惠公庙**⑦，唐代昭佑灵惠公庙在涿县东南隅。

**智度寺**。⑧

**广因寺**。⑨

**张相公庙**。⑩

**二郎庙**。⑪

**真武庙**。⑫

**佑圣教寺**⑬，在北京市通县旧城内西北隅，浮图十三层，高三百五十尺，下作莲花台，座高百二十尺，周围四百尺，创于唐贞观七年（633年），历五代辽金元，凡八代而始成，塔顶有铁矢一，相传金将杨彦升射镞其上，今犹存，为县之巨观。

**净土寺**⑭，净土寺在河北省邢台市，据邢台旧志记载，为十六国后期

---

① 参见民国内务部：《京兆古物调查表》，14、25 页，北京，北京图书馆出版社，2004。
② 参见民国内务部：《京兆古物调查表》，15 页，北京，北京图书馆出版社，2004。
③ 参见民国内务部：《京兆古物调查表》，15 页，北京，北京图书馆出版社，2004。
④ 参见民国内务部：《京兆古物调查表》，16 页，北京，北京图书馆出版社，2004。
⑤ 参见民国内务部：《京兆古物调查表》，16 页，北京，北京图书馆出版社，2004。
⑥ 参见民国内务部：《京兆古物调查表》，21 页，北京，北京图书馆出版社，2004。
⑦ 参见民国内务部：《京兆古物调查表》，21 页，北京，北京图书馆出版社，2004。
⑧ 参见民国内务部：《京兆古物调查表》，23、24 页，北京，北京图书馆出版社，2004。
⑨ 参见民国内务部：《京兆古物调查表》，24 页，北京，北京图书馆出版社，2004。
⑩ 参见民国内务部：《京兆古物调查表》，25 页，北京，北京图书馆出版社，2004。
⑪ 参见民国内务部：《京兆古物调查表》，25 页，北京，北京图书馆出版社，2004。
⑫ 参见民国内务部：《京兆古物调查表》，25 页，北京，北京图书馆出版社，2004。
⑬ 参见民国内务部：《京兆古物调查表》，27 页，北京，北京图书馆出版社，2004。
⑭ 参见民国内务部：《京兆古物调查表》，31 页，北京，北京图书馆出版社，2004。

赵时，大和尚佛图澄公元 232—248 年驻锡之地。

**盘山千像寺**，千像寺位于天津市蓟县盘山风景名胜区的盘山园陵东，属乾隆行宫"静寄山庄"。千像寺又名叫"佑唐寺"，始建于唐开元年间，唐末毁于兵火。辽初重修。

**独乐寺**①，又称大佛寺，位于天津市蓟县，是我国仅存的三大辽代寺院之一，其缘始无可考，寺庙历史最早可追至贞观十年（636 年）。

**甘泉普济禅寺**。②

**佑唐寺**③，千像寺又名佑唐寺，位于天津市蓟县盘山风景名胜区的盘山园陵东，始建于唐开元年间，唐末毁于兵火。辽初重修。

**日照寺**。④

**石佛寺**⑤，石佛寺位于北京市西门头沟区妙峰山。

**法华寺**⑥，蓟县法华寺位于蓟县县城东 6 公里处的桃花寺村。隶属于蓟县渔阳镇，该村北部山上有一座寺庙，原名曰桃花寺，该村由此得名。

**广济寺**⑦，广济寺坐落于天津市宝坻区，建于辽代，历时近千年，于公元 1005 年筹建，公元 1025 年正式竣工。

**雷音洞**⑧，雷音洞位于北京市房山区云居寺景区内，建成于隋朝大业十二年（616 年）。

**云居寺**⑨，云居寺位于北京西南房山区境内，距市中心 70 公里。云居寺始建于隋末唐初，初名智泉寺，后改称云居寺。

**天开寺**⑩，天开寺始建于东汉，位于北京市房山区韩村河镇龙门生态园内元宝山上，是北京境内历史最悠久的古刹之一，距今已有 1 950 多年的历史。

---

① 参见民国内务部：《京兆古物调查表》，31、34 页，北京，北京图书馆出版社，2004.
② 参见民国内务部：《京兆古物调查表》，33 页，北京，北京图书馆出版社，2004.
③ 参见民国内务部：《京兆古物调查表》，33 页，北京，北京图书馆出版社，2004.
④ 参见民国内务部：《京兆古物调查表》，34 页，北京，北京图书馆出版社，2004.
⑤ 参见民国内务部：《京兆古物调查表》，37 页，北京，北京图书馆出版社，2004.
⑥ 参见民国内务部：《京兆古物调查表》，37 页，北京，北京图书馆出版社，2004.
⑦ 参见民国内务部：《京兆古物调查表》，39 页，北京，北京图书馆出版社，2004.
⑧ 参见民国内务部：《京兆古物调查表》，46、47 页，北京，北京图书馆出版社，2004.
⑨ 参见民国内务部：《京兆古物调查表》，46、47、62 页，北京，北京图书馆出版社，2004.
⑩ 参见民国内务部：《京兆古物调查表》，61 页，北京，北京图书馆出版社，2004.

**法塔寺**①，据书中所记，"左安门内法塔寺"，金代大定年间（公元1161　1189 年）始建。遗址位于今北京市东城区幸福东街南端铁道西侧。初称弥陀寺，因寺中建有砖塔一座，故俗称白塔寺或法塔寺。明景泰二年（1451 年）太监裴善静重修并改名为法藏寺。

**卧佛寺**②，"鹫峰寺俗称卧佛寺，在卧佛寺街"。另据《日下旧闻考》记载："唐淤泥寺，即今鹫峰寺。鹫峰者，唐僧之号也，见唐人石刻心经中。寺在内城西隅。""唐淤泥寺经幢藏于西城鹫峰寺一名卧佛寺中，八面刻宫官张功谨敬德，建造贞观二十三年三月。"③

**慈仁寺**④，"慈仁寺，后改为报国寺，在彰义门内"。报国寺位于北京市西城区报国寺前街 1 号，始建于辽代，但规模很小，"有寺无额"，世称小报国寺。明初塌毁。成化二年（1466 年）重修，改名慈仁寺，俗称报国寺。

**龙树寺**⑤，"龙树寺，俗名龙爪槐，在江亭西北"。龙树寺原名兴诚寺，又称龙树院，原系龙泉寺东路的东跨院一部分。《骨董琐记》称之"唐寺"。寺内原有古槐一株，状如卧龙，故寺名即源于此。

**法源寺**⑥，"法源寺，在西砖胡同，即唐之悯忠寺"。法源寺位于今北京宣武门外教子胡同南端东侧，建于唐太宗贞观十九年（645 年），是北京最古老的名刹之一，唐时为悯忠寺。

**天宁寺**⑦，在广安门外，石路之北，北魏古刹。天宁寺位于今北京市西城区广安门外护城河西岸北滨河路西侧的天宁寺前街上。寺中有北京最高的密檐式砖塔，为辽代时所建。天宁寺始建于北魏孝文帝年间，当时叫光林寺，是北京最古老的寺院之一。到唐代该寺名叫天王寺。明初，明成祖下旨重修该寺，天王寺在明正统年间又重修时改名天宁寺。明正德、嘉

---

① 参见崇彝：《道咸以来朝野杂记》，24 页，北京，北京古籍出版社，1982。

② 参见崇彝：《道咸以来朝野杂记》，25、86 页，北京，北京古籍出版社，1982；震钧：《天咫偶闻》，103、198、215 页，北京，北京古籍出版社，1982。

③ 民国内务部：《京兆古物调查表》，6 页，北京，北京图书馆出版社，2004。

④ 参见崇彝：《道咸以来朝野杂记》，25 页，北京，北京古籍出版社，1982；民国内务部：《京兆古物调查表》，8 页，北京，北京图书馆出版社，2004。

⑤ 参见崇彝：《道咸以来朝野杂记》，26 页，北京，北京古籍出版社，1982。

⑥ 参见崇彝：《道咸以来朝野杂记》，26 页，北京，北京古籍出版社，1982。

⑦ 参见崇彝：《道咸以来朝野杂记》，26 页，北京，北京古籍出版社，1982。

靖年间和清乾隆年间都曾重修。

**普济寺**[①]，"（积水潭）南岸为普济寺，俗称高庙"。始建年代无考，重建于明正德十四年（1519 年）。因地势高而俗称高庙、关帝高庙，也叫华陀庙。

**广济寺**[②]，"西城庙宇，以西四广济寺为冠"。广济寺位于今北京城内西城区阜成门内大街 25 号，始建于宋朝末年，名西刘村寺。明天顺初年重建，成化二年（1466 年）宪宗皇帝下诏命名"弘慈广济寺"。

**夕照寺**，[③]左安门内西照寺，右刹也。寺以画壁得名。

**潭柘寺**，或称潭柘岫云寺[④]，潭柘寺位于北京西部门头沟区东南部的潭柘山麓，距市中心 30 余公里。潭柘寺始建于西晋永嘉元年（307 年），寺院初名"嘉福寺"，清代康熙皇帝赐名为"岫云寺"，但因寺后有龙潭，山上有柘树，故民间一直称为"潭柘寺"。

**大觉寺**[⑤]，大觉寺又称西山大觉寺，位于北京市海淀区阳台山麓，始建于辽代咸雍四年（1068 年）。寺庙坐西朝东，殿宇依山而建，自东向西由天王殿、大雄宝殿、无量寿佛殿、大悲坛等四进院落组成。此外还有四宜堂、憩云轩、领要亭、龙王堂等建筑，寺内供奉的像，造型优美，形象生动。

**香城塔**[⑥]，栖隐寺塔，又名香城塔、七郎塔，位于香河县城南于辛庄村南，距县城 30 里。据《香河县志》记载，栖隐寺创建于辽统和二十四年（1006 年），塔亦为当时所建，是一座九层八面砖砌实心塔。寺院早已无存，而寺塔经康熙、光绪间两次重修，1976 年唐山大地震时，这座古塔被震毁。

**舍利塔**[⑦]，位于河北省廊坊市三河县西门外，金正隆元年（1156 年）建，高十三级。又据第 27 页表中所及，舍利塔位于通州城西南隅佑胜教

---

①　参见崇彝：《道咸以来朝野杂记》，27 页，北京，北京古籍出版社，1982。

②　参见崇彝：《道咸以来朝野杂记》，27 页，北京，北京古籍出版社，1982。

③　参见崇彝：《道咸以来朝野杂记》，106 页，北京，北京古籍出版社，1982。

④　参见崇彝：《道咸以来朝野杂记》，27 页，北京，北京古籍出版社，1982；民国内务部：《京兆古物调查表》，9 页，北京，北京图书馆出版社，2004。

⑤　参见不著撰人：《燕都古迹古典杂记》，清抄本。

⑥　参见民国内务部：《京兆古物调查表》，18 页，北京，北京图书馆出版社，2004。

⑦　参见民国内务部：《京兆古物调查表》，18 页，北京，北京图书馆出版社，2004。

寺。燃灯佛舍利塔坐落于通州区北部区域，该塔始建于南北朝北周时期，距今已有 1 300 多年历史。

**潭柘寺**，晋称嘉福寺，唐称龙泉寺。潭柘寺在浑河石景山西栗园庄北，去京八十余里。《燕京岁时记》记载了潭柘寺，在有关内容最后一段：《日下旧闻考》：潭柘寺在罗岭平原村，去京城西北九十里。晋曰嘉福，唐曰龙泉。京师谚曰："先有潭柘，后有北京。"盖寺之最古者。康熙间，更名岫云寺，寺故海眼，佛殿基即潭也。

**万寿寺**，唐称慧聚寺。寺名万寿，在潭柘东南，以松胜。《燕京岁时记》"戒台"记载了相关内容。其在戒台最后一段：《日下旧闻考》：万寿寺在马鞍山，唐武德中建，曰慧聚寺。明正统间改今名。寺有戒台，乃辽咸雍间僧法均始开，明正统中敕如幻律师说戒立坛焉。

**天宁寺**，北魏称光林寺，隋称宏业寺，唐称天王寺，金称大万安寺。每届九月九日，则都人士提壶携榼，出郭登高。南则在天宁寺、陶然亭、龙爪槐等处，北则蓟门烟树、清净化城等处，远则西山八刹等处。《燕京岁时记》其在"九月九（以下九月）"最后一段：《日下旧闻考》：天宁寺在广宁门外二里许，塔高二十七丈五尺五寸。隋仁寿二年建，以安舍利。寺在元魏为光林，在隋为宏业，在唐为天王，在金为大万安，前明宣德中改曰天宁，乾隆二十一年重修，名仍其旧。

**开元寺**，唐称悯忠寺。悯忠寺有唐景福元年重藏舍利记，其铭曰：大燕城内地东南隅有悯忠寺，门临康衢。悯忠寺旧在城中，今在城外僻境也。[①]

**广恩寺**，辽金称奉福寺。又今城外白云观西南有广恩寺，即辽金奉福寺。距西便门尚远，而金泰和中《曹谦碑记》谓寺在都城内。[②]

**大觉寺**，辽称义井寺。辽筑义井精舍于开阳门之郭，旁有古井，清凉滑甘，因以名焉。金大定中，僧善祖营寺，朝廷嘉之，赐名大觉。[③]

**慈寿寺**，唐称开元寺，明称惠明寺，清称慈寿寺。开元寺在崇教南坊北新桥路西，明敕惠明寺。乾隆三十年重修，奉敕改慈寿寺。明天顺间，

---

① 参见吴长元：《宸垣识略》卷一，306 页，北京，北京古籍出版社，1983。
② 参见吴长元：《宸垣识略》卷一，309 页，北京，北京古籍出版社，1983。
③ 参见吴长元：《宸垣识略》卷六，383 页，北京，北京古籍出版社，1983。

赵昂撰敕赐惠明寺碑，略云：开元寺住持定慧以寺额请，谓寺创自唐开元间，历唐、宋、元以至明，宣德初再造，越岁而功成，寺因旧号，乞赐改正，遂赐名惠明寺。[①]

**真如寺**，辽称真如寺。在今头发胡同，建于元保宁年间。峨眉僧真如募缘，故即以真如名其寺。门北向，以其背象房而立也。[②]

**鹫峰寺**，唐称淤泥寺，亦称卧佛寺。鹫峰寺即唐淤泥寺，在内城西隅城隍庙之南鹫峰寺街，唐贞观二十二年建。亦名卧佛寺，以卧佛而得名。鹫峰者，唐僧之号也，见唐人石刻《心经》。[③]

**白塔寺**，辽称白塔寺，元称大圣寿、万安寺，明称妙应寺。白塔寺在河漕西坊阜成门街北，辽寿隆间建，元至元八年重修，名大圣寿万安寺，明天顺间改名妙应。妙应寺在阜成门内，寺右偏有白塔一座，创自辽寿昌二年，为释迦摩佛舍利建。[④]

**十方禅院**，唐称北留寺、十方禅院。在正义坊西直门小街东观音寺胡同，土人亦呼为弥勒庵。相传为北留寺，明万历初畚筑之余，得唐碑尺许，有贞观年月及北留寺记等字，然后知其为唐寺也。今唐残碑无可考。[⑤]

**天庆寺**，辽称永泰寺。天庆寺在药王庙之西，原辽之永泰庙，金大安中兵毁。药王庙在天坛之北，明武清侯李诚铭建。[⑥]

**延寿寺**，辽金称巨刹。延寿寺在西河沿五斗斋西南，地名延寿寺街。寺在辽金称巨刹，辽主尝临其地，金人以栖道君，及汴京所获车辇，悉置于寺。意今琉璃厂皆昔之寺基。[⑦]

**仙露寺**，辽称仙露寺。仙露寺，《析津志》云，近菜市。居民掘得石函，乃辽世宗天禄三年所瘗，中藏舍利无有也。匣如石椁而短小，旁刻僧志愿记，始知此地即仙露寺遗址。[⑧]

**圣恩寺**，辽称圣恩寺。圣恩寺在斜街东广宁门大街，辽开泰间重修，

---

① 参见吴长元：《宸垣识略》卷六，388 页，北京，北京古籍出版社，1983。
② 参见吴长元：《宸垣识略》卷七，399 页，北京，北京古籍出版社，1983。
③ 参见吴长元：《宸垣识略》卷七，400 页，北京，北京古籍出版社，1983。
④ 参见吴长元：《宸垣识略》卷八，412 页，北京，北京古籍出版社，1983。
⑤ 参见吴长元：《宸垣识略》卷八，414 页，北京，北京古籍出版社，1983。
⑥ 参见吴长元：《宸垣识略》卷九，436 页，北京，北京古籍出版社，1983。
⑦ 参见吴长元：《宸垣识略》卷十，443 页，北京，北京古籍出版社，1983。
⑧ 参见吴长元：《宸垣识略》卷十，443 页，北京，北京古籍出版社，1983。

有大悲阁，阁后有方石甃八角塔。今寺存而阁与塔俱无。《析津志》凡载昊天、悯忠、圣安等寺，俱云在旧城，而此寺亦云旧城，则今之圣恩寺当即唐时遗址无疑。[1]

**善果寺**，南梁称唐安寺。善果寺在宣武门外西南二里白纸坊，旧名唐安寺，创于南梁，明天顺间复建。考按：善果寺在广宁门大街北巷内。[2]

**归义寺**，唐称归义寺。归义寺在旧城时和坊内，有大唐再修归义寺碑，幽州节度掌书记、荣禄大夫、检校太子洗马兼诗御史、上柱国张冉撰，略曰：归义金刹，肇自天宝，迫以安氏乱常，金陵史氏归顺，特诏封归义郡王，兼总幽燕节制，始置此寺，诏以归义为额。考按：归义寺，朱彝尊所引诸书，俱以为辽刹也，考《析津志》，则寺实建于唐。[3]

**大昊天寺**，辽称昊天寺。辽大昊天寺故基在西便门大街之西，今已废为农圃。有宝塔，无考，惟井泉尚存。昊天寺，辽刹也。[4]

**宝应寺**，唐称宝应寺。宝应寺在广宁门东南，地名南燕角，相传唐刹也。[5]

**崇效寺**，唐称崇效寺。崇效寺在白纸坊，有明夏子开、区大相二碑。谓寺建于唐贞观元年者，只据旧碑，其所载他书不可考也。[6]

**圣寿寺**，唐称圣寿寺。圣寿寺在崇效寺后，相传唐刹，无碑碣可考。[7]

**竹林寺**，辽称竹林寺。辽道宗八年，楚国大长公主舍私第为寺，赐额竹林，又曰金熙宗驸马宫也。寺僧云，一塔无影。[8]

**悯忠寺**，唐称悯忠寺。悯忠寺在菜市西南烂面胡同之西，唐贞观十九年建。[9]

**尉使君寺**，北魏称智泉寺，唐武则天时称大云寺，唐开元史称龙兴寺、尉使君寺。北魏元象元年，幽州刺史尉长命造，后改为智泉寺，唐则

---

① 参见吴长元：《宸垣识略》卷十，450 页，北京，北京古籍出版社，1983。
② 参见吴长元：《宸垣识略》卷十，450 页，北京，北京古籍出版社，1983。
③ 参见吴长元：《宸垣识略》卷十，450、451 页，北京，北京古籍出版社，1983。
④ 参见吴长元：《宸垣识略》卷十，452 页，北京，北京古籍出版社，1983。
⑤ 参见吴长元：《宸垣识略》卷十，452 页，北京，北京古籍出版社，1983。
⑥ 参见吴长元：《宸垣识略》卷十，454 页，北京，北京古籍出版社，1983。
⑦ 参见吴长元：《宸垣识略》卷十，454 页，北京，北京古籍出版社，1983。
⑧ 参见吴长元：《宸垣识略》卷十，455 页，北京，北京古籍出版社，1983。
⑨ 参见吴长元：《宸垣识略》卷十，455 页，北京，北京古籍出版社，1983。

天时改为大云寺，开元改龙兴寺，在悯忠寺前，隋造塔藏舍利处。①

**白马寺**，隋称白马寺。白马寺在宣南坊悯忠寺南，地名添官保，隋刹也。②

**天宁寺**，隋称宏业寺，唐称天王寺，金称大万安寺。天宁寺塔高十三寻，为十三级。相传中有舍利，隋文帝建。缀铎万计，风定风作音无断。时塔前一幢书体遒美，亦开皇中立。③

**广恩寺**，辽称奉福寺、广恩寺。辽之奉福寺，在白云观西南，地名栗园。今土人犹呼为三教寺，辽之石幢浮图及明碑俱不可考。④

**普会寺**，辽称驻跸寺、普会寺。辽之驻跸寺也，在玉河乡池水村，明嘉靖中太监蔡秀恭重建。土人呼其地为蔡公店。⑤

**十方普觉寺**，（俗称卧佛寺）清世宗赐卧佛寺为十方普觉寺，唐称兜率寺，元称昭孝寺和洪庆寺，明称永安寺。⑥

**万寿寺**，唐称慧聚。万寿寺在马鞍山，唐武德中建，曰慧聚。明正统间改名万寿。⑦

**瑞云寺**，五代后唐俗称百家寺。瑞云寺在百花山，即五代时李克用建亭，故处俗称百家寺。有摩诃祖师法身。摩诃煮石铛，明宣宗曾取视赐以龙袱归寺。⑧

**大云寺**，北魏称尉使君寺，唐称大云寺。广宁门内即北魏尉使君寺，则天改今名。⑨

**香山寺**，辽为阿里吉居住的地方。京西寺本辽中丞阿里吉所舍。又云寺即金章宗之会景楼。⑩

**淤泥寺**，唐称鹫峰寺。淤泥寺即西单牌楼城隍庙鹫峰寺，唐贞观间张

① 参见吴长元：《宸垣识略》卷十，456 页，北京，北京古籍出版社，1983。
② 参见吴长元：《宸垣识略》卷十，457 页，北京，北京古籍出版社，1983。
③ 参见吴长元：《宸垣识略》卷十三，502 页，北京，北京古籍出版社，1983。
④ 参见吴长元：《宸垣识略》卷十三，506 页，北京，北京古籍出版社，1983。
⑤ 参见吴长元：《宸垣识略》卷十三，506 页，北京，北京古籍出版社，1983。
⑥ 参见吴长元：《宸垣识略》卷十五，529 页，北京，北京古籍出版社，1983。
⑦ 参见吴长元：《宸垣识略》卷十五，542 页，北京，北京古籍出版社，1983。
⑧ 参见吴长元：《宸垣识略》卷十五，544 页，北京，北京古籍出版社，1983。
⑨ 参见巴哩克杏芬：《京师地名对》卷上，7 页，光绪二十七年（1901）刻本。
⑩ 参见巴哩克杏芬：《京师地名对》卷上，7 页，光绪二十七年（1901）刻本。

功谨敬德监造。①

**延寿寺**，辽金称延寿寺。正阳门外迤西，街名，辽金巨刹，有童贯、蔡攸碑，宋徽宗曾寓此。②

**卧佛寺**，唐称兜率寺。卧佛寺即西山普觉寺，唐为兜率寺，又名寿安寺，卧佛俗称也。③

**古佛庵**，唐称晋阳寺。宣武门外潘家河沿晋阳寺有唐铜佛黎秘书隶书古佛庵字。④

**潭柘寺**，辽金称潭柘寺。京西青龙潭上有柘树，祖师开山，龙避去潭平为寺，辽金时建。⑤

**善果寺**，南梁称唐安寺。广宁门内旧名唐安寺，创于南梁，明代复建，世祖时临幸焉。⑥

**开泰寺**，辽称开泰寺，京城南，今圮。按辽于开泰寺铸银佛。⑦

**悯忠寺**，始建于唐。唐贞观十九年唐太宗李世民为纪念跨海东征中死难的将士，在幽州（现在的北京）城内建一座寺庙，寺还没有建成，李世民去世；经高宗李治、武则天多次降诏后，于武后万岁通天元年建成，命名为悯忠寺。现名法源寺，位于北京市西城区教子胡同南端的法源寺前街。《（三朝）北盟汇编》云：郭药师袭辽，由固安渡卢水，夺迎春门，陈于悯忠寺前。⑧

**奉福寺**，始建于辽。位于今北京市门头沟区永定镇栗园庄村西。《顺天府志》云：又今城外白云观西南有广恩寺，即辽、金奉福寺，距西便门尚远，而金泰和中《曹谦碑记》，谓寺在都城内。⑨

**吉祥寺**，始建于唐广德二年（764年）。位于今北京密云水库北侧，不老屯镇边庄子村西大山之中。西距密云县城六十公里。《顺天府志》云：

---

① 参见巴哩克杏芬：《京师地名对》卷上，8页，光绪二十七年（1901）刻本。

② 参见巴哩克杏芬：《京师地名对》卷上，13页，光绪二十七年（1901）刻本。

③ 参见巴哩克杏芬：《京师地名对》卷上，20页，光绪二十七年（1901）刻本。

④ 参见巴哩克杏芬：《京师地名对》卷上，20页，光绪二十七年（1901）刻本。

⑤ 参见巴哩克杏芬：《京师地名对》卷下，2页，光绪二十七年（1901）刻本。

⑥ 参见巴哩克杏芬：《京师地名对》卷下，4页，光绪二十七年（1901）刻本。

⑦ 参见巴哩克杏芬：《京师地名对》卷下，26页，光绪二十七年（1901）刻本。

⑧ 参见陈宗蕃：《燕都丛考》，10、567、605、608、609、610、668页，北京，北京古籍出版社，1991。

⑨ 参见陈宗蕃：《燕都丛考》，12页，北京，北京古籍出版社，1991。

石镫庵本唐寺，旧址在猪尾胡同。庵本吉祥寺故址，元泰定间修，明万历丙午重修，改名石镫庵。①

**淤泥寺**，始建于唐。位于唐幽州城北郊（今百盛购物中心一带），建于唐贞观二十二年（648 年），是今西城境内最早的寺庙之一。《（万历）顺天府志》：鹫峰寺，唐之淤泥寺也。②

**开元寺**，始建于唐。在安定门新桥路北。《日下旧闻考》：慈寿寺，古刹也，在安定门新桥路北。初名开元，传云创自唐开元。③

**白塔寺**，始建于辽。今位于北京市西城区阜成门内大街北。《（万历）顺天府志》：妙应寺，辽白塔寺旧址也，在阜成门街北。④

**佑圣寺**，始建于唐。位于今北京市鼓楼西大街。《（万历）顺天府志》：德胜门大街有德胜桥，玉河水由积水潭至桥下合流，南经李广桥，东迤为什刹海，有耍货币。桥东有永泉庵，北有佑圣寺，唐遗刹也。⑤

**延寿寺**，始建于东魏。位于昌平区长陵镇黑山寨村北 2 公里处，距北京市区约 50 公里。《（万历）顺天府志》：延寿寺，辽刹也。《大元一统志》：大延寿寺在旧城悯忠阁之东，起自东魏元象幽州刺史尉爸命为大云，后为智泉，隋为普觉，唐为龙兴，大中时赐额曰延寿，辽、金益加完葺，海陵天德三年为宫。⑥

**给孤寺**，始建于唐。位于今北京市西城区珠市口西大街 133 号，纪晓岚故居东 200 米，惠中饭店对面路北。《顺天时报丛谈》：王广福斜街迤南，有所谓给孤寺夹道，在此口外即为万寿给孤寺，该寺在西珠市柳树井路北。相传创自唐贞观年代，清顺治时重修，庚子联军入城，寺已被抢，佛像已多拆毁。⑦

**万善寺**，始建于唐。位于今北京市西城区珠市口西大街 133 号。《（万历）顺天府志》：给孤寺，唐贞观间创，名万善寺，顺治间重修，额曰皇

---

①　参见陈宗蕃：《燕都丛考》，261 页，北京，北京古籍出版社，1991。
②　参见陈宗蕃：《燕都丛考》，276 页，北京，北京古籍出版社，1991。
③　参见陈宗蕃：《燕都丛考》，299、607 页，北京，北京古籍出版社，1991。
④　参见陈宗蕃：《燕都丛考》，360、364、365 页，北京，北京古籍出版社，1991。
⑤　参见陈宗蕃：《燕都丛考》，405 页，北京，北京古籍出版社，1991。
⑥　参见陈宗蕃：《燕都丛考》，499、500、608、611 页，北京，北京古籍出版社，1991。
⑦　参见陈宗蕃：《燕都丛考》，512、515 页，北京，北京古籍出版社，1991。

恩给孤寺，盖用琉璃瓦。①

**竹林寺**，始建于辽。位于今承德市上谷乡马杖子村东南 2 公里处。《（万历）顺天府志》案：据《日下旧闻》引《奉福寺尊胜陀罗尼石幢记》，寺建于辽道宗清宁八年，楚国大长公主舍第为寺。②

**仙露寺**，始建于辽。位于今北京市西城区广安门内大街 225 号。《（万历）顺天府志》：增寿寺在广宁门大街之北，寺即辽之仙露寺故址。③

**大悲阁**，始建于唐。位于今北京市西城区长椿街宣武医院对面偏南处。《（万历）顺天府志》：寺即大悲阁，在旧城之中，建自有唐，辽开泰重修。④

**昊天寺**，始建于辽。位于北京市西便门大街西。《大元一统志》：大昊天寺在旧城，寺建于辽。⑤

**开泰寺**，始建于辽。《大元一统志》：大开泰寺在昊天寺西北。寺之故基，辽统军邺王宅也。始于枢密使魏王汉宁所置，赐名圣寿。圣宗开泰六年，改名开泰。⑥

**唐安寺**，始建于南梁。《（万历）顺天府志》案：严安理撰碑（此指严安理撰《善果寺碑记》）云，白纸坊，乃南梁汉兴元府之唐安寺，废弛岁远，基址尚存。⑦

**归义寺**，始建于唐。在今北京市西城区善果寺西北。《（万历）顺天府志》：唐之归义寺在善果寺之北，久成荒垄。⑧

**报国寺**，始建于辽。位于北京市西城区报国寺前街 1 号。《（万历）顺天府志》：报国寺在广宁门街北百余武，有顾先生炎武祠。又报国慈仁寺，明成化初为周太后弟吉祥立也。在广宁大街之北。寺本辽金时报国寺，明宪宗为孝肃周太后弟吉祥改建，赐额慈仁寺，俗仍呼报国寺。⑨

---

① 参见陈宗蕃：《燕都丛考》，515 页，北京，北京古籍出版社，1991。
② 参见陈宗蕃：《燕都丛考》，572 页，北京，北京古籍出版社，1991。
③ 参见陈宗蕃：《燕都丛考》，585、608 页，北京，北京古籍出版社，1991。
④ 参见陈宗蕃：《燕都丛考》，587 页，北京，北京古籍出版社，1991。
⑤ 参见陈宗蕃：《燕都丛考》，589、590、608 页，北京，北京古籍出版社，1991。
⑥ 参见陈宗蕃：《燕都丛考》，590 页，北京，北京古籍出版社，1991。
⑦ 参见陈宗蕃：《燕都丛考》，591 页，北京，北京古籍出版社，1991。
⑧ 参见陈宗蕃：《燕都丛考》，592 页，北京，北京古籍出版社，1991。
⑨ 参见陈宗蕃：《燕都丛考》，593 页，北京，北京古籍出版社，1991。

**尉使君寺**，始建于东魏。在悯忠寺（今北京法源寺）之东。《（万历）顺天府志》：采师伦《悯忠寺重藏舍利记》称，寺为后魏元象元年戊午岁幽州刺史尉苌命造，遂号尉使君寺，后改为智泉寺。至大唐则天时改为大云寺，开元中又改为龙兴寺。①

**智泉寺**，始建于东魏。在悯忠寺（今北京法源寺）之东。《（万历）顺天府志》：采师伦《悯忠寺重藏舍利记》称，寺为后魏元象元年戊午岁幽州刺史尉苌命造，遂号尉使君寺，后改为智泉寺。至大唐则天时改为大云寺，开元中又改为龙兴寺。②

**大云寺**，始建于东魏。在悯忠寺（今北京法源寺）之东。《（万历）顺天府志》：采师伦《悯忠寺重藏舍利记》称，寺为后魏元象元年戊午岁幽州刺史尉苌命造，遂号尉使君寺，后改为智泉寺。至大唐则天时改为大云寺，开元中又改为龙兴寺。③

**龙兴寺**，始建于东魏。在悯忠寺（今北京法源寺）之东。《（万历）顺天府志》：采师伦《悯忠寺重藏舍利记》称，寺为后魏元象元年戊午岁幽州刺史尉苌命造，遂号尉使君寺，后改为智泉寺。至大唐则天时改为大云寺，开元中又改为龙兴寺。④

**顺天寺**，始建于唐。在安定门新桥路北。《蓟门纪》：史思明僭位于范阳，建元顺天，国号大燕。六月，于开元寺造塔，改寺名为顺天。⑤

**普觉寺**，始建于东魏。在悯忠寺（今北京法源寺）之东。《大元一统志》：大延寿寺在旧城悯忠阁之东，起自东魏元象幽州刺史尉苌命为大云，后为智泉，隋为普觉，唐为龙兴，大中时赐额曰延寿，辽、金益加完葺，海陵天德三年为宫。⑥

**白马寺**，始建于隋。位于今北京市西城区南横西街路南。《析津日记》：宣南坊白马寺，隋刹也。⑦

**崇效寺**，始建于唐。位于今北京市西城区白广路南侧路西的崇效胡同

---

①　参见陈宗蕃：《燕都丛考》，607 页，北京，北京古籍出版社，1991。
②　参见陈宗蕃：《燕都丛考》，607、608、612、667 页，北京，北京古籍出版社，1991。
③　参见陈宗蕃：《燕都丛考》，607、608、613 页，北京，北京古籍出版社，1991。
④　参见陈宗蕃：《燕都丛考》，607、608 页，北京，北京古籍出版社，1991。
⑤　参见陈宗蕃：《燕都丛考》，607 页，北京，北京古籍出版社，1991。
⑥　参见陈宗蕃：《燕都丛考》，608 页，北京，北京古籍出版社，1991。
⑦　参见陈宗蕃：《燕都丛考》，633 页，北京，北京古籍出版社，1991。

内。《（万历）顺天府志》：白纸坊以北崇效寺，唐刹也。①

圣寿寺，始建于唐。《（万历）顺天府志》：又古林院祀关帝，盖里社也。又北寺，传云唐刹，无碑碣可考。②

永泰寺，始建于辽。位于北京市西城区西直门内大街北侧永泰胡同西端九号院。《大都创建天庆寺碑》：寺即辽永泰寺废址，金大安中兵毁，元世祖至元壬申，有僧普仁始来结庵而主之。③

白马寺，始建于隋。位于今北京市西城区南横西街路南。注：隋白马寺经幢，仁寿四年正月上旬造，在闵忠寺南白马寺。④

闵忠寺，即悯忠寺，始建于唐。唐贞观十九年唐太宗李世民为纪念跨海东征中死难的将士，在幽州城内建一座寺庙，寺还没有建成，李世民去世；经高宗李治、武则天多次降诏后，于武后万岁通天元年建成，命名为悯忠寺。现名法源寺，位于北京市西城区教子胡同南端的法源寺前街。注：唐闵忠寺宝塔颂，张不矜撰，苏灵芝正书，至德二年十二月立在寺壁。⑤

淤泥禅寺，始建于唐。位于唐幽州城北郊（今百盛购物中心一带），建于唐贞观二十二年（648年），是今西城境内最早的寺庙之一。注：唐淤泥禅寺心经，正书，宫官张功谨、敬德监造，贞观二十二年三月刻，石在内城西隅鹫峰寺，见金石文字记。⑥

归义寺，始建于唐。在今北京市西城区善果寺西北。注：唐再修归义寺碑，张冉撰，大中十年九月立，在旧城时和坊，见方志，云大唐再修归义寺碑。幽州节度掌书记荣禄大夫检校太子洗马兼侍御史上柱国张冉撰。其略曰，归义金刹，肇自天宝迫以安氏乱，金陵史氏归顺，特诏封归义郡王兼总幽燕节制，始置此寺，诏以归义为额。大中十年庚子九月立石。方志又云，寺在善果寺西半里菜圃，又有辽碑，又云，记二篇，今置善果寺内。⑦

---

①　参见陈宗蕃：《燕都丛考》，636、637、638、639页，北京，北京古籍出版社，1991。
②　参见陈宗蕃：《燕都丛考》，637页，北京，北京古籍出版社，1991。
③　参见陈宗蕃：《燕都丛考》，648、649页，北京，北京古籍出版社，1991。
④　参见孙星衍：《京畿金石考》，1页，北京，中华书局，1985。
⑤　参见孙星衍：《京畿金石考》，1～3、7、9页，北京，中华书局，1985。
⑥　参见孙星衍：《京畿金石考》，2页，北京，中华书局，1985。
⑦　参见孙星衍：《京畿金石考》，3页，北京，中华书局，1985。

**善果寺**，始建于五代时期的后梁。坐落在广安门内广义街东侧。注：唐再修归义寺碑，张冉撰，大中十年九月立在旧城时和坊，见方志，云大唐再修归义寺碑。幽州节度掌书记荣禄大夫见检校太子洗马兼侍御史上柱国张冉撰。其略曰，归义金刹，肇自天宝迫以安氏乱，金陵史氏归顺，特诏封归义郡王兼总幽燕节制，始置此寺，诏以归义为额。大中十年庚子九月立石。方志又云，寺在善果寺西半里菜圃，又有辽碑，又云，记二篇，今置善果寺内。①

**延洪寺**，始建于唐代，在辽金时称延洪寺。推测在今北京西城区长椿街以南一带。注：唐故幽州延洪寺禅伯遵公遗行碑，阎杶撰，乾宁三年四月立，在旧城寺中。②

**千佛寺**，始建于唐。位于北京市西城区大石桥胡同 61 号。注：唐千佛寺诗碑，见方志，云僧所取砺若砧者，皆断唐人诗碑。③

**北留寺**，始建于唐。注：唐北留寺残碑，有贞观年月及北留寺记等字，在西直门小街十方禅院。④

**仙露寺**，始建于辽。位于今北京市西城区广安门内大街 225 号。注：辽舍利佛牙石匣记，僧志愿撰，正书，天禄三年立，见方志，云近菜市，居民掘得，始知之，此地即仙露寺遗址，地名千人邑，比邱尼皆曰邑头陀，记后列大辽皇帝皇后东明王夫人永宁大王燕国大王名。⑤

**法宝寺**，始建于辽。注：辽法宝寺幢，仇正己撰，统和二十二年立，在旧城。⑥

**天宁寺**，始建于北魏。位于北京市西城区广安门外护城河西岸北滨河路西侧的天宁寺前街上。注：辽天宁寺尊胜经幢，重熙十七年立，方志云，《帝京景物略》谓是隋开皇年石，误，今在广宁门外寺中。⑦

**奉福寺**，始建于辽。位于今北京市门头沟区永定镇栗园庄村西。注：

---

① 参见孙星衍：《京畿金石考》，3 页，北京，中华书局，1985。
② 参见孙星衍：《京畿金石考》，3 页，北京，中华书局，1985。
③ 参见孙星衍：《京畿金石考》，3 页，北京，中华书局，1985。
④ 参见孙星衍：《京畿金石考》，3 页，北京，中华书局，1985。
⑤ 参见孙星衍：《京畿金石考》，7 页，北京，中华书局，1985。
⑥ 参见孙星衍：《京畿金石考》，8 页，北京，中华书局，1985。
⑦ 参见孙星衍：《京畿金石考》，8 页，北京，中华书局，1985。

辽奉福寺石幢记，僧真延撰，正书，清宁九年五月立，在广恩寺。①

**护国院**，始建于唐。注：辽护国院石幢，咸雍元年立，有碑阴。②

**大觉寺**，始建于辽。位于北京市海淀区阳台山麓。注：辽大觉寺碑，僧志延撰，咸雍四年立，在观音山寺之龙王堂。③

**万寿寺**，始建于辽。位于今北京市西城区珠市口西大街 133 号。注：辽万寿寺戒坛碑，王鼎撰，大安七年立，在同上。④

**报国寺**，始建于辽。位于北京市西城区报国寺前街 1 号。注：辽报国寺尊胜经幢，乾统三年立，在慈仁寺。⑤

**驻跸寺**，始建于辽。注：辽驻跸寺沙门奉航幢记，僧善坚撰，正书，乾统八年四月立，在玉河乡邨普会寺。⑥

**内兴寺**，始建于辽。注：辽内兴寺石幢记，天定二年九月立，按史无天定年号，盖纪载阙略，非石刻之误。⑦

**然灯佛塔**，今均写作燃灯佛塔，始建于唐。位于北京市通州区西海子公园内。注：唐然灯佛塔题字，见方志，云学宫墙外古塔有石一方，文云，唐贞观某年，尉迟敬德修。⑧

**广济寺**，始建于辽。位于北京城内西城区阜成门内大街 25 号。注：辽广济寺佛殿记，宋璋撰，正书，太平五年立，在寺。⑨

**开元寺**，始建于唐。在北京市东城区安定门新桥路北。注：唐开元寺碑，郑宣力撰，大历五年立，在呼奴山观中。⑩

**智泉寺**，始建于隋。在悯忠寺（今北京法源寺）之东。注：隋智泉寺舍利感应记，王邵撰，仁寿元年立。⑪

**云居寺**，始建于隋末唐初，初名智泉寺，后改称云居寺。位于北京西

---

① 参见孙星衍：《京畿金石考》，8 页，北京，中华书局，1985。
② 参见孙星衍：《京畿金石考》，9 页，北京，中华书局，1985。
③ 参见孙星衍：《京畿金石考》，9 页，北京，中华书局，1985。
④ 参见孙星衍：《京畿金石考》，9 页，北京，中华书局，1985。
⑤ 参见孙星衍：《京畿金石考》，10 页，北京，中华书局，1985。
⑥ 参见孙星衍：《京畿金石考》，10 页，北京，中华书局，1985。
⑦ 参见孙星衍：《京畿金石考》，20 页，北京，中华书局，1985。
⑧ 参见孙星衍：《京畿金石考》，23 页，北京，中华书局，1985。
⑨ 参见孙星衍：《京畿金石考》，24 页，北京，中华书局，1985。
⑩ 参见孙星衍：《京畿金石考》，26 页，北京，中华书局，1985。
⑪ 参见孙星衍：《京畿金石考》，28 页，北京，中华书局，1985。

南房山区境内。注：唐云居寺石浮屠铭，梁高望撰，行书，开元十年四月立。①

**甘泉灵济禅寺**，始建于唐。注：唐甘泉灵济禅寺塔记，朗肃撰，正书，咸通十三年立。②

**感化寺**，始建于辽。注：辽感化寺碑，南扑撰，僧肃回书，乾统七年立。③

**独乐寺**，始建于辽。位于天津市蓟县。注：辽修独乐寺观音阁碑，刘成撰，正书，统和四年四月立，在翁同山寺中。④

**独乐寺观音阁**，始建于辽。位于天津市蓟县。注：辽修独乐寺观音阁碑，刘成撰，正书，统和四年四月立，在翁同山寺中。⑤

**佑唐寺**，辽佑唐寺讲堂碑，碑文为正书体，由刘成撰写，统和四年上石。⑥

**大忍寺**，始建于唐。注：唐大忍寺门楼碑，杨辽撰，裴抗书，开元十一年立，见宝刻丛编。⑦

**实谛寺**，始建于唐。注：唐实谛寺碑，撰人姓名残缺，苏灵芝行书，开元二十九年六月立，见《金石录》，又《宝刻丛编》云在高阳，《宝刻丛编》云在顺安。⑧

**龙兴观**，始建于唐。注：唐易州龙兴观道德经，景龙二年正月刻。⑨

**兴国寺**，位于易州，今河北省易县。注：辽兴国寺太子诞圣邑碑，僧方俪撰，张云正书，寿昌四年立。⑩

**灵感寺**，位于今辽宁省朝阳市。注：辽兴中府灵感寺塔铭，张嗣初撰，行书，天庆六年立。⑪

① 参见孙星衍：《京畿金石考》，29、30页，北京，中华书局，1985。
② 参见孙星衍：《京畿金石考》，34页，北京，中华书局，1985。
③ 参见孙星衍：《京畿金石考》，35、36页，北京，中华书局，1985。
④ 参见孙星衍：《京畿金石考》，36页，北京，中华书局，1985。
⑤ 参见孙星衍：《京畿金石考》，36页，北京，中华书局，1985。
⑥ 参见孙星衍：《京畿金石考》，36页，北京，中华书局，1985。
⑦ 参见孙星衍：《京畿金石考》，43、44页，北京，中华书局，1985。
⑧ 参见孙星衍：《京畿金石考》，45页，北京，中华书局，1985。
⑨ 参见孙星衍：《京畿金石考》，45页，北京，中华书局，1985。
⑩ 参见孙星衍：《京畿金石考》，47页，北京，中华书局，1985。
⑪ 参见孙星衍：《京畿金石考》，48页，北京，中华书局，1985。

　　**兜率寺**，始建于唐。位于北京市房山区。注：再前进，正殿供释迦佛，殿前有雍正乾隆碑各一座，都是述本寺历史的。雍正碑略称：西山寿安山有唐古刹，曰兜率，其后曰昭孝，洪庆，永安，其实一也。①

　　**香山寺**，始建于唐。位于今北京西郊的香山。注：香山在玉泉山迤西七里，离北京三十多里，汽车可以直达。得名的由来，有的说是因香山寺得名；有的说是因山上有乳峰石，常吐云雾，像庐山的香炉峰得名；还有的说是相传山上有两块大石，状如香炉，原名叫香炉山，后人省称香山。②

　　**尸陀林**，始建于隋，即北京证果寺。位于今北京市石景山区八大处路甲3号。注：由此南行约四五公里到卢师山。山腰有证果寺，就是秘魔崖。崖在寺内仅占一小部分，因为比较著名，所以人都不称证果寺，而称秘魔崖。寺在唐朝以前，叫作尸陀林，唐朝天宝年间建寺叫作感应，元朝泰定年间改名镇海，明朝宣德时改名圆通，成化时才改名证果。③

　　**感应寺**，始建于隋，唐朝时叫作感应寺，即北京证果寺。位于今北京市石景山区八大处路甲3号。注：由此南行约四五公里到卢师山。山腰有证果寺，就是秘魔崖。崖在寺内仅占一小部分，因为比较著名，所以人都不称证果寺，而称秘魔崖。寺在唐朝以前，叫作尸陀林，唐朝天宝年间建寺叫作感应，元朝泰定年间改名镇海，明朝宣德时改名圆通，成化时才改名证果。④

　　**龙泉寺**，始建于唐，即灵光寺。位于北京市海淀区西北边，凤凰岭自然风景区内。注：再往下行，山洞旁有个井泉，据挑水的说，这泉水是附近居民独一无二的饮料。大家因为走得渴了，都拼命去喝。喝罢向西南走去，不多时到翠微山麓，灵光寺就在这里。这寺创于唐朝大历年间，那时叫龙泉寺。金朝大定二年，改名觉山寺。明朝成化时重修改名灵光寺。清朝庚子年焚毁，经圣安和尚募款重修，又改名重兴灵光寺。⑤

　　**平坡寺**，始建于唐。位于西山余脉平坡山龙王堂西北。注：香界寺是本山的主刹，唐朝叫作平坡，明朝叫作圆通，清朝康熙时叫作圣感，到乾

---

　　① 参见李慎言：《燕都名山游记》，33页，北京，北新书局，1936。
　　② 参见李慎言：《燕都名山游记》，50页，北京，北新书局，1936。
　　③ 参见李慎言：《燕都名山游记》，73、75页，北京，北新书局，1936。
　　④ 参见李慎言：《燕都名山游记》，73页，北京，北新书局，1936。
　　⑤ 参见李慎言：《燕都名山游记》，76页，北京，北新书局，1936。

隆初年才改名香界。[①]

　　**嘉福寺**，始建于西晋，即潭柘寺。位于北京西部门头沟区东南部的潭柘山麓。注：这座寺相传建于晋朝，当时名叫嘉福，唐朝改名龙泉，金朝皇统年间改名大万寿寺，明朝正统年间仍称嘉福，到清朝康熙时又改称岫云。潭柘之名，不知起于何时，据说因为寺后有龙潭，前面多柘树得名。[②]

　　**龙泉寺**，始建于西晋，即潭柘寺。位于北京西部门头沟区东南部的潭柘山麓。注：这座寺相传建于晋朝，当时名叫嘉福，唐朝改名龙泉，金朝皇统年间改名大万寿寺，明朝正统年间仍称嘉福，到清朝康熙时又改称岫云。潭柘之名，不知起于何时，据说因为寺后有龙潭，前面多柘树得名。[③]

　　**慧聚寺**，始建于唐。即今戒台寺，位于北京门头沟区永定镇内马鞍山上。注：到戒坛寺，时已过午。这寺占在马鞍山上，唐朝叫作慧聚，明朝改名万寿；因为寺里有座著名的戒坛，所以俗叫戒坛寺，或误写为戒台寺。[④]

　　**清水院**，始建于辽。位于北京市海淀区西北阳台山麓。注：再西北行八里，到妙峰山麓有大觉寺。寺在徐格庄，是辽时清水院的旧址，也是金章宗西山八院的一院。[⑤]

　　**香山寺**，始建于唐。位于今北京西郊的香山。注：西山之南为香山寺，山上有二大石状似香炉，故名。[⑥]

　　**平坡寺**，始建于唐。即香界寺，位于北京西山余脉平坡山龙王堂西北，是八大处中面积最大的一座寺院，因这里山势平缓，又名平坡寺。该寺创建于唐乾元初年（758年），明洪熙元年（1425年）重建，改称大圆通寺。清康熙十七年（1678年）再次重建，改称圣感寺。乾隆十三年（1748年）经重修改名为香界寺，意为"香林法界"。位于西山。注：华严寺南即吕公洞，又里许为香山寺虾蟇泉出焉，亦名小清凉，又里许为平

　　① 参见李慎言：《燕都名山游记》，83页，北京，北新书局，1936。
　　② 参见李慎言：《燕都名山游记》，100页，北京，北新书局，1936。
　　③ 参见李慎言：《燕都名山游记》，100页，北京，北新书局，1936。
　　④ 参见李慎言：《燕都名山游记》，109页，北京，北新书局，1936。
　　⑤ 参见李慎言：《燕都名山游记》，122页，北京，北新书局，1936。
　　⑥ 参见曹学佺：《燕都名胜志稿》，见张江裁：《京津风土丛书》，2、4页，上海，中华书局，1938。

坡寺。①

**白马寺**，始建于隋。位于今北京市西城区南横西街路南。注：彰仪门内白马寺坑，土内埋一铁牛神像半身，此像人头牛面，雄豪威武，铠甲牛盔，刚鬣立毫，左抱宝杵，右外指式，头广五尺、阔四尺，项至胸八尺，胸下半截无考，背后镌"铁牛大力红神像铁铸重九万九千斤"十五大篆，铁像古质，汉魏时物，年月为镌，此地当是旧燕城铁牛庙基址。②

**悯忠寺**，始建于唐。唐贞观十九年唐太宗李世民为纪念跨海东征中死难的将士，在幽州（现在的北京）城内建一座寺庙，寺还没有建成，李世民去世；经高宗李治、武则天多次降诏后，于武后万岁通天元年建成，命名为悯忠寺。现名法源寺，位于北京市西城区教子胡同南端的法源寺前街。注：悯忠寺墙下，有一铜方座，高二尺六寸，长四尺，宽八尺，厚二尺，一半颓残，上有马蹄迹，大九寸，下横面，中镌"铜马座"三大阴文隶字，左镌"大燕光寿元年秋日铸"九小隶字，绿锈斑斓，铜质古润。③

**开泰寺**，始建于辽。位于北京市西城区西便门内西北一里，菜园井台后，有颓残佛殿三楹，内有一台，上座一佛，高三尺八寸，恶相狰狞，须发鬈烈，双耳环佩下垂，如金刚像，半衫半甲，花云战靴，双手捧钵，左骸盘右骸立，眦目裂齿，威武绝世，背后镌阴文篆书银佛铭曰："白银千两，铸二佛像，威武庄严，慈心法相，保我辽国，万世永享，开泰寺铸银佛，愿后世生中国，耶律鸿基，虔心银铸"，共四十四字，考此地当是大辽开泰寺也。④

**白塔寺**，始建于辽。位于北京市西城区阜成门内大街上。注：妙应寺在阜成门内北向，辽时曰白塔寺。⑤

**枣花寺**，始建于唐。位于北京市西城区白纸坊附近。注：京师崇效

①　参见曹学佺：《燕都名胜志稿》，见张江裁：《京津风土丛书》，4 页，上海，中华书局，1938。
②　参见张江裁：《燕京访古录》，见张江裁：《京津风土丛书》，1 页，上海，中华书局，1938。
③　参见张江裁：《燕京访古录》，见张江裁：《京津风土丛书》，1 页，上海，中华书局，1938。
④　参见张江裁：《燕京访古录》，见张江裁：《京津风土丛书》，3 页，上海，中华书局，1938。
⑤　参见张江裁：《燕京访古录》，见张江裁：《京津风土丛书》，3 页，上海，中华书局，1938。

寺，方丈宁一师者，寺之大功臣也。寺在宣武门外西南隅，创自唐贞观初，以其地宜枣，故名枣花寺，元某年间赐额崇效。①

# 第九节　庙祠丘坛、堂阁地名

庙祠丘坛、堂阁地名主要是指北京地区所见前都时代除道教以外的我国常见传统宗教神庙建筑及其地理位置。如山神、家神、祖先神、社稷神、自然神庙，上古圣人、历史名人庙，娘娘庙、碧霞元君庙、城隍庙，等等。

**太庙**，金代宗庙，在金中都。②

**北郊方丘**，金中都祭坛，在通玄门外。③

**朝日大明坛**，金中都祭坛，在施仁门外之东南。④

**风雨雷师坛**，分设二坛于景丰门外东南和端礼门外西南。⑤

**高禖坛**，景风门外东南端。⑥

**圜丘**，金中都祭坛，祭祀昊天上帝之地。⑦

**黄帝祠**，汉涿鹿县东阪泉附近有黄帝祠。⑧

**南郊坛**，金中都祭坛，在丰宜门外。⑨

**社稷坛**，金大定七年建。⑩

**夕月夜明坛**，金中都祭坛，在彰义门外之西北。⑪

---

① 参见《北京崇效寺训鸡图志》，见张江裁：《京津风土丛书》，2 页，上海，中华书局，1938。

② 参见脱脱等：《金史》卷四《熙宗纪》，79 页，北京，中华书局，1975。

③ 参见脱脱等：《金史》卷二十八《社志一》，693 页，北京，中华书局，1975。

④ 参见脱脱等：《金史》卷二十八《礼志一》，693 页，北京，中华书局，1975。

⑤ 参见脱脱等：《金史》卷三十四《礼志七》，809 页，北京，中华书局，1975。

⑥ 参见脱脱等：《金史》卷二十九《礼志二》，722 页，北京，中华书局，1975。

⑦ 参见脱脱等：《金史》卷二十八《礼志一》，693 页，北京，中华书局，1975。

⑧ 参见郦道元、陈桥驿：《水经注校证》卷十三《㶟水》，322 页，北京，中华书局，2007。

⑨ 参见脱脱等：《金史》卷二十八《礼志一》，693 页，北京，中华书局，1975。

⑩ 参见脱脱等：《金史》卷三十四《礼志七》，803 页，北京，中华书局，1975。

⑪ 参见脱脱等：《金史》卷二十八《礼志一》，693 页，北京，中华书局，1975。

医巫闾祠，在范阳。①

社坛，大业七年征高丽，炀帝遣诸将于蓟城南桑干河上筑社、稷二坛，帝斋于临朔宫怀荒殿。②

稷坛，大业七年征高丽，炀帝遣诸将于蓟城南桑干河上筑社、稷二坛，帝斋于临朔宫怀荒殿。③

赵德钧祠，赵德钧祠在芦台巡检司德钧镇，芦台军榷盐院其所置也。④

唐火神庙，臣按：庙系贞观时建。⑤

府君庙，府君祠在平谷县东北七里许，肇建于隋唐间。⑥

白马庙，元乃贤诗所咏白马庙、妆台等迹，向在城南者，今皆在内城、西北城。⑦

狄梁公祠、景梁台，今居民不满百家，而唐狄梁公祠香火特盛。……考之《唐书》，突厥陷赵、定，纵掠而归，公为行军副元帅，独以兵追之不及，又为河北道安抚大使，意其尝至此也。⑧ 过沙河二十里……西数里，有台曰景梁台，土人立以思狄梁公也。……又五里，始梁公祠。祠自唐，草间不全碑碣，犹唐也。⑨ 狄梁公祠：在昌平旧治北，元成宗大德二年，因旧基重建。⑩ 狄祠在（昌平，当时治所在今昌平区旧县村）县北。每岁四月初吉，乡村居民皆来谒庙。⑪

碧霞元君祠，（怀柔区）东南三十里为丫髻山，二峰高耸，上有碧霞元君祠。⑫

邹子祭风台，（黍谷）山有风洞，洞口风气凛冽，盛夏人不敢入，后人遂名之邹子祭风台。昔有庙，今毁。⑬

① 参见刘昫等：《旧唐书》卷二百上《史思明子朝义传》，6434页，北京，中华书局，1975。
② 参见于敏中：《日下旧闻考》，1557页，北京，北京古籍出版社，1981。
③ 参见于敏中：《日下旧闻考》，1557页，北京，北京古籍出版社，1981。
④ 参见于敏中：《日下旧闻考》，1876页，北京，北京古籍出版社，1981。
⑤ 参见励宗万：《京城古迹考》，27页，北京，北京古籍出版社，1981。
⑥ 参见任在陛：《（雍正）平谷县志》，34页，海口，海南出版社，2001。
⑦ 参见励宗万：《京城古迹考》，4页，北京，北京古籍出版社，1981。
⑧ 参见顾炎武：《昌平山水记》，15页，北京，北京古籍出版社，1982。
⑨ 参见刘侗、于奕正：《帝京景物略》，331页，上海，上海古籍出版社，2001。
⑩ 参见孙承泽：《天府广记》，102页，北京，北京古籍出版社，2001。
⑪ 参见蒋一葵：《长安客话》，123页，北京，北京古籍出版社，2001。
⑫ 参见顾炎武：《昌平山水记》，26页，北京，北京古籍出版社，1982。
⑬ 参见顾炎武：《昌平山水记》，26页，北京，北京古籍出版社，1982。

**孔子庙**，昔唐显庆中，韦机为檀州刺史，边州素无学校，机敦劝生徒，创立孔子庙，图七十二子及自古贤达，皆为之赞述。①

**杨业祠（杨无敌祠）**，（古北口）城北门外有宋杨业祠……（杨业）遇（辽军）于雁门北陈家谷口，力战不支被擒。② 古北口北门外有杨无敌祠，祀宋节度使杨业……宋苏辙词：行祠寂寞寄关门，野草犹知避血痕。一败可怜非战罪，大刚嗟独畏人言。驰驱本为中原用，尝享能令异域尊。我欲比君周子隐，诸彤聊足慰忠魂。③

**卢师神祠**，从安祖砦西北有卢师神祠。④

**岳祠**，北岳，在今真定府定州曲阳县（现阜平县与唐县交界地带）。汉为常山郡上曲阳县……《唐书·地理志》：定州曲阳县，元和十五年更恒岳曰镇岳，设有岳祠……自汉及唐，北岳之祭皆在曲阳。⑤

**汉寿亭侯庙**，在宛平县东，成化十三年建，俗呼白马庙，盖隋之旧基也。⑥

**火神庙**，唐火神庙，在皇城北，贞观中建。⑦

**韩延寿碑**，在京西南罕山。延寿，汉循吏，世居于此。人呼为韩家山。⑧

**虞帝庙**，燕都有虞帝庙，不知始于何代。其碑则唐贞元间颜真卿书，谓之复庙碑，至元时尚在。⑨

**火德真君庙**，北城日中坊（今地安门西北）火德真君庙，唐贞观中址。⑩

**元君庙**，出左安门东行四十里，石桥五丈，曰弘仁桥……桥东头元君庙……按稗史：元君者，汉时仁圣帝前有石琢金童玉女。至五代，殿圮，石像仆。至唐，童泐尽，女沦于池。至宋真宗封泰山还，次御帐，涤手池

---

① 参见顾炎武：《昌平山水记》，27页，北京，北京古籍出版社，1982。
② 参见顾炎武：《昌平山水记》，30页，北京，北京古籍出版社，1982。
③ 参见蒋一葵：《长安客话》，154页，北京，北京古籍出版社，2001。
④ 参见孙承泽：《春明梦余录》，3页，北京，北京古籍出版社，1992。
⑤ 参见孙承泽：《春明梦余录》，222页，北京，北京古籍出版社，1992。
⑥ 参见孙承泽：《春明梦余录》，318页，北京，北京古籍出版社，1992。
⑦ 参见孙承泽：《春明梦余录》，1269页，北京，北京古籍出版社，1992。
⑧ 参见孙承泽：《春明梦余录》，1286页，北京，北京古籍出版社，1992。
⑨ 参见孙承泽：《春明梦余录》，1296页，北京，北京古籍出版社，1992。
⑩ 参见刘侗、于奕正：《帝京景物略》，41页，北京，北京古籍出版社，1982。

内，一石人浮出水面，出而涤之，玉女也。命有司建小祠安奉，号为圣帝之女，封天仙玉女碧霞元君。①

**昭烈古庙，**（涿州西南十五里楼桑村道右）桑侧，昭烈古庙，唐乾宁五年建者。前将军关、桓侯张配焉。像不君臣坐立，而兄弟列，像其侧陋时也。然昭烈王者服。②

**尧祠，**太平真君八年，并柳城、昌黎、棘城属焉。有尧祠、榆顿城、狼水。③

**白鹿山祠，**魏太平真君八年，置建德郡，治白狼城，领县三，其一曰石城，有白鹿山祠，其二曰广都。④

**圜丘坛，**至海陵天德间，始于城南丰宜门外立南郊圜丘坛，园坛三成，成十二陛，各按辰位。⑤

**虞舜庙，**幽州古有虞舜庙，唐德宗贞元十二年八月重修。……其碑至元时尚在，传以为颜真卿书，谓之复庙碑。⑥

**妙高堂，**在县西四十里香山寺右。唐以来有之，即今东方丈是也。⑦

**仁佛阁，**在香山寺后最高处。辽时游玩之所，今存遗址。⑧

**义井庵，**天宁寺西十里，复十里至卢沟桥。义井或曰密井，相传文皇（唐太宗）驻跸甘其泉，故云。⑨

**三义庙，**楼桑村故有三义庙，祀汉先主，而以关缪侯羽、张桓侯飞配焉。⑩

**辽塔，**建于辽，西山林场场部以西，仅存砖塔。⑪

---

① 参见刘侗、于奕正：《帝京景物略》，132～133 页，北京，北京古籍出版社，1982。
② 参见刘侗、于奕正：《帝京景物略》，357 页，北京，北京古籍出版社，1982。
③ 参见顾炎武：《京东考古录》，7 页，北京，北京古籍出版社，1982。
④ 参见顾炎武：《京东考古录》，11 页，北京，北京古籍出版社，1982。
⑤ 参见孙承泽：《天府广记》，58 页，北京，北京古籍出版社，1984。
⑥ 参见孙承泽：《天府广记》，89 页，北京，北京古籍出版社，1984。
⑦ 参见沈榜：《宛署杂记》，30 页，北京，北京古籍出版社，1982。
⑧ 参见沈榜：《宛署杂记》，30 页，北京，北京古籍出版社，1980。
⑨ 参见蒋一葵：《长安客话》，66 页，北京，北京古籍出版社，2001。
⑩ 参见蒋一葵：《长安客话》，90 页，北京，北京古籍出版社，2001。
⑪ 参见海淀区地名录编辑委员会：《北京市海淀区地名录》，268 页，北京市海淀区人民政府，1980。

**和尚塔**，建于辽，龙泉寺西北。①

**搁衣庵摩崖石塔**，建于辽，凤凰岭山麓，今塔刹已残。②

**燃灯佛舍利塔**，始建于北周，位于今通州区。③

**昊天塔**，建于辽，今良乡塔。④

**多宝佛塔**，建于辽，今良乡塔。⑤

**佛牙舍利塔**，始建于辽咸雍七年。⑥

**杨令公祠**，辽宋时为纪念杨业而修建。⑦《古北口志》载杨令公祠，建成年代不详，明洪武八年重建。⑧

**碧霞元君祠**⑨，"妙峰山有碧霞元君祠，俗称娘娘顶"。妙峰山娘娘庙始建于辽代，妙峰山传统庙会始于明代崇祯年间。

**吴越王祠**⑩，吴越王祠是宋代所建，位于正阳门外东南芦草园，今已无存。

**邹大夫祠**⑪，周代邹大夫祠在密云城夹道路北。

**杨令公祠**⑫，宋代杨令公祠在密云古城北。

**贾公祠**⑬，唐代贾公祠位于房山琉璃河，具体位置无考。

**社坛**，大业七年征高丽，炀帝遣诸将于蓟城南桑干河上筑社、稷二

---

① 参见海淀区地名录编辑委员会：《北京市海淀区地名录》，27 页，北京市海淀区人民政府，1980。

② 参见海淀区地名录编辑委员会：《北京市海淀区地名录》，274 页，北京市海淀区人民政府，1980。

③ 参见伪北京特别市公署社会局观光科：《北京景观》，56 页，伪北京特别市公署出版，1939。

④ 参见房山区地名志编辑委员会：《北京市房山区地名志》，395 页，北京，北京出版社，1992。

⑤ 参见房山区地名志编辑委员会：《北京市房山区地名志》，395 页，北京，北京出版社，1992。

⑥ 参见石景山区地名志编辑委员会：《北京市石景山区地名志》，356 页，北京，北京科学技术出版社，1991。

⑦ 参见密云县地名志编委会：《北京市密云县地名志》，427 页，北京，北京出版社，1992。

⑧ 参见热河省署古北口办事处：《古北口志》，683 页，见北京师范大学图书馆：《北京师范大学图书馆藏稀见方志丛刊》，北京，北京图书出版社，2007。

⑨ 参见震钧：《天咫偶闻》，204 页，北京，北京古籍出版社，1982。

⑩ 参见民国内务部：《京兆古物调查表》，18 页，北京，北京图书馆出版社，2004。

⑪ 参见民国内务部：《京兆古物调查表》，40 页，北京，北京图书馆出版社，2004。

⑫ 参见民国内务部：《京兆古物调查表》，40 页，北京，北京图书馆出版社，2004。

⑬ 参见民国内务部：《京兆古物调查表》，43 页，北京，北京图书馆出版社，2004。

坛，帝斋于临朔宫怀荒殿。[1]

**稷坛**，大业七年征高丽，炀帝遣诸将于蓟城南桑干河上筑社、稷二坛，帝斋于临朔宫怀荒殿。[2]

**赵德钧祠**，赵德钧祠在芦台巡检司德钧镇，芦台军榷盐院其所置也。[3]

**白马庙**，元乃贤诗所咏白马庙、妆台等迹，向在城南者，今皆在内城、西北城。[4]

**晋阳庵**，有古铜大士像……下有款识云大唐贞观十四年尉迟敬德监造。[5]

**唐火神庙**，庙系贞观时建。[6]

**轩辕黄帝庙**，在县北渔子山。[7]

**府君庙**，府君祠在平谷县东北七里许，肇建于隋唐间。[8]

**火德真君庙**，唐称火德真君庙。火德真君庙在日中坊北安门外万宁桥北，路西为西药王庙。唐贞观中创址，元至正六年重修，明万历间改增碧瓦重阁。[9]

**白马庙**，隋称白马庙。昔慕容氏都燕罗成，有白马前导，因以为祠。盖隋旧基。考按：开帝庙在地安门西者曰白马庙，在南城三里河天坛北者曰姚彬盗马庙，皆隋基也。[10]

**古佛庵**，唐称晋阳寺。宣武门外潘家河沿晋阳寺有唐铜佛黎秘书隶书古佛庵字。[11] 注：为现今潘家胡同。北起北堂子胡同，南至南横东街。因明代水利专家潘季驯住此得名。

**悯忠寺**，始建于唐。唐贞观十九年唐太宗李世民为纪念跨海东征中死难的将士，在幽州（现在的北京）城内建一座寺庙，寺还没有建成，李世

---

① 参见于敏中：《日下旧闻考》，1557 页，北京，北京古籍出版社，1981。
② 参见于敏中：《日下旧闻考》，1557 页，北京，北京古籍出版社，1981。
③ 参见于敏中：《日下旧闻考》，1876 页，北京，北京古籍出版社，1981。
④ 参见励宗万：《京城古迹考》，4 页，北京，北京古籍出版社，1981。
⑤ 参见励宗万：《京城古迹考》，11 页，北京，北京古籍出版社，1981。
⑥ 参见励宗万：《京城古迹考》，27 页，北京，北京古籍出版社，1981。
⑦ 参见任在陛：《（雍正）平谷县志》，15 页，海口，海南出版社，2001。
⑧ 参见任在陛：《（雍正）平谷县志》，34 页，海口，海南出版社，2001。
⑨ 参见吴长元：《宸垣识略》卷八，414 页，北京，北京古籍出版社，1983。
⑩ 参见吴长元：《宸垣识略》卷八，418 页，北京，北京古籍出版社，1983。
⑪ 参见巴里克杏芬：《京师地名对》卷上，20 页，1901 年刻本。

民去世；经高宗李治、武则天多次降诏后，于武后万岁通天元年建成，命名为悯忠寺。现名法源寺，位于北京市西城区教子胡同南端的法源寺前街。注：《（三朝）北盟汇编》，郭药师袭辽，由固安渡卢水，夺迎春门，陈于悯忠寺前。①

**二郎神庙**，始建于唐。《（万历）顺天府志》：国朝康熙三十五年重修，有仓场侍郎石文柱撰碑记。碑略云：据道书称，二郎神为清源真君，唐贞观二年创庙于此。宋元祐二年重修。②

**悲田院**，始建于唐。《古城山房笔尘》：唐时禁京城丐者，分置病坊于诸寺以廪之，亦谓之悲田院，即今蜡烛、旛竿二寺也。③

**大禹王庙**，始建于东汉。《燕京访古录》：东直门内五岳观，有汉朝绿石钟一口，高五尺，上围三尺八寸，下围五尺，钟纽残缺，石钟刻阴文大篆字，精细工巧。篆文曰：惟大汉建武二十年春，于上谷郡蓟县城内建立大禹王庙，铜铸夏禹王神乘龙坐像，高六十尺左右，铜铸皋陶、伯益、后羿、明眛文武四像，立身高五十尺。④

**大悲阁**，始建于唐。位于今北京市西城区长椿街宣武医院对面偏南处。《（万历）顺天府志》：寺即大悲阁，在旧城之中，建自有唐，辽开泰重修。⑤

**姚斌关帝庙**，始建于隋。原址在金鱼池。《天咫偶闻》：姚斌关帝庙，在药王庙东。相传始于隋代，盖无可考。⑥

**复舜庙**，始建于唐。注：唐幽州复舜庙颂，韦稔撰，颜頵正书并篆额，贞元十二年闰八月立，见《金石目录》。⑦

**金鹊庙**，始建于辽。辽金鹊庙石幢，大安中立。⑧

**司马虓庙**，始建于西晋。注：晋范阳王司马虓庙碑，见《水经注》，

---

① 参见陈宗蕃：《燕都丛考》，10、567、606、608、609、610、668 页，北京，北京古籍出版社，1991。

② 参见陈宗蕃：《燕都丛考》，198 页，北京，北京古籍出版社，1991。

③ 参见陈宗蕃：《燕都丛考》，284 页，北京，北京古籍出版社，1991。

④ 参见陈宗蕃：《燕都丛考》，323 页，北京，北京古籍出版社，1991。

⑤ 参见陈宗蕃：《燕都丛考》，587 页，北京，北京古籍出版社，1991。

⑥ 参见陈宗蕃：《燕都丛考》，645 页，北京，北京古籍出版社，1991。

⑦ 参见孙星衍：《京畿金石考》，2 页，北京，中华书局，1985。

⑧ 参见孙星衍：《京畿金石考》，20 页，北京，中华书局，1985。

云在涿县故城东。①

**触锋将军庙**，始建于西晋。位于今河北省狼牙山。注：汉触锋将军庙碑，光初七年立，见《水经注》云，徐水又迳郎山君中子触锋将军庙南，庙前有碑，晋惠帝永康元年八月十四日壬寅，发诏锡君父子法祠，其碑刘曜光初七年，前顿邱太守郎宣，北平太守阳平邑振等，共修碑刻石树颂焉。②

**大禹王庙**，始建于东汉。始建于战国燕昭王二十九年。注：东直门内五岳观，有汉朝绿石钟一口，高五尺，上围三尺八寸，下围五尺，钟纽残缺，石钟刻阴文大篆字，精细工巧，篆文曰，惟大汉建武二十年春，于上谷郡蓟县城内，建立大禹王庙，铜铸夏禹王神乘龙坐像，高六十尺左右。③

**铁牛庙**，彰仪门内白马寺坑，土内埋一铁牛神像半身，此像人头牛面，雄豪威武，铠甲牛盔，刚髯立毫，左抱宝杵，右外指式，头广五尺、阔四尺，项至胸八尺，胸下半截无考，背后镌铁牛大力红神像铁铸重九千斤十五大篆，铁像古质，汉魏时物，年月为镌，此地当是旧燕城铁牛庙基址。④

**药王庙**，始建于唐。注：又西为药王庙，旧四月二十八日为赛神日，先期五日便有歌舞各会沿街拜客，凡七八十会，喧动远近，杨柳青人以为大典。⑤

## 第十节　陵寝、墓葬、坟冢地名

**七郎坟**，相传为杨七郎的坟墓。⑥

---

①　参见孙星衍：《京畿金石考》，27页，北京，中华书局，1985。
②　参见孙星衍：《京畿金石考》，40页，北京，中华书局，1985。
③　参见张江裁：《燕京访古录》，见张江裁：《京津风土丛书》，1页，上海，中华书局，1938。
④　参见张江裁：《燕京访古录》，见张江裁：《京津风土丛书》，1页，上海，中华书局，1938。
⑤　参见张江裁：《天津杨柳青小志》，见张江裁：《京津风土丛书》，6页，上海，中华书局，1938。
⑥　参见中国华北文献丛书编辑委员会：《古北口志》，见《中国华北文献丛书》第一辑《华北稀见地方志文献》，684页，北京，学苑出版社，2012。

**黄帝陵**，京东北平谷县境内渔子山有大冢，俗呼轩辕台，相传为黄帝陵。旧有庙，今圮。① 世传黄帝陵在渔子山。今平谷县西北十五里，冈阜隆然，形如大冢，即渔子山也。其下旧有轩辕庙云。唐陈子昂诗云……②

**燕昭王墓**，《九州岛要记》曰：在古渔阳北之无终山；《明一统志》云：在府西清河岸侧之燕丹村。③

**燕灵王墓**，在城东，金大定中改葬。两墓相连，东墓之柩题其和云：燕灵王旧。旧，盖古柩字。④

**秦太子墓**，在大城北段堤村，始皇巡狩驻跸于此，幼子亡，葬此。⑤

**睿陵、恭陵**，在上京。贞元三年，命大房山云峰寺为山陵，建行宫于其麓。宫成，名曰盘宁。命判大宗正寺京等如上京，迁太祖、太宗梓宫葬大房山。太祖陵名曰睿陵。太宗陵名曰恭陵。⑥

**德陵、道陵**，宣宗葬德陵，章宗葬道陵，二陵在大房山东北。⑦

**画眉郎墓**，墓在漷县南五里，世传是汉京兆张敞。⑧

**宝坻石幢**，宝坻城中有石幢。幢高三丈，凡七级。石上雕刻工巧，中贯铁柱，顶以金为之，遥视如星。金皇统间僧人建。⑨

**孤竹长君墓**，（永平）府城西北双子山有孤竹长君墓，即伯夷。⑩

**孤竹少君墓**，马边山有孤竹少君墓，即叔齐。⑪

**孟姜女坟**，又孟姜女坟一封，就之则石也，石之巅为姜女祠。⑫

**张华墓**，张华墓在卢沟东南回城故基。⑬

**蒯文通（蒯彻）坟**，在广渠门外北八里庄南坡上。⑭

---

① 参见孙承泽：《春明梦余录》，1349 页，北京，北京古籍出版社，1992。
② 参见蒋一葵：《长安客话》，123 页，北京，北京古籍出版社，2001。
③ 参见孙承泽：《春明梦余录》，1349 页，北京，北京古籍出版社，1992。
④ 参见孙承泽：《春明梦余录》，1350 页，北京，北京古籍出版社，1992。
⑤ 参见孙承泽：《春明梦余录》，1350 页，北京，北京古籍出版社，1992。
⑥ 参见孙承泽：《春明梦余录》，1350 页，北京，北京古籍出版社，1992。
⑦ 参见孙承泽：《春明梦余录》，1350 页，北京，北京古籍出版社，1992。
⑧ 参见蒋一葵：《长安客话》，136 页，北京，北京古籍出版社，2001。
⑨ 参见蒋一葵：《长安客话》，138 页，北京，北京古籍出版社，2001。
⑩ 参见蒋一葵：《长安客话》，149 页，北京，北京古籍出版社，2001。
⑪ 参见蒋一葵：《长安客话》，149 页，北京，北京古籍出版社，2001。
⑫ 参见蒋一葵：《长安客话》，149 页，北京，北京古籍出版社，2001。
⑬ 参见孙承泽：《春明梦余录》，1232 页，北京，北京古籍出版社，1992。
⑭ 参见刘侗、于奕正：《帝京景物略》，118～119 页，北京，北京古籍出版社，1982。

**淳于髡墓**,《(万历)顺天府志》载在玉田县治南。①

**贾岛墓**,《(万历)顺天府志》载在房山县南十里。② 贾岛墓:房山县南十里,皋然而土埠,唐诗人贾岛墓也。榛芜不可识。③

**姜将军墓**,后唐清泰年间渝关守将姜将军之墓。④

**坤厚陵**,金明德皇后陵。⑤

**刘琨墓**,《(万历)顺天府志》载在东安县东二十里楼桑村,晋朝司空刘琨之墓。⑥

**卢植墓**,《(万历)顺天府志》载在涿州治东,汉侍中卢植墓。⑦

**孙膑墓**,《(万历)顺天府志》载在房山县上乐村。⑧

**兴陵**,金世宗完颜雍陵墓。⑨

**燕昭王墓**,《(万历)顺天府志》载在玉田县西北四十里无终山上。⑩

**轩辕陵**,俗传在县东北十五里渔子山下,今山上有轩辕庙。⑪

**马成墓**,在县东二里,有碑;马维骐《春日马家庄见始祖汉大将军墓有感》:始祖成封全椒侯。⑫

**燕王冢**,而(顺义)县西三十里有燕王冢。或曰,《水经注》所谓湿余河在燕王陵南者也。有太子念头,而昌平东有燕丹村,年祀绵邈,罕能究焉。⑬

**燕丹陵**,大军如至城下,于燕丹陵东北横堰此水(桑干河)。⑭

**哀忠墓**,太宗悯东征士卒战亡者,收其遗骸,葬幽州城西十余里许,

---

①　参见沈应文、张元芳:《(万历)顺天府志》,37 页,济南,齐鲁书社,1996。

②　参见沈应文、张元芳:《(万历)顺天府志》,36 页,济南,齐鲁书社,1996。

③　参见刘侗、于奕正:《帝京景物略》,335 页,北京,北京古籍出版社,1982。

④　参见沈应文、张元芳:《(万历)顺天府志》,37 页,济南,齐鲁书社,1996。

⑤　参见脱脱等:《金史》卷十九《显宗纪》,416 页,北京,中华书局,1975。

⑥　参见沈应文、张元芳:《(万历)顺天府志》,36 页,济南,齐鲁书社,1996。

⑦　参见沈应文、张元芳:《(万历)顺天府志》,36 页,济南,齐鲁书社,1996。

⑧　参见沈应文、张元芳:《(万历)顺天府志》,36 页,济南,齐鲁书社,1996。

⑨　参见脱脱等:《金史》卷八《世宗纪下》,203 页,北京,中华书局,1975。

⑩　参见沈应文、张元芳:《(万历)顺天府志》,37 页,济南,齐鲁书社,1996。

⑪　参见任在陛:《(雍正)平谷县志》,18 页,海口,海南出版社,2001。

⑫　参见任在陛:《(雍正)平谷县志》,18、43 页,海口,海南出版社,2001。

⑬　参见顾炎武:《昌平山水记》,25 页,北京,北京古籍出版社,1982。

⑭　参见孙承泽:《春明梦余录》,3 页,北京,北京古籍出版社,1992。

为哀忠墓。①

**金万寿王冢**，（嘉禧）寺（在阜成门外二十五里）西二里，金万寿王冢，一穹碑孑孑田畔。②

**韩延寿墓**，在（韩家）山（韩家山在阜成门外三十六里）之南，砖甃，埠高以丈，非汉砖也。③

**金帝陵**，金代之陵自上京而迁者十二帝，其陵曰光、曰熙、曰建、曰辉、曰安、曰定、曰永、曰泰、曰献、曰乔、曰睿、曰恭；其崩于中都而葬者二帝，其陵曰兴、曰道；被弑者一帝，其陵曰思；追谥者二帝，其陵曰景、曰裕；被弑而降为庶人者一帝，葬在兆域之外。④

**卢植墓**，涿境东南有汉卢植墓，土人呼为南台。⑤

**窦禹钧墓（十郎冢）**，今涿州西二十里有禹钧墓，土人但呼为十郎冢。⑥

**贾岛墓**，举进士，授长江簿，卒于蜀。归葬房山，墓在县城南十里，旧有碑。⑦

**乐毅墓**，良乡县南三里许有望诸君墓。望诸，乐毅所封号也。⑧

**刘琨墓**，刘琨字越石，幽州刺史段匹磾推为盟主，共讨石勒，屯蓟城。后为匹磾所害，葬东安县东二十里（明东安县治所在今廊坊市境内）。⑨

**太古墓**，密云有太古墓，围十余里，高与山等……相传以为契丹太后所葬。⑩

**太子冢**，太子念头距（顺义）县三十里，有太子冢在焉……相传燕丹村在昌平，荆轲之变，燕王杀太子丹献秦，此其葬地。⑪

① 参见孙承泽：《春明梦余录》，1269 页，北京，北京古籍出版社，1992。
② 参见刘侗、于奕正：《帝京景物略》，277 页，北京，北京古籍出版社，1982。
③ 参见刘侗、于奕正：《帝京景物略》，279 页，北京，北京古籍出版社，1982。
④ 参见顾炎武：《京东考古录》，3 页，北京，北京古籍出版社，1982。
⑤ 参见蒋一葵：《长安客话》，91 页，北京，北京古籍出版社，2001。
⑥ 参见蒋一葵：《长安客话》，91 页，北京，北京古籍出版社，2001。
⑦ 参见蒋一葵：《长安客话》，96 页，北京，北京古籍出版社，2001。
⑧ 参见蒋一葵：《长安客话》，98 页，北京，北京古籍出版社，2001。
⑨ 参见蒋一葵：《长安客话》，102 页，北京，北京古籍出版社，2001。
⑩ 参见蒋一葵：《长安客话》，126 页，北京，北京古籍出版社，2001。
⑪ 参见蒋一葵：《长安客话》，129 页，北京，北京古籍出版社，2001。

　　**朱房村西**，汉代古墓地。①

　　**仙人椅**，建于辽，龙泉寺东北。②

　　**左冯翊韩延寿墓**，"汉代左冯翊韩延寿墓在县西觉山"。③ 另有《日下旧闻考》也提及此处："《大明一统志》所谓三泉者也，补王恽《秋涧集》，题觉山寺诗：山因寺胜寺因山，云自无心景自闲。懒陟上方穷远目，黄尘深处是人间。原觉山汉左冯翊韩延寿墓在焉"。④

　　**公孙浑邪墓**⑤，在霸州城东二十五里处。

　　**蒯彻墓**⑥，蒯彻墓为汉代古物，位于广渠门外八里庄。

　　**乐毅墓**⑦，乐毅墓在县南三十里，志称地大数亩高丈余，题曰望诸君墓。乐毅墓俗称将军墓，位于河北省邯郸市邯郸县城东 10 公里处，代召乡境内大乐堡村北史书记载："乐毅为燕赵客卿，卒于赵。"

　　**窦禹钧墓**，窦禹钧墓在良乡县西北豆家庄。⑧ 民国年间的《河北通志稿》，在"地理志·古迹"条目中也说："窦禹钧墓，五代周，良乡西北十五里窦各庄。"窦禹钧下葬的"窦各庄"，就是现在青龙湖镇的"豆各庄"村。

　　**刘枢墓**⑨，中都节度使刘枢墓在三河县西五十里。

　　**王友墓**⑩，晋代将军王友墓在县西粉水口。

　　**鲜于亮墓**⑪，晋代鲜于亮墓在涿县南三里。

　　**袁天罡墓**⑫，唐代袁天罡墓在涿县东北浮落冈。

---

　　① 参见海淀区地名录编辑委员会：《北京市海淀区地名录》，108 页，北京市海淀区人民政府，1980。

　　② 参见海淀区地名录编辑委员会：《北京市海淀区地名录》，267 页，北京市海淀区人民政府，1980。

　　③ 参见民国内务部：《京兆古物调查表》，4 页，北京，北京图书馆出版社，2004。

　　④ 于敏中：《日下旧闻考》，1721 页，北京，北京古籍出版社，1981。

　　⑤ 参见民国内务部：《京兆古物调查表》，20 页，北京，北京图书馆出版社，2004。

　　⑥ 参见民国内务部：《京兆古物调查表》，1 页，北京，北京图书馆出版社，2004。

　　⑦ 参见民国内务部：《京兆古物调查表》，12 页，北京，北京图书馆出版社，2004。

　　⑧ 参见民国内务部：《京兆古物调查表》，12 页，北京，北京图书馆出版社，2004。

　　⑨ 参见民国内务部：《京兆古物调查表》，19 页，北京，北京图书馆出版社，2004。

　　⑩ 参见民国内务部：《京兆古物调查表》，21 页，北京，北京图书馆出版社，2004。

　　⑪ 参见民国内务部：《京兆古物调查表》，21 页，北京，北京图书馆出版社，2004。

　　⑫ 参见民国内务部：《京兆古物调查表》，21 页，北京，北京图书馆出版社，2004。

**李淳风墓**[①]，唐代李淳风墓在涿县东北向阳里。

**司徒张掖墓**[②]，唐代司徒张掖墓在县东南西掖村。

**张秀墓**[③]，唐代清河张秀墓在涿县东南隅。

**窦禹钧墓**[④]，后周窦禹钧墓在涿县西南围柳村。

**王吉甫墓**[⑤]，辽代王吉甫墓在涿县南郭。

**李悫墓**[⑥]，金代翰林学士李悫墓在涿县南梁口。

**彭浇墓**[⑦]，唐代彭浇墓在通县东古城北。

**李丕墓**[⑧]，李丕墓在通县城东南。

**张遵哲墓**[⑨]，张遵哲墓在通县东潞邑乡。

**燕昭王墓**[⑩]，周代燕昭王墓位于盘山千像寺东十里。

**张孝墓**[⑪]，汉代张孝墓位于蓟县西北贤庄口。

**郑忠墓**[⑫]，唐代郑忠墓在武清县县东柏村东北二里。

**罗将军墓**[⑬]，唐代罗将军墓在宝坻县北三十里罗庄村。

**刘武周墓**[⑭]，唐代刘武周墓位于密云县东南提辖庄北。

**辽太后墓**[⑮]，辽太后墓位于密云县境内，具体位置无考。

**刘存规墓**[⑯]，辽代刘存规墓位于密云县之嘉禾乡。

**纪信墓**[⑰]，汉代纪信墓位于房山县南三十里韩村。

① 参见民国内务部：《京兆古物调查表》，22页，北京，北京图书馆出版社，2004。
② 参见民国内务部：《京兆古物调查表》，22页，北京，北京图书馆出版社，2004。
③ 参见民国内务部：《京兆古物调查表》，22页，北京，北京图书馆出版社，2004。
④ 参见民国内务部：《京兆古物调查表》，22页，北京，北京图书馆出版社，2004。
⑤ 参见民国内务部：《京兆古物调查表》，22页，北京，北京图书馆出版社，2004。
⑥ 参见民国内务部：《京兆古物调查表》，22页，北京，北京图书馆出版社，2004。
⑦ 参见民国内务部：《京兆古物调查表》，28页，北京，北京图书馆出版社，2004。
⑧ 参见民国内务部：《京兆古物调查表》，28页，北京，北京图书馆出版社，2004。
⑨ 参见民国内务部：《京兆古物调查表》，28页，北京，北京图书馆出版社，2004。
⑩ 参见民国内务部：《京兆古物调查表》，32页，北京，北京图书馆出版社，2004。
⑪ 参见民国内务部：《京兆古物调查表》，38页，北京，北京图书馆出版社，2004。
⑫ 参见民国内务部：《京兆古物调查表》，38页，北京，北京图书馆出版社，2004。
⑬ 参见民国内务部：《京兆古物调查表》，41页，北京，北京图书馆出版社，2004。
⑭ 参见民国内务部：《京兆古物调查表》，41页，北京，北京图书馆出版社，2004。
⑮ 参见民国内务部：《京兆古物调查表》，41页，北京，北京图书馆出版社，2004。
⑯ 参见民国内务部：《京兆古物调查表》，43页，北京，北京图书馆出版社，2004。
⑰ 参见民国内务部：《京兆古物调查表》，43页，北京，北京图书馆出版社，2004。

**孙士林墓**①，唐代孙士林墓位于房山县西南赵村。

**贾岛墓**②，唐代贾岛墓位于房山县南十里。

**太祖睿陵**③，金代太祖睿陵位于房山县西北二十里云峰山下。

**太宗恭陵**④，金代太宗恭陵位于房山县西北二十里云峰山下。

**世宗兴陵**⑤，金代世宗兴陵位于房山县西北大房山东北。

**章宗道陵**⑥，金代章宗道陵位于房山县西北大房山东北。

**十王冢**⑦，金代十王冢位于房山县西北十五里石门峪。

**马成墓**⑧，汉代马成墓位于平谷县东二里，具体方位无考。

**巨构墓**⑨，汉代巨构墓位于平谷县南八里，有碑，具体方位无考。

**轩辕陵**，俗传在（平谷）县东北十五里渔子山下，今山上有轩辕庙。⑩

**马成墓**，在平谷县东二里，有碑；马维骐《春日马家庄见始祖汉大将军墓有感》：始祖成封全椒侯。⑪

**哀忠墓**，唐称哀忠墓。哀忠墓在观西十余里，相传唐太宗见隋炀帝征辽所亡士卒骸骨，恻然悯之，令悉收葬为一大冢因名。⑫

**哀忠墓**，唐称哀忠墓。西便门外迤西相传唐太宗葬隋炀帝征辽所亡将士于此。⑬

**杨君让墓**，始建于隋。注：隋杨君让墓古碑，在阳乡旧店西。⑭

**杨哲墓**，始建于辽。注：辽杨哲墓碑，见方志，云有碑斑驳。⑮

---

① 参见民国内务部：《京兆古物调查表》，43 页，北京，北京图书馆出版社，2004。
② 参见民国内务部：《京兆古物调查表》，43 页，北京，北京图书馆出版社，2004。
③ 参见民国内务部：《京兆古物调查表》，43 页，北京，北京图书馆出版社，2004。
④ 参见民国内务部：《京兆古物调查表》，43 页，北京，北京图书馆出版社，2004。
⑤ 参见民国内务部：《京兆古物调查表》，43 页，北京，北京图书馆出版社，2004。
⑥ 参见民国内务部：《京兆古物调查表》，43 页，北京，北京图书馆出版社，2004。
⑦ 参见民国内务部：《京兆古物调查表》，43 页，北京，北京图书馆出版社，2004。
⑧ 参见民国内务部：《京兆古物调查表》，65 页，北京，北京图书馆出版社，2004。
⑨ 参见民国内务部：《京兆古物调查表》，65 页，北京，北京图书馆出版社，2004。
⑩ 参见任在陛：《（雍正）平谷县志》，18 页，海口，海南出版社，2001。
⑪ 参见任在陛：《（雍正）平谷县志》，18、43 页，海口，海南出版社，2001。
⑫ 参见吴长元：《宸垣识略》卷十三，506 页，北京，北京古籍出版社，1983。
⑬ 参见巴哩克杏芬：《京师地名对》卷上，12 页，光绪二十七年（1901）刻本。
⑭ 参见孙星衍：《京畿金石考》，18 页，北京，中华书局，1985。
⑮ 参见孙星衍：《京畿金石考》，22 页，北京，中华书局，1985。

**朱怀珪墓**，始建于唐。注：唐太尉朱怀珪墓碑，元载撰，李融书，见《天下金石志》。[①]

**张孝张里墓**，始建于汉。注：汉张孝张里墓，见方志，云墓在州西北贤张口，碑文尚存。[②]

**董甫墓**，始建于唐。注：唐御史董甫墓志，裴度撰，明万历初土人得之，墓在城西南安祖店。[③]

**马成墓**，据《畿辅通志》卷四十八记载，全椒侯马成墓在（北京市）平谷县东二里。《平谷县志·地理》载：汉将马成墓，在县东二里，有碑。《日下旧闻考·京畿》载：汉全椒侯马成墓在县二里，有碑。1982 年 5 月，第二次文物普查时，确认马成墓位于夏各庄镇马各庄村西北的河道北岸。西临洳河，距平谷城约 1 公里。注：汉全椒侯马成墓碑，在县东二里。[④]

**张华冢**，张华，西晋文学家。《后汉书·郡国志》云：范阳有张华冢，临桑干河侧，名为张华村。[⑤]

**燕昭王冢**，始建于战国时期。《九州岛要记》云：燕昭王冢在古渔阳北之无终山，《一统志》云在府西清河岸侧之燕丹村。[⑥]

**韩延寿坟**，始建于西汉。注：稍远为韩家山汉左冯翊韩延寿坟在焉。[⑦]

**燕王陵**，注：其水又东入瀑水，瀑水又东经燕王陵南，陵有伏道西北出蓟城中，景明中，造浮图，穷泉掘得此道，通城西北大陵，而是二坟，基址盘固，犹自高壮，竟不知何王陵。[⑧]

---

① 参见孙星衍：《京畿金石考》，24 页，北京，中华书局，1985。
② 参见孙星衍：《京畿金石考》，25 页，北京，中华书局，1985。
③ 参见孙星衍：《京畿金石考》，35 页，北京，中华书局，1985。
④ 参见孙星衍：《京畿金石考》，37 页，北京，中华书局，1985。
⑤ 参见曹学佺：《燕都名胜志稿》，见张江裁：《京津风土丛书》，2 页，上海，中华书局，1938。
⑥ 参见曹学佺：《燕都名胜志稿》，见张江裁：《京津风土丛书》，2 页，上海，中华书局，1938。
⑦ 参见曹学佺：《燕都名胜志稿》，见张江裁：《京津风土丛书》，2 页，上海，中华书局，1938。
⑧ 参见曹学佺：《燕都名胜志稿》，见张江裁：《京津风土丛书》，3 页，上海，中华书局，1938。

## 第十一节　长城及方位地名

　　**齐长城**，《辽史》：顺州南有齐长城……齐长城，天保中所筑。宋沈括曰，幽州东北三十里有望京馆，东行少北十里余，出古长城。[①]

　　**南郊**[②]，都邑南面的地区，古代天子在京都南面的郊外筑圜丘以祭天的地方。

　　**北郊**[③]，古帝王郊祀的处所之一。周制在北门外六里处，汉制在北门外四里。

　　**东郊**[④]，指都邑东面的地区。

　　**北郊**[⑤]，指都邑北面的地区。

　　**西郊**[⑥]，指都邑西面的地区。

---

　　① 参见顾炎武：《昌平山水记》，25 页，北京，北京古籍出版社，1982。

　　② 参见古粤顺德无名氏：《燕京杂记》，112 页，北京，北京古籍出版社，1986；震钧：《天咫偶闻》，133 页，北京，北京古籍出版社，1982。

　　③ 参见震钧：《天咫偶闻》，179 页，北京，北京古籍出版社，1982。

　　④ 参见崇彝：《道咸以来朝野杂记》，90 页，北京，北京古籍出版社，1982。

　　⑤ 参见崇彝：《道咸以来朝野杂记》，90 页，北京，北京古籍出版社，1982。

　　⑥ 参见崇彝：《道咸以来朝野杂记》，90 页，北京，北京古籍出版社，1982。

第五章

# 秦汉以后文献所见北京前都时代自然类地名

第一节 | 山原、岭峰、丘麓、沟谷、洞穴、高阜、台地、平原地名

白檀山，西汉白檀县因山得名，汉代之前即有此山。①

编厢岭，辽山岭名，今偏岭。②

驳牛山，隋在上谷郡山名。③

曹王山，辽代顺州山名，传曹操尝驻军于此。④

大安山，即今大安山，山中有大安馆，五代幽州节度使刘仁恭建。⑤

大房山，自金代沿用至今的地名。⑥

---

① 参见沈应文、张元芳：《（万历）顺天府志》，24 页，济南，齐鲁书社，1996。
② 参见贾敬颜：《五代宋金元人边疆行记十三种疏证稿》，57 页，北京，中华书局，2004。
③ 参见魏征等：《隋书》卷三十《地理志中》，858 页，北京，中华书局，1973。
④ 参见脱脱等：《辽史》卷四十《地理志四》，496 页，北京，中华书局，1974。
⑤ 参见沈应文、张元芳：《（万历）顺天府志》，25 页，济南，齐鲁书社，1996。
⑥ 参见脱脱等：《金史》卷五《海陵纪》，105 页，北京，中华书局，1975。

大翩山，隋涿郡怀戎县山名。①

大夏坡，辽山坡名。②

带方山，隋代辽西郡柳城县山名。③

东台山，五台山最高峰。④

独鹿山，即涿鹿山，汉代已有此山。⑤

韩家山，有西汉韩延寿墓，故名。⑥

曷里浒东川，在金西京路桓州，后更名金莲川，金世宗曾巡游此地。⑦

呼奴山，在今顺义区东北，东汉邓训于此屯兵。⑧

鸡鸣山，隋代辽西郡柳城县山名。⑨

鸡鸣山，五代时亦有此山名，在今宣化东五十里鸡鸣驿北五里。⑩

积粟山，在今昌平区西部，有唐太尉朱怀珪墓。⑪

九庄岭，《水经注》记载，鲍邱水南流迳九庄岭东，表明北魏时已有此山岭名。⑫

居庸山，居庸关所在地，金元时期有此地名。⑬

军都山，即今军都山，传说东汉卢植隐于此教授刘备。⑭

孔水洞，在今密云区西北云蒙山，开元年间已有此名。⑮

历阳山，隋涿郡怀戎县山名。⑯

梁山，戾陵（汉燕刺王旦之陵）所在之地，在㶟水北。⑰

---

① 参见魏征等：《隋书》卷三十《地理志中》，857 页，北京，中华书局，1973。
② 参见贾敬颜：《五代宋金元人边疆行记十三种疏证稿》，91 页，北京，中华书局，2004。
③ 参见魏征等：《隋书》卷三十《地理志中》，859 页，北京，中华书局，1973。
④ 参见贾敬颜：《五代宋金元人边疆行记十三种疏证稿》，15 页，北京，中华书局，2004。
⑤ 参见沈应文、张元芳：《（万历）顺天府志》，25 页，济南，齐鲁书社，1996。
⑥ 参见沈应文、张元芳：《（万历）顺天府志》，23 页，济南，齐鲁书社，1996。
⑦ 参见脱脱等：《金史》卷七《世宗纪中》，161 页，北京，中华书局，1975。
⑧ 参见沈应文、张元芳：《（万历）顺天府志》，24 页，济南，齐鲁书社，1996。
⑨ 参见魏征等：《隋书》卷三十《地理志中》，859 页，北京，中华书局，1973。
⑩ 参见贾敬颜：《五代宋金元人边疆行记十三种疏证稿》，15 页，北京，中华书局，2004。
⑪ 参见沈应文、张元芳：《（万历）顺天府志》，24 页，济南，齐鲁书社，1996。
⑫ 参见沈应文、张元芳：《（万历）顺天府志》，27 页，济南，齐鲁书社，1996。
⑬ 参见熊梦祥：《析津志辑佚》，261 页，北京，北京古籍出版社，1983。
⑭ 参见沈应文、张元芳：《（万历）顺天府志》，24 页，济南，齐鲁书社，1996。
⑮ 参见沈应文、张元芳：《（万历）顺天府志》，28 页，济南，齐鲁书社，1996。
⑯ 参见魏征等：《隋书》卷三十《地理志中》，857 页，北京，中华书局，1973。
⑰ 参见郦道元、陈桥驿：《水经注校证》卷十三《㶟水》，339 页，北京，中华书局，2007。

**留斡岭**，女真语对古北口的称呼。①

**卢师山**，相传为隋沙门卢师降服二龙之山。②

**螺山**，北魏渔阳郡已有此山，沿用至今，在今天津市蓟县。③

**马云山**，辽山岭名。④

**墨斗岭**，辽山岭名，今伊逊岭。⑤

**牛栏山**，辽代已有此山名，在顺义北二十里。⑥

**牛山**，辽山岭名，今河北省承德市头沟镇之老牛山。⑦

**盘山**，今天津市蓟县盘山，唐代已有此山名。⑧

**契丹岭**，辽山岭名，又云度云岭，今荞麦梁。⑨

**乔山**，隋涿郡怀戎县山名。⑩

**芹菜岭**，辽山岭名。⑪

**石鼓山**，在今玉田县西北，传为唐太宗征高丽时命名此山。⑫

**石经洞**，在今房山区石经山，隋大业年间已有此名。⑬

**石子岭**，辽山岭名，今河北省滦平县二道梁子。⑭

**黍谷山**，辽代顺州山名，传为邹衍吹律之地。⑮

**松山**，隋代辽西郡柳城县山名。⑯

**松子岭**，辽山岭名，今河北省承德市甲山。⑰

① 参见脱脱等：《金史》卷二十四《地理志上》，575 页，北京，中华书局，1975。
② 参见沈应文、张元芳：《（万历）顺天府志》，23 页，济南，齐鲁书社，1996。
③ 参见沈应文、张元芳：《（万历）顺天府志》，26 页，济南，齐鲁书社，1996。
④ 参见贾敬颜：《五代宋金元人边疆行记十三种疏证稿》，100 页，北京，中华书局，2004。
⑤ 参见贾敬颜：《五代宋金元人边疆行记十三种疏证稿》，58 页，北京，中华书局，2004。
⑥ 参见贾敬颜：《五代宋金元人边疆行记十三种疏证稿》，92 页，北京，中华书局，2004。
⑦ 参见贾敬颜：《五代宋金元人边疆行记十三种疏证稿》，148 页，北京，中华书局，2004。
⑧ 参见脱脱等：《金史》卷八《世宗纪下》，194 页，北京，中华书局，1975。
⑨ 参见贾敬颜：《五代宋金元人边疆行记十三种疏证稿》，58 页，北京，中华书局，2004。
⑩ 参见魏征等：《隋书》卷三十《地理志中》，857 页，北京，中华书局，1973。
⑪ 参见贾敬颜：《五代宋金元人边疆行记十三种疏证稿》，97 页，北京，中华书局，2004。
⑫ 参见沈应文、张元芳：《（万历）顺天府志》，27 页，济南，齐鲁书社，1996。
⑬ 参见沈应文、张元芳：《（万历）顺天府志》，28 页，济南，齐鲁书社，1996。
⑭ 参见贾敬颜：《五代宋金元人边疆行记十三种疏证稿》，57 页，北京，中华书局，2004。
⑮ 参见脱脱等：《辽史》卷四十《地理志四》，496 页，北京，中华书局，1974。
⑯ 参见魏征等：《隋书》卷三十《地理志中》，859 页，北京，中华书局，1973。
⑰ 参见贾敬颜：《五代宋金元人边疆行记十三种疏证稿》，149 页，北京，中华书局，2004。

潭柘山，山上傍二潭有古柘，故名，有潭柘寺，在今北京市昌平区西部。①

天岭，又称辞乡岭，今河北省赤城县独石城北四十五里之偏岭。②

秃黎山，隋代辽西郡柳城县山名。③

兔耳山，金代顺州温阳县之山。④

五回岭，隋代上谷郡山名。⑤

虾蟆岭，辽山岭名，今承德祥云岭。⑥

小刷山，隋涿郡怀戎县山名。⑦

徐无山，在今玉田县东北，传为东汉末田畴避难于此山。⑧

野狐岭，在今河北省万全西北。⑨

银冶山，辽山名，在今密云区南十五里。⑩

玉泉山，今北京玉泉山，金代已有此名，在宛平县。⑪

摘星岭，辽山岭名，又称德胜岭、望云岭、思乡岭，今滦平大十八盘梁。⑫

弥离补，金世宗打猎地之一，疑为平坦地。⑬

幺里舌，金世宗巡游地之一，与弥离补临近，疑为平坦地。⑭

土鲁原，在宛平县。⑮

密云山，辽惧，奔密云山。季龙遣将军郭泰等追及之，战于密云。⑯

---

① 参见沈应文、张元芳：《（万历）顺天府志》，24 页，济南，齐鲁书社，1996。
② 参见贾敬颜：《五代宋金元人边疆行记十三种疏证稿》，16 页，北京，中华书局，2004。
③ 参见魏征等：《隋书》卷三十《地理志中》，859 页，北京，中华书局，1973。
④ 参见脱脱等：《金史》卷二十四《地理志上》，575 页，北京，中华书局，1975。
⑤ 参见魏征等：《隋书》卷三十《地理志中》，858 页，北京，中华书局，1973。
⑥ 参见贾敬颜：《五代宋金元人边疆行记十三种疏证稿》，99 页，北京，中华书局，2004。
⑦ 参见魏征等：《隋书》卷三十《地理志中》，857 页，北京，中华书局，1973。
⑧ 参见沈应文、张元芳：《（万历）顺天府志》，27 页，济南，齐鲁书社，1996。
⑨ 参见脱脱等：《金史》卷二《太祖纪》，41 页，北京，中华书局，1975。
⑩ 参见贾敬颜：《五代宋金元人边疆行记十三种疏证稿》，91 页，北京，中华书局，2004。
⑪ 参见脱脱等：《金史》卷十一《章宗纪三》，260 页，北京，中华书局，1975。
⑫ 参见贾敬颜：《五代宋金元人边疆行记十三种疏证稿》，56 页，北京，中华书局，2004。
⑬ 参见脱脱等：《金史》卷七《世宗纪中》，161 页，北京，中华书局，1975。
⑭ 参见脱脱等：《金史》卷七《世宗纪中》，161 页，北京，中华书局，1975。
⑮ 参见脱脱等：《金史》卷六十四《后妃下》，1522 页，北京，中华书局，1975。
⑯ 参见于敏中：《日下旧闻考》，30 页，北京，北京古籍出版社，1981。

　　**黄颁峪**，七渡河，一名黄颁水，源自顺义黄颁峪，流经三河县界入白河。①

　　**小盘山**，小盘山在盘山东北，盘之支山也。②

　　**四正山（田盘山）**，盘山，志旧名四正山，一名徐无山，魏田畴隐居于此，故名田盘山。今不曰田盘而曰盘山者，亦犹匡庐之谓庐山也。其山南距沧溟，西连太行，东放碣石，北负长城，瓣袭蜂攒，面面开生，实仙佛之胜区，乃天壤之大观也。③

　　**碣石**，汉武帝登碣石望海。④

　　**城山**，在县东北五十里，四山高松，中平如城，有石室，仅容一人栖卧。⑤

　　**盘山**，一名盘龙山，在（平谷）县东三十里，高二千余仞，周百余里，势磅礴而盘桓，峰峦叠嶂，翠然排空，亦胜迹也，邑名盘阴以此。⑥

　　**八达岭**，四海冶西至岔道一百四十里，出居庸关，北往延庆州，西往宣镇，路从此分，故名八达岭，是关山最高者……金人刘迎过八达岭诗……⑦

　　**银山铁壁**，（银山）山半有壁，其色似铁，世称银山铁壁云。⑧

　　**蓟邱**，《春明梦余录》据《水经注》称，蓟城西北隅有蓟邱，故以名之。犹鲁之曲阜，齐之营邱。⑨

　　**卢思台**，又考《唐书·韦挺传》云：挺遣燕州司马王安德行渠作漕舻运粮，自桑干水抵卢思台，行百里，渠塞不可通，挺以方苦寒，未可进，遂下米台侧廥之，待冰泮乃运。则卢师或卢思之误。⑩

　　**蓟丘**，在县西德胜门外五里西北隅，即古蓟门也。⑪

---

①　参见于敏中：《日下旧闻考》，1844 页，北京，北京古籍出版社，1981。
②　参见于敏中：《日下旧闻考》，1883 页，北京，北京古籍出版社，1981。
③　参见于敏中：《日下旧闻考》，1894 页，北京，北京古籍出版社，1981。
④　参见谈迁：《北游录》，103 页，北京，中华书局，1997。
⑤　参见任在陛：《（雍正）平谷县志》，3 页，海口，海南出版社，2001。
⑥　参见任在陛：《（雍正）平谷县志》，3 页，海口，海南出版社，2001。
⑦　参见蒋一葵：《长安客话》，123 页，北京，北京古籍出版社，2001。
⑧　参见顾炎武：《昌平山水记》，18 页，北京，北京古籍出版社，1982。
⑨　参见孙承泽：《春明梦余录》，2 页，北京，北京古籍出版社，1992。
⑩　参见顾炎武：《京东考古录》，6 页，北京，北京古籍出版社，1982。
⑪　参见沈榜：《宛署杂记》，30 页，北京，北京古籍出版社，1982。

**谎粮台**，东岳庙（朝阳门外）东五里许，唐太宗东征高丽尝屯兵于此，虚设囷仓以疑敌人，俗因呼其地曰谎粮台。①

**邓隐峰、银山**，邓隐峰银山十咏。金大定三年刻石。②

**玉泉山**，又二十里为清河，其水出玉泉山。③ 在京西二十余里，山顶悬崖。旧刻玉泉二字，水自石罅中出，鸣如杂佩。金章宗行宫芙蓉殿之故址也，半岭有吕公岩，广盈丈许，深倍之。④ 在（宛平）县西北三十里。顶有金行宫芙蓉殿故址。相传金章宗尝避暑于此。⑤《长安客话》载，出万寿寺，渡溪更西十五里为玉泉山，山以泉名。⑥

**黄土山**，择地得吉于昌平县东黄土山。及车驾临视，封其山为天寿山，以七年五月己卯作长陵。⑦

**军都山**，此山古为军都山，后汉卢植隐居昌平军都山中，昭烈修弟子礼事之。晋段匹䃭欲拥其众，徙保上谷，阻军都之险以拒末波。魏道武伐燕，遣将军封真等从东道出军都袭幽州，即此山也。⑧ 军都山在昌平州西北二十里。昌平，汉军都县，以山名也。后汉卢植隐居上谷，立黉肆，教授生徒。昭烈微时，修弟子礼焉。彼时，军都县属上谷郡，又名居庸山。⑨

**银山**，州境之山，其名者曰银山，在（昌平）州东北六十里，石梯而上五六里名中峰，唐僧邓隐峰之所居也。⑩ 在昌平东北六十里，峰峦高峻，冰雪层积，色白如银，故名。麓有石崖，皆成黑色，又名铁壁。顶为中峰，迥出云霄，缘石梯上五里许，下视梵刹如弹丸。刹乃唐时建，领七十二庵，沙门邓隐峰藏修之所。有浸月泉、天清桥、巨虎石、诵经台诸胜。⑪ 天寿山东北六十里，曰银山。或曰望也非金方镕于冶，非月下之潮方至，

---

① 参见蒋一葵：《长安客话》，123 页，北京，北京古籍出版社，2001。
② 参见蒋一葵：《长安客话》，123 页，北京，北京古籍出版社，2001。
③ 参见顾炎武：《昌平山水记》，3 页，北京，北京古籍出版社，1982。
④ 参见孙承泽：《春明梦余录》，1289 页，北京，北京古籍出版社，1992。
⑤ 参见沈榜：《宛署杂记》，27 页，北京，北京古籍出版社，1982。
⑥ 参见蒋一葵：《长安客话》，47 页，北京，北京古籍出版社，2001。
⑦ 参见顾炎武：《昌平山水记》，4 页，北京，北京古籍出版社，1982。
⑧ 参见顾炎武：《昌平山水记》，18 页，北京，北京古籍出版社，1982。
⑨ 参见孙承泽：《春明梦余录》，1316 页，北京，北京古籍出版社，1992。
⑩ 参见顾炎武：《昌平山水记》，18 页，北京，北京古籍出版社，1982。
⑪ 参见孙承泽：《春明梦余录》，1316 页，北京，北京古籍出版社，1992。

非镔甲练刃，西来万骑而日方东，山之光也，曰银山矣，或曰矿焉……唐邓隐峰禅师，修于此山，道成此山，故多隐峰迹。① 山在天寿山之艮隅，唐神僧邓隐峰藏修之地。金天会三年，始建法华寺，领七十二庵。②

**驻跸山**，在（昌平）州西二十五里，其山长而北袤凡二十里，石皆壁立，高可十余丈，其顶皆白。山之南有栖云啸台，高二丈许，正北有石梯可上。金章宗建亭于此。旧传山下有石床石釜，今亡。③ 山在昌平州西南二十五里，高十余丈。石嶂沓危立，相与趋走，状不可驻，西北袤二十里。自金章宗游此，镌驻跸字，人呼驻跸山，遂逸其初名。④ 昌平西南二十五里有山，高可十余丈……西北袤二十里。初不止为何名。金章宗尝游此，镌驻跸二字，后人因呼驻跸山。⑤

**白浮山**，在（昌平）州东南一十里，有二龙潭，潭上有龙神祠。⑥ 在昌平南一十里，山有二龙潭，流经白浮村。元人郭守敬引此水西折而南，经瓮山流入积水潭以通漕运。⑦ 在昌平境南……元郭守敬筑堰。⑧

**牛栏山**，宋王曾上契丹事曰，顺州至檀州渐入山，牛栏当其要路也。山之东麓，潮、白二河合焉，有龙王庙。⑨

**狐奴山**，东北二十五里为狐奴山，《水经注》：水不流曰奴，盖以山前潴泽名也。⑩ 山在县境东北（二十五里），缘山前潴泽得名，俗称呼奴山，或谓呼喝，匈奴之义。西南百步为狐奴县故城，汉邓禹子训与上谷太守任兴屯兵于此，以防匈奴乌桓，垦稻田二十余顷。⑪

**曹王山**，《辽史》又言，有曹王山，曹操驻军之地，今不得其处。⑫

**黍谷山**，（怀柔县）东四十里为黍谷山。刘向《别录》，燕有黍谷，地

---

① 参见刘侗、于奕正：《帝京景物略》，339 页，北京，北京古籍出版社，1982。
② 参见蒋一葵：《长安客话》，120 页，北京，北京古籍出版社，2001。
③ 参见顾炎武：《昌平山水记》，18 页，北京，北京古籍出版社，1982。
④ 参见刘侗、于奕正：《帝京景物略》，343 页，北京，北京古籍出版社，1982。
⑤ 参见蒋一葵：《长安客话》，122 页，北京，北京古籍出版社，2001。
⑥ 参见顾炎武：《昌平山水记》，18 页，北京，北京古籍出版社，1982。
⑦ 参见孙承泽：《春明梦余录》，1318 页，北京，北京古籍出版社，1992。
⑧ 参见蒋一葵：《长安客话》，121 页，北京，北京古籍出版社，2001。
⑨ 参见顾炎武：《昌平山水记》，23 页，北京，北京古籍出版社，1982。
⑩ 参见顾炎武：《昌平山水记》，23 页，北京，北京古籍出版社，1982。
⑪ 参见蒋一葵：《长安客话》，128 页，北京，北京古籍出版社，2001。
⑫ 参见顾炎武：《昌平山水记》，25 页，北京，北京古籍出版社，1982。

美而寒，不生五谷，邹子居之，吹律而温气至。①

丫髻山，（怀柔县）东南三十里为丫髻山，二峰高耸，上有碧霞元君祠。②

螺山，（怀柔县）北二十里为红螺山，山下有潭，相传潭中有二红螺，大如斗，出则光焰烛林，今不见也。《辽史》檀州有螺山。《金史》顺州有螺山。③

密云山、横山，（怀柔）县南一十五里为密云山，一名横山，郡所以名也。石虎伐段辽，辽弃令支奔密云山，遣使诈降，而阴与慕容皝为约，皝遣其子恪伏精骑七千于密云山，虎将麻秋率众三万迎辽，为恪所袭，死者十六七。④ 在密云县南十五里，一名横山。昔燕赵伏兵于此，以上藏云雾取名焉。⑤

白檀山，（怀柔县）南二十里为白檀山，县所以名也。⑥ 白檀山在密云县南二十五里，山之阳有白檀树。⑦ 在县境南山之阳，昔有白檀树故名。山曲有古柳城遗迹。曹操灭袁绍父子，历白檀，破乌丸于柳城，即此地。⑧

隗山，（怀柔县）南三十里为隗山。《唐书》，密云有隗山。⑨

冶山，（怀柔县）东北八里为冶山，上有塔……昔人淘金址尚存。⑩

七金山、马盂山、双山、松山，（辽中京大定府）有七金山、马盂山、双山、松山。⑪

德胜岭（思乡岭）、雕窠岭、偏枪嵌、黑（一作墨）斗岭、度云岭、芹菜岭、松亭岭、虾蟆岭、石子岭，宋王曾《上契丹事》曰：自古北口度德胜岭，盘道数层，俗名思乡岭，八十里至新馆，过雕窠岭、偏枪嵌，四十里至卧如来馆，过乌滦河，东有滦州，又过黑（一作墨）斗岭、度云岭、芹菜岭，七十里至柳河馆，河在馆旁，西北有铁冶，又过松亭岭，甚

① 参见顾炎武：《昌平山水记》，26 页，北京，北京古籍出版社，1982。
② 参见顾炎武：《昌平山水记》，26 页，北京，北京古籍出版社，1982。
③ 参见顾炎武：《昌平山水记》，26 页，北京，北京古籍出版社，1982。
④ 参见顾炎武：《昌平山水记》，27 页，北京，北京古籍出版社，1982。
⑤ 参见孙承泽：《天府广记》，510 页，北京，北京古籍出版社，1984。
⑥ 参见顾炎武：《昌平山水记》，27 页，北京，北京古籍出版社，1982。
⑦ 参见孙承泽：《天府广记》，510 页，北京，北京古籍出版社，1984。
⑧ 参见蒋一葵：《长安客话》，124 页，北京，北京古籍出版社，2001。
⑨ 参见顾炎武：《昌平山水记》，27 页，北京，北京古籍出版社，1982。
⑩ 参见顾炎武：《昌平山水记》，27 页，北京，北京古籍出版社，1982。
⑪ 参见顾炎武：《昌平山水记》，32 页，北京，北京古籍出版社，1982。

险峻，七十里至打造部落，东南行五十里至牛山馆，八十里至鹿儿峡馆，过虾蟆岭，九十里至铁浆馆，过石子岭，自此渐出山。①

**大安山**，其外，有居庸、松亭、榆林之关，古北之口，桑干河、高梁河、石子河、大安山、燕山。② 大安山正在房山县北八十里，上有大安馆，相传五代时刘仁恭所建，遗址尚存。③

**香山**，在碧云南二里许。有永安寺，旧名甘露，其制一如碧云，而饶古色。最胜者来青轩，乃神庙所书额也。金人李宴有碑。④ 在（宛平）县西北三十里。金李晏有碑，其略云：西山苍苍，上干云霄。重冈叠翠，来朝皇阙。中有古场曰香山，上有二大石，状如香炉、虾蟆，有泉水自山腹下注溪谷，一号小清凉。⑤ 金李晏香山记略：西山苍苍，上千云霄，重冈叠翠，来朝皇阙。中有古道场曰香山。相传山有二大石，状如香炉，原名香炉山，后人省称香山。⑥

**卢师山**，在京西三十里。山半为秘魔岩，岩石嵌空几二丈。旧传隋末有沙门曰卢师居此山，能驯伏大青小青二龙，故名。⑦ 石子凿凿，故桑干河道也，曰卢师山，有寺，曰卢师寺。……僧曰唐天宝制焉。过寺半里者，秘魔崖，是卢师晏坐处。相传隋仁寿中，师从江南棹一船来，祝曰：船止则止。船至崖下止，师遂崖居。居数岁，二童子来，曰大青、小青，愿侍不去。岁大旱，所司征祷雨者，童子白师，乘师愿，愿施雨，雨一方也。遂乘云气去，俄雨大注，知大青、小青，是乃龙矣。龙归投潭中。潭广丈，巨石覆之，深黝不可测。二龙有时出，云气仍随之。崖下塑二童子侍师像。崖上一柏，产石面，长尺，不凋不荣，是卢师手植。⑧ 在（宛平）县西三十里。京西乡旧传，隋末有沙门曰卢师，居此山，能驯伏大青、小青二龙，故名。⑨ 下弘教寺循山趾而南，有卢师山，与平坡山并峙……卢

---

① 参见顾炎武：《昌平山水记》，32 页，北京，北京古籍出版社，1982。
② 参见孙承泽：《春明梦余录》，1350 页，北京，北京古籍出版社，1992。
③ 参见孙承泽：《天府广记》，508 页，北京，北京古籍出版社，1984。
④ 参见孙承泽：《春明梦余录》，1305～1306 页，北京，北京古籍出版社，1992。
⑤ 参见沈榜：《宛署杂记》，27 页，北京，北京古籍出版社，1982。
⑥ 参见蒋一葵：《长安客话》，53 页，北京，北京古籍出版社，2001。
⑦ 参见孙承泽：《春明梦余录》，1310～1311 页，北京，北京古籍出版社，1992。
⑧ 参见刘侗、于奕正：《帝京景物略》，271 页，北京，北京古籍出版社，1982。
⑨ 参见沈榜：《宛署杂记》，27 页，北京，北京古籍出版社，1982。

师山以神僧卢师得名，师隋末居此山，能驯服大青、小青二龙。①

驻跸山，在昌平西南二十五里，高十余丈，西北袤二十里。金章宗游此，镌驻跸字。上有台，章宗自题栖云啸台四字。②

大房山，上方山，即古称大房山，最称奇秀，古碑云：幽燕奥室。③（正隆元年）八月丁丑，如大房山行视山陵。十月乙西，葬始祖以下十帝于大房山。④

燕山，在京东。自西山一带逶迤来东，龙腾虎跃，延袤数百里，直抵海岸。宋苏辙诗：燕山如长蛇，千里限夷汉。首衔西山麓，尾挂东海岸。⑤ 燕山之脉，自太行山逶迤而东，暨玉田一带，直抵海岸。燕国原因此山而名。⑥

大碣石山、碣石山，《水经注》云，大碣石山在古北平骊城县西南，王莽改曰碣石也。汉武帝亦尝登之以望巨海，而勒其石于此。⑦

梁山，魏刘靖修高梁河碑：魏使持节都督河北道诸军事征北将军建城乡侯沛国刘靖，字文恭，登梁山以睹源流，相原隰以度形势。⑧

画眉山，西堂村而北，曰画眉山。产石，墨色，浮质而腻理，入金宫为眉石，亦曰黛石也。⑨

韩家山，出阜成门三十六里者，罕山。志称韩家山，汉循吏韩延寿家焉。罕，韩音讹也。⑩ 在（宛平）县西三十余里。山阴有汉韩延寿墓，故名。⑪

仰山，仰山去京八十里……又上又折，是名仰山……峰五，亭八，章宗数游，有诗刻石，亡数十年矣……断石三，其一山场榜，上刻大兴府西连山等字。⑫ 在（宛平）县西七十里。峰峦拱秀，中有平顶，如莲花心，

---

① 参见蒋一葵：《长安客话》，58页，北京，北京古籍出版社，2001。

② 参见孙承泽：《春明梦余录》，1319页，北京，北京古籍出版社，1992。

③ 参见孙承泽：《春明梦余录》，1323页，北京，北京古籍出版社，1992。

④ 参见顾炎武：《京东考古录》，2页，北京，北京古籍出版社，1982。

⑤ 参见孙承泽：《春明梦余录》，1329页，北京，北京古籍出版社，1992。

⑥ 参见蒋一葵：《长安客话》，107页，北京，北京古籍出版社，2001。

⑦ 参见孙承泽：《春明梦余录》，1329页，北京，北京古籍出版社，1992。

⑧ 参见孙承泽：《春明梦余录》，1329页，北京，北京古籍出版社，1992。

⑨ 参见刘侗、于奕正：《帝京景物略》，224页，北京，北京古籍出版社，1982。

⑩ 参见刘侗、于奕正：《帝京景物略》，278～279页，北京，北京古籍出版社，1982。

⑪ 参见沈榜：《宛署杂记》，28页，北京，北京古籍出版社，1982；刘侗、于奕正撰：《帝京景物略》，118～119页，北京，北京古籍出版社，1982。

⑫ 参见刘侗、于奕正：《帝京景物略》，319～320页，北京，北京古籍出版社，1982。

傍有五峰，曰独秀、翠微、紫盖、妙高、紫微。中多禅刹，金章宗游幸有诗刻石。① 以在西山外更西四十余里，故人迹罕到。金章宗尝游有诗……今石刻尚存。②

**大汉岭**，（顺天）府西一百二十里，逾王平口，过汉匈奴分界处，曰大汉岭。③ 在（宛平）县西二百余里。由清水山尖分脉，直抵百花山，相传汉时匈奴界止此。④

**石经山**，房山县西南四十里……藏石经者，千年矣，始曰石经山……岳坐下静琬法师，承师傅嘱，自隋大业，迄唐贞观，大涅槃经成。⑤ 山在县境西南五十里，隋大业中，法师静琬居此，募工磐石，愿刻佛经一藏。至唐贞观中，仅了大涅槃经，而琬化去。其徒相继，至女真得中原时始卒业。⑥

**盘山**，山有不可登，盘而登之，曰盘山。⑦ 盘山，山以盘旋得名，亦云盘龙山。⑧ 据《盘山志》载，从魏武帝曹操开始，唐太宗、辽太宗、辽圣宗、金世宗以及清代的康熙、乾隆等历代帝王都曾游览过盘山。

**大房山**，蓼香甸，贞元三年，改葬（金熙宗）于大房山蓼香甸，诸王同兆域。大定初，追上谥号，陵曰思陵。⑨

**蛾眉谷**，二十八年，改葬于蛾眉谷，仍号思陵。⑩

**鹿门谷**，又《海陵纪》，（完颜亮）葬于大房山鹿门谷，后降为庶人，改葬于山陵西南四十里。⑪

**密云山**，《晋书·石季龙载记》：段辽弃令支奔密云山，遣使诈降。⑫

**石门**，《后汉书·公孙瓒传》：中平中，张纯与乌桓丘力居等入寇，瓒

① 参见沈榜：《宛署杂记》，28 页，北京，北京古籍出版社，1982。
② 参见刘侗、于奕正：《帝京景物略》，60 页，北京，北京古籍出版社，1982。
③ 参见刘侗、于奕正：《帝京景物略》，325 页，北京，北京古籍出版社，1982。
④ 参见刘侗、于奕正：《帝京景物略》，29 页，北京，北京古籍出版社，1982。
⑤ 参见刘侗、于奕正：《帝京景物略》，119 页，北京，北京古籍出版社，1982。
⑥ 参见蒋一葵：《长安客话》，93 页，北京，北京古籍出版社，2001。
⑦ 参见刘侗、于奕正：《帝京景物略》，368 页，北京，北京古籍出版社，1982。
⑧ 参见蒋一葵：《长安客话》，103 页，北京，北京古籍出版社，2001。
⑨ 参见顾炎武：《京东考古录》，3 页，北京，北京古籍出版社，1982。
⑩ 参见顾炎武：《京东考古录》，3 页，北京，北京古籍出版社，1982。
⑪ 参见顾炎武：《京东考古录》，3 页，北京，北京古籍出版社，1982。
⑫ 参见顾炎武：《京东考古录》，3 页，北京，北京古籍出版社，1982。

追击，战于属国石门，大败之。此石门山在今营州柳城县西南。（今辽宁省朝阳市西南）《水经注》云，灅水又东南径石门峡，山高崭绝，壁立洞开，俗谓之石门口……今蓟州东北六十里石门驿，即《水经注》之石门是也。①

　　**徐无山**，徐无山在今玉田。② 徐无山：平谷县东南十里，徐水出焉。后汉田畴尝避难于此。③《开山图》载：徐无山出不灰之木、生火之石，山在玉田县东。汉田畴避难居此。④

　　**白鹿山、白狼山**，《水经注》，石城川水出西南石城山东流，径石城县故城南，北屈径白鹿山西，即白狼山也。又东北入广成县东。广成即广都城。⑤ 又按密云东界有白狼山，魏武帝征乌丸，登白狼，猝与乌丸遇，纵兵击之，蹋顿及名王已下降者二十余万口。《英雄记》曰：曹操于马上击马鞍作十片，即此处也。⑥

　　**碣石山**，（临渝县）万岁通天二年更名，有临渝关，有大海，有碣石山。是武后所改名之石城，又非魏之石城矣。⑦

　　**釜山**，然后合符釜山，而为天子……釜山在今涿州西，与易州界，状如覆釜，故名。⑧

　　**涿鹿山**，今保安州西南九十里有涿鹿山，黄帝破蚩尤于此。⑨

　　**木叶山**，辽建都燕京，而祭天地于木叶山，坛制不备。⑩

　　**黄山**，在房山县西南三十里，上有玉室洞天，相传汉张良微时尝隐于此。⑪

　　**恶峪**，（涿）州西北五十里有恶峪，汉封建表，卢它人为恶峪侯，即此。⑫ 涿州西北五十里有大峪焉，其状甚怪，因以恶峪呼之，汉世已有

———

①　参见顾炎武：《京东考古录》，5 页，北京，北京古籍出版社，1982。
②　参见顾炎武：《京东考古录》，8 页，北京，北京古籍出版社，1982。
③　参见孙承泽：《天府广记》，514 页，北京，北京古籍出版社，1984。
④　参见蒋一葵：《长安客话》，108 页，北京，北京古籍出版社，2001。
⑤　参见顾炎武：《京东考古录》，11 页，北京，北京古籍出版社，1982。
⑥　参见孙承泽：《天府广记》，510 页，北京，北京古籍出版社，1984。
⑦　参见顾炎武：《京东考古录》，11 页，北京，北京古籍出版社，1982。
⑧　参见孙承泽：《天府广记》，1 页，北京，北京古籍出版社，1984。
⑨　参见孙承泽：《天府广记》，1 页，北京，北京古籍出版社，1984。
⑩　参见孙承泽：《天府广记》，58 页，北京，北京古籍出版社，1984。
⑪　参见孙承泽：《天府广记》，508 页，北京，北京古籍出版社，1984。
⑫　参见孙承泽：《天府广记》，509 页，北京，北京古籍出版社，1984。

此名。①

**史山**，在顺义县西北三十五里，山石戴土，高百余丈，状如眠弓。南望京师城阙，金碧炫目，寺宇皆唐时建。②

**鱼山**，在蓟州城西北三里，高百余丈，周五里，郡在此山之南，故曰渔阳。水绕山下，因曰渔水。③

**崆峒山**，在蓟州城东北五里，一名翁同。旧传黄帝尝问道于崆峒山，山上有府君庙存焉。④

**桃花山**，在蓟州城西南六十里。《魏志》：渔阳有桃花山即此。⑤ 《魏志》：渔阳有桃花山，在蓟州境内南二舍许。⑥

**城山**，平谷县东六十里为城山，四围丛峙，中广如城，石室如区，仅容栖卧，旧传唐孙真人修炼于此。⑦

**石鼓**，距（玉田）县西北二十五里，悬崖壁立；其旁为石鼓，唐太宗征高丽，聚兵于此，击石如鼓，因名。⑧

**九庄岭**，密云县北三十里。《水经注》云：鲍邱水经九庄岭。⑨

**石经洞**，在石经山东，隋大业间法师静琬者处此，募缘凿石为板，刻经一藏以传于后。⑩

**挂甲峪**，在密云县东北，旧传宋杨延朗北征尝挂甲于此。⑪

**平坡山**，在（宛平）县西三十里，一名翠微山。山脉发迹香山，折而东，忽开两腋，中有平地，故名平坡。⑫ 平坡山亦名翠微山。⑬

**棋盘山**，在（宛平）县西三十余里。上有棋盘石，俗传金章宗尝奕

---

① 参见蒋一葵：《长安客话》，91 页，北京，北京古籍出版社，2001。
② 参见孙承泽：《天府广记》，509～510 页，北京，北京古籍出版社，1984。
③ 参见孙承泽：《天府广记》，511 页，北京，北京古籍出版社，1984。
④ 参见孙承泽：《天府广记》，511 页，北京，北京古籍出版社，1984。
⑤ 参见孙承泽：《天府广记》，513 页，北京，北京古籍出版社，1984。
⑥ 参见蒋一葵：《长安客话》，105 页，北京，北京古籍出版社，2001。
⑦ 参见孙承泽：《天府广记》，514 页，北京，北京古籍出版社，1984。
⑧ 参见孙承泽：《天府广记》，515 页，北京，北京古籍出版社，1984。
⑨ 参见孙承泽：《天府广记》，515 页，北京，北京古籍出版社，1984。
⑩ 参见孙承泽：《天府广记》，516 页，北京，北京古籍出版社，1984。
⑪ 参见孙承泽：《天府广记》，516 页，北京，北京古籍出版社，1984。
⑫ 参见沈榜：《宛署杂记》，27 页，北京，北京古籍出版社，1982。
⑬ 参见蒋一葵：《长安客话》，59 页，北京，北京古籍出版社，2001。

于此。①

**思汉岭**，在（宛平）县西六十里东山村。苏武使虏曾过此，故名。②

**吕公岩**，在县西三十里玉泉山半岩。广仅丈许，深倍之，相传吕纯阳曾往来此岩。③ 玉泉山有吕公岩，相传纯阳往来处。④ 又高士奇《扈从东巡日录》载"吕公岩在庙内金蔡太常珪有诗云"。

**六国岭**，在县南五十里王家岭迤西，俗传庞涓分尸于此。⑤

**仰山五峰**，仰山五峰八寺，正北曰级级峰，言高峻也，有舍利塔在其绝顶；正中曰锦绣峰，言艳丽也，锦绣峰外有水自西折而南，又折而东；水外正南为笔架峰，自寺望之，屹然三尖，与寺门对，出乎层青叠碧之表；正东曰独秀峰；西曰莲花峰。是谓五峰。金王之幸寺也，群臣从之，至于寺东山口，有接官亭；又至于东，有回宫亭；又至于寺门，双亭对峙，东为洗面亭，西为具服亭，盖将由此以入也；寺之正北有列宿亭；列宿东北有龙王亭，亭下水一泓，清而甘，南流入于方井，直进膳所之东；龙王之东北有梨园亭，西北有招凉亭，在级级峰之左右。是为八亭。⑥

**西山（诸山总称）**，西山，神京右臂，太行山第八陉。《图经》亦名小清凉……故京师八景，一曰西山霁雪。⑦

**马鞍山**，山属房山县境，然戒坛属宛平，京师人但呼戒坛山。⑧

**百花山**，宛平县西二百里有百花山，特多花卉，有不可名者。蓟中不产蛇，独此山有七寸蛇，至毒，被螫者不救。⑨

**独鹿山**，境内有独鹿山，土人呼独为浊，复讹浊为涿，谓即古涿鹿山，因谓涿州为涿鹿，误也。⑩

**上房山（上方山）**，自欢喜台拾级而升，凡九折，尽三百余级，始登昆卢顶……昆卢顶之右有陡泉望海峰，左有大小摘星峰，极高。峰后有云

① 参见沈榜：《宛署杂记》，27页，北京，北京古籍出版社，1982。
② 参见沈榜：《宛署杂记》，28页，北京，北京古籍出版社，1982。
③ 参见沈榜：《宛署杂记》，30页，北京，北京古籍出版社，1982。
④ 参见蒋一葵：《长安客话》，123页，北京，北京古籍出版社，2001。
⑤ 参见沈榜：《宛署杂记》，30页，北京，北京古籍出版社，1982。
⑥ 参见沈榜：《宛署杂记》，298页，北京，北京古籍出版社，1982。
⑦ 参见蒋一葵：《长安客话》，52页，北京，北京古籍出版社，2001。
⑧ 参见蒋一葵：《长安客话》，78页，北京，北京古籍出版社，2001。
⑨ 参见蒋一葵：《长安客话》，79页，北京，北京古籍出版社，2001。
⑩ 参见蒋一葵：《长安客话》，89页，北京，北京古籍出版社，2001。

水洞，奇邃殊甚。①

**料石冈（燎石冈）**，良乡县城东里许有石冈一带，其石赤色如燎，可以取火，因名燎石冈（《金史》作"料"）。上有神祠。金主亮尝过此，持杯玟祷……比篡位，猎良乡，乃封其神为神应王。②

**螺山**，《魏志》：渔阳有螺山，亦曰洪螺山，即红螺峪。在蓟州城南五里。③

**无终山**，无终山在古渔阳北，燕昭王葬其上。④

**磨台山**，遵化县南四十里有莲花池，在磨台山。⑤

**渔子山**，世传黄帝陵在渔子山。今平谷县西北十五里，冈阜隆然，形如大冢，即渔子山也。其下旧有轩辕庙云。唐陈子昂诗云……⑥

**牛栏山**，山在顺义县北，与狐奴山相望。其第三峰腰带间一洞，相传曾有金牛出食禾稼，田峻逐之，遁入洞穴……⑦

**蓟州山**，盖宝坻旧属渔阳郡，蓟州山即宝坻山也。⑧

**鸡鸣山**，山在保安州西北。唐太宗征高丽登此山闻鸡鸣，故名。⑨

**翠屏山**，金人周昂诗……翠屏山在万全右卫城（今张家口市万全县城）北三里，两峡高百余丈，望之如屏，故云翠屏。⑩

**北岳、恒岳、镇岳**，北岳，在今真定府定州曲阳县（现阜平县与唐县交界地带）。汉为常山郡上曲阳县……《唐书·地理志》：定州曲阳县，元和十五年更恒岳曰镇岳，设有岳祠……自汉及唐，北岳之祭皆在曲阳。⑪

**大安山**，地处房山区与门头沟区的接壤地带，是太行山分支。注：仁恭在大安山无备，守光自外帅兵来援，登城拒守。⑫

①　参见蒋一葵：《长安客话》，94页，北京，北京古籍出版社，2001。
②　参见蒋一葵：《长安客话》，97页，北京，北京古籍出版社，2001。
③　参见蒋一葵：《长安客话》，105页，北京，北京古籍出版社，2001。
④　参见蒋一葵：《长安客话》，108页，北京，北京古籍出版社，2001。
⑤　参见蒋一葵：《长安客话》，111页，北京，北京古籍出版社，2001。
⑥　参见蒋一葵：《长安客话》，113页，北京，北京古籍出版社，2001。
⑦　参见蒋一葵：《长安客话》，128页，北京，北京古籍出版社，2001。
⑧　参见蒋一葵：《长安客话》，137页，北京，北京古籍出版社，2001。
⑨　参见蒋一葵：《长安客话》，164页，北京，北京古籍出版社，2001。
⑩　参见蒋一葵：《长安客话》，165页，北京，北京古籍出版社，2001。
⑪　参见孙承泽：《春明梦余录》，222页，北京，北京古籍出版社，1992。
⑫　参见吴廷燮等：《北京市志稿·职官表》，15页，北京，燕山出版社，1998。

八仙洞，辽建，龙泉寺东北。①

三佛洞，龙泉寺以北，建于辽。②

仙人洞，建于辽，龙泉寺西北。③

仙人椅，建于辽，龙泉寺东北。④

旸台山，辽地名。⑤

石经山，位于今房山区境内，有唐塔两座。⑥

六聘山，上方山辽旧称。⑦

东山，就古北口河东西两镇而言，在河东东面者曰东山，偏东北者曰盘龙山，沿长城而北向者曰北山，其在关门外北面山峰最高者曰北大山，又称马山，俗呼马山梁是也。⑧

盘龙山，就古北口河东西两镇而言，在河东东面者曰东山，偏东北者曰盘龙山，沿长城而北向者曰北山，其在关门外北面山峰最高者曰北大山，又称马山，俗呼马山梁是也。⑨

北大山，又称马山，俗称马山梁。⑩

卧虎山，其在河西者，关门口内紧临大河之西者曰万寿山。万寿山后，山峰对峙，蹲踞似虎者曰卧虎山。盖对盘龙而言也，在卧虎山后者曰桃山，以其山头类似桃形故也。卧虎山以西者曰西大山，其山最高，至由

① 参见海淀区地名录编辑委员会：《北京市海淀区地名录》，264页，北京市海淀区人民政府，1980。

② 参见海淀区地名录编辑委员会：《北京市海淀区地名录》，265页，北京市海淀区人民政府，1980。

③ 参见海淀区地名录编辑委员会：《北京市海淀区地名录》，267页，北京市海淀区人民政府，1980。

④ 参见海淀区地名录编辑委员会：《北京市海淀区地名录》，267页，北京市海淀区人民政府，1980。

⑤ 参见吴廷燮等：《北京市志稿·金石志》，117页，北京，燕山出版社，1998。

⑥ 参见北京特别市公署社会局观光科、山崎鋆一郎谨：《北京景观》，64页，1940年北京特别市公署订正再版。

⑦ 参见房山区地名志编辑委员会：《北京市房山区地名志》，399页，北京，北京出版社，1992。

⑧ 参见中国华北文献丛书编辑委员会：《古北口志》，606页，见《中国华北文献丛书》第一辑《华北稀见地方志文献》，北京，学苑出版社，2012。

⑨ 参见中国华北文献丛书编辑委员会：《古北口志》，606页，见《中国华北文献丛书》第一辑《华北稀见地方志文献》，北京，学苑出版社，2012。

⑩ 参见中国华北文献丛书编辑委员会：《古北口志》，606页，见《中国华北文献丛书》第一辑《华北稀见地方志文献》，北京，学苑出版社，2012。

街市南望，山巅有无城者曰南山，又称凤眼山，以其山之阴有一立穴故也。在南关之外，有福峰山。在东关之外有帽山。①

**桃山**，其在河西者，关门口内紧临大河之西者曰万寿山。万寿山后，山峰对峙，蹲踞似虎者曰卧虎山。盖对盘龙而言也，在卧虎山后者曰桃山，以其山头类似桃形故也。卧虎山以西者曰西大山，其山最高，至由街市南望，山巅有无城者曰南山，又称凤眼山，以其山之阴有一立穴故也。在南关之外，有福峰山。在东关之外有帽山。②

**凤眼山**，其在河西者，关门口内紧临大河之西者曰万寿山。万寿山后，山峰对峙，蹲踞似虎者曰卧虎山。盖对盘龙而言也，在卧虎山后者曰桃山，以其山头类似桃形故也。卧虎山以西者曰西大山，其山最高，至由街市南望，山巅有无城者曰南山，又称凤眼山，以其山之阴有一立穴故也。在南关之外，有福峰山。在东关之外有帽山。③

**福峰山**，其在河西者，关门口内紧临大河之西者曰万寿山。万寿山后，山峰对峙，蹲踞似虎者曰卧虎山。盖对盘龙而言也，在卧虎山后者曰桃山，以其山头类似桃形故也。卧虎山以西者曰西大山，其山最高，至由街市南望，山巅有无城者曰南山，又称凤眼山，以其山之阴有一立穴故也。在南关之外，有福峰山。在东关之外有帽山。④

**帽山**，其在河西者，关门口内紧临大河之西者曰万寿山。万寿山后，山峰对峙，蹲踞似虎者曰卧虎山。盖对盘龙而言也，在卧虎山后者曰桃山，以其山头类似桃形故也。卧虎山以西者曰西大山，其山最高，至由街市南望，山巅有无城者曰南山，又称凤眼山，以其山之阴有一立穴故也。在南关之外，有福峰山。在东关之外有帽山。⑤

**喇嘛山**，划分古北口为东西两镇者为潮河，潮河古鲍邱水也，源出热

---

① 参见中国华北文献丛书编辑委员会：《古北口志》，606页，见《中国华北文献丛书》第一辑《华北稀见地方志文献》，北京，学苑出版社，2012。

② 参见中国华北文献丛书编辑委员会：《古北口志》，606页，见《中国华北文献丛书》第一辑《华北稀见地方志文献》，北京，学苑出版社，2012。

③ 参见中国华北文献丛书编辑委员会：《古北口志》，606页，见《中国华北文献丛书》第一辑《华北稀见地方志文献》，北京，学苑出版社，2012。

④ 参见中国华北文献丛书编辑委员会：《古北口志》，606页，见《中国华北文献丛书》第一辑《华北稀见地方志文献》，北京，学苑出版社，2012。

⑤ 参见中国华北文献丛书编辑委员会：《古北口志》，606页，见《中国华北文献丛书》第一辑《华北稀见地方志文献》，北京，学苑出版社，2012。

河丰宁县草碾沟南山下，东南流至喇嘛山及丰宁小土城，南流经白塔至大阁镇。①

**阴山**，潮河经古北口之正流系由滦平虎什哈东南流，经阴山、马山汇古城川三岔口之水，由关门侧入境。经万寿山东二里抵阳山，折而西流。②

**桃花山**，古山名，渔阳郡渔阳县下，《魏书》《辽史》记载。③

**黄颁谷**，古山谷名，《水经注》记载。④

**牧牛山**，今金牛山，《水经注》记载旧称。⑤

**大、小翮山**，北魏《水经注》记载此山名。⑥

**幽都山**，古代山名，《山海经》记载。⑦

**郁山**，古代山名，《水经注》记载。⑧

**孤山**，古代山名，《水经注》记载，即今大汤山。⑨

**观石山**，后魏山名。⑩

**河朔**，宋，黄河以北平原。⑪

**玉泉山**，"其地距玉泉山仅许里"。⑫ 相传金章宗曾在此建有玉泉山行宫，芙蓉殿。位于颐和园西五六里。

---

① 参见中国华北文献丛书编辑委员会：《古北口志》，606 页，见《中国华北文献丛书》第一辑《华北稀见地方志文献》，北京，学苑出版社，2012。
② 参见中国华北文献丛书编辑委员会：《古北口志》，607 页，见《中国华北文献丛书》第一辑《华北稀见地方志文献》，北京，学苑出版社，2012。
③ 参见怀柔县地名志编纂委员会：《北京市怀柔县地名志》，606 页，北京，北京出版社，1993。
④ 参见怀柔县地名志编纂委员会：《北京市怀柔县地名志》，606 页，北京，北京出版社，1993。
⑤ 参见延庆县地名志编辑委员会：《北京市延庆县地名志》，381、512 页，北京，北京出版社，1993。
⑥ 参见延庆县地名志编辑委员会：《北京市延庆县地名志》，512 页，北京，北京出版社，1993。
⑦ 参见北京市昌平县地名志编辑委员会：《北京市昌平县地名志》，1012 页，北京，北京出版社，1997。
⑧ 参见北京市昌平县地名志编辑委员会：《北京市昌平县地名志》，1012 页，北京，北京出版社，1997 年。
⑨ 参见北京市昌平县地名志编辑委员会：《北京市昌平县地名志》，1013 页，北京，北京出版社，1997 年。
⑩ 参见北京市昌平县地名志编辑委员会：《北京市昌平县地名志》，1013 页，北京，北京出版社，1997 年。
⑪ 参见吴廷燮等：《北京市志稿·度支》，401 页，北京，燕山出版社，1998。
⑫ 参见古粤顺德无名氏：《燕京杂记》，127 页，北京，北京古籍出版社，1986。

**盘山**，"在蓟州西北二十五里，高二千丈，周围百余里，层峦叠嶂"。①

**汤山**，"昌平东南三十里有汤山，山有温泉，士大夫即此做浴堂"。②

**凤凰山**，凤凰山麓有故城一，周十余里，设二门。依山设险，石堞具存，相传为旧凤凰城，朝鲜人呼之曰安市城。③

**罗睺岭**，"过罗睺岭以西为岫云寺"，"罗睺岭也称锣锅岭，它南依马鞍山，北连西峰岭，横旦在京西里外十三村之间。罗睺岭是潭柘寺，以及松树岭以西村民出山的必经之路。更是有史以来，上至帝王下至平民到潭柘寺进香的古道咽喉"。④

**香山**，"香山公园位于北京西北郊，始建于金大定二十六年（1186年）"。⑤

**仰山**，"在京西三十里，山下地名仰山洼"。⑥

**阳台山**，"阳台山位于海淀区和门头沟区的分界线上，为京郊名山，辽代时为西山八大水院之一。阳台山山脉绵延南北，沟壑纵贯东西，其主峰海拔 1 278 米"。⑦

**马鞍山**，戒台寺、西峰寺一带的山峦统称马鞍山，其南的山脉古称六国岭，最高峰叫极乐峰。⑧

**西山**，北京西山是北京西部山地的总称，属太行山脉。北以南口附近的关沟为界，南抵房山区拒马河谷，西至市界，东临北京小平原。西山一带被历代帝王看好。金章宗在北京西山一带建立了著名的"八大水院"。⑨

**甘泉山**，在蓟县境内，具体位置无考。⑩

**空同山**，空同山日照寺，寺内有金代《头陀大师灵塔实行碑》。⑪

**盘山**，位于天津蓟县城区西北，该景区始记于汉，兴于唐，极盛于

① 参见古粤顺德无名氏：《燕京杂记》，127 页，北京，北京古籍出版社，1986。
② 参见古粤顺德无名氏：《燕京杂记》，136 页，北京，北京古籍出版社，1986。
③ 参见震钧：《天咫偶闻》，40 页，北京，北京古籍出版社，1982。
④ 参见震钧：《天咫偶闻》，195 页，北京，北京古籍出版社，1982。
⑤ 参见震钧：《天咫偶闻》，198 页，北京，北京古籍出版社，1982。
⑥ 参见震钧：《天咫偶闻》，205 页，北京，北京古籍出版社，1982。
⑦ 参见民国内务部：《京兆古物调查表》，7 页，北京，北京图书馆出版社，2004。
⑧ 参见民国内务部：《京兆古物调查表》，11 页，北京，北京图书馆出版社，2004。
⑨ 参见民国内务部：《京兆古物调查表》，11 页，北京，北京图书馆出版社，2004。
⑩ 参见民国内务部：《京兆古物调查表》，33 页，北京，北京图书馆出版社，2004。
⑪ 参见民国内务部：《京兆古物调查表》，34 页，北京，北京图书馆出版社，2004。

清，据《盘山志》载，从魏武帝曹操开始，唐太宗、辽太宗、辽圣宗、金世宗以及清代的康熙、乾隆等历代帝王都曾游览过盘山，并在盘山大兴土木，开山建寺。[①]

**妙峰山**，位于蓟县西南，具体位置无考。今妙峰山风景名胜区位于京西门头沟区境内，距市中心 50 余公里，面积 20 平方公里，景区以"古刹、奇松、怪石"而闻名。妙峰山属太行山脉，火成岩结构，主峰海拔 1 291 米，山势峭拔，花草清丽。[②]

**翠微山**，出自《燕都古迹古典杂记》，北京翠微山位于北京市石景山区与海淀区交界处，八大处公园之上，由七处上至山顶，有"翠微绝顶"题字，最高处海拔 464 米。此地地处北京市东南，距市中心约 20 公里，为香峪大梁东南坡的山峰之一，北与香山遥相对应。山势和缓，原名平坡山，因唐建平坡寺得名，明洪熙初年（1425 年）改叫翠微山。

**极乐峰**，今极乐峰风景区位于北京市北宫国家森林公园，位于北京市丰台区西北部山区，自辽金时代即为京城儒道胜地，俯瞰群山苍莽，远眺天地茫茫，若登天际，使人有超凡脱俗、天人合一之感，具有很高的欣赏价值和研究价值。[③]

**髽髻山**，髽髻山位于门头沟大峪西北约 19 公里，永定河南侧。海拔1 528 米，为北京西山典型的向斜山峰之一。[④]

**谎粮台**，唐称谎粮台。朝阳门外六里，旧传唐太宗东征虚设囷仓以诱敌人，故名。[⑤]

**骆山**，北朝时期称乐山，唐称骆山。《魏书·地理志·潞县下》云：有乐山神。今遍访州境，无所谓乐山者。而《三河县志》有骆山。考三河，唐开元中析潞县地置。则元魏时，三河尚在潞县管内。乐与骆同音。古多通用。[⑥]

**丹花岭**，河北省沽源县丹花岭。北魏称丹花岭。《水经注》：沽河出御

---

① 参见民国内务部：《京兆古物调查表》，34 页，北京，北京图书馆出版社，2004。

② 参见震钧：《天咫偶闻》，204 页，北京，北京古籍出版社，1982；民国内务部：《京兆古物调查表》，37 页，北京，北京图书馆出版社，2004。

③ 参见不著撰人：《燕都古迹古典杂记》，清抄本。

④ 参见不著撰人：《燕都古迹古典杂记》，清抄本。

⑤ 参见巴哩克杏芬：《京师地名对》卷下，19 页，光绪二十七年（1901）刻本。

⑥ 参见刘锡信：《潞城考古录》卷上，18 页，上海，商务印书馆，1936。

夷镇西北九十里丹花岭下。①

　　**狐奴山**，顺义县木林与北小营两乡交界。北魏称狐奴山，沽水西南流径狐奴山西，又南径狐奴县故城西。②

　　**西山**，西山在宛平县西三十里（《雍正志》），亦名小清凉。（《图经》）北都唯西山为最奇峰（《图书编》），内接太行，外属诸边，磅礴数千里（明张凤鸣《西山记》），重岗叠阜（金李晏《碑记》），毕赴于燕。土人以其西来，号曰西山《元袁桷集》。③

　　**瓮山**，乾隆十六年，高宗赐名万寿山。瓮山在宛平县西北二十里（《雍正志》）（《读史方舆纪要》作三十里）。山麓魁大而凹秀，有老父凿之，得石瓮一，留置山阳（《帝京景物略》），遂名瓮山。④

　　**金山**，金山在宛平县西北二十里，瓮山之北（《大清一统志》）。⑤

　　**柏山**，柏山在宛平县西北二十里，旁多产柏（《大清一统志》）。⑥

　　**画眉山**，画眉山在宛平县西北二十里，产石黑色浮质而腻理。入金宫为眉石。⑦

　　**玉泉山**，玉泉山在宛平县西北二十五里。⑧

　　**红石山**，红石山在宛平县青龙桥东迤北，山顶有碉房。⑨

　　**荷叶山**，荷叶山在宛平县西三十里（《大清一统志》）玉泉山西南平壤

　　①　参见刘锡信：《潞城考古录》卷上，40 页，上海，商务印书馆，1936。
　　②　参见刘锡信：《潞城考古录》卷上，40 页，上海，商务印书馆，1936。
　　③　参见李鸿章、张树声、黄彭年：《畿辅通志》第八册，卷五十七《舆地略七十二》，35 页，光绪十年（1884 年）刻本。
　　④　参见李鸿章、张树声、黄彭年：《畿辅通志》第八册，卷五十七《舆地略十二》，35 页，光绪十年（1884 年）刻本。
　　⑤　参见李鸿章、张树声、黄彭年：《畿辅通志》第八册，卷五十七《舆地略十二》，38 页，光绪十年（1884 年）刻本。
　　⑥　参见李鸿章、张树声、黄彭年：《畿辅通志》第八册，卷五十七《舆地略十二》，38 页，光绪十年（1884 年）刻本。
　　⑦　参见李鸿章、张树声、黄彭年：《畿辅通志》第八册，卷五十七《舆地略十二》，38 页，光绪十年（1884 年）刻本。
　　⑧　参见李鸿章、张树声、黄彭年：《畿辅通志》第八册，卷五十七《舆地略十二》，38 页，光绪十年（1884 年）刻本。
　　⑨　参见李鸿章、张树声、黄彭年：《畿辅通志》第八册，卷五十七《舆地略十二》，40 页，光绪十年（1884 年）刻本。

中，有岗阜隐起，俗以其形名之（《宸垣识略》）。①

普陀山，普陀山在宛平县西北三十里（《宸垣识略》）。②

卢师山，卢师山在宛平县西三十里（《雍正志》），山半为秘魔岩，岩石嵌空几二丈。相传隋末有沙门曰卢师在此，能驯伏大青、小青二龙，故名。③

平坡山，平坡山在宛平县西三十里（《雍正志》）。山半有平地，故名（《天府广记》）。④

觉山，觉山在宛平县西三十里（《大清一统志》）。⑤

香山，香山在宛平县西北三十里（《雍正志》）（《大清一统志》作八十里）。⑥

五华山，在宛平县西三十里，一名寿安山（《大清一统志》）。⑦

韩家山，韩家山在宛平县西三十六里（《大清一统志》）。⑧

石经山，石经山在宛平县西三十七里，一名石景山。（《雍正志》）（《帝京景物略》：出阜城西二十五里）孤峰特立，洞皆凿石而成。⑨

双泉山，双泉山在宛平县西四十里（《大清一统志》）。山有二泉，故名。⑩

---

① 参见李鸿章、张树声、黄彭年：《畿辅通志》第八册，卷五十七《舆地略十二》，41 页，光绪十年（1884 年）刻本。

② 参见李鸿章、张树声、黄彭年：《畿辅通志》第八册，卷五十七《舆地略十二》，41 页，光绪十年（1884 年）刻本。

③ 参见李鸿章、张树声、黄彭年：《畿辅通志》第八册，卷五十七《舆地略十二》，41 页，光绪十年（1884 年）刻本。

④ 参见李鸿章、张树声、黄彭年：《畿辅通志》第八册，卷五十七《舆地略十二》，42 页，光绪十年（1884 年）刻本。

⑤ 参见李鸿章、张树声、黄彭年：《畿辅通志》第八册，卷五十七《舆地略十二》，43 页，光绪十年（1884 年）刻本。

⑥ 参见李鸿章、张树声、黄彭年：《畿辅通志》第八册，卷五十七《舆地略十二》，43 页，光绪十年（1884 年）刻本。

⑦ 参见李鸿章、张树声、黄彭年：《畿辅通志》第八册，卷五十七《舆地略十二》，45 页，光绪十年（1884 年）刻本。

⑧ 参见李鸿章、张树声、黄彭年：《畿辅通志》第八册，卷五十七《舆地略十二》，46 页，光绪十年（1884 年）刻本。

⑨ 参见李鸿章、张树声、黄彭年：《畿辅通志》第八册，卷五十七《舆地略十二》，46 页，光绪十年（1884 年）刻本。

⑩ 参见李鸿章、张树声、黄彭年：《畿辅通志》第八册，卷五十七《舆地略十二》，46 页，光绪十年（1884 年）刻本。

**五峰山**，五峰山在宛平县西四十里（《雍正志》）。以五峰秀峙而名（《读史方舆纪要》）。①

**百望山**，在宛平县西北四十里（《雍正志》）。②

**翠峰山**，翠峰山一名遮风岭，在宛平县西五十里（《雍正志》）。以山阴有岭横列如屏，可以障风，故名。③

**万安山**，万安山一名垣墙山，在宛平县西五十里（《雍正志》）。④

**戒坛山**，戒坛山在宛平县西五十里（《大清一统志》）。一名马鞍山（《畿辅舆图》）。⑤

**仰山**，仰山在宛平县西七十里（《大清一统志》）（《雍正志》作西北）。⑥

**凤凰山**，凤凰山在宛平县西少南七十里，其形回翔如凤（《大清一统志》）。⑦

**潭柘山**，潭柘山在宛平县西八十里（《雍正志》）。⑧

**龙鳞山**，龙鳞山在宛平县西八十里。⑨

**十八盘山**，在宛平县西北八十里（《大清一统志》）。山萦曲十八折（《天府广记》）。出百望山西北六十里，有陉曰十八盘山。有汤泉，云是辽

①　参见李鸿章、张树声、黄彭年：《畿辅通志》第八册，卷五十七《舆地略十二》，46 页，光绪十年（1884 年）刻本。

②　参见李鸿章、张树声、黄彭年：《畿辅通志》第八册，卷五十七《舆地略十二》，47 页，光绪十年（1884 年）刻本。

③　参见李鸿章、张树声、黄彭年：《畿辅通志》第八册，卷五十七《舆地略十二》，47 页，光绪十年（1884 年）刻本。

④　参见李鸿章、张树声、黄彭年：《畿辅通志》第八册，卷五十七《舆地略十二》，47 页，光绪十年（1884 年）刻本。

⑤　参见李鸿章、张树声、黄彭年：《畿辅通志》第八册，卷五十七《舆地略十二》，47 页，光绪十年（1884 年）刻本。

⑥　参见李鸿章、张树声、黄彭年：《畿辅通志》第八册，卷五十七《舆地略十二》，49 页，光绪十年（1884 年）刻本。

⑦　参见李鸿章、张树声、黄彭年：《畿辅通志》第八册，卷五十七《舆地略十二》，49 页，光绪十年（1884 年）刻本。

⑧　参见李鸿章、张树声、黄彭年：《畿辅通志》第八册，卷五十七《舆地略十二》，49 页，光绪十年（1884 年）刻本。

⑨　参见李鸿章、张树声、黄彭年：《畿辅通志》第八册，卷五十七《舆地略十二》，50 页，光绪十年（1884 年）刻本。

后浴处（《宸垣识略》）。①

　　**雅思山**，雅思山在宛平县西北八十余里。②

　　**西湖山**，西湖山在宛平县西一百里（《大清一统志》）。③

　　**白铁山**，白铁山在宛平县西北一百八十里（《雍正志》）。山多白石，其坚如铁，故名（《大明一统志》）。④

　　**颜老山**，颜老山在宛平县西北一百九十里（《大清一统志》）（《雍正志》作县西二百二十里）。⑤

　　**龙口山**，龙口山在宛平县西北一百九十里（《大清一统志》）。⑥

　　**太山**，太山在燕山（《宸垣识略》），在宛平县西二百里（《雍正志》）。⑦

　　**马兰山**，马兰山（《帝京景物略》："兰"作"栏"，又作"阑"），在宛平县西二百里（《雍正志》）。⑧

　　**千佛山**，千佛山在宛平县西二百里（《雍正志》），一名黑风山。⑨

　　**鹤子山**，鹤子山在宛平县西二百里（《雍正志》）。⑩

　　**百花山**，百花山在宛平县西二百里（《大清一统志》）（《宸垣识略》作一百二十里）。⑪

---

　　①　参见李鸿章、张树声、黄彭年：《畿辅通志》第八册，卷五十七《舆地略十二》，50页，光绪十年（1884年）刻本。

　　②　参见李鸿章、张树声、黄彭年：《畿辅通志》第八册，卷五十七《舆地略十二》，51页，光绪十年（1884年）刻本。

　　③　参见李鸿章、张树声、黄彭年：《畿辅通志》第八册，卷五十七《舆地略十二》，51页，光绪十年（1884年）刻本。

　　④　参见李鸿章、张树声、黄彭年：《畿辅通志》第八册，卷五十七《舆地略十二》，51页，光绪十年（1884年）刻本。

　　⑤　参见李鸿章、张树声、黄彭年：《畿辅通志》第八册，卷五十七《舆地略十二》，51页，光绪十年（1884年）刻本。

　　⑥　参见李鸿章、张树声、黄彭年：《畿辅通志》第八册，卷五十七《舆地略十二》，51页，光绪十年（1884年）刻本。

　　⑦　参见李鸿章、张树声、黄彭年：《畿辅通志》第八册，卷五十七《舆地略十二》，51页，光绪十年（1884年）刻本。

　　⑧　参见李鸿章、张树声、黄彭年：《畿辅通志》第八册，卷五十七《舆地略十二》，51页，光绪十年（1884年）刻本。

　　⑨　参见李鸿章、张树声、黄彭年：《畿辅通志》第八册，卷五十七《舆地略十二》，52页，光绪十年（1884年）刻本。

　　⑩　参见李鸿章、张树声、黄彭年：《畿辅通志》第八册，卷五十七《舆地略十二》，52页，光绪十年（1884年）刻本。

　　⑪　参见李鸿章、张树声、黄彭年：《畿辅通志》第八册，卷五十七《舆地略十二》，52页，光绪十年（1884年）刻本。

**黑云山**，黑云山在宛平县西。①

**半天云岭**，半天云岭在宛平县西三十里（《雍正志》）。②

**分水岭**，分水岭在宛平县西四十里。③

**罗睺岭**，罗睺岭在宛平县西六十里。俗呼锣锅岭，又称罗葛岭（《御制过罗睺岭诗序》）。④

**仰山岭**，仰山岭在宛平县境，在仰山东数里。崖壁无有断处，是名仰山岭。⑤

**大汉岭**，大汉岭在宛平县西一百四十里（《大清一统志》），俗称大寒岭（《日下旧闻考》）。⑥

**青山岭**，青山岭在宛平县西一百五十里（《雍正志》）。⑦

**幡竿岭**，幡竿岭在宛平县西一百八十里，势极孤峭。⑧

**滴水岩**，滴水岩在宛平县西四十里（《雍正志》）。⑨

**风口岩**，风口岩在宛平县西百余里（《雍正志》）。⑩

**石窟崖**，石窟崖在宛平县西北一百一十里（《大明一统志》）。⑪

---

① 参见李鸿章、张树声、黄彭年：《畿辅通志》第八册，卷五十七《舆地略十二》，52页，光绪十年（1884年）刻本。

② 参见李鸿章、张树声、黄彭年：《畿辅通志》第八册，卷五十七《舆地略十二》，52页，光绪十年（1884年）刻本。

③ 参见李鸿章、张树声、黄彭年：《畿辅通志》第八册，卷五十七《舆地略十二》，52页，光绪十年（1884年）刻本。

④ 参见李鸿章、张树声、黄彭年：《畿辅通志》第八册，卷五十七《舆地略十二》，52页，光绪十年（1884年）刻本。

⑤ 参见李鸿章、张树声、黄彭年：《畿辅通志》第八册，卷五十七《舆地略十二》，52页，光绪十年（1884年）刻本。

⑥ 参见李鸿章、张树声、黄彭年：《畿辅通志》第八册，卷五十七《舆地略十二》，52页，光绪十年（1884年）刻本。

⑦ 参见李鸿章、张树声、黄彭年：《畿辅通志》第八册，卷五十七《舆地略十二》，52页，光绪十年（1884年）刻本。

⑧ 参见李鸿章、张树声、黄彭年：《畿辅通志》第八册，卷五十七《舆地略十二》，53页，光绪十年（1884年）刻本。

⑨ 参见李鸿章、张树声、黄彭年：《畿辅通志》第八册，卷五十七《舆地略十二》，53页，光绪十年（1884年）刻本。

⑩ 参见李鸿章、张树声、黄彭年：《畿辅通志》第八册，卷五十七《舆地略十二》，54页，光绪十年（1884年）刻本。

⑪ 参见李鸿章、张树声、黄彭年：《畿辅通志》第八册，卷五十七《舆地略十二》，54页，光绪十年（1884年）刻本。

菩萨崖，菩萨崖在宛平县西二百里。①

九龙岗，九龙岗土人呼为南顶，在宛平县永定门外永胜桥北岸。②

卧龙岗，卧龙岗在宛平县西北四十五里（《雍正志》）。③

鸬鹚谷，鸬鹚谷在宛平县西瓮山（《雍正志》）。④

退谷，退谷在宛平县西香山东北。⑤

龙泉山，龙泉山在良乡县西十五里。⑥

燎石岗，燎石岗（《方舆纪要》："燎"作"辽"）在良乡县东北里许，当南北孔道（《良乡县志》）。⑦

伏龙岗，伏龙岗在良乡县西十里，形势蜿蜒如龙之状，故名（《名胜志》）。⑧

黄土山，黄土山在香河县北二里。⑨

沙陀岭，沙陀岭在香河县北四里（《大清一统志》）。⑩

孤山，孤山在通州东三十里。⑪

灵山，灵山在三河县北十五里（《大清一统志》）。⑫

---

① 参见李鸿章、张树声、黄彭年：《畿辅通志》第八册，卷五十七《舆地略十二》，54 页，光绪十年（1884 年）刻本。

② 参见李鸿章、张树声、黄彭年：《畿辅通志》第八册，卷五十七《舆地略十二》，54 页，光绪十年（1884 年）刻本。

③ 参见李鸿章、张树声、黄彭年：《畿辅通志》第八册，卷五十七《舆地略十二》，54 页，光绪十年（1884 年）刻本。

④ 参见李鸿章、张树声、黄彭年：《畿辅通志》第八册，卷五十七《舆地略十二》，54 页，光绪十年（1884 年）刻本。

⑤ 参见李鸿章、张树声、黄彭年：《畿辅通志》第八册，卷五十七《舆地略十二》，55 页，光绪十年（1884 年）刻本。

⑥ 参见李鸿章、张树声、黄彭年：《畿辅通志》第八册，卷五十七《舆地略十二》，55 页，光绪十年（1884 年）刻本。

⑦ 参见李鸿章、张树声、黄彭年：《畿辅通志》第八册，卷五十七《舆地略十二》，55 页，光绪十年（1884 年）刻本。

⑧ 参见李鸿章、张树声、黄彭年：《畿辅通志》第八册，卷五十七《舆地略十二》，55 页，光绪十年（1884 年）刻本。

⑨ 参见李鸿章、张树声、黄彭年：《畿辅通志》第八册，卷五十七《舆地略十二》，55 页，光绪十年（1884 年）刻本。

⑩ 参见李鸿章、张树声、黄彭年：《畿辅通志》第八册，卷五十七《舆地略十二》，55 页，光绪十年（1884 年）刻本。

⑪ 参见李鸿章、张树声、黄彭年：《畿辅通志》第八册，卷五十七《舆地略十二》，56 页，光绪十年（1884 年）刻本。

⑫ 参见李鸿章、张树声、黄彭年：《畿辅通志》第八册，卷五十七《舆地略十二》，56 页，光绪十年（1884 年）刻本。

**蒋福山**，蒋福山在三河县东北十五里，一作蒋府山。[①]

**马鞍山**，马鞍山在三河县西北二十五里。[②]

**华山**，华山在三河县北三十里，一名兔耳山。[③]

**狼山**，狼山在三河县西北三十里。[④]

**圣水山**，圣水山在三河县西北三十五里。上有泉，汲以洗目，可疗目疾，因名圣水。[⑤]

**石城山**，石城山在三河县北五十里。上有石城，故名。[⑥]

**凤凰山**，凤凰山在三河县西北五十里（《三河县志》）。[⑦]

**蟠龙山**，蟠龙山（《三河县志》《雍正志》皆作"盘"，据《日下旧闻考》改正）在三河县西北五十里，旧名旁立山，后改今名（《三河县志》）。[⑧]

**驼山**，驼山（《三河县志》作"陀"）在三河县北六十里（《雍正志》），即宝陀岭（《三河县志》）。[⑨]

**八里岭**，八里岭在三河县东十五里（《三河县志》）。[⑩]

**段家岭**，段家岭在三河县东二十里官道旁（《方舆纪要》）。[⑪]

---

① 参见李鸿章、张树声、黄彭年：《畿辅通志》第八册，卷五十七《舆地略十二》，56 页，光绪十年（1884 年）刻本。

② 参见李鸿章、张树声、黄彭年：《畿辅通志》第八册，卷五十七《舆地略十二》，56 页，光绪十年（1884 年）刻本。

③ 参见李鸿章、张树声、黄彭年：《畿辅通志》第八册，卷五十七《舆地略十二》，56 页，光绪十年（1884 年）刻本。

④ 参见李鸿章、张树声、黄彭年：《畿辅通志》第八册，卷五十七《舆地略十二》，53 页，光绪十年（1884 年）刻本。

⑤ 参见李鸿章、张树声、黄彭年：《畿辅通志》第八册，卷五十七八《舆地略十二》，56 页，光绪十年（1884 年）刻本。

⑥ 参见李鸿章、张树声、黄彭年：《畿辅通志》第八册，卷五十七《舆地略十二》，56 页，光绪十年（1884 年）刻本。

⑦ 参见李鸿章、张树声、黄彭年：《畿辅通志》第八册，卷五十七《舆地略十二》，57 页，光绪十年（1884 年）刻本。

⑧ 参见李鸿章、张树声、黄彭年：《畿辅通志》第八册，卷五十七《舆地略十二》，57 页，光绪十年（1884 年）刻本。

⑨ 参见李鸿章、张树声、黄彭年：《畿辅通志》第八册，卷五十七《舆地略十二》，57 页，光绪十年（1884 年）刻本。

⑩ 参见李鸿章、张树声、黄彭年：《畿辅通志》第八册，卷五十七《舆地略十二》，57 页，光绪十年（1884 年）刻本。

⑪ 参见李鸿章、张树声、黄彭年：《畿辅通志》第八册，卷五十七《舆地略十二》，57 页，光绪十年（1884 年）刻本。

**亢家山**，亢家山在昌平州东二里，一作亢山。①

**凤凰山**，凤凰山在昌平州南四里，至城西北红门凡十里。②

**龙泉山**，龙泉山在昌平州东南五里（《雍正志》）。③

**望儿山**，望儿山在昌平州东北六里（《昌平州志》）。④

**小金山**，小金山在昌平州西北六里（《康熙志》作州"西十五"），是为西山口。⑤

**平台山**，平台山在昌平州东七里（《大清一统志》）。⑥

**蟒山**，蟒山（《昌平志》作"莽山"）在昌平州东北八里，绵亘舒长，如蟒之伏，居红门之左。⑦

**雪山**，雪山在州西九里，州为昌平州。⑧

**燕山**，有大、小燕山之分，小燕山为最早的燕山，大致命名于商代；后因燕都北迁，大燕山得名。《北狩行录》：太上北至燕山，寓上延寿寺。⑨燕山南麓是建都的好去处。今海内可以建都，而立于不败者，惟幽燕耳。幽燕地位，在黄河之北，所距东西朔南各省，满蒙回藏各区，道里相去，大约均平，有控制之势，无鞭长之虑，盛平则利于交通，变乱亦便于策应，且燕山之地，其重险则易州西北，乃紫荆关，昌平之西，乃居庸关，顺州之北，乃古北口，平州之东，乃榆关，此数关皆天造地设，在燕京之

---

① 参见李鸿章、张树声、黄彭年：《畿辅通志》第八册，卷五十七《舆地略十二》，57 页，光绪十年（1884 年）刻本。

② 参见李鸿章、张树声、黄彭年：《畿辅通志》第八册，卷五十七《舆地略十二》，57 页，光绪十年（1884 年）刻本。

③ 参见李鸿章、张树声、黄彭年：《畿辅通志》第八册，卷五十七《舆地略十二》，57 页，光绪十年（1884 年）刻本。

④ 参见李鸿章、张树声、黄彭年：《畿辅通志》第八册，卷五十七《舆地略十二》，57 页，光绪十年（1884 年）刻本。

⑤ 参见李鸿章、张树声、黄彭年：《畿辅通志》第八册，卷五十七《舆地略十二》，57 页，光绪十年（1884 年）刻本。

⑥ 参见李鸿章、张树声、黄彭年：《畿辅通志》第八册，卷五十七《舆地略十二》，58 页，光绪十年（1884 年）刻本。

⑦ 参见李鸿章、张树声、黄彭年：《畿辅通志》第八册，卷五十七《舆地略十二》，58 页，光绪十年（1884 年）刻本。

⑧ 参见李鸿章、张树声、黄彭年：《畿辅通志》第八册，卷五十七《舆地略十二》，58 页，光绪十年（1884 年）刻本。

⑨ 参见陈宗蕃：《燕都丛考》，499、585 页，北京，北京古籍出版社，1991。

背，若负扆然，可谓天然之雄矣。<sup>①</sup>

**涿鹿山**，在今河北省涿鹿县东南。相传黄帝与蚩尤战于涿鹿之野，即此。注：《唐涿鹿山石经堂记》，刘济撰，元和四年四月立。<sup>②</sup>

**盘山**，位于天津市蓟县城区西北，始记于汉，兴于唐，极盛于清。注：唐盘山题名，有"李靖舞剑台李从简曾游"十大字，正书，见金石文字记，云从简，开成时人。<sup>③</sup>

**郎山**，狼牙山原名郎山，西汉武帝晚年多病，疑其左右为巫蛊（埋木偶人，诅咒害人）所致，涉及皇后、太子、公主等亲属，太子刘据自杀，其子远遁该山，故名。郎山下原有西晋太康元年诏锡郎山君（汉武帝孙）及其子触锋将军父子法祀碑与郎山君祠、触锋将军庙。注：汉触锋将军庙碑，光初七年立，见《水经注》云，徐水又径郎山君中子触锋将军庙南，庙前有碑，晋惠帝永康元年八月十四日壬寅，发诏锡君父子法祠，其碑刘曜光初七年，前顿邱太守郎宣，北平太守阳平邑振等，共修碑，刻石树颂焉。汉郎山君碑，见《水经注》云，徐水径郎山，汉武之世，戾太子以巫蛊出奔，其子远遁斯山，故世有郎山之名，山内有郎山君碑，事具其文。<sup>④</sup>

**妙峰山**，西山的支脉。注：或谓畿甸地脉，来自天寿山，乃沿袭前人谬说，未尝讲求也，夫天寿山在沙河之东，沙河水入北运河，直达天津，妙峰山在沙河之西，浑河之东，浑河水亦趋天津，而大沽口出，入于海。<sup>⑤</sup>

**香山**，今北京市海淀区西郊。注：香山在玉泉山迤西七里，离北京约三十里，汽车可以直达。得名的由来，有的说是因香山寺得名；有的说是因山上有乳峰石，常吐云雾，像庐山的香炉峰得名；还有的说是相传山上有两块大石，状如香炉，原名叫香炉山，后人省称香山。<sup>⑥</sup>

**西山**，位于北京，历今房山、门头沟、石景山、昌平等几个区，古称无定河的永定河贯穿其中，将西山截为南北两段。注：至惠泉，虎跑，则各重玉泉四厘，平山重六厘；清凉山白沙虎邱，及西山之碧云寺，各重玉

---

① 参见螺冈居士：《燕京形势》，5 页，天津，义利印刷材料局，1912。
② 参见孙星衍：《京畿金石考》，30 页，北京，中华书局，1985。
③ 参见孙星衍：《京畿金石考》，34 页，北京，中华书局，1985。
④ 参见孙星衍：《京畿金石考》，40、43 页，北京，中华书局，1985。
⑤ 参见螺冈居士：《燕京形势》，2 页，天津，义利印刷材料局，1912。
⑥ 参见李慎言：《燕都名山游记》，16、50、71、88、90 页，北京，北新书局，1936。

泉一分，是皆巡跸所至，命内侍精量而得者。①

**寿安山**，西山余脉。注：再前进，正殿供释迦佛，殿前有雍正乾隆碑各一座，都是述本寺历史的。雍正碑略称：西山寿安山有唐古刹，曰兜率，其后曰昭孝，洪庆，永安，其实一也。②

**潭柘山**，西山的支脉。注：所谓西山，一般人总以为是专指玉泉山，香山，翠微山等而言；其实再西的潭柘山，马鞍山，妙峰山等，都是西山的支脉，而且风景益加幽秀。③

**妙峰山**，西山的支脉。注：所谓西山，一般人总以为是专指玉泉山，香山，翠微山等而言；其实再西的潭柘山，马鞍山，妙峰山等，都是西山的支脉，而且风景益加幽秀。④

**石经山**，古称小西天或莎题山。注：这座山因山洞刻经卷很多，原名石径山，孤峰矗立，峭拔入云。⑤

**阳台山**，京郊名山，辽代时为西山八大水院之一。注：由大觉寺登阳台山（俗称金山），石径崎岖，颇不易行，约八里许到金仙庵。⑥

**金山**，阳台山的别称。注：由大觉寺登阳台山（俗称金山），石径崎岖，颇不易行，约八里许到金仙庵。⑦

**无终山**，天津市蓟县的盘山古时候称为盘龙山、四正山、无终山。注：《九州岛要记》云燕昭王冢在古渔阳北之无终山，《大明一统志》云在府西清河岸侧之燕丹村。⑧

**西山**，位于北京，历今房山、门头沟、石景山、昌平等几个区，古称无定河的永定河贯穿其中，将西山截为南北两段。注：西山在府城西三十里，旧经太行山首始河内，北至幽州之第八陉也。⑨

---

① 参见李慎言：《燕都名山游记》，22、62、90 页，北京，北新书局，1936。
② 参见李慎言：《燕都名山游记》，32、33 页，北京，北新书局，1936。
③ 参见李慎言：《燕都名山游记》，90 页，北京，北新书局，1936。
④ 参见李慎言：《燕都名山游记》，90、131、132 页，北京，北新书局，1936。
⑤ 参见李慎言：《燕都名山游记》，91 页，北京，北新书局，1936。
⑥ 参见李慎言：《燕都名山游记》，125 页，北京，北新书局，1936。
⑦ 参见李慎言：《燕都名山游记》，125 页，北京，北新书局，1936。
⑧ 参见曹学佺：《燕都名胜志稿》，见张江裁辑：《京津风土丛书》，3 页，上海，中华书局，1938。
⑨ 参见曹学佺：《燕都名胜志稿》，见张江裁辑：《京津风土丛书》，3 页，上海，中华书局，1938。

　　**平坡山**，北京西山余脉。注：半岭有吕公嵓，广盈丈许，深倍之，相传吕仙宴坐处，又远为半坡山。①

　　**盘山**，位于天津市蓟县城区西北，始记于汉，兴于唐，极盛于清。注：传该寺（崇效寺）为盘山下院，昔智朴和尚尝驻锡于此。②

　　**髻髻山**，据考证是北京西部山区的史祖山峰。注：四月一日至八日游戒坛、潭柘、香山、卧佛、碧云、玉泉、天宁寺诸名胜，为浴佛会也。十日至十八日游高梁桥西顶、草桥之中顶、弘仁桥、里二泗、髻髻山。③

　　**燕山**，有大、小燕山之分，小燕山为最早的燕山，大致命名于商代；后因燕都北迁，大燕山得名。注：燕山修史下蒲轮，搜到霜红菟裹人。莫向当年圆觉寺，一番高卧辄连旬。④

## 第二节　河川水漕地名

　　**高梁河**，或称高梁水，金代称高良河，发源于平地泉，是古代永定河水系中的一个小水系，大约在西汉以前是永定河出西山后的一条干道。大约在东汉以后，永定河河道南移，原来的河道即成为高梁河。注：宋兵取河东，侵燕，围城，日夜守御，援军至，围解。战高梁河，邀击，又破之。⑤

　　**白沟河**，亦称拒马河，宋辽分界处。⑥

　　**白絮河**，在辽顺州，即鲍丘水、东潞水，今白河。⑦

---

① 参见曹学佺：《燕都名胜志稿》，见张江裁：《京津风土丛书》，3 页，上海，中华书局，1938。

② 参见《北京崇效寺训鸡图志》，见张江裁：《京津风土丛书》，3 页，上海，中华书局，1938。

③ 参见张江裁：《大兴岁时志稿》，见张江裁：《京津风土丛书》1 页，上海，中华书局，1938。

④ 参见张江裁：《燕居修史图志》，见张江裁：《京津风土丛书》1 页，上海，中华书局，1938。

⑤ 参见吴廷燮等：《北京市志稿·建置业》，20 页，北京，燕山出版社，1998。

⑥ 参见熊梦祥：《析津志辑佚》，97 页，北京，北京古籍出版社，1983。

⑦ 参见贾敬颜：《五代宋金元人边疆行记十三种疏证稿》，55 页，北京，中华书局，2004。

百和河，幽州小河流名。①

朝鲤河，辽代河名，亦名七度河，即今朝里河。②

朝鲜河，卢沟河别称。③

车河，辽代河名，今前白河，又名干白河。④

高良河，高梁河在金代的别称。⑤

高梁水，灅水（永定河）支流之一。⑥

庚水，隋代河流，过渔阳郡无终县。⑦

孤沟河，辽南京城北河流，疑为清河。⑧

浑河，卢沟河别称。⑨

挟河，又作侠河，一名韩村河，东南入涿州。⑩

涧水，又名朝里河，辽代河流名，今潮河。⑪

滥水，隋代河流，过渔阳郡无终县。⑫

柳河，辽代河名，伊逊河。⑬

潞河，今潞河。⑭

銮河，辽代河名，今滦河。⑮

洺沽河，在辽香河县新仓镇。⑯

清泉水，即清泉河，永定河古称。⑰

① 参见贾敬颜：《五代宋金元人边疆行记十三种疏证稿》，42 页，北京，中华书局，2004。
② 参见贾敬颜：《五代宋金元人边疆行记十三种疏证稿》，93 页，北京，中华书局，2004。
③ 参见熊梦祥：《析津志辑佚》，97 页，北京，北京古籍出版社，1983。
④ 参见贾敬颜：《五代宋金元人边疆行记十三种疏证稿》，149 页，北京，中华书局，2004。
⑤ 参见熊梦祥：《析津志辑佚》，100 页，北京，北京古籍出版社，1983。
⑥ 参见郦道元、陈桥驿：《水经注校证》卷十三《灅水》，339 页，北京，中华书局，2007。
⑦ 参见魏征等：《隋书》卷三十《地理志中》，858 页，北京，中华书局，1973。
⑧ 参见贾敬颜：《五代宋金元人边疆行记十三种疏证稿》，54 页，北京，中华书局，2004。
⑨ 参见熊梦祥：《析津志辑佚》，99 页，北京，北京古籍出版社，1983。
⑩ 参见贾敬颜：《五代宋金元人边疆行记十三种疏证稿》，41 页，北京，中华书局，2004。
⑪ 参见贾敬颜：《五代宋金元人边疆行记十三种疏证稿》，56 页，北京，中华书局，2004。
⑫ 参见魏征等：《隋书》卷三十《地理志中》，858 页，北京，中华书局，1973。
⑬ 参见贾敬颜：《五代宋金元人边疆行记十三种疏证稿》，58 页，北京，中华书局，2004。
⑭ 参见郦道元、陈桥驿：《水经注校证》卷十三《灅水》，339 页，北京，中华书局，2007。
⑮ 参见贾敬颜：《五代宋金元人边疆行记十三种疏证稿》，57 页，北京，中华书局，2004。
⑯ 参见徐梦莘：《三朝北盟会编》卷二十四，176 页，上海，上海古籍出版社，1987 年。
⑰ 参见房玄龄等：《晋书》卷三十九《王沈列传》，1146 页，北京，中华书局，1974。

如河，隋代河流，过渔阳郡无终县。①

沙流河，在河北省玉田县。②

沙塘，金代河名，即今沙河。③

笥沟，潞水别名，即今潞河。④

孙侯河，辽代河名，今孙河。⑤

雷水，辽代河名，今河北省滦平县兴州河。⑥

洗马沟水，灅水（永定河）支流之一。⑦

洵河，隋代河流，过渔阳郡无终县。⑧

灅水，笥沟灅水入焉，俗谓之合口也。⑨

桑干水，燕国都碣石宫，汉为蓟县，旧置燕都，有桑干水，慕容儁都于此也。⑩

永济渠，大业四年春正月，诏发河北诸郡男女百余万开永济渠，引沁水南达于河，北通涿郡。⑪ 隋炀帝穿永济渠，引沁水北通涿郡，盖自白河入丁字沽，由易水而达于涿也。⑫

落马河，灅水即桑干河，至马陉山为落马河，出山谓之清泉河，亦曰干泉，至雍奴入笥沟，谓之合口。⑬

清泉河（干泉），灅水即桑干河，至马陉山为落马河，出山谓之清泉河，亦曰干泉，至雍奴入笥沟，谓之合口。⑭

笥沟，灅水即桑干河，至马陉山为落马河，出山谓之清泉河，亦曰干

① 参见魏征等：《隋书》卷三十《地理志中》，858 页，北京，中华书局，1973。
② 参见脱脱等：《金史》卷五《海陵纪》，105 页，北京，中华书局，1975。
③ 参见贾敬颜：《五代宋金元人边疆行记十三种疏证稿》，225 页，北京，中华书局，2004。
④ 参见郦道元、陈桥驿：《水经注校证》卷十三《灅水》，325 页，北京，中华书局，2007。
⑤ 参见贾敬颜：《五代宋金元人边疆行记十三种疏证稿》，138 页，北京，中华书局，2004。
⑥ 参见贾敬颜：《五代宋金元人边疆行记十三种疏证稿》，144 页，北京，中华书局，2004。
⑦ 参见郦道元、陈桥驿：《水经注校证》卷十三《灅水》，325 页，北京，中华书局，2007。
⑧ 参见魏征等：《隋书》卷三十《地理志中》，858 页，北京，中华书局，1973。
⑨ 参见于敏中：《日下旧闻考》，1863 页，北京，北京古籍出版社，1981。
⑩ 参见于敏中：《日下旧闻考》，30 页，北京，北京古籍出版社，1981。
⑪ 参见于敏中：《日下旧闻考》，33 页，北京，北京古籍出版社，1981。
⑫ 参见于敏中：《日下旧闻考》，1813 页，北京，北京古籍出版社，1981。
⑬ 参见于敏中：《日下旧闻考》，1552 页，北京，北京古籍出版社，1981。
⑭ 参见于敏中：《日下旧闻考》，1552 页，北京，北京古籍出版社，1981。

泉，至雍奴入笥沟，谓之合口。①

**卢沟河**，旧自宛平县东经大兴县南，至东安、武清入白河，即桑干故道也。②

**沟河**，《唐志》：县北十二里有渠河塘，西北六十里有孤山陂，溉田三千顷。渠河疑即沟河之讹也。③

**高梁水**，高梁水东至潞县注于鲍邱之水，又南径潞县故城西，王莽之通潞亭也。④

**潞河**，潞河东半里许有潞沙，曹操征乌丸，袁尚等凿渠，自滹沱由泒水入潞沙，即此地也。⑤

**滹沱**，潞河东半里许有潞沙，曹操征乌丸，袁尚等凿渠，自滹沱由泒水入潞沙，即此地也。⑥

**泒水**，潞河东半里许有潞沙，曹操征乌丸，袁尚等凿渠，自滹沱由泒水入潞沙，即此地也。⑦

**白河**，《元史》所谓通州运粮河全仰白、榆、浑三河之水合流，名曰潞河，是也。又名白河。⑧

**北河**，北河盖即白河也。隋炀帝穿永济渠，引沁水北通涿郡，盖自白河入丁字沽，由易水而达于涿也。唐明皇事边功，运青、莱之粟浮海以给幽、平之兵，盖亦由白河也。⑨

**丁字沽**，隋炀帝穿永济渠，引沁水北通涿郡，盖自白河入丁字沽，由易水而达于涿也。唐明皇事边功，运青、莱之粟浮海以给幽、平之兵，盖亦由白河也。⑩

**易水**，隋炀帝穿永济渠，引沁水北通涿郡，盖自白河入丁字沽，由易

---

① 参见于敏中：《日下旧闻考》，1552 页，北京，北京古籍出版社，1981。
② 参见于敏中：《日下旧闻考》，1557 页，北京，北京古籍出版社，1981。
③ 参见于敏中：《日下旧闻考》，1844 页，北京，北京古籍出版社，1981。
④ 参见于敏中：《日下旧闻考》，1793 页，北京，北京古籍出版社，1981。
⑤ 参见于敏中：《日下旧闻考》，1806 页，北京，北京古籍出版社，1981。
⑥ 参见于敏中：《日下旧闻考》，1806 页，北京，北京古籍出版社，1981。
⑦ 参见于敏中：《日下旧闻考》，1806 页，北京，北京古籍出版社，1981。
⑧ 参见于敏中：《日下旧闻考》，1806 页，北京，北京古籍出版社，1981。
⑨ 参见于敏中：《日下旧闻考》，1813 页，北京，北京古籍出版社，1981。
⑩ 参见于敏中：《日下旧闻考》，1813 页，北京，北京古籍出版社，1981。

水而达于涿也。①

**灰河**，七里河，在州北七里，东南合灰河。②

**七里河**，七里河，在州北七里，东南合灰河。③

**七度**，三河以地近七度、鲍邱、临沟三水而名。④

**七渡河**，七渡河一名黄颁水，源自顺义县黄颁峪，流经三河县界入白河。⑤

**鲍邱（水）**，高梁水东至潞县注于鲍邱之水，又南径潞县故城西，王莽之通潞亭也。⑥ 三河以地近七度、鲍邱、临沟三水而名。⑦

**泉州口**，西去雍奴故城一百二十里，自滹沱北入其下，历水泽一百八十里入鲍邱河，谓之泉州口。⑧

**湿余水**，沽河从塞外来，南过渔阳狐奴县北，西南与湿余水合为沽河，又东南至雍奴县西，为笥沟，又东南至泉州县，与清河合，东入于海。⑨

**沽河（沽水）**，沽河从塞外来，南过渔阳狐奴县北，西南与湿余水合为沽河，又东南至雍奴县西，为笥沟，又东南至泉州县，与清河合，东入于海。⑩

**清河**，沽河从塞外来，南过渔阳狐奴县北，西南与湿余水合为沽河，又东南至雍奴县西，为笥沟，又东南至泉州县，与清河合，东入于海。⑪

**高梁河**，嘉平二年，刘靖立遏，以道高梁河开车箱渠立水门。⑫

**车箱渠**，嘉平二年，刘靖立遏，以道高梁河开车箱渠立水门。⑬

**渔水**，渔水出渔阳东南，平地泉流，西径故县城南，今城在斯水之

---

① 参见于敏中：《日下旧闻考》，1813 页，北京，北京古籍出版社，1981。
② 参见于敏中：《日下旧闻考》，1813 页，北京，北京古籍出版社，1981。
③ 参见于敏中：《日下旧闻考》，1813 页，北京，北京古籍出版社，1981。
④ 参见于敏中：《日下旧闻考》，1844 页，北京，北京古籍出版社，1981。
⑤ 参见于敏中：《日下旧闻考》，1844 页，北京，北京古籍出版社，1981。
⑥ 参见于敏中：《日下旧闻考》，1793 页，北京，北京古籍出版社，1981。
⑦ 参见于敏中：《日下旧闻考》，1844 页，北京，北京古籍出版社，1981。
⑧ 参见于敏中：《日下旧闻考》，1851 页，北京，北京古籍出版社，1981。
⑨ 参见于敏中：《日下旧闻考》，1853 页，北京，北京古籍出版社，1981。
⑩ 参见于敏中：《日下旧闻考》，1853 页，北京，北京古籍出版社，1981。
⑪ 参见于敏中：《日下旧闻考》，1853 页，北京，北京古籍出版社，1981。
⑫ 参见于敏中：《日下旧闻考》，19 页，北京，北京古籍出版社，1981。
⑬ 参见于敏中：《日下旧闻考》，19 页，北京，北京古籍出版社，1981。

阳，渔阳之名当属此。秦发闾左戍渔阳，即是城也。①

　　**沟河**，在县东北，源处口外，入蓟州之黄崖口，广汉川自东迤逦西流，经平谷城东复折而南流，经三河至宝坻界，会于白龙港。②

　　**湿余水、灅水**，《汉书·地理志》军都有湿余水，东至潞，南入沽，即此水也。……《水经注》，灅水又东温泉水注之，疑即此也。③ 按涿水自涿鹿东注灅水，灅水东南迳广阳郡与涿郡分水，涿郡受其称矣。④ 榆河，源自昌平境南月儿湾，即古湿余河，又名温余。经顺义县境，会白河以入潞。⑤

　　**温泉水**，曰汤山，在（昌平）州东南三十里，有温泉可浴。《水经注》，灅水又东温泉水注之，疑即此也。⑥

　　**榆河**，（湿余河）又南复出，亦谓之榆河，今涸。⑦

　　**温水**，（湿余水）传写之误，或为温水。《后汉书》，王霸为上谷太守，陈委输可从温水漕以省陆运之劳，事皆施行。⑧

　　**白河**，白河则源出塞外，自石塘岭西北入，经密云城下，历怀柔、顺义界，至灵迹山，黄花镇川河入之，至牛栏山龙王庙潮河会之，状如燕尾。金斡离不入顺州，郭药师迎战于白河败绩，即此地也。⑨

　　**温榆河**，《辽史》作温榆河，本水经之湿余河，以字相似而讹也。⑩

　　**黑城川**，（怀柔县）北四十里为黑城川。《唐书》，檀州有镇远军，故黑城川也。⑪

　　**要水**，要水源出塞外，自大小黄崖口入，西流至密云县东入潮河，俗谓之清水河。县曰要阳，以此名。⑫ 要水：亦名清水河，源自关外三川，

---

①　参见于敏中：《日下旧闻考》，1886 页，北京，北京古籍出版社，1981。
②　参见任在陛：《（雍正）平谷县志》，4 页，海口，海南出版社，2001。
③　参见顾炎武：《昌平山水记》，3 页，北京，北京古籍出版社，1982。
④　参见孙承泽：《春明梦余录》，1 页，北京，北京古籍出版社，1992。
⑤　参见孙承泽：《春明梦余录》，1341 页，北京，北京古籍出版社，1992。
⑥　参见顾炎武：《昌平山水记》，18 页，北京，北京古籍出版社，1982。
⑦　参见顾炎武：《昌平山水记》，19 页，北京，北京古籍出版社，1982。
⑧　参见顾炎武：《昌平山水记》，19 页，北京，北京古籍出版社，1982。
⑨　参见顾炎武：《昌平山水记》，19 页，北京，北京古籍出版社，1982。
⑩　参见顾炎武：《昌平山水记》，24 页，北京，北京古籍出版社，1982。
⑪　参见顾炎武：《昌平山水记》，27 页，北京，北京古籍出版社，1982。
⑫　参见顾炎武：《昌平山水记》，29 页，北京，北京古籍出版社，1982。

经密云东北入潮河，后魏密云郡领要阳县，盖以此名。①

**滦水**，宋沈括言，自金沟馆东北行……济滦水，通三十余里……然其曰滦水，即今之潮河也。②

**饶乐河**，（辽中京大定府）其后拓跋氏建牙于此，当饶乐河水之南，温渝河水之北。③

**土河**，（辽中京大定府）有……土河。④

**孙侯河**，宋沈括曰，幽州东北三十里有望京馆，东行少北十里余，出古长城。又二十里至中顿，又逾孙侯河，行二十里至顺州，其北平斥，土厚宜稼。又东北行七十里至檀州，即此。⑤

**乌滦河**，宋王曾《上契丹事》曰：自古北口度德胜岭，盘道数层，俗名思乡岭，八十里至新馆，过雕窠岭、偏枪嵌，四十里至卧如来馆，过乌滦河，东有滦州。⑥

**涿水**，《水经注》引应劭云：涿水出上谷涿鹿县。⑦ 涿水：源自上谷涿鹿山，流至涿州北入挟河。⑧ 涿水合范水东北入海州。⑨

**广阳水、圣水**，《水经注》云：广阳水东南至阳乡县，右注圣水。圣水又东南迳阳乡城西。⑩

**涞水、桑干河**，令大军会于易州，循孤山之北，涞水以西，挟山而行，援粮而进，涉涿水，并大房，抵桑干河，出安祖砦，则东瞰燕城，裁及一舍，此是周德威收燕之路。⑪

**石子河**，其外，有居庸、松亭、榆林之关，古北之口，桑干河、高梁河、石子河、大安山、燕山。⑫

---

① 参见孙承泽：《天府广记》，532 页，北京，北京古籍出版社，1984。

② 参见顾炎武：《昌平山水记》，29 页，北京，北京古籍出版社，1982。

③ 参见顾炎武：《昌平山水记》，32 页，北京，北京古籍出版社，1982。

④ 参见顾炎武：《昌平山水记》，32 页，北京，北京古籍出版社，1982。

⑤ 参见顾炎武：《昌平山水记》，258 页，北京，北京古籍出版社，1982。

⑥ 参见顾炎武：《昌平山水记》，32 页，北京，北京古籍出版社，1982。

⑦ 参见孙承泽：《春明梦余录》，1 页，北京，北京古籍出版社，1992。

⑧ 参见孙承泽：《天府广记》，532 页，北京，北京古籍出版社，1984。

⑨ 参见蒋一葵：《长安客话》，89 页，北京，北京古籍出版社，2001。

⑩ 参见孙承泽：《春明梦余录》，1350 页，北京，北京古籍出版社，1992。

⑪ 参见孙承泽：《春明梦余录》，1350 页，北京，北京古籍出版社，1992。

⑫ 参见孙承泽：《春明梦余录》，1350 页，北京，北京古籍出版社，1992。

范水、刘李河，又七十里至涿州，北渡涿水、范水、刘李河，六十里
至良乡县。① 范水在涿州城西南，魏置范阳郡，取此。② 良乡县南四十里有
琉璃河（《金史》作"刘李河"），即古圣水，自房山龙泉峪流至霸州，入
拒马河。③

灅水，《水经注》云：灅水东至雍奴县西入笥沟，谓之合口，是矣。
《隋图经》云：灅水即桑干河也。④

黑水河，卢沟河，金人呼黑水河。⑤

鲍邱水，《水经注》云：鲍邱水又南迳潞县故城西，汉光武遣吴汉耿
弇等破铜马、五幡于潞东，谓是县矣。⑥

金口，元郭守敬建议：金时，自燕京之西麻峪村分引卢沟一支东流，
穿西山而出，是为金口。⑦

高梁河，《水经注》云：出自并州，黄（潞）河之别源。东经昌平境
沙涧，又东南经高梁店，流入都城海子。宋太祖伐辽，与辽将耶律沙等战
于高梁河，即此。⑧

沽水，沽水有二：即东、西潞水也。源自塞北丹花岭来，合九泉水，
南迳安乐县故城西南，与螺山之水合，为西潞河；又南迳狐奴城西，与鲍
邱水合，为东潞河。⑨

雍奴水、笥沟，（武清）县南八十里有三角淀，周回二百余里，即古
雍奴水也。笥沟，其别名耳。⑩

平虏渠，唐神龙中，于渔阳开平虏渠，傍海穿漕，以避海难，此（直
沽河）盖唐迹也。⑪

郦亭沟水，道元之注巨马河曰：郦亭沟水，上承督亢沟，历紫渊东，

① 参见孙承泽：《春明梦余录》，1350 页，北京，北京古籍出版社，1992。
② 参见孙承泽：《天府广记》，532 页，北京，北京古籍出版社，1984。
③ 参见蒋一葵：《长安客话》，98 页，北京，北京古籍出版社，2001。
④ 参见孙承泽：《春明梦余录》，1335 页，北京，北京古籍出版社，1992。
⑤ 参见孙承泽：《春明梦余录》，1336 页，北京，北京古籍出版社，1992。
⑥ 参见孙承泽：《春明梦余录》，1339 页，北京，北京古籍出版社，1992。
⑦ 参见孙承泽：《春明梦余录》，1337 页，北京，北京古籍出版社，1992。
⑧ 参见孙承泽：《春明梦余录》，1339 页，北京，北京古籍出版社，1992。
⑨ 参见孙承泽：《春明梦余录》，1340 页，北京，北京古籍出版社，1992。
⑩ 参见孙承泽：《春明梦余录》，1342 页，北京，北京古籍出版社，1992。
⑪ 参见孙承泽：《春明梦余录》，1342 页，北京，北京古籍出版社，1992。

余六世祖乐浪府君，自涿之先贤乡，爰宅其阴。西带巨川，东翼兹水，其水东南流，名之为郦亭沟。又西南，转入巨马水也。①

温源在遵化北四十里，《魏氏土地记》曰：徐无城东有温汤水，出北山溪，即温源也。②

狼水，太平真君八年，并柳城、昌黎、棘城属焉。有尧祠、榆顿城、狼水。③

渝水，《汉书·地理志》：辽西郡之县，其八曰交黎。渝水首受塞外南入海。东部都尉治（今辽宁义县）。④

历林口，成帝咸康二年，慕容皝自昌黎东践冰而进，凡三百余里，至历林口，是则在渝水下流而当海口。⑤

石城川，《水经注》：石城川水出西南石城山东流，径石城县故城南，北屈径白鹿山西，即白狼山也。又东北入广成县东。广成即广都城。⑥

黄榆谷，慕容宝宿广都黄榆谷，清河王会勒兵攻宝。⑦

滹沱水、泒水、平卤渠、泉州渠，汉末乌桓入寇，曹操将讨之，乃于辽西凿二渠以通运，一自滹沱入泒水，谓之平卤渠，一自泃口入潞河，谓之泉州渠，以通海运。⑧

卢沟河、桑干河、漯河、浑河、小黄河，在县西南二十里。本桑干河，又名漯河，俗呼浑河，亦曰小黄河，以流浊故也。其源出山西大同府桑干山，经太行山，入宛平县境，出卢沟桥下，东南至看丹口，分为二派：其一流至通州高丽庄，入白河；其一南经固安至武清县小直沽，与卫河合流入于海。⑨（浑河）本发源桑干，会合数千里之水而入宛平，流二十余里至青白，与小浑河会；又二百余里至卢沟桥，又一百四十里至胡林，入固安界，计所经宛地约四百余里。⑩从保安旧城过沿河口通石港口，直抵卢沟

① 参见刘侗、于奕正：《帝京景物略》，365页，北京，北京古籍出版社，1982。
② 参见刘侗、于奕正：《帝京景物略》，374页，北京，北京古籍出版社，1982。
③ 参见顾炎武：《京东考古录》，7页，北京，北京古籍出版社，1982。
④ 参见顾炎武：《京东考古录》，10页，北京，北京古籍出版社，1982。
⑤ 参见顾炎武：《京东考古录》，10页，北京，北京古籍出版社，1982。
⑥ 参见顾炎武：《京东考古录》，11页，北京，北京古籍出版社，1982。
⑦ 参见顾炎武：《京东考古录》，11页，北京，北京古籍出版社，1982。
⑧ 参见孙承泽：《天府广记》，531页，北京，北京古籍出版社，1984。
⑨ 参见沈榜：《宛署杂记》，29页，北京，北京古籍出版社，1982。
⑩ 参见沈榜：《宛署杂记》，32页，北京，北京古籍出版社，1982。

河。宋苏辙渡桑干诗……盖桑干下流为浑河，浑河下流为卢沟，以其浊故呼浑河，以其黑故呼卢沟（燕人谓黑为卢），本一水也。[1] 卢沟水东南流分为二脉，东经通州高丽庄入白河，南经固安，至武清小直沽入海……金时呼黑水河。[2] 河因桑干山名，一名灅水。[3]

**高梁河**，兹水源发西山，汇为西湖。[4]《水经注》：高梁河出自并州，乃黄河别源。[5]

**阊沟（盐沟）**，良乡亦称盐川，因境内有盐沟故也。沟水发源自宛平县龙门口东南流，与广阳水合……《五代史》：赵德钧为幽州节度，于幽州南六十里城阊沟而戍之。[6]

**易水、固安河**，《顺天府志》谓此即易水，为燕丹送荆卿处。按易志：易水发源固安县阊乡，而分南北二脉。北易水东行经故高渐离城，又东行经固安城，故又谓固安河。盖汉高帝元年改易为固安县，非今之固安县也。[7]

**大龙湾、小龙湾**，（香河县）境南有大龙湾、小龙湾二水，夏秋时始合流，经宝坻界入海。相传辽时海运故道。[8]

**浭水**，浭水源处崖儿口，经丰润、玉田，由运河入海……河旧有桥。宋徽宗过桥，驻马四顾。[9]

**滦川**，遵化古滦川，汉以前俱属无终国之域。[10]

**霸水**，凡云、朔、恒、代诸山之水，由天津入海者，必经流霸出丁字沽，总称霸水。[11]

**潞水**，自塞外丹花岭合九泉水，一南经安乐故城，与螺水合，为东潞河。一南经狐奴故城，与鲍邱水合，为西潞河。[12]

---

① 参见蒋一葵：《长安客话》，75 页，北京，北京古籍出版社，2001。
② 参见蒋一葵：《长安客话》，77 页，北京，北京古籍出版社，2001。
③ 参见蒋一葵：《长安客话》，157 页，北京，北京古籍出版社，2001。
④ 参见蒋一葵：《长安客话》，45 页，北京，北京古籍出版社，2001。
⑤ 参见蒋一葵：《长安客话》，122 页，北京，北京古籍出版社，2001。
⑥ 参见蒋一葵：《长安客话》，96 页，北京，北京古籍出版社，2001。
⑦ 参见蒋一葵：《长安客话》，100 页，北京，北京古籍出版社，2001。
⑧ 参见蒋一葵：《长安客话》，102 页，北京，北京古籍出版社，2001。
⑨ 参见蒋一葵：《长安客话》，110 页，北京，北京古籍出版社，2001。
⑩ 参见蒋一葵：《长安客话》，111 页，北京，北京古籍出版社，2001。
⑪ 参见蒋一葵：《长安客话》，116 页，北京，北京古籍出版社，2001。
⑫ 参见蒋一葵：《长安客话》，130 页，北京，北京古籍出版社，2001。

三海，中海、南海和北海旧时统称（宋末辽金）。①

桑干，河名，今永定河之上游。②

鲍邱水，北魏时潮河旧称。③

安达木河，或称"乾塔木河"，在今北京密云区，源于河北滦平县。

高峰戍水，记于《水经注》，今西沙河。④

石门水，记于《水经注》，今大黄岩河。⑤

濡河，即今滦河。⑥

三城水，古河名。即今清河水。⑦

阜通河，唐代即用以浮运，辽代开始漕运。⑧

萧太后河，辽代占据幽州蓟城后，疏浚蓟水而成，以辽圣宗母萧太后为河名。⑨

鲍邱水，今潮河。⑩

热河，古北口满蒙驻防，原驻热河，乾隆四十五年改密云驻防。⑪

龙潭沟（潮河）东南流至苏武庙、复东流经龙潭沟迤庙阳洞。⑫

① 参见西城区地名录编委会：《北京市西城区地名录》，107 页，西城区人民政府，1998。

② 参见吴廷燮等：《北京市志稿·民政志》，106 页，北京，燕山出版社，1998。

③ 参见密云县地名志编辑委员会：《北京市密云县地名志》，378、438 页，北京，北京出版社，1992。

④ 参见密云县地名志编辑委员会：《北京市密云县地名志》，380 页，北京，北京出版社，1992。

⑤ 参见密云县地名志编辑委员会：《北京市密云县地名志》，380 页，北京，北京出版社，1992。

⑥ 参见密云县地名志编辑委员会：《北京市密云县地名志》，434 页，北京，北京出版社，1992。

⑦ 参见密云县地名志编辑委员会：《北京市密云县地名志》，437 页，北京，北京出版社，1992。

⑧ 参见朝阳区地名志编辑委员会：《北京市朝阳区地名志》，7、68 页，北京，北京出版社，1993。

⑨ 参见朝阳区地名志编辑委员会：《北京市朝阳区地名志》，7、591 页，北京，北京出版社，1993。

⑩ 参见中国华北文献丛书编辑委员会：《古北口志》，见《中国华北文献丛书》第一辑《华北稀见地方志文献》，607 页，北京，学苑出版社，2012。

⑪ 参见中国华北文献丛书编辑委员会：《古北口志》，见《中国华北文献丛书》第一辑《华北稀见地方志文献》，607 页，北京，学苑出版社，2012。

⑫ 参见中国华北文献丛书编辑委员会：《古北口志》，见《中国华北文献丛书》第一辑《华北稀见地方志文献》，607 页，北京，学苑出版社，2012。

沟水，今沟河，平谷县城南部。①

洳河，沟河最大的支流，因从山谷低洼处泥沼地流出而得名。②

五百沟水，今金鸡河。③

将军关石河，沟河主要支流，平谷县域东北部。④

湖灌水，战国时期白河旧称。⑤

沽水，秦时和东汉时白河旧称。⑥

阳乐水，西汉时白河西支流旧称。⑦

沽河，三国魏白河西支流旧称。⑧

潞水，唐白河西支流旧称。⑨

白屿水，辽白河西支流旧称。⑩

朝鲤河，怀河旧称。⑪

七度河，《水经注》记载，怀河旧称。⑫

大水谷河，《昌平山水记》记载，沙河别称。⑬

高峰水，古河名，《水经注》记载。⑭

① 参见平谷县地名志编委会：《北京市平谷县地名志》，300 页，北京，北京出版社，1993。
② 参见平谷县地名志编委会：《北京市平谷县地名志》，301 页，北京，北京出版社，1993。
③ 参见平谷县地名志编委会：《北京市平谷县地名志》，302 页，北京，北京出版社，1993。
④ 参见平谷县地名志编委会：《北京市平谷县地名志》，302 页，北京，北京出版社，1993。
⑤ 参见怀柔县地名志编纂委员会：《北京市怀柔县地名志》，464 页，北京，北京出版社，1993。
⑥ 参见怀柔县地名志编纂委员会：《北京市怀柔县地名志》，464 页，北京，北京出版社，1993。
⑦ 参见怀柔县地名志编纂委员会：《北京市怀柔县地名志》，464 页，北京，北京出版社，1993。
⑧ 参见怀柔县地名志编纂委员会：《北京市怀柔县地名志》，464 页，北京，北京出版社，1993。
⑨ 参见怀柔县地名志编纂委员会：《北京市怀柔县地名志》，464 页，北京，北京出版社，1993。
⑩ 参见怀柔县地名志编纂委员会：《北京市怀柔县地名志》，464 页，北京，北京出版社，1993。
⑪ 参见怀柔县地名志编纂委员会：《北京市怀柔县地名志》，469 页，北京，北京出版社，1993。
⑫ 参见怀柔县地名志编纂委员会：《北京市怀柔县地名志》，469 页，北京，北京出版社，1993。
⑬ 参见怀柔县地名志编纂委员会：《北京市怀柔县地名志》，473 页，北京，北京出版社，1993。
⑭ 参见怀柔县地名志编纂委员会：《北京市怀柔县地名志》，606 页，北京，北京出版社，1993。

沽河。①

沽水，白河之古称。②

沧河，妫水河古称。③

妫水，河名，始见于唐初。④

清夷水，古河名，《水经注》记载。⑤

牧牛山水，古河名，今妫水河。⑥

谷水，今古城河，《水经注》记载。⑦

浮屠沟水，今古城河，《水经注》记载。⑧

地裂沟，古河名，《水经注》记载。⑨

粟水，古河名，《水经注》记载。⑩

阳沟水，古河名，《水经注》记载。⑪

温汤水，古河名，《水经注》记载。⑫

灵亭城水，古河名，《水经注》记载。⑬

---

① 参见延庆县地名志编辑委员会：《北京市延庆县地名志》，387 页，北京，北京出版社，1993。

② 参见延庆县地名志编辑委员会：《北京市延庆县地名志》，387 页，北京，北京出版社，1993。

③ 参见延庆县地名志编辑委员会：《北京市延庆县地名志》，389、514 页，北京，北京出版社，1993。

④ 参见延庆县地名志编辑委员会：《北京市延庆县地名志》，389 页，北京，北京出版社，1993。

⑤ 参见延庆县地名志编辑委员会：《北京市延庆县地名志》，514 页，北京，北京出版社，1993。

⑥ 参见延庆县地名志编辑委员会：《北京市延庆县地名志》，514 页，北京，北京出版社，1993。

⑦ 参见延庆县地名志编辑委员会：《北京市延庆县地名志》，514 页，北京，北京出版社，1993。

⑧ 参见延庆县地名志编辑委员会：《北京市延庆县地名志》，514 页，北京，北京出版社，1993。

⑨ 参见延庆县地名志编辑委员会：《北京市延庆县地名志》，514 页，北京，北京出版社，1993。

⑩ 参见延庆县地名志编辑委员会：《北京市延庆县地名志》，514 页，北京，北京出版社，1993。

⑪ 参见延庆县地名志编辑委员会：《北京市延庆县地名志》，515 页，北京，北京出版社，1993。

⑫ 参见延庆县地名志编辑委员会：《北京市延庆县地名志》，515 页，北京，北京出版社，1993。

⑬ 参见延庆县地名志编辑委员会：《北京市延庆县地名志》，515 页，北京，北京出版社，1993。

马兰溪水，古河名，《水经注》记载。①

泽水，古河名，《水经注》记载。②

鲍丘水，北运河汉代旧称。③

潞河，《水经注》记载。④

潞水，《水经注》记载。⑤

沽水，白河汉代旧称。⑥

漯余水，《水经注》记载，今温榆河。⑦

温余水，汉代温榆河旧称。⑧

温馀河，辽代温榆河旧称。⑨

萧太后河，辽代所挖河流。⑩

浴水，即战国时期桑干河。⑪

治水，秦和西汉时永定河旧称。⑫

灅水，东汉时永定河上游旧称。⑬

清泉河，西晋时，永定河北京以下河段称为清泉河。⑭

桑干水，隋代永定河上游下游通称桑干水。⑮

① 参见延庆县地名志编辑委员会：《北京市延庆县地名志》，515 页，北京，北京出版社，1993。

② 参见延庆县地名志编辑委员会：《北京市延庆县地名志》，515 页，北京，北京出版社，1993。

③ 参见通县地名志编辑委员会：《北京市通县地名志》，322 页，北京，北京出版社，1992。

④ 参见通县地名志编辑委员会：《北京市通县地名志》，322 页，北京，北京出版社，1992。

⑤ 参见通县地名志编辑委员会：《北京市通县地名志》，37、322 页，北京，北京出版社，1992。

⑥ 参见通县地名志编辑委员会：《北京市通县地名志》，323 页，北京，北京出版社，1992。

⑦ 参见通县地名志编辑委员会：《北京市通县地名志》，324 页，北京，北京出版社，1992。

⑧ 参见通县地名志编辑委员会：《北京市通县地名志》，324 页，北京，北京出版社，1992。

⑨ 参见通县地名志编辑委员会：《北京市通县地名志》，324 页，北京，北京出版社，1992。

⑩ 参见通县地名志编辑委员会：《北京市通县地名志》，328 页，北京，北京出版社，1992。

⑪ 参见石景山区地名志编辑委员会：《北京市石景山区地名志》，98 页，北京，科学技术出版社，1991。

⑫ 参见石景山区地名志编辑委员会：《北京市石景山区地名志》，98 页，北京，科学技术出版社，1991。

⑬ 参见石景山区地名志编辑委员会：《北京市石景山区地名志》，98 页，北京，科学技术出版社，1991。

⑭ 参见石景山区地名志编辑委员会：《北京市石景山区地名志》，98 页，北京，科学技术出版社，1991。

⑮ 参见石景山区地名志编辑委员会：《北京市石景山区地名志》，98 页，北京，北京科学技术出版社，1991。

**芦菰河**，宋代永定河旧称。①

**黑水河**，宋代永定河旧称。②

**卢沟河**，辽金至清初，永定河称卢沟河。③

**灅余水**，今温榆河，《水经注》中记载。④

**温余水**，汉代称温榆河为温余水。⑤

**温榆河**，辽代始称。⑥

**湿余水**，《水经注》称温榆河为湿余水。⑦

**湿余潭**，即今南榆河水。⑧

**易荆水**，古河流名，《水经注》记载，即灅余水下游。⑨

**芹城水**，古代河名，《水经注》记载。⑩

**灅余潭**，古潭泽名，《水经注》记载，今县城西南百泉庄一带。⑪

**玉河**，⑫ 即北京市宛平县之玉泉。

**昆明湖**，圆明园西去二里为昆明湖，俗谓之西湖景。⑬

---

①　参见石景山区地名志编辑委员会：《北京市石景山区地名志》，98 页，北京，北京科学技术出版社，1991。

②　参见石景山区地名志编辑委员会：《北京市石景山区地名志》，98 页，北京，北京科学技术出版社，1991。

③　参见石景山区地名志编辑委员会：《北京市石景山区地名志》，98 页，北京，北京科学技术出版社，1991。

④　参见北京市昌平县地名志编辑委员会：《北京市昌平县地名志》，610、1014 页，北京，北京出版社，1997 年。

⑤　参见北京市昌平县地名志编辑委员会：《北京市昌平县地名志》，610 页，北京，北京出版社，1997 年。

⑥　参见北京市昌平县地名志编辑委员会：《北京市昌平县地名志》，610 页，北京，北京出版社，1997 年。

⑦　参见北京市昌平县地名志编辑委员会：《北京市昌平县地名志》，1014 页，北京，北京出版社，1997 年。

⑧　参见北京市昌平县地名志编辑委员会：《北京市昌平县地名志》，1014 页，北京，北京出版社，1997 年。

⑨　参见北京市昌平县地名志编辑委员会：《北京市昌平县地名志》，1014 页，北京，北京出版社，1997 年。

⑩　参见北京市昌平县地名志编辑委员会：《北京市昌平县地名志》，1015 页，北京，北京出版社，1997 年。

⑪　参见北京市昌平县地名志编辑委员会：《北京市昌平县地名志》，1014 页，北京，北京出版社，1997 年。

⑫　参见古粤顺德无名氏：《燕京杂记》，123 页，北京，北京古籍出版社，1986。

⑬　参见古粤顺德无名氏：《燕京杂记》，127 页，北京，北京古籍出版社，1986。

**金鱼池**，在北京市东城区天坛之北，最早形成于金代。①

**琉璃河**，京外西南百余里有琉璃河。②

**辽水**。③

**鸭绿江**，鸭绿江古称霸水，汉为皆水、益州水等。唐朝始称鸭绿江，发源于吉林省长白山南麓。④

**御河**。⑤

**金鱼池**，在北京市东城区天坛之北，最早形成于金代。⑥

**孔水洞**，孔水洞在房山西北河北镇境内的云蒙山麓。孔水洞是著名的历史名洞，历代文献多有记载，洞壁还遗存着隋唐时期的刻经、摩崖造像和金代的题记，极具历史文化研究价值。关于孔水洞的记载，初见于北魏郦道元所著《水经注》。⑦

**萧太后河**，据相关史料显示，萧太后河是北京最早的人工运河，位于京城的东南部，因辽萧太后主持开挖而得名，始于统和六年（988 年），是北京成为国都以来最早的漕运河，最初是运送军粮所用，后成为皇家漕运的重要航道。⑧

**高梁河**，嘉平二年，刘靖立遏，以道高梁河开车箱渠立水门。⑨

**潞河**，汉称鲍邱水。宠叛，光武遣游击将军邓隆伐之，军于是水之南。按鲍邱水即潞河。⑩ 北魏称鲍邱水，郦注亦云：鲍邱水，又南径潞县故城西，屈而东南流径潞城南。今潞河，过州东，即转而东南流，正经古县城之南。与经注俱属相符。则潞河为古鲍邱水无疑。⑪

**榆河**，北魏晚期称古湿余水。榆河为古湿余水，以《水经注》考之。⑫

---

①　参见古粤顺德无名氏：《燕京杂记》，129 页，北京，北京古籍出版社，1986。

②　参见古粤顺德无名氏：《燕京杂记》，134 页，北京，北京古籍出版社，1986。

③　参见震钧：《天咫偶闻》，40 页，北京，北京古籍出版社，1982。

④　参见震钧：《天咫偶闻》，40 页，北京，北京古籍出版社，1982。

⑤　参见震钧：《天咫偶闻》，40 页，北京，北京古籍出版社，1982。

⑥　参见震钧：《天咫偶闻》，40 页，北京，北京古籍出版社，1982。

⑦　参见震钧：《天咫偶闻》，188 页，北京，北京古籍出版社，1982。

⑧　参见震钧：《天咫偶闻》，205 页，北京，北京古籍出版社，1982。

⑨　参见于敏中：《日下旧闻考》，19 页，北京，北京古籍出版社，1981。

⑩　参见刘锡信：《潞城考古录》卷上，1 页，上海，商务印书馆，1936。

⑪　参见刘锡信：《潞城考古录》卷上，8 页，上海，商务印书馆，1936。

⑫　参见刘锡信：《潞城考古录》卷上，9 页，上海，商务印书馆，1936。

富河，北魏晚期称古沽水。富河即古沽水。《水经注》谓湿馀水注于沽水。今富河会榆河下流，其说相合。[①]

通惠河，北魏称高梁水，北齐称高梁水。考之前代，魏刘靖（见《水经注》）、北齐斛律羡（见《北齐书》本传），皆导高梁水。[②] 注：盖此河在西直门外，今仍称高梁河。入都城大内则称玉河，流出东便门外大通桥下，或称大通河，由五闸迤逦而下至通州，则称通惠河。土人呼曰惠河。一河而随地异名。是今通惠河即古高梁水也。又《潞城考古录》第 23 页载，通惠河北齐称高梁水。《北齐书·斛律羡传》幽州刺史导高梁水，北合易京，东会于潞，因以灌田。[③]

温榆河，辽称温馀河。《辽史》顺州有温馀河，金更怀柔县为温阳，岂尽无据。《水经注》既无善本，今人习见坊刻，遂指温字为湿字之讹。[④] 但《水经注》湿余水注于沽水（今富河），沽水又南会鲍邱水（今白河），是温榆河入富河，富河始与白河合流也。

滹沱河，三国曹魏称呼沱。《三国志·魏武帝纪》凿渠，自呼沱入泒水，名平卤渠。[⑤]

大沙河，三国曹魏称泒水。《三国志·魏武帝纪》凿渠，自呼沱入派水，名平卤渠。[⑥]

平虏渠（上游属沙河），三国曹魏称平卤渠。《三国志·魏武帝纪》凿渠，自呼沱入泒水，名平卤渠。[⑦] 平虏渠为曹操所开，是一条军粮潜渠。上起呼沱（即滹沱河），下入泒水（上游即沙河，下游入海处在天津），即今孤河。

蓟运河，三国曹魏时期称泉州渠。《三国志·魏武帝纪》凿渠，自呼沱入泒水，名平卤渠。又从沟河口，凿入潞河，名泉州渠，以通海。[⑧] 泉州渠南起今天津市区以东的海河，北抵宝坻县境，大致相当于古鲍邱水的

---

① 参见刘锡信：《潞城考古录》卷上，9 页，上海，商务印书馆，1936。
② 参见刘锡信：《潞城考古录》卷上，11 页，上海，商务印书馆，1936。
③ 参见刘锡信：《潞城考古录》卷下，23 页，上海，商务印书馆，1936。
④ 参见刘锡信：《潞城考古录》卷上，21 页，上海，商务印书馆，1936。
⑤ 参见刘锡信：《潞城考古录》卷下，23 页，上海，商务印书馆，1936。
⑥ 参见刘锡信：《潞城考古录》卷下，23 页，上海，商务印书馆，1936。
⑦ 参见刘锡信：《潞城考古录》卷下，23 页，上海，商务印书馆，1936。
⑧ 参见刘锡信：《潞城考古录》卷下，23 页，上海，商务印书馆，1936。

下游今蓟运河。

**沽水**，晋称西潞水。《晋书·地道记》曰：晋封刘禅为公，国。俗谓之：西潞水也。①

**白河**，北魏称沽水。《水经注》：沽水出御夷镇西北九十里丹花岭下。②

**徐水**，汉触锋将军庙碑，光初七年立，据《水经注》云，徐水又径郎山君中子触锋将军庙南，庙前有碑，晋惠帝永康元年八月十四日壬寅，发诏锡君父子法祠，其碑刘曜光初七年，前顿邱太守郎宣，北平太守阳平包振等，共修旧碑，刻石树颂焉。③

**桑干河**，属海河流域永定河。自来钟，见方志，云在县谯楼上，撰文斑驳莫辨，又引《路史》云，唐贞观末，桑干河决，土人得一钟于水涘，遂呼为自来钟。④

**沙河**，温榆河支流。注：或谓畿甸地脉，来自天寿山，乃沿袭前人谬说，未尝讲求也，夫天寿山在沙河之东，沙河水入北运河，直达天津，妙峰山在沙河之西，浑河之东，浑河水亦趋天津，而大沽口出，入于海。⑤

**北运河**，历史上是一条通向北京的重要漕运河道。注：或谓畿甸地脉，来自天寿山，乃沿袭前人谬说，未尝讲求也，夫天寿山在沙河之东，沙河水入北运河，直达天津，妙峰山在沙河之西，浑河之东，浑河水亦趋天津，而大沽口出，入于海。⑥

**桑干河**，属海河流域永定河。注：北京者，干中之枝，古之冀州也，广博辽阔，一倍于雍、豫，三倍于青、兖、荆、扬、梁、益，回莫与俦，其名山则有恒山太行碣石，其大川则有桑干溏沱潮白。⑦

**高梁河**，或称高梁水，金代称高良河，发源于平地泉，是古代永定河水系中的一个小水系，大约在西汉以前是永定河出西山后的一条干道。大约在东汉以后，永定河河道南移，原来的河道即成为高梁河。注：今天清晨起来，天气果然不错。吃罢早点，雇洋车到东华门坐公共汽车，八时开

---

① 参见刘锡信：《潞城考古录》卷下，40 页，上海，商务印书馆，1936。
② 参见刘锡信：《潞城考古录》卷下，40 页，上海，商务印书馆，1936。
③ 参见孙星衍：《京畿金石考》，40 页，北京，中华书局，1985。
④ 参见孙星衍：《京畿金石考》，21 页，北京，中华书局，1985。
⑤ 参见螺冈居士：《燕京形势》，2 页，天津，义利印刷材料局，1912。
⑥ 参见螺冈居士：《燕京形势》，2 页，天津，义利印刷材料局，1912。
⑦ 参见螺冈居士：《燕京形势》，3 页，天津，义利印刷材料局，1912。

行，转眼间出西直门，过高梁桥，向西一看，有条清溪由西北蜿蜒而来，那就是所谓平民消夏地方见高梁河了。①

**桑干河**，属海河流域。注：《太平寰宇记》云，桑干木西北自平昌县来南流经郡城西，又东流经郡城南，又东南与高梁河，合按桑干河即今之卢沟河也，俗呼曰浑河，亦曰小黄河，又名漯河，以源出朔州马邑县之桑干山，故曰桑干河。②

**高梁河**，或称高梁水，金代称高良河，发源于平地泉，是古代永定河水系中的一个小水系，大约在西汉以前是永定河出西山后的一条干道。大约在东汉以后，永定河河道南移，原来的河道即成为高梁河。注：《太平寰宇记》云，桑干木西北自平昌县来南流经郡城西，又东流经郡城南，又东南与高梁河，合按桑干河即今之卢沟河也，俗呼曰浑河，亦曰小黄河，又名漯河，以源出朔州马邑县之桑干山，故曰桑干河。③

**洗马沟**，即今凉水河。注：漯水又东与洗马沟水合，水上承蓟水，西注大湖。④

**易水**，注：黄金台在府东南六十里，又有小金台相去一里。按：燕昭王于易水东南筑金台延天下士，后人慕其好贤之名仿筑于此，为京师八景之一，名曰金台夕照。⑤

**沽水**，古水名，一作沽河。注：天津城在海西头，沽水滔滔入海流，沽上人家千万户，繁华风景小扬州。⑥

**海河**，又称沽河，中国七大河流之一。注：卫河由静海属之独流东来抵杨柳青，西边之碾锤嘴地方作一弯曲，始东直行，画村为南北，东边有口子门，地名河又作一小曲而南而东，由天津入海河，大概禹之九河故

① 参见李慎言：《燕都名山游记》，2页，北京，北新书局，1936。
② 参见曹学佺：《燕都名胜志稿》，见张江裁：《京津风土丛书》，1页，上海，中华书局，1938。
③ 参见曹学佺：《燕都名胜志稿》，见张江裁：《京津风土丛书》，1页，上海，中华书局，1938。
④ 参见曹学佺：《燕都名胜志稿》，见张江裁：《京津风土丛书》，2页，上海，中华书局，1938。
⑤ 参见曹学佺：《燕都名胜志稿》，见张江裁：《京津风土丛书》，3页，上海，中华书局，1938。
⑥ 参见张江裁：《津门百咏》，见张江裁：《京津风土丛书》，1页，上海，中华书局，1938。

道，卫河亦其中一支也。①

　　**白沟河**，注：而杨柳青人每有西方地名在口角上，如王家口、白沟河等，村人类常道之，因盐河之上流交通也。②

## 第三节　湖泊泉淀、池塘坑陂、泽薮、潭井地名

　　**鱼藻池**，金故有鱼藻池，旧志云池上有殿，榜以瑶池。殿之址，今不可寻。③

　　**阪泉**，汉涿鹿县故城东一里之泉水。④

　　**蚩尤泉**，从蚩尤城流出之泉水，与阪泉会合流入涿水。⑤

　　**虎眼泉**，北魏时在范阳城西。⑥

　　**金沟淀**，辽代大泽，在密云县东北，今不存。⑦

　　**九十九泉**，沧河源头，亦称牧牛泉。⑧

　　**平地泉**，魏晋南北朝时高梁河之源头。⑨

　　**五龙池**，辽代池塘，今密云县东北石盆峪之龙潭。⑩

　　**盐沟**，又名阎沟，五代时赵德钧在此置良乡县。⑪

　　**张公泉**，涿水别名，出涿鹿山，东北流经汉涿鹿县故城南。⑫

　　**渠河塘**，《唐志》：县北十二里有渠河塘，西北六十里有孤山陂，溉田

---

① 参见张江裁：《天津杨柳青小志》，见张江裁：《京津风土丛书》，1 页，上海，中华书局，1938。

② 参见张江裁：《天津杨柳青小志》，见张江裁：《京津风土丛书》，2 页，上海，中华书局，1938。

③ 参见刘侗、于奕正：《帝京景物略》，102 页，北京，北京古籍出版社，1982。

④ 参见郦道元、陈桥驿：《水经注校证》卷十三《漯水》，322 页，北京，中华书局，2007。

⑤ 参见郦道元、陈桥驿：《水经注校证》卷十三《漯水》，322 页，北京，中华书局，2007。

⑥ 参见魏收：《魏书》卷八十二《常景传》，1804 页，北京，中华书局，1974。

⑦ 参见贾敬颜：《五代宋金元人边疆行记十三种疏证稿》，92 页，北京，中华书局，2004。

⑧ 参见郦道元、陈桥驿：《水经注校证》卷十三《漯水》，322 页，北京，中华书局，2007。

⑨ 参见郦道元、陈桥驿：《水经注校证》卷十三《漯水》，325 页，北京，中华书局，2007。

⑩ 参见贾敬颜：《五代宋金元人边疆行记十三种疏证稿》，90 页，北京，中华书局，2004。

⑪ 参见贾敬颜：《五代宋金元人边疆行记十三种疏证稿》，220 页，北京，中华书局，2004。

⑫ 参见郦道元、陈桥驿：《水经注校证》卷十三《漯水》，322 页，北京，中华书局，2007。

三千顷。渠河疑即泃河之讹也。①

　　**孤山陂**，《唐志》：县北十二里有渠河塘，西北六十里有孤山陂，溉田三千顷。渠河疑即泃河之讹也。②

　　**雍奴薮**，雍奴，薮泽之名，四面有水曰雍，不流曰奴。汉光武建武二年，封颍川太守寇恂为雍奴侯。魏遣张郃、乐进围雍奴，即此城矣。③

　　**金沟馆**，（密云区境东北）宋王曾《上契丹事》：自顺州至檀州，渐入山，五十里至金沟馆。将至馆，川原平旷，谓之金沟淀。④

　　**丹井**，在香山寺。相传有仙人炼丹之所，或云即葛稚川，今井址见存。⑤

　　**金沟淀**，宋王曾《上契丹事》曰，出燕京北门三十里至望京馆，五十里至顺州，七十里至檀州，渐入山，五十里至金沟馆。将至馆，川原平旷，谓之金沟淀。自此入山，诘曲登陟，无复里堠，但以马行计日，约九十里至古北口。今路不繇金沟，而金沟距（怀柔）县止四十里也。⑥

　　**郊亭淀**，大军如至城下，于燕丹陵东北横堰此水（桑干河），灌入高梁河，高梁岸狭，桑水必溢，可于驻跸寺（可能即今牛街礼拜寺）东引入郊亭淀，三五日弥漫百余里，即幽州隔在水南。⑦

　　**龙潭**，在卢师山。潭广丈许，上有巨石覆之，其下深不可测。有大青、小青二龙潜于此。二龙出则云气随之。岁旱，祷雨辄应。历代相传，俱有封号。立庙于潭上，岁时祭祀。⑧

　　**孔水洞**，在大房山东北。悬崖千尺，石窦如门，深不可测。时有白龙出焉。樵牧往往闻丝竹音。有人乘桴穷源，五六日无所抵，惟见仙鼠尽飞，赪鳞游泳而已。唐开元岁，每旱，必遣使投金龙玉璧祷之，立应。金大和中，有桃花瓣浮出，其大如当五钱。按孔水洞今讹为云水洞，距上方

---

① 参见于敏中：《日下旧闻考》，1844 页，北京，北京古籍出版社，1981。
② 参见于敏中：《日下旧闻考》，1844 页，北京，北京古籍出版社，1981。
③ 参见于敏中：《日下旧闻考》，1850 页，北京，北京古籍出版社，1981。
④ 参见蒋一葵：《长安客话》，125 页，北京，北京古籍出版社，2001。
⑤ 参见沈榜：《宛署杂记》，30 页，北京，北京古籍出版社，1982。
⑥ 参见顾炎武：《昌平山水记》，280 页，北京，北京古籍出版社，1982。
⑦ 参见孙承泽：《春明梦余录》，3 页，北京，北京古籍出版社，1992。
⑧ 参见孙承泽：《春明梦余录》，1345 页，北京，北京古籍出版社，1992。

寺南十二里。① 开元间旱，每遣使投玉璧。金泰和中，忽桃花流出，瓣如当五钱（在今上方山）。②

**海淀、丹陵沜**，水所聚曰淀……淀南五里，丹陵沜。③

**洗马潭**，桓侯亦涿人，今（涿）州城西五里洗马潭，桓侯迹也。④ 洗马潭：在涿州城西，汉张桓侯飞故居，尝于此洗马，旁有三义庙。⑤ 今州城西五里有洗马潭，是其（张飞）洗马处。⑥

**督亢陂**，督亢陂在涿州东南十五里，沃美之名闻天下。燕太子丹乃遣荆轲进秦王图也。⑦

**夏谦泽**，《晋书纪》载，慕容宝尽徙蓟中府库，北趋龙城，魏石河头引兵追及之于夏谦泽。⑧

**夏泽、纡曲渚、佩谦泽**，《水经注》，鲍丘水东南流，径潞城南，又东南入夏泽，泽南纡曲渚一十余里，北佩谦泽，眇望无垠也。下云，鲍丘水又东与沟河合。……今三河县西三十里地名夏店……疑夏店之名因古夏泽，其东弥望皆陂泽，与《水经注》正合。⑨

**鹿鸣泽**，即涿州城西十五里有鹿鸣泽。服虔注：汉武元封四年，祠雍五時，由回中北出朝那萧关，历独鹿鸣泽。⑩

**太湖、洗马沟**，在（顺天）府西南四十五里，广袤十数亩，旁有二泉涌出，经冬不冻，东流为洗马沟。《水经注》：蓟水西注太湖。⑪（洗马沟）在京西南四十余里。广袤十数亩，傍有二泉涌出，隆冬不冻。昔光武北狗于蓟堂，洗马于此，名其泉为洗马沟。⑫

**赵襄子淀**，在涿州东南五十里古工垈村，见唐金仙长公主塔记。⑬

---

① 参见孙承泽：《春明梦余录》，1346 页，北京，北京古籍出版社，1992。
② 参见刘侗、于奕正：《帝京景物略》，344 页，北京，北京古籍出版社，1982。
③ 参见刘侗、于奕正：《帝京景物略》，217 页，北京，北京古籍出版社，1982。
④ 参见刘侗、于奕正：《帝京景物略》，357 页，北京，北京古籍出版社，1982。
⑤ 参见孙承泽：《天府广记》，533 页，北京，北京古籍出版社，1984。
⑥ 参见蒋一葵：《长安客话》，90 页，北京，北京古籍出版社，2001。
⑦ 参见刘侗、于奕正：《帝京景物略》，359 页，北京，北京古籍出版社，1982。
⑧ 参见顾炎武：《京东考古录》，4 页，北京，北京古籍出版社，1982。
⑨ 参见顾炎武：《京东考古录》，4 页，北京，北京古籍出版社，1982。
⑩ 参见孙承泽：《天府广记》，508～509 页，北京，北京古籍出版社，1984。
⑪ 参见孙承泽：《天府广记》，532 页，北京，北京古籍出版社，1984。
⑫ 参见沈榜：《宛署杂记》，30 页，北京，北京古籍出版社，1982。
⑬ 参见孙承泽：《天府广记》，534 页，北京，北京古籍出版社，1984。

**延芳淀**，在漷县西，广数百亩，中多菱芡茭荷鹅鹜雁鸨之类，辽主每季春弋猎于此。①

**西湖**，在县西二十里玉泉山下。② 西湖去玉泉山不里许，即玉泉龙泉所潴。盖此地最洼，受诸泉之委，汇为巨浸，土名大泊湖。环湖十余里，荷蒲菱芡，与夫沙禽水鸟，出没隐见于天光云影中，可称绝胜。③

**玉泉池**，泉出石罅间，潴而为池，广三丈许，名玉泉池。④

**督亢陂**，（涿州）东南有督亢陂，即燕丹使荆轲赍地图以献秦者。⑤

**莲花池**，遵化县南四十里有莲花池，在磨台山。⑥

**飞鱼口**，霸城南沙河与唐河合流处，俗呼飞鱼口，即鱼津洼也……后魏隐士孙硕力学家居，栖情物表，不求闻达，以渔钓自娱，尝捕鱼于此。⑦

**雍奴**，（三角）淀在武清县南周回二百余里，即古雍奴。《水经注》：雍奴者数泽之名，四面有水曰雍，不流曰奴。⑧

**三海**，中海、南海和北海旧时统称（宋末辽金）。⑨

**瑶屿行宫**，北海琼华岛旧称（辽）。⑩

**妫瀛**，唐。⑪

**金沟淀**，宋辽地名，今密云县东北四十五里。⑫

**郊亭淀**，建于北宋时期，今大郊亭。⑬

**泉州口**，西去雍奴故城一百二十里，自滹沱北入其下，历水泽一百八

① 参见孙承泽：《天府广记》，534 页，北京，北京古籍出版社，1984。
② 参见沈榜：《宛署杂记》，29 页，北京，北京古籍出版社，1982。
③ 参见蒋一葵：《长安客话》，50 页，北京，北京古籍出版社，2001。
④ 参见蒋一葵：《长安客话》，47 页，北京，北京古籍出版社，2001。
⑤ 参见蒋一葵：《长安客话》，89 页，北京，北京古籍出版社，2001。
⑥ 参见蒋一葵：《长安客话》，111 页，北京，北京古籍出版社，2001。
⑦ 参见蒋一葵：《长安客话》，118 页，北京，北京古籍出版社，2001。
⑧ 参见蒋一葵：《长安客话》，133 页，北京，北京古籍出版社，2001。
⑨ 参见西城区地名录编委会：《北京市西城区地名录》，107 页，西城区人民政府，1998
⑩ 参见西城区地名录编委会：《北京市西城区地名录》，107 页，西城区人民政府，1998
⑪ 参见西城区地名录编委会：《北京市西城区地名录》，563 页，西城区人民政府，1998
⑫ 参见密云县地名志编辑委员会：《北京市密云县地名志》，437 页，北京，北京出版社，1992。
⑬ 参见朝阳区地名志编辑委员会：《北京市朝阳区地名志》，7 页，北京，北京出版社，1993。

十里入鲍邱河，谓之泉州口。①

**枣林淀**，辽会同九年九月，阅诸道兵于渔阳西枣林淀。②

**延芳淀**，县本汉泉山之霍村镇，辽每季春弋猎于延芳淀，居民成邑，就城故潞阴镇，后改为县，在京东南九十里。③

**积水潭**，唐称西海子，都人呼飞放泊为南海子，积水潭为西海子。按海子之名见于唐季王镕为镇帅，有海子园尝馆李匡威于此。北人凡水之积者辄目为海。如宝坻之七里海，昌平北之四海，冶是也。④

## 第四节　植物山石景观地名

**银山铁壁**，又叫银山塔林，位于昌平区城北 30 公里处的崇山峻岭之中。因每当秋去冬来，瑞雪纷飞，部分山岩冰雪厚积，色白如银，故称银山；而陡峭之岩体，飞雪一划而过无法着附，色黑如铁的岩壁本色一览无余，故称铁壁，合称"银山铁壁"。为明清时期"燕京八景"之一。

银山塔林为辽金时期法华寺高僧的墓塔。据考证，北京市昌平区天寿山东北，海子村西南的银山南麓，是中国辽金时代的寺院云集之处，当时有大小寺院庵堂 72 所，法华寺就是其中最大的一座。

塔群自金、元以来，经明、清至今，已有 700 多年历史，塔群在 700 年中陆续都有修建，民间素有"银山宝塔数不尽"之说。大片塔群高者数丈，小者径尺，高低错落，布局规整，结构一致，均为八角形平面，造型精美，塔身有许多浮雕，线条优美，历经沧桑，年代久远，却保存完好，据说因为这里山高路远，人迹罕至，故能保存至今。

**延祥观柏**，平谷县城东，延祥观柏，古质而叶幽光，再生柏也。柏初

---

① 参见于敏中：《日下旧闻考》，1851 页，北京，北京古籍出版社，1981。

② 参见于敏中：《日下旧闻考》，1891 页，北京，北京古籍出版社，1981。

③ 参见于敏中：《日下旧闻考》，1828 页，北京，北京古籍出版社，1981。

④ 参见王灏：《畿辅丛书》卷十四《郊坰四》，544 页，定州王氏谦德堂校刊本，石家庄，河北人民出版社，1985。

生何代何年，其再生也，异代矣，几四百年矣。[①]

**护驾松**，在县西四十里香山。金章宗游玩至此失足，得松护之，遂封云，今废。[②]

**香山古松**，在香山。松高不数丈，即盘生如盖，或偃或侧，如攫如踞，相传唐、宋时植。[③]

**百花石床**，在县西一百二十里王平口。四围皆山，中有平川，约数十亩，地暖而肥，产杉橑药草，春夏之间，红紫烂漫，香气袭人。金章宗尝游幸焉。所憩石床尚存。[④]

**画眉石**，西斋堂村（今门头沟）多有之，离城二百五十里。石黑色似石，而性不坚，磨之如墨，拾之染指。金章宗时，妃后尝取之画眉，故名。[⑤]

**仙人椅**，建于辽，龙泉寺东北。[⑥]

① 参见刘侗、于奕正：《帝京景物略》，376 页，北京，北京古籍出版社，1982。
② 参见沈榜：《宛署杂记》，30 页，北京，北京古籍出版社，1982。
③ 参见沈榜：《宛署杂记》，30 页，北京，北京古籍出版社，1982。
④ 参见沈榜：《宛署杂记》，31 页，北京，北京古籍出版社，1982。
⑤ 参见沈榜：《宛署杂记》，31 页，北京，北京古籍出版社，1982。
⑥ 参见刘侗、于奕正：《帝京景物略》，267 页，北京，北京古籍出版社，1982。

第六章

# 碑刻资料所见北京前都时代地名

## 第一节　自然类地名

**邓隐峰**，邓隐峰银山十咏：金大定三年刻石。①

**白带山**，唐代山名，即今北京市房山区石经山。②

**白石山**，东汉常山郡元氏县境内之山，即今河北省涞源县白石山。③

**白石山**，唐代山名，在幽州昌平县县太尉乡。④

**封龙山**，东汉常山郡元氏县境内之山。⑤

**灵山**，东汉常山郡元氏县境内之山。⑥

**六名山**，东汉常山郡元氏县境内之山。⑦

---

① 参见蒋一葵：《长安客话》，121 页，北京，北京古籍出版社，2001。
② 参见《唐金仙公主塔铭》，见《新日下访碑录·房山卷》，25 页，北京，燕山出版社，2013。
③ 参见《白石神君碑》，见《燕赵碑刻》，159 页，天津，天津人民出版社，2015。
④ 参见《唐故朱府君墓志铭》，见《新中国出土墓志（北京）》（上下册），8 页，北京，文物出版社，2003。
⑤ 参见《元氏封龙山之颂》，见《燕赵碑刻》，1461 页，天津，天津人民出版社，2015。
⑥ 参见《白石神君碑》，见《燕赵碑刻》，159 页，天津，天津人民出版社，2015。
⑦ 参见《白石神君碑》，见《燕赵碑刻》，159 页，天津，天津人民出版社，2015。

**龙岗原**，唐代原名，属涿州范阳县弘化乡管中庄西一里。①

**三公山**，东汉常山郡元氏县境内之山。②

**他山**，唐代幽州府范阳县小山名，从属于房山山脉。③

**御语山**，东汉常山郡元氏县境内之山。④

**赵襄子淀**，唐代湖泊名，在幽州范阳县东南五十里上堡村。⑤

**葛山**，金代山名，在中都路蓟州之东。⑥

**谷积山**，在辽析津府良乡县，《大明一统志》称其在（明）房山县西北五十里。⑦

**黑山**，金代山名，在中都宛平县崇让里。⑧

**金城山**，金代山名，在中都宛平县。⑨

**崆峒山**，辽至清代山名，一名翁同山，在蓟州城北五里。⑩

**莲花峪**，辽代峪名，在析津府大安山中。⑪

**妙峰山**，山名，金代沿用至今，在金中都昌平县西。⑫

**石剁山**，蓟州小山，上有感化寺、云居院。⑬

---

① 参见《唐故幽州副将乐安郡孙府君夫人太原王氏合袝墓铭》，见《新中国出土墓志（北京）》，26 页，北京，文物出版社，2003。

② 参见《三公山神碑》，见《燕赵碑刻》，146 页，天津，天津人民出版社，2015。

③ 参见《唐金仙公主塔铭》，见《新日下访碑录·房山卷》，25 页，北京，燕山出版社，2013。

④ 参见《三公山神碑》，见《燕赵碑刻》，146 页，天津，天津人民出版社，2015。

⑤ 参见《唐金仙公主塔铭》，见《新日下访碑录·房山卷》，25 页，北京，燕山出版社，2013。

⑥ 参见《蓟州葛山重修龙福院碑》，见王新英：《全金石刻文辑校》，481 页，吉林，吉林文史出版社，2012。

⑦ 参见《谷积山院读藏经之记碑》，见向南、张国庆、李宇峰：《辽代石刻文续编》，165 页，沈阳，辽宁人民出版社，2010。

⑧ 参见《赵励墓志铭》，见王新英：《全金石刻文辑校》，43 页，吉林，吉林文史出版社，2012。

⑨ 参见《大金燕京宛平县金城山白瀑院正公法师灵塔记》，见王新英：《全金石刻文辑校》，60 页，吉林，吉林文史出版社，2012。

⑩ 参见《寂照大师并门资园湛身铭》，见向南、张国庆、李宇峰：《辽代石刻文续编》，234 页，沈阳，辽宁人民出版社，2010。

⑪ 参见《大安山莲花峪延福寺观音堂记碑》，见向南、张国庆、李宇峰：《辽代石刻文续编》，286 页，沈阳，辽宁人民出版社，2010。

⑫ 参见《请伦公禅师主持德云寺疏》，见王新英：《全金石刻文辑校》，212 页，吉林，吉林文史出版社，2012。

⑬ 参见《佑唐寺创建讲堂碑侧记》，见向南、张国庆、李宇峰：《辽代石刻文续编》，97 页，沈阳，辽宁人民出版社，2010。

**严陵洞**，辽代山洞名，在房山。[①]

**银山**，金代山名，在中都北百里处。[②]

## 第二节　乡村里坊地名

**保大乡**，唐代乡名，在幽州幽都县城西北。[③]

**北彭里**，辽代里名，属析津府宛平县礼贤乡。[④]

**北辛安里**，金代里名，初属大兴府良乡县，明昌年间属涿州奉先县。[⑤]

**昌乐乡**，隋代乡名，属涿郡良乡县。[⑥]

**朝阳村**，东魏中山郡上曲阳县村名。[⑦]

**秤邑乡**，隋代乡名，属涿郡良乡县。[⑧]

**崇德乡**，北周乡名，在河间郡束城县东五十里。[⑨]

**崇仁里**，（1）北魏里名，属河间郡武垣县永贵乡。[⑩]（2）北魏里名，属武邑郡灌津县蒲亭乡。[⑪]

---

① 参见《房山天开塔舍利石函记》，见向南、张国庆、李宇峰：《辽代石刻文续编》，278 页，沈阳，辽宁人民出版社，2010。

② 参见《重建大延圣寺记碑》，见王新英：《全金石刻文辑校》，143 页，吉林，吉林文史出版社，2012。

③ 参见《唐故太夫人吴氏墓志铭》，见《新中国出土墓志（北京）》，9 页，北京，文物出版社，2003。

④ 参见《契丹国故银青崇禄大夫行秦国王府校尉兼监察御史武骑尉济阳郡丁公墓志铭》，见《新中国出土墓志（北京）》，38 页，北京，文物出版社，2003。

⑤ 参见《金镇国上将军广宁府判殷演暨妻刘氏合葬墓志》，见《新中国出土墓志（北京）》，46 页，北京，文物出版社，2003。

⑥ 参见《隋良乡县司功韩君墓志》，见《新中国出土墓志（北京）》，2 页，北京，文物出版社，2003。

⑦ 参见《朝阳村邑义张买女三十人等造释像记》，见《燕赵碑刻》，239 页，天津，天津人民出版社，2015。

⑧ 参见《隋韩君墓志》，见《新中国出土墓志（北京）》，1 页，北京，文物出版社，2003。

⑨ 参见《王通墓志》，见《燕赵碑刻》，865 页，天津，天津人民出版社，2015。

⑩ 参见《魏故博陵太守邢府君墓志》，见《燕赵碑刻》，496 页，天津，天津人民出版社，2015。

⑪ 参见《魏故使持节右将军岐州刺史平东将军济州刺史刘使君墓志铭》，见《燕赵碑刻》，523 页，天津，天津人民出版社，2015。

崇仁乡，东魏乡名，属范阳郡遒县。①

崇义乡，北魏乡名，属北魏广平郡广平县。②

慈仁里，北魏里名，属河间郡武垣县永贵乡。③

从善村，唐代村名，在幽州蓟县会川乡。④

大丰里，唐代里名，在幽州幽都县房仙乡。⑤

单罗坊，辽南京坊名。⑥

董村，唐代村名，属幽州良乡县。⑦

樊村，唐代村名，属幽州幽都县保大乡。⑧

樊里，唐代里名，在幽州幽都县西北。⑨

房山乡，唐代乡名，属幽州良乡县。⑩

房仙乡，唐代乡名，在幽州幽都县。⑪

敷教里，北魏里名，属魏郡邺县。⑫

① 参见《抚军将军静境大都督散骑常侍方城子祖子硕妻无氏墓铭》，见《燕赵碑刻》，600页，天津，天津人民出版社，2015。

② 参见《魏故使持节侍中太保都督冀定瀛幽安五州诸军事骠骑大将军冀州刺史太尉公录尚书事魏郡开国公任公墓志铭》，见《燕赵碑刻》，581页，天津，天津人民出版社，2015。

③ 参见《邢晏县志》，见《燕赵碑刻》，616页，天津，天津人民出版社，2015。

④ 参见《唐卢龙征马使游击将军守左武卫大将军赐紫金鱼带曹朝宪故夫人太原陶氏墓志铭》，载《新中国出土墓志（北京）》，16页，北京，文物出版社，2003。

⑤ 参见《唐卢龙节度驱使馆□王府参军吴郡朱曰□墓志铭》，见《新中国出土墓志（北京）》，14页，北京，文物出版社，2003。

⑥ 参见《契丹国故银青崇禄大夫行秦国王府校尉兼监察御史武骑尉济阳郡丁公墓志铭》，见《新中国出土墓志（北京）》，38页，北京，文物出版社，2003。

⑦ 参见《唐故妫州怀戎县令杨府君夫人河南达奚氏墓志铭并序》，见《新中国出土墓志（北京）》，15页，北京，文物出版社，2003。

⑧ 参见《唐故幽州节度两蕃副使朝散郎检校秘书少监兼御史中丞上柱国赐绯鱼袋平原华府君墓志铭并序》，见《新中国出土墓志（北京）》，22页，北京，文物出版社，2003。

⑨ 参见《大唐故幽州节度使判官兼殿中侍御史银青光禄大夫检校太子宾客卢龙节度留后营府都督柳城军使平州诸军事平妫等州刺史上柱国太原王府君墓志铭并序》，见《新中国出土墓志（北京）》，19页，北京，文物出版社，2003。

⑩ 参见《唐故奉议郎前守瀛洲长史赐绯鱼袋摄檀州长史李府君墓志铭》，见《新中国出土墓志（北京）》，12页，北京，文物出版社，2003。

⑪ 参见《唐卢龙节度驱使馆□王府参军吴郡朱曰□墓志铭》，见《新中国出土墓志（北京）》，14页，北京，文物出版社，2003。

⑫ 参见《魏故大中正长孙公墓铭》，见《燕赵碑刻》，188页，天津，天津人民出版社，2015。

　　**复业乡**，唐代乡名，在幽州良乡县北。①

　　**高村**，辽代村名，属蓟州渔阳县。②

　　**高门村**，东魏巨鹿郡曲阳县村名。③

　　**高义村**，唐代村名，在幽州府城东燕台乡。④

　　**管中庄**，唐代庄名，属涿州范阳县弘化乡。⑤

　　**广宁乡**，唐代乡名，在幽州蓟县南十五里。⑥

　　**弘化乡**，唐代乡名，属涿州范阳县。⑦

　　**会川乡**，唐代乡名，在幽州蓟县城东南八里。⑧

　　**吉昌里**，北魏里名，属赵郡柏仁县永宁乡。⑨

　　**吉迁里**，(1) 北魏里名，在赵郡柏仁县永宁乡。⑩ (2) 北魏里名，属北魏广平郡广平县崇义乡。⑪

　　**京上村**，东魏巨鹿郡曲阳县村名。⑫

　　**开阳坊**，唐代坊名，属幽州蓟县。⑬

---

　　① 参见《唐故银青光禄大夫行瀛洲别驾莫州刺史上柱国申国公蔡府君墓志》，见《新中国出土墓志（北京）》，11 页，北京，文物出版社，2003。

　　② 参见《辽修后唐故盖造军绳墨都知兼采研务使太原王府君墓志铭》，见《新中国出土墓志（北京）》，34 页，北京，文物出版社，2003。

　　③ 参见《张同柱三人等造二佛并坐像记》，见《燕赵碑刻》，289 页，天津，天津人民出版社，2015。

　　④ 参见《唐故衙前散骑游击将军守翊府中郎将和公墓志铭并叙》，见《新中国出土墓志（北京）》，13 页，北京，文物出版社，2003。

　　⑤ 参见《唐故幽州副将乐安郡孙府君夫人太原王氏合祔墓铭》，见《新中国出土墓志（北京）》，26 页。

　　⑥ 参见《唐故幽州节度押衙银青光禄大夫检校太子宾客兼监察御史太原王公墓志铭》，见《新中国出土墓志（北京）》，20 页，北京，文物出版社，2003。

　　⑦ 参见《唐故幽州副将乐安郡孙府君夫人太原王氏合祔墓铭》，见《新中国出土墓志（北京）》26 页，北京，文物出版社，2003。

　　⑧ 参见《唐卢龙征马使游击将军守左武卫大将军赐紫金鱼带曹朝宪故夫人太原陶氏墓志铭》，见《新中国出土墓志（北京）》，16 页，北京，文物出版社，2003。

　　⑨ 参见《魏故赵郡太守李君墓志铭》，见《燕赵碑刻》，537 页，天津，天津人民出版社，2015。

　　⑩ 参见《儒德李生之墓铭》，见《燕赵碑刻》，487 页，天津，天津人民出版社，2015。

　　⑪ 参见《魏故使持节侍中太保都督冀定瀛幽安五州诸军事骠骑大将军冀州刺史太尉公录尚书事魏郡开国公任公墓志铭》，见《燕赵碑刻》，581 页，天津，天津人民出版社，2015。

　　⑫ 参见《乐零秀造观音像记》，见《燕赵碑刻》，259 页，天津，天津人民出版社，2015。

　　⑬ 参见《唐故彭城夫人刘氏墓记铭并序》，见《新中国出土墓志（北京）》，17 页，北京，文物出版社，2003。

**开阳里**，金代里名，在金中都城内。①

**来远坊**，唐代坊名，属幽州幽都县。②

**礼贤乡**，唐代乡名，属幽州幽都县。③

**醴泉乡**，金代乡名，属蓟州渔阳县。④

**临河里**，唐代里名，属潞州潞城县潞城乡。⑤

**临流里**，隋代里名，属涿郡良乡县秤邑乡。⑥

**临治里**，隋代里名，属涿郡良乡县秤邑乡。⑦

**刘村**，唐代村名，属幽州幽都县礼贤乡。⑧

**龙道村**，唐代村名，属幽州幽都县礼贤乡。⑨

**鲁村**，唐代村名，属幽州蓟县广宁乡。⑩

**鲁郭里**，辽代里名，属析津府幽都县房仙乡，即今北京鲁谷村。⑪

**潞城乡**，唐代乡名，在潞州潞城县南。⑫

---

① 参见《金故鲁国大长公主墓志铭》，见《新中国出土墓志（北京）》，50 页，北京，文物出版社，2003。

② 参见《唐卢龙征马使游击将军守左武卫大将军赐紫金鱼带曹朝宪故夫人太原陶氏墓志铭》，见《新中国出土墓志（北京）》，16 页，北京，文物出版社，2003。

③ 参见《唐幽州□度押衙摄纳降军营田等使银青光禄大夫检校国子祭酒兼御史中丞上柱国侯府君墓志铭并序》，见《新中国出土墓志（北京）》，17 页，北京，文物出版社，2003。

④ 参见《金故达撒山行军谋克字谨萧公墓志铭》，见《新中国出土墓志（北京）》，46 页，北京，文物出版社，2003。

⑤ 参见《唐平州卢龙都督府折冲都尉乐安故孙公墓志铭》，见《新中国出土墓志（北京）》，10 页，北京，文物出版社，2003。

⑥ 参见《隋韩君墓志》，见《新中国出土墓志（北京）》，1 页，北京，文物出版社，2003。

⑦ 参见《隋良乡县司功韩君墓志》，见《新中国出土墓志（北京）》，2 页，北京，文物出版社，2003。

⑧ 参见《唐幽州□度押衙摄纳降军营田等使银青光禄大夫检校国子祭酒兼御史中丞上柱国侯府君墓志铭并序》，见《新中国出土墓志（北京）》，17 页，北京，文物出版社，2003。

⑨ 参见《唐故蔡氏夫人墓志铭并序》，见《新中国出土墓志（北京）》，20 页，北京，文物出版社，2003。

⑩ 参见《唐故幽州节度押衙银青光禄大夫检校太子宾客兼监察御史太原王公墓志铭》，见《新中国出土墓志（北京）》，20 页，北京，文物出版社，2003。

⑪ 参见《契丹国故使平军节度管内观察处置等使崇禄大夫检校太保使持节辽州诸军事行辽州刺史兼御史大夫上柱国昌黎县开国男食邑三百户韩公墓志铭》，见《新中国出土墓志（北京）》，36 页，北京，文物出版社，2003。

⑫ 参见《唐故处士南阳公孙府君墓志铭》，见《新中国出土墓志（北京）》，7 页，北京，文物出版社，2003。

潞水乡，金代乡名，属通州潞县。①

秘村，北魏村名，属常山郡行唐县。②

宁里，唐代里名，属幽州蓟县。③

平化乡，北魏乡名，属赵郡高邑县。④

平朔坊，唐代坊名，属幽州幽都县。⑤

平朔里，唐代里名，属幽州蓟县。出自《唐处士田公故夫人北平阳氏墓志铭》。⑥

蒲亭乡，北魏乡名，属武邑郡灌津县。⑦

仁风乡，唐代乡名，属幽州良乡县。⑧

日太村，东魏中山郡卢奴县村名。⑨

三台乡，金代乡名，属雄州容城县。⑩

上垡村，唐代村名，在幽州范阳县东南五十里。⑪

尚义乡，唐代乡名，在幽州良乡县南。⑫

史村，北齐村名，在赵郡柏仁县西南二十里。⑬

---

① 参见《金中宪大夫同知昌武军节度使李公墓志铭》，见《新中国出土墓志（北京）》，44页，北京，文物出版社，2003。

② 参见《魏故仪同三司定州刺史尉公墓志铭》，见《燕赵碑刻》，542页，天津，天津人民出版社，2015。

③ 参见《唐故天水赵府君墓志铭》，见《新中国出土墓志（北京）》，6页，北京，文物出版社，2003。

④ 参见《李带墓志》，见《燕赵碑刻》，521页，天津，天津人民出版社，2015。

⑤ 参见《唐幽州□度押衙摄纳降军营田等使银青光禄大夫检校国子祭酒兼御史中丞上柱国侯府君墓志铭并序》，见《新中国出土墓志（北京）》，17页，北京，文物出版社，2003。

⑥ 参见中国文物研究所北京石刻艺术博物馆：《新中国出土墓志（北京）》，5页，北京，文物出版社，2003。

⑦ 参见《魏故使持节右将军岐州刺史平东将军济州刺史刘使君墓志铭》，见《燕赵碑刻》，523页，天津，天津人民出版社，2015。

⑧ 参见《唐故征君史府君墓志铭》，见《新中国出土墓志（北京）》，11页，北京，文物出版社，2003。

⑨ 参见《寇遵义造菩萨像记》，见《燕赵碑刻》，307页，天津，天津人民出版社，2015。

⑩ 参见《金故达撒山行军谋克字谨萧公墓志铭》，见《新中国出土墓志（北京）》，46页，北京，文物出版社，2003。

⑪ 参见《唐金仙公主塔铭》，见《新日下访碑录·房山卷》，25页，北京，燕山出版社，2013。

⑫ 参见《唐开府仪同三司试太常卿兼左金吾卫大将军上柱国刘公墓志铭》，见《新中国出土墓志（北京）》，8页，北京，文物出版社，2003。

⑬ 参见《大齐故济南太守李府君妻祖夫人墓志铭并序》，见《燕赵碑刻》，880页，天津，天津人民出版社，2015。

**太平里**，唐代里名，在涿州固安县。[①]

**太尉乡**，唐代乡名，在幽州昌平县县东南。[②]

**檀州街**，唐代街名，在幽州蓟县。[③]

**桃花原**，在赵郡郡城（今河北省高邑县西南）西北。[④]

**通阛坊**，唐代坊名，属幽州幽都县。[⑤]

**通肆坊**，唐代坊名，其所在县缺字。[⑥]

**西北乡**，金代乡名，属大兴府良乡县。[⑦]

**先贤里**，北魏里名，属中山郡蒲阴县永安乡。[⑧]

**孝义里**，北魏里名，在浮阳郡饶安县城西南。[⑨]

**新城宫**，北魏宫殿，在中山郡。[⑩]

**燕都坊**，唐代坊名，属幽州蓟县。[⑪]

**燕台乡**，唐代乡名，在幽州府城东。[⑫]

**燕下乡**，唐代乡名，在幽州蓟县城东南。[⑬]

---

[①] 参见《唐故朝请郎试太子洗马赐绯鱼袋蓟州司仓参军李公墓志铭并序》，见《新中国出土墓志（北京）》，14 页，北京，文物出版社，2003。

[②] 参见《唐故朱府君墓志铭》，见《新中国出土墓志（北京）》，8 页，北京，文物出版社，2003。

[③] 参见《唐高道王尚准故夫人宝氏墓志铭》，见《新中国出土墓志（北京）》，29 页，北京，文物出版社，2003。

[④] 参见《燕游击将军赵公故赵郡李氏太原王氏二夫人墓志铭》，见《新中国出土墓志（北京）》，5 页，北京，文物出版社，2003。

[⑤] 参见《唐故幽州节度衙前讨击副使太中大夫试殿中监温府君合祔墓志》，见《新中国出土墓志（北京）》，27 页，北京，文物出版社，2003。

[⑥] 参见《唐□事兵马使充使宅将副将长沙茹府君墓志铭》，见《新中国出土墓志（北京）》，30 页，北京，文物出版社，2003。

[⑦] 参见《金故赠金紫光禄大夫乌古论公墓志铭》，见《新中国出土墓志（北京）》，45 页，北京，文物出版社，2003。

[⑧] 参见《刘颜墓志》，见《燕赵碑刻》，497 页，天津，天津人民出版社，2015。

[⑨] 参见《洺州刺史刁惠公墓志铭》，见《燕赵碑刻》，501 页，天津，天津人民出版社，2015。

[⑩] 参见《北魏太和五年纪事石函》，见《燕赵碑刻》，122 页，天津，天津人民出版社，2015。

[⑪] 参见《唐故幽州节度押衙银青光禄大夫检校太子宾客兼监察御史太原王公墓志铭》，见《新中国出土墓志（北京）》，20 页，北京，文物出版社，2003。

[⑫] 参见《唐故衙前散骑游击将军守朔府中郎将和公墓志铭并叙》，见《新中国出土墓志（北京）》，13 页，北京，文物出版社，2003。

[⑬] 参见《唐故天水赵府君墓志铭》，见《新中国出土墓志（北京）》，6 页，北京，文物出版社，2003。

扬村，唐代乡名，属幽州府城东燕台乡。①

姚村，唐代村名，属幽州蓟县广宁乡。②

阴观里，北魏里名，属赵郡柏仁县永宁乡。③

永安村，金代村名，属大兴府良乡县西北乡。④

永安乡，北魏乡名，属中山郡蒲阴县。⑤

永贵乡，北魏乡名，属河间郡武垣县。⑥

永宁乡，北魏乡名，在赵郡柏仁县。⑦

幽都乡，唐大乡名，属幽州幽都县。⑧

贞侯里，东魏里名，属范阳郡遒县崇仁乡。⑨

正礼乡，唐代乡名，在幽州蓟县城西南二十里。⑩

重又里，辽代里名，属析津府良乡县房仙乡。⑪

遵化坊，唐代坊名，属幽州幽都县。⑫

遵化里，唐代里名，在幽州幽都县。⑬

---

① 参见《唐故幽州节度押衙银青光禄大夫检校太子宾客兼监察御史上柱国天水郡赵君墓志铭》，见《新中国出土墓志（北京）》，25 页，北京，文物出版社，2003。

② 参见《唐故幽州节度押衙银青光禄大夫检校国子祭酒兼监察御史□韩府君墓志铭》，见《新中国出土墓志（北京）》，28 页，北京，文物出版社，2003。

③ 参见《魏故司空公李君之铭》，见《燕赵碑刻》，571 页，天津，天津人民出版社，2015。

④ 参见《金故赠金紫光禄大夫乌古论公墓志铭》，见《新中国出土墓志（北京）》，45 页，北京，文物出版社，2003。

⑤ 参见《刘颜墓志》，见《燕赵碑刻》，497 页，天津，天津人民出版社，2015。

⑥ 参见《魏故博陵太守邢府君墓志》，见《燕赵碑刻》，496 页，天津，天津人民出版社，2015。

⑦ 参见《魏故宁远将军广乐太守柏仁男杨府君之碑》，见《燕赵碑刻》，178 页，天津，天津人民出版社，2015。

⑧ 参见《唐游击将军守左金吾卫大将军试鸿胪卿纪公夫人张氏墓志铭》，见《新中国出土墓志（北京）》，23 页，北京，文物出版社，2003。

⑨ 参见《抚军将军静境大都督散骑常侍方城子祖子硕妻无氏墓铭》，见《燕赵碑刻》，600 页，天津，天津人民出版社，2015。

⑩ 参见《唐处士田公故夫人北平杨氏墓志铭》，见《新中国出土墓志（北京）》，5 页，北京，文物出版社，2003。

⑪ 参见《辽故翰林学士金紫崇禄大夫行尚书□寺上护军平昌□公食邑二千户食宝封二伯户诸路□公墓志铭并序》，见《新中国出土墓志（北京）》，39 页，北京，文物出版社，2003。

⑫ 参见《唐故平州刺史卢龙节度留后周府君墓志铭》，见《新中国出土墓志（北京）》，24 页，北京，文物出版社，2003。

⑬ 参见《唐故太夫人吴氏墓志铭》，见《新中国出土墓志（北京）》，9 页，北京，文物出版社，2003。

**白玉乡**，金代乡名，在中都路涿州奉先县。①

**北徐里**，辽析津府安次县之里名。②

**崇福乡**，金代乡名，在大兴府安次县。③

**崇让里**，金代里名，在中都宛平县。④

**崔村**，金代村名，在大兴府昌平县海北乡。⑤

**独树村**，(1) 辽析津府良乡县村名。⑥ (2) 涿州番阳县西北乡之村名。⑦

**矾村**，辽析津府宛平县村名。⑧

**房仙乡**，辽析津府良乡县之乡名。⑨

**高村**，辽蓟州渔阳县村名。⑩

**广川乡**，金代乡名，在大兴府宝坻县。⑪

**归仁乡**，辽代涿州固安县之乡名。⑫

**海北乡**，金代乡名，在大兴府昌平县。⑬

---

① 参见《赵珪墓碣》，见王新英：《全金石刻文辑校》，357 页，吉林，吉林文史出版社，2012。

② 参见《佛说般若波罗蜜□心幢记》，见向南、张国庆、李宇峰：《辽代石刻文续编》，327 页，沈阳，辽宁人民出版社，2010。

③ 参见《寂照大师实行碑》，见王新英：《全金石刻文辑校》，337 页，吉林，吉林文史出版社，2012。

④ 参见《赵励墓志铭》，见王新英：《全金石刻文辑校》，43 页，吉林，吉林文史出版社，2012。

⑤ 参见《昌平崔村锣钹邑碑》，见王新英：《全金石刻文辑校》，210 页，吉林，吉林文史出版社，2012。

⑥ 参见《房山天开塔舍利石函记》，见向南、张国庆、李宇峰：《辽代石刻文续编》，278 页，沈阳，辽宁人民出版社，2010。

⑦ 参见《大安山莲花峪延福寺观音堂记碑》，见向南、张国庆、李宇峰：《辽代石刻文续编》，289 页，沈阳，辽宁人民出版社，2010。

⑧ 参见《康文成墓志》，见向南、张国庆、李宇峰：《辽代石刻文续编》，138 页，沈阳，辽宁人民出版社，2010。

⑨ 参见《孟初墓志》，见向南、张国庆、李宇峰：《辽代石刻文续编》，297 页，沈阳，辽宁人民出版社，2010。

⑩ 参见《王仲福墓志》，见向南、张国庆、李宇峰：《辽代石刻文续编》，8 页，沈阳，辽宁人民出版社，2010。

⑪ 参见《宝坻县记碑》，见王新英：《全金石刻文辑校》，171 页，吉林，吉林文史出版社，2012。

⑫ 参见《郭仁孝为父母建顶幢记》，见向南、张国庆、李宇峰：《辽代石刻文续编》，310 页，沈阳，辽宁人民出版社，2010。

⑬ 参见《昌平崔村锣钹邑碑》，见王新英：《全金石刻文辑校》，210 页，吉林，吉林文史出版社，2012。

海滨乡，金代乡名，在大兴府宝坻县。①

黄村，金代村名，在大兴府宛平县房仙乡。②

金山乡，辽析津府良乡县乡名。③

乐深村，辽析津府良乡县村名，沿用至今。④

醴泉乡，金代乡名，在中都路蓟州。⑤

刘李村，辽至清代村名，由琉璃河（刘李河）得名，在析津府良乡县。⑥

柳村，金代村名，在中都昌平县。⑦

鲁郭里，辽析津府宛平县元辅乡之里名。⑧

锣钹邑，金代邑名，在大兴府昌平县海北乡崔村。⑨

马驹里，金代里名，在中都路通州潞县。⑩

南抱玉村，金代村名，在中都路涿州奉先县白玉乡。⑪

平峪庄，金代庄名，在大兴府良乡县金山乡。⑫

---

① 参见《宝坻县记碑》，见王新英：《全金石刻文辑校》，171 页，吉林，吉林文史出版社，2012。

② 参见《吴前鉴墓志铭》，见王新英：《全金石刻文辑校》，145 页，吉林，吉林文史出版社，2012。

③ 参见《房山天开塔舍利石函记》，见白南、张国庄、李宇峰《辽代石刻文续编》，278 页，沈阳，辽宁人民出版社，2010。

④ 参见《房山天开塔舍利石函记》，见向南、张国庆、李宇峰：《辽代石刻文续编》，278 页，沈阳，辽宁人民出版社，2010。

⑤ 参见《甘泉普济寺赐紫严肃大师塔铭》，见王新英：《全金石刻文辑校》，146 页，吉林，吉林文史出版社，2012。

⑥ 参见《李从善幢记》，见向南、张国庆、李宇峰：《辽代石刻文续编》，263 页，沈阳，辽宁人民出版社，2010。

⑦ 参见《遐龄益寿禅师塔记》，见王新英：《全金石刻文辑校》，94 页，吉林，吉林文史出版社，2012。

⑧ 参见《杜悆墓志》，见向南、张国庆、李宇峰：《辽代石刻文续编》，306 页，沈阳，辽宁人民出版社，2010。

⑨ 参见《昌平崔村锣钹邑碑》，见王新英：《全金石刻文辑校》，210 页，吉林，吉林文史出版社，2012。

⑩ 参见《马行贵幢记》，见王新英：《全金石刻文辑校》，333 页，吉林，吉林文史出版社，2012。

⑪ 参见《赵珪墓碣》，见王新英：《全金石刻文辑校》，357 页，吉林，吉林文史出版社，2012。

⑫ 参见《蔡公直幢记》，见王新英：《全金石刻文辑校》，268 页，吉林，吉林文史出版社，2012。

**芹城里**，辽代里名，在析津府之北。①

**渠阳乡**，金代乡名，在大兴府宝坻县。②

**善俗乐村**，辽析津府良乡县村名。③

**石村**，辽代村名，在析津府良乡县。④

**苔头村**，金代村名，在中都路通州潞县。⑤

**棠阴坊**，金中都坊名。⑥

**天宫院**，辽金燕京城北一区域名。⑦

**望都乡**，金代乡名，在大兴府宝坻县。⑧

**五侯村**，辽析津府良乡县村名。⑨

**五侯里**，金代里名，在大兴府良乡县金山乡。⑩

**西北乡**，（1）辽析津府宛平县矾村之乡名，在矾村。⑪（2）涿州范阳县之乡名。⑫

**孝义乡**，金代乡名，在中都路涿州范阳县。⑬

---

① 参见《芹城邑众再建舍利塔记》，见向南、张国庆、李宇峰：《辽代石刻文续编》，197 页，沈阳，辽宁人民出版社，2010。

② 参见《宝坻县记碑》，见王新英：《全金石刻文辑校》，171 页，吉林，吉林文史出版社，2012。

③ 参见《房山天开塔舍利石函记》，见向南、张国庆、李宇峰：《辽代石刻文续编》，278 页，沈阳，辽宁人民出版社，2010。

④ 参见《大安山莲花峪延福寺观音堂碑》，见向南、张国庆、李宇峰：《辽代石刻文续编》，287 页，沈阳，辽宁人民出版社，2010。

⑤ 参见《石宗璧墓志铭》，见王新英：《全金石刻文辑校》，213 页，吉林，吉林文史出版社，2012。

⑥ 参见《张□震墓志铭》，见王新英：《全金石刻文辑校》，585 页，吉林，吉林文史出版社，2012。

⑦ 参见《张岐墓志铭》，见王新英：《全金石刻文辑校》，59 页，吉林，吉林文史出版社，2012。

⑧ 参见《宝坻县记碑》，见王新英：《全金石刻文辑校》，171 页，吉林，吉林文史出版社，2012。

⑨ 参见《房山天开塔舍利石函记》，见向南、张国庆、李宇峰：《辽代石刻文续编》，278 页，沈阳，辽宁人民出版社，2010。

⑩ 参见《天开寺观音院故寺主源公塔记》，见王新英：《全金石刻文辑校》，177 页，吉林，吉林文史出版社，2012。

⑪ 参见《康文成墓志》，见《辽代石刻文续编》，138 页，沈阳，辽宁人民出版社，2010。

⑫ 参见《大安山莲花峪延福寺观音堂碑》，见向南、张国庆、李宇峰：《辽代石刻文续编》，289 页，沈阳，辽宁人民出版社，2010。

⑬ 参见《刘瘦儿建顶幢记》，见王新英：《全金石刻文辑校》，267 页，吉林，吉林文史出版社，2012。

**新张里**，金代里名，在中都宛平县。①

**元辅乡**，辽析津府宛平县之乡名。②

**长清坊**，金代坊名，属中都右巡院。③

**郑公乡**，辽析津府潞县之乡名。④

**中由里**，辽代涿州固安县归仁乡之里名。⑤

**重义里**，辽析津府良乡县房仙乡之里名。⑥

**紫草务里**，辽代里名，在析津府良乡县西。⑦

## 第三节　寺观庙宇地名

**大觉寺**，北魏魏郡邺县寺庙。⑧

**定国寺**，北齐常山郡灵寿县寺庙。⑨

**凝禅寺**，东魏元氏县寺庙。⑩

**三宝福寺**，北齐定州寺庙。⑪

---

①　参见《张□震墓志铭》，见王新英：《全金石刻文辑校》，585 页，吉林，吉林文史出版社，2012。

②　参见《杜忿墓志》，见向南、张国庆、李宇峰：《辽代石刻文续编》，306 页，沈阳，辽宁人民出版社，2010。

③　参见《中都显庆院故孝苍严灵塔记》，见王新英：《全金石刻文辑校》，300 页，吉林，吉林文史出版社，2012。

④　参见《郑颉墓志》，见向南、张国庆、李宇峰：《辽代石刻文续编》，179 页，沈阳，辽宁人民出版社，2010。

⑤　参见《郭仁孝为父母建顶幢记》，见向南、张国庆、李宇峰：《辽代石刻文续编》，310 页，沈阳，辽宁人民出版社，2010。

⑥　参见《孟初墓志》，见向南、张国庆、李宇峰：《辽代石刻文续编》，297 页，沈阳，辽宁人民出版社，2010。

⑦　参见《大安山莲花峪延福寺观音堂记碑》，见向南、张国庆、李宇峰：《辽代石刻文续编》，289 页，沈阳，辽宁人民出版社，2010。

⑧　参见《魏故昭玄沙门大统墓志铭》，见《燕赵碑刻》，576 页，天津，天津人民出版社，2015。

⑨　参见《高叡修定国寺碑》，见《燕赵碑刻》，195 页，天津，天津人民出版社，2015。

⑩　参见《凝禅寺三级浮屠之碑颂》，见《燕赵碑刻》，249 页，天津，天津人民出版社，2015。

⑪　参见《赞三宝福寺碑》，见《燕赵碑刻》，199 页，天津，天津人民出版社，2015。

**延洪寺**，辽南京寺庙。①

**智泉寺**，隋代幽州寺庙。②

**白瀑院**，金代寺院，在中都宛平县金城山上。③

**宝峰寺**，辽代寺院，至今犹存，寺址在北京市门头沟区斋堂镇西斋堂村西北二里山坡间。④

**宝集寺**，辽代寺院，在析津府析津县崇礼乡。⑤

**宝塔寺**，辽至元代寺院，元代时在衣锦坊内。⑥

**宝严寺**，金代寺院，在中都路涿州固安县。⑦

**崇教院**，金代寺院，在中都路通州潞县马驹里。⑧

**崇孝寺**，金代寺院，在中都城内。⑨

**崇孝寺**，辽代寺院，在析津府析津县崇礼乡。⑩

**大觉寺**，金代寺院，在金中都宝坻县。⑪

**大历寺**，辽代寺院，在析津府良乡县。⑫

**大天宫寺**，金代寺院，在中都路冀州玉田县。⑬

---

① 参见《琬公大师塔铭》，见《新日下访碑录·房山卷》，65 页，北京，燕山出版社，2013。

② 参见《石经寺释迦佛舍利塔碑》，见《新日下访碑录·房山卷》，68 页，北京，燕山出版社，2013。

③ 参见《大金燕京宛平县金城山白瀑院正公法师灵塔记》，见王新英：《全金石刻文辑校》，60 页，吉林，吉林文史出版社，2012。

④ 参见《大安山莲花峪延福寺观音堂记碑》，见向南、张国庆、李宇峰：《辽代石刻文续编》，287 页，沈阳，辽宁人民出版社，2010。

⑤ 参见《经幢记》，见向南、张国庆、李宇峰：《辽代石刻文续编》，198 页，沈阳，辽宁人民出版社，2010。

⑥ 参见《大安山莲花峪延福寺观音堂记碑》，见向南、张国庆、李宇峰：《辽代石刻文续编》，287 页，沈阳，辽宁人民出版社，2010。

⑦ 参见《宝严寺舍利塔石函铭》，见王新英：《全金石刻文辑校》，20 页，吉林，吉林文史出版社，2012。

⑧ 参见《马行贵幢记》，见王新英：《全金石刻文辑校》，333 页，吉林，吉林文史出版社，2012。

⑨ 参见《寂照大师实行碑》，见王新英：《全金石刻文辑校》，337 页，吉林，吉林文史出版社，2012。

⑩ 参见《经幢记》，见向南、张国庆、李宇峰：《辽代石刻文续编》，198 页，沈阳，辽宁人民出版社，2010。

⑪ 参见《大觉寺记》，见王新英：《全金石刻文辑校》，601 页，吉林，吉林文史出版社，2012。

⑫ 参见《大安山莲花峪延福寺观音堂记碑》，见向南、张国庆、李宇峰：《辽代石刻文续编》，289 页，沈阳，辽宁人民出版社，2010。

⑬ 参见《大天宫寺碑》，见王新英：《全金石刻文辑校》，176 页，吉林，吉林文史出版社，2012。

**大延圣寺**，金代寺院，在中都北百里之银山。[①]

**德云寺**，金代寺院，在中都昌平县西之妙峰山上。[②]

**东岳庙**，金代庙宇，在中都房山县之房山（今房山）。[③]

**法云寺**，金代寺院，在中都路涿州固安县。[④]

**甘泉寺**，金代寺院，在中都路蓟州。[⑤]

**感化寺**，辽代蓟州寺院。[⑥]

**谷积山院**，辽析津府良乡县寺院，在谷积山上。[⑦]

**好女塔院**，辽代蓟州渔阳县寺院。[⑧]

**慧聚寺**，金代寺院，在中都房山县。[⑨]

**金山院**，金代寺院，在中都房山县。[⑩]

**开悟寺**，辽代寺院，在析津府城内。[⑪]

**龙福院**，金代寺院，在中都路蓟州葛山。[⑫]

**蜀先主庙**，纪念三国时蜀先主刘备之庙，唐乾宁四年重修，金承安四

---

[①] 参见《重建大延圣寺记碑》，见王新英：《全金石刻文辑校》，143 页，吉林，吉林文史出版社，2012。

[②] 参见《请伦公禅师主持德云寺疏》，见王新英：《全金石刻文辑校》，212 页，吉林，吉林文史出版社，2012。

[③] 参见《房山东岳庙女冠卜道坚升云幢》，见王新英：《全金石刻文辑校》，474 页，吉林，吉林文史出版社，2012。

[④] 参见《宝严寺舍利塔石函铭》，见王新英：《全金石刻文辑校》，21 页，吉林，吉林文史出版社，2012。

[⑤] 参见《甘泉普济寺通和尚塔记》，见王新英：《全金石刻文辑校》，138 页，吉林，吉林文史出版社，2012。

[⑥] 参见《佑唐寺创建讲堂碑侧记》，见向南、张国庆、李宇峰：《辽代石刻文续编》，97 页，沈阳，辽宁人民出版社，2010。

[⑦] 参见《谷积山院读藏经之记碑》，见向南、张国庆、李宇峰：《辽代石刻文续编》，165 页，沈阳，辽宁人民出版社，2010。

[⑧] 参见《蓟州渔阳县好女塔院特建碑铭》，见向南、张国庆、李宇峰：《辽代石刻文续编》，363 页，沈阳，辽宁人民出版社，2010。

[⑨] 参见《严行大德闲公塔铭》，见王新英：《全金石刻文辑校》，82 页，吉林，吉林文史出版社，2012。

[⑩] 参见《比丘尼了性灵塔记》，见王新英：《全金石刻文辑校》，88 页，吉林，吉林文史出版社，2012。

[⑪] 参见《大安山莲花峪延福寺观音堂记碑》，见向南、张国庆、李宇峰：《辽代石刻文续编》，286 页，沈阳，辽宁人民出版社，2010。

[⑫] 参见《蓟州葛山重修龙福院碑》，见王新英：《全金石刻文辑校》，481 页，吉林，吉林文史出版社，2012。

年再重修，庙位于金代涿州西南十里。①

　　**双泉院**，金代寺院，在中都路蓟州平谷县。②

　　**天开寺**，金代寺院，在中都房山县房山上。③

　　**天王寺**，金代寺院，在金中都内。④

　　**西道院**，金代寺院，在中都路通州。⑤

　　**显庆院**，金代寺院，在中都长清坊。⑥

　　**香林寺**，金代寺院，在中都路蓟州平谷县。⑦

　　**香山寺**，辽代寺院，在析津府香山（即今香山）上。⑧

　　**湘林尼寺**，辽代寺院，在析津府房山上。⑨

　　**兴教寺**，金代寺院，在中都路涿州固安县。⑩

　　**延福寺**，辽代寺院，在析津府大安山上。⑪

　　**迎殡寺**，金代寺院，在大兴府良乡县。⑫

　　**永泰寺**，辽金寺院，清代为天庆寺，在燕京城内。⑬

――――――――――

① 参见《蜀先主庙碑》，见王新英：《全金石刻文辑校》，408 页，吉林，吉林文史出版社，2012。

② 参见《重建双泉院碑》，见王新英：《全金石刻文辑校》，366 页，吉林，吉林文史出版社，2012。

③ 参见《天开寺上方无止斋记碑》，见王新英：《全金石刻文辑校》，192 页，吉林，吉林文史出版社，2012。

④ 参见《宝严寺舍利塔石函铭》，见王新英：《全金石刻文辑校》，21 页，吉林，吉林文史出版社，2012。

⑤ 参见《中都路东通州西道院宗主大师塔记》，见王新英：《全金石刻文辑校》，495 页，吉林，吉林文史出版社，2012。

⑥ 参见《中都显庆院故孝苍严灵塔记》，见王新英：《全金石刻文辑校》，300 页，吉林，吉林文史出版社，2012。

⑦ 参见《王婆婆墓幢》，见王新英：《全金石刻文辑校》，426 页，吉林，吉林文史出版社，2012。

⑧ 参见《□□禅师残墓幢记》，见向南、张国庆、李宇峰：《辽代石刻文续编》，246 页，沈阳，辽宁人民出版社，2010。

⑨ 参见《房山天开塔舍利石函记》，见向南、张国庆、李宇峰：《辽代石刻文续编》，278 页，沈阳，辽宁人民出版社，2010。

⑩ 参见《宝严寺舍利塔石函铭》，见王新英：《全金石刻文辑校》，21 页，吉林，吉林文史出版社，2012。

⑪ 参见《大安山莲花峪延福寺观音堂记碑》，见向南、张国庆、李宇峰：《辽代石刻文续编》，286 页，沈阳，辽宁人民出版社，2010。

⑫ 参见《天开寺观音院故寺主源公塔记》，见王新英：《全金石刻文辑校》，178 页，吉林，吉林文史出版社，2012。

⑬ 参见《大安山莲花峪延福寺观音堂记碑》，见向南、张国庆、李宇峰：《辽代石刻文续编》，287 页，沈阳，辽宁人民出版社，2010。

**祐唐寺**，辽代蓟州寺院。①

**云居院**，辽代蓟州寺院。②

**长名寺**，金代寺院，在中都路涿州固安县。③

**竹林禅寺**，金代寺院，在金中都城内。④

**紫金寺**，辽至元代寺院，在析津府城西。⑤

## 第四节　其他人文地名

**石亭府**，唐易州九府之一，今河北省涞水县石亭乡一带。⑥

**永兴宫**，辽南京宫殿。⑦

---

① 参见《祐唐寺创建讲堂碑》，见向南、张国庆、李宇峰：《辽代石刻文续编》，345 页，沈阳，辽宁人民出版社，2010。

② 参见《佑唐寺创建讲堂碑侧记》，见向南、张国庆、李宇峰：《辽代石刻文续编》，97 页，沈阳，辽宁人民出版社，2010。

③ 参见《宝严寺舍利塔石函铭》，见王新英：《全金石刻文辑校》，20 页，吉林，吉林文史出版社，2012。

④ 参见《中都竹林禅寺清公和尚塔铭》，见王新英：《全金石刻文辑校》，520 页，吉林，吉林文史出版社，2012。

⑤ 参见《大安山莲花峪延福寺观音堂记碑》，见白南、张国庆、李宇峰：《辽代石刻文续编》，287 页，沈阳，辽宁人民出版社，2010。

⑥ 参见《大唐易州石亭府左果毅都尉蓟县田义起石浮图颂题刻》，见《新日下访碑录·房山卷》，21 页，北京，燕山出版社，2013。

⑦ 参见《石经山韩绍勋题记》，见向南、张国庆、李宇峰：《辽代石刻文续编》，67 页，沈阳，辽宁人民出版社，2010。

第七章

# 北京前都时代地名发展的
# 民族语言特征

秦汉幽蓟地区历史地名具有北方民族语言特征。幽蓟地区北接内蒙古高原，东北与大兴安岭、辽河流域相连，西北与山西北部为邻，秦汉时期这里是民族文化碰撞、交流的前沿阵地，今从历史地名的命名方面，也可略窥其一斑。

李零先生在《黄盛璋先生八秩华诞纪念文集》中发表了一篇名为《滹沱考》的文章，李零先生在文章中认为：

> 读先秦史籍和《史记·匈奴列传》，我们都能感受到，大漠草原与黄土高原、华北平原为邻，夷、夏交争，南北推移，陕西、甘肃、宁夏、山西、河北五省区是主要舞台，特别是这一地区的北部。河西的甘、宁是一块，黄河三围的陕西是一块，河东的山西是一块，太行山以东的河北是一块。很多人都以为，夷、夏之界是汉长城，其实不然。早期中国，三代主要分布在北纬 34～35 度之间，今天水、宝鸡、咸阳、西安、洛阳、郑州基本是在这两条线之间。它们的北部有大量的戎狄，情况与五胡十六国相似，诸夏攘夷，只要是把它们的势力推到北纬 38 度以北，今石家庄、太原、榆林、青铜峡和武威，基本是在这条线上。过了这条线，从考古遗物看，北方色彩很浓。再往北，到北纬 41 度左右，中原地区的影响更弱，几乎消灭。再以北，则完全是胡地。……秦汉之际，中国内乱，……匈奴又尽收河南故地，把胡汉

分界线推回到北纬38度，以朝那、肤施为界，并东侵燕、代（《史记·匈奴列传》）。汉武帝三次拒胡，再把这条线推回去，也还是不能改变这一带汉胡杂居的局面。汉代的边郡，甘肃境内的敦煌、酒泉、张掖、武威四郡，陕西境内的北地、上郡、朔方、云中四郡，山西境内的雁门、代二郡，河北、辽宁境内的上谷、渔阳、右北平、辽东、辽西五郡，原来都是各种戎狄，以及匈奴、东胡的故地。河北中部的常山、中山、真定，也是白狄国家鲜虞、中山故地。甘肃、陕西、山西、河北都有滹沱，恐怕是以此为背景。我很怀疑，它们是北方民族留下的地名，惜含义不得而知。[①]

李零先生上述关于地名"滹沱"当是北方民族留下的意见，很有启发意义。我们在研究北京及周边地区早期历史地理的过程中，发现有一些地名在发音和文字组合上很有特点，和中原地区一般地名的命名风格并不一样，所以我们怀疑这些地名可能就如李零先生所说，当是北方民族在此区活动的时候留下的，带有几分北方民族语言的特征。

从李零先生的文章中可以看出，农牧交错带的南北推移，在秦汉时期是很激烈的，所以这个时期很容易也应当有具北方民族特色的地名留下。幽蓟地区在秦汉时期的地名，有很大一部分是郡县之名。因为郡级地名多是秦汉时期中原政权布置确立的，所以很少带有北方民族的特色，但是县级的地名，有些可能是沿用了原来的地名，所以能够保存一些与北方民族相关的地名信息。据《汉书·地理志》记载，有一部分地名是直接反映北方民族信息的，如上谷郡有雊瞀、夷舆，渔阳郡有狐奴、雍奴、犀奚，右北平有无终、白狼、徐无，辽西郡有令支、狐苏、肥如、孤竹城、徒河（屠何），辽东郡有番汗、沓氏等。另一部分是通过中原王朝的命名间接反映出来的，如广阳国蓟县，莽曰伐戎；代郡有狌氏县；代郡平邑县；莽曰平胡；代县；莽曰厌狄亭；上谷郡夷舆县；莽曰朔调亭；渔阳郡犷平县；莽曰平犷；右北平郡白狼县；莽曰伏狄；广成县；莽曰平虏；辽西郡交黎县；莽曰禽房；文成县，莽曰言房等。以下就上述具有代表性的地名加以申述，不当之处，敬请专家指正。

---

① 李零：《滹沱考》，见《黄盛璋先生八秩华诞纪念文集》，347~348页，北京，中国教育文化出版社，2005。

　　上谷郡雊瞀县，《集韵·虞韵》："雊瞀，县名，在上谷。"《汉书·地理志》上谷郡雊瞀县下颜师古引孟康曰："雊瞀，音句无。"关于"雊"字，《说文》隹部："雊，雄雉鸣也。雷始动，雉鸣而句其颈。从隹，从句，句以声。"《尚书·高宗肜日》："高宗祭成汤，有飞雉升鼎耳而雊。"《诗·小雅·小弁》："雉之朝雊，尚求其雌。"这里，"雊"好似用作雄雉作鸣的意思。段玉裁注云："释雊为鸣鼓其翼者，读雊为敂，敂击也，动也。鸡鸣必鼓其翼，知雉鸣亦必鼓其翼也。许云句其颈与《大戴》异，鼓其翼，句其颈，皆状其鸣也。"可见"雊"本义为雉鸣时弯曲其颈以用力的样子，后引申为雉鸣之义。所以雊有颈弯曲的含义。关于"瞀"字，《说文》目部："瞀，氐目谨视也。从目，敄声。"《集韵·侯韵》："瞀，俯视。""雊瞀"则可指颈部弯曲、惯于俯视的民族，或是一种贬称。

　　上谷郡夷舆县。夷，有使其平坦之义；舆，本义为古代用以载人或物的车厢，引申为大地、疆域。《史记·三王世家》："御史奏舆地图。"司马贞索隐云："谓地为舆者，天地有覆载之德，故谓天为盖，谓地为舆。"如此，则"夷舆"可以理解为平坦的大地或疆域。但是，如果将夷理解为少数民族的代称的话，夷舆又有夷族居住的疆域的含义，带有一定的民族特色。从汉代夷舆县位于今北京市延庆区以东的地理位置看，这里是怀—延盆地的东缘，平坦的地区并不广大，所以把"夷舆"县名的立名本义理解为北方少数民族的居住地区，要比平坦的区域合理一些。

　　渔阳郡的狐奴县和雍奴县。狐奴，狐，是一种动物的名字，《说文》："狐，祅兽也，鬼所乘之，有三德，其色中和，小前大后，死则丘首。从犬，瓜声。""奴"字可能与秦汉时期我国北方的匈奴族有很大的关系。王国维在《鬼方昆夷猃狁考》中认为商朝时的鬼方、混夷、獯鬻，周代的猃狁，春秋时期的戎、狄，战国时的胡，都是后世所谓的匈奴。[①] 所以北方少数民族在秦汉之际南下与中原农耕民族进行文化交流，在燕山以南地区留下他们的活动遗迹，从而影响到地名的命名，是可以想见的。春秋战国时期，燕山一带的山戎经常南下入侵燕国，以至于齐桓公还北上助燕伐戎，所以燕蓟一带的农耕民族和其北的北方游牧民族在秦汉之前就已经有

---

① 　参见王国维：《鬼方昆夷猃狁考》，见《观堂集林》卷十三《史林五》，296～307 页，石家庄，河北教育出版社，2003。

过相当频繁的交流。从地名上来看，像狐奴、雍奴等很可能与匈奴族有某种联系。据《史记》《汉书》等史籍所载，公元前127年，匈奴贵族集结大量兵力，进犯汉朝的上谷、渔阳，杀辽西太守，俘两千余人。可见，幽蓟一带是匈奴南下侵扰的重要地区之一，也是匈奴族文化波及之域。公元前119年，霍去病率东路汉军击败匈奴左贤王之东部兵，并猛追不舍，直至狼居胥山的那次军事行动，就是从代郡出发的。代郡在幽蓟地区左近，也是匈奴经常出没和匈奴文化浸透的地区。"狐奴"一词和西汉时期匈奴族一个单于的名字"狐鹿姑"音近。或许作为地名的"狐奴"和单于之名"狐鹿姑"有一定的关系。"狐涂"在匈奴语言中有"子"的意思①，那么"狐奴"是否就是匈奴的子族？另外一种理解是，因为中原民族对北方民族在文化上有偏见，所以经常会用一些不太优雅的词汇描述和形容他们。狐奴就是很好的例子，"狐"字《说文》解释为"祅兽"，祅同妖，是贬义的。王莽曾改狐奴为举符，我们怀疑是不是在这里曾经出土过带有"举"字族徽的青铜器的缘故，因为在离其不远的房山琉璃河遗址M52，就出土过有举族徽号的青铜器。②而举字族徽所代表的很可能就是一个相对聚居的北方民族。张亚初先生以为举族是殷遗民族③，在商朝属于臣服于商王朝的部族。

而当双方势均力敌的时候，需要营造和平局面，在地名上也有反映，如雍奴可能就是由此而来的。《广韵·钟韵》："雍，和也。"《切韵·钟韵》："雍，睦也。"《尚书·尧典》："黎民于变时雍。"伪孔传云："雍，和也。"又《论衡·艺增》："诸夏夷狄，莫部雍和，故曰万国。"所以，"雍奴"一名，很可能就是表达了中原农耕民族希望同南下定居的匈奴族和睦相处的愿望。

屖奚，东汉作偕奚。《说文》厂部："屖，唐屖，石也。从厂，屖省声。"段注云："唐屖，双声字，石名也。""奚"或与少数民族有关。屖奚可能就是居住在有唐屖岩石露出地区的奚族。偕为车轮，同（轊），《集

---

① 参见《辞海》（修订本）"民族"分册"单于"条下，87页，上海，上海辞书出版社，1978。
② 参见琉璃河考古队：《北京附近发现的西周奴隶殉葬墓》，载《考古》，1974（5）。
③ 参见张亚初：《燕国青铜器铭文研究》，见中国社会科学院考古研究所：《中国考古学论丛》（考古学专刊甲种第二十二号），328页，北京，科学出版社，1993。

韵·支韵》："（軝），轮之类。"屖是脂部字，傂为支部字，可通。傂奚则可以理解为擅长使用马车的民族。中国北方的古代民族中，南北朝时期在饶乐水（今西拉木伦河）流域生活着名为"库莫奚"的游牧民族，可能和"奚族"有关，两《唐书·奚传》说奚国国境南至白狼水，白狼水即今大凌河。唐代末年，一部分奚人在首领去诸的率领下西迁妫州（州治在今河北省怀来县），别称"西奚"，部分已经兼营农业。① 看来奚族有自北方的西拉木伦河流域南迁的历史，由此可以推想，也许此前已经有奚族人南迁。孙淼先生《夏商史稿》一书指出早在商代时期，东北地区就有奚族，与商朝进行过往来，并以白马与牛贡于商王朝，推测商代之奚与后世南北朝及唐代的奚为同一族。② 所以在秦汉时期出现奚族的信息，当是可能的。唐末奚人所迁居的妫州，其域东至延庆、怀柔北部山地一带，与汉代所置的傂奚县（今密云北部）已经很接近，或许傂奚县就位于其南迁的路途之上。

右北平郡无终县，这里在先秦时期有无终国族。传统观点以为，无终国的族属是北戎、山戎。春秋时代分布在今山西省太原市，后来迁至河北省玉田县西北的无终山，因山名得族名。随着考古工作的开展，一些学者从考古学的角度对无终做了新的研究。据考古发现表明，在西周初年周文化进入以前，蓟县一带存在着大坨头文化张家园下层类型即围坊三期文化兼张家园上层文化系统的青铜文化，如蓟县范围内已发现多处属于这一系统的文化遗存。③ 其中蓟县西部的张家园④和刘家坟⑤二处遗址最具中心聚落址特征。

位于蓟县西部的张家园遗址，出土遗物除大量陶器外，还有刀、镞、等青铜器及金耳环。大坨头文化结束后，这里发现了四座墓葬，墓葬中出土有鼎、簋等青铜礼器以及金耳环，表明墓主人有较高的身份，可能都是氏族部落的酋长；据四座墓中所出的夔纹鼎、涡纹鼎、乳钉纹鼎、垂珥簋

① 参见《辞海》（修订本）"民族"分册，91页，上海，上海辞书出版社，1978。
② 参见孙淼：《夏商史稿》，北京，文物出版社，1987。
③ 参见国家文物局：《中国文物地图集·天津分册》，北京，中国大百科全书出版社，2000。
④ 参见天津市文物管理处：《天津蓟县张家园遗址试掘简报》，见《文物资料丛刊》第一集，1979；天津市历史博物馆考古部：《天津蓟县张家园遗址第二次发掘》，载《考古》，1984（8）；天津市历史博物馆：《天津蓟县张家园遗址第三次发掘》，载《考古》，1993（4）。
⑤ 参见韩嘉谷等：《蓟县邦均西周时期的遗址和墓葬》，载《中国考古学年鉴》，1987。

和分裆鼎判断，其年代在商周之际或西周初年。如果将这批青铜器和房山琉璃河燕国墓地出土文物做比较①，可发现其年代最晚的 4 号墓也不晚于琉璃河墓中年代较早的墓葬，故张家园墓地的上限始于商末，下限当和琉璃河墓地的上限接近。墓葬的文化性质，虽然出土的青铜器都属典型的中原商周青铜文化形制，但金耳环的形式却和燕山地区土著族特有的臂钏相同，再加上东西向、俯身葬的葬俗，表明这是一处土著方国首领的墓地，不属周人墓。墓葬的年代和土著文化的性质，表明这是一个商代氏族方国首领的墓地，而后又受到周人的封赐，因此随葬品组合出现周人的礼制习俗。这一变化与无终由"终北"国变成"无终子国"的历史正相合。

到西周时期的张家园上层文化阶段，中心聚落已移到了南面 4 公里处的刘家坟，有居址也有墓葬，墓葬和张家园墓完全相同，其中有 2 座墓也出土鼎、簋为组合的青铜礼器，具有西周中期特征，因此这是一批属张家园上层文化的墓葬，葬俗和规格上有与张家园墓一脉相承的特征。

从大坨头文化到围坊三期文化再到张家园上层文化，这支文化在蓟县一带的发展经历了夏商周三代。作为周人进入以前当地唯一的青铜文化，无终国的遗存非此莫属。此文化出土文物的品位，如张家园、刘家坟两地出土的青铜器、金耳环等，也和有子爵称号的"无终子国"相匹配，证明蓟县是无终国故地的记载可信。② 看来，蓟县一带自大坨头文化张家园下层以来的青铜文化很可能是先秦无终国族创造的，而"无终"这个名称既是国族名，也是地名。秦汉保留沿用了这一带有浓厚北方少数民族特色的地名。另外，张家园遗址 M2 铜鼎腹壁上的铭文"𦥑"字，韩嘉谷先生释其为表示岁终的"冬"字，即"终"字，并认为可能是商代氏族小国的徽识③，正与无终国的地望相合。如果被释为终的"𦥑"真是商代该国族的族徽，说明"终"作为国名、地名有着很强的民族特色。

右北平郡白狼县，可能与以白犬为图腾的犬戎族之北迁一支有关系。根据文献记载，犬戎是古戎人的一支，即畎戎，亦称畎夷、昆夷等。殷周时代活动于泾渭流域一带，是殷周西部劲敌。公元前 771 年，犬戎与申侯

---

① 参见北京市文物研究所：《琉璃河西周燕国墓地》，北京，文物出版社，1995。

② 参见韩嘉谷：《试探无终》，载《北京文博》，2006（1）。

③ 参见韩嘉谷：《试探无终》，载《北京文博》，2006（1）。

联合攻杀周幽王，迫使周室动迁。后来犬戎之一部向东北方向迁徙。我们所涉及的右北平郡白狼县的取名，或与东北迁徙之部有一定的联系。犬戎族自称他们的祖先是二白犬，因此以白犬为图腾，属于西羌族。《后汉书·南蛮传》记载："昔高辛氏有犬戎之寇，帝患其侵暴，而征伐不克。"高辛氏就是黄帝的曾孙，尧帝的父亲，可见犬戎族的历史很悠久。

犬戎族除有北迁者外，可能还有南播之一部分。《后汉书·南蛮西南夷列传》记载，东汉时期在汶山（今四川省汶川县）以西出现一个人口众多的西戎白狼国。东汉明帝时，"白狼……等百余国，户百三十余万，口六百万以上，举种奉贡"，自愿归属东汉。白狼王还命人向明帝献《乐德》《慕德》《怀德》等歌三首，合称《白狼歌》。此白狼国就是早期犬戎南迁的一支，由其以"白狼"为国名可推测他们是犬戎的后人，狼、犬同属，白狼很可能就是白犬。由东汉时期南迁犬戎以"白狼"为国名可以推测，犬戎的后裔都是崇拜白犬或白狼的。今辽宁喀左、建昌一带在汉代设置了"白狼"县，我们怀疑可能与北迁的犬戎族有某种联系，反映了幽蓟地区地名确定方面的民族特点。汉代白狼县位于今大凌河流域的上游，而大凌河的上源一支在汉代也称为白狼水，始见于《水经注》的记载。

右北平郡徐无县，徐无很可能与先秦晋东南一带的余无之戎有关。传统观点认为"余无之戎"是"余无"和"无皋"二戎的合称，分布在今山西省屯留县西北壶关县东南一带。[1]《竹书纪年》云："（商文丁四年），周公季历伐余无之戎，克之，命为牧师。"清徐文靖《竹书统笺》云："成公元年，刘康公败绩于徐吾氏。《上党记》：纯（即'屯'）留县有余吾城，在县西北三十里。余无之戎，当即是。"《后汉书·西羌传》亦载："后二年，周人克余无之戎，于是太丁命季历为牧师。"在典籍中，余吾又写作"余无""徐吾"等，这就和"徐无"在发音上很接近了。余、徐皆是《广韵》鱼部字，无、吾音同，所以"徐无"县和少数民族的名称"余无"或许有连带关系。晋东南的"余无之戎"可能是此戎族南下的最远一支，实际上，更北的陕北至阴山一带也有"余无之戎"的信息。《集韵·鱼部》"余，余吾，水名，在朔方。"《史记·卫将军骠骑列传》："（公孙敖）复以因杆将军再出击匈奴，至余吾。"司马贞索隐云："水名，在朔方。"族名、

---

[1]　参见《辞海》（修订本）"民族"分册，100页，上海，上海辞书出版社，1978。

姓氏名、地名（水体之名是地名之一种）互通的例子很多，如先秦的无终，既是族名，也是国名和地名；"义渠"是西戎一支，其族人以之为姓，汉昭帝时期其分布地区有义渠安国。所以水名"余吾"和族名"余无"当有关系。按照历史时期北方游牧民族南下与中原农耕民族融合的大趋势分析，在余吾水一带的余无族可能在时间上更早，晋东南和右北平郡（有该族信息）的徐无县，可能都是自余吾水一带迁出的。汉代在右北平郡的今河北遵化一带设立徐无县，可能与迁徙至此的余无之戎有关。

辽西郡的令支县。令支是我国北方的少数民族，也称冷支、离支、离枝、不令支、令疵等，其活动地区大概在今河北省滦平县、迁安县一带。春秋时为令支国，曾一度为山戎族统治，为其属国，《国语·齐语》："遂北伐山戎，刜令支。"《逸周书》作不令支，不发声字，《史记》作离支，即令支之讹也。关于令支的族源，有一种说法是来源于西羌支族。大约在原始社会的晚期，居住在青海省大通河流域的"令人"，是西方以游牧为生的西羌部族联盟中一个以羚羊为图腾的部族。后来，可能是由于气候的变化，全新世大暖期逐渐结束，西羌族中的炎帝部落联盟也沿渭水东迁来到中原，一部分"令人"随之来到运城盆地。同时，原来居住在陕北高原的黄帝部落联盟沿北洛河流域迁到黄河北岸的山西晋南及河北等地。夏商时期，"令人"就在运城盆地繁衍生息。周灭商后，河东"令人"被迫迁徙。其中一支从运城盆地出发，溯汾河北上来到孝义，再辗转迁徙到河北滦县、迁安等地，被称作"令支"，或有"令人支族"之含义。其中大部分已成为华夏族，少部分还远徙朝鲜、日本等境外之地。汉代直接以少数民族的族名来命名县名，当是民族文化在地理上的直接反映。

汉代辽西郡狐苏县在今小凌河流域的南票县附近。辽西郡肥如县，"肥"本身就是一个少数民族的名称，是春秋时期白狄的一支。早期分布在山西太原以东地带，也有部分居于今河北藁城西南。周景王十五年（前530年），一部分并于晋国；另一部分北迁至今河北卢龙西北，称"肥如"，汉代以此为县名，很有少数民族特色。一说今山东的肥城也是肥人曾居住的地方。[1]

辽西郡汉代的令支、肥如两县城东南有一个孤竹城，当是先秦孤竹国

---

[1]　参见《辞海》（修订本）"民族"分册，86页，上海，上海辞书出版社，1978。

的孑遗。常征先生以为孤竹族是自今山西临汾一带迁至今河北卢龙县一带的。其祖先是"狐厨"，后音变为"孤竹"，属于"目夷氏"。孤竹在伯夷、叔齐让国之时尚在汾河沿岸的临汾、洪赵一带，春秋之前其族一部分迁至今卢龙县青龙河一带，与当地之同宗令居及新从陕西、山西前来河北和京津地区的屠何（亦作徒何，为鲜卑人族姓）、沙（亦作貉，即乌丸）、貊、藁离（高丽）等"北戎"诸部落，还有诸北戎部落旧宗主韩侯，结为部落联盟，而以恒山地区的山戎无终氏为首，灭蓟、破燕、逐朝鲜、肃慎而南略齐国。① 如果常征先生的考证不误，则孤竹也是一个地道的少数民族地名。

辽西郡徒河县，徒河一名可能与先秦古代北方民族屠何有关。《管子·小匡》："（齐桓公）中救晋公，擒狄王，败胡貉，破屠何。"《墨子·非攻中》："虽北者且不一着（屠）何，其所以亡于燕代、胡貉之间。"《逸周书·王会解》云："朝于内者……不令支玄貘，不屠何青熊，东胡黄罴。"孙怡让在《墨子·间诂》中引孔晁注云："不屠何，亦东北夷也……屠、着音类同。"屠、着都是《广韵》鱼部字，故可相同。而"徒河"之"徒"亦是鱼部字，所以地名"徒河"可能就是源于族名"屠何"的。"徒河"也可以理解为一条河的名字，这可能也是受到族名"屠何"的影响。作为水名的"徒河"即今辽西大凌河支流女儿河。考古工作者曾在今女儿河北岸的台集屯英房一带发现过汉城和小荒地北山城等多处古城遗址②，其中的小荒地北山城，王锦厚先生认为就是先秦北方民族屠何方国的"屠何城"③，地在今辽宁省锦州市一带。

代郡的狋氏县，当是一个反映北方民族的地名，位于今山西省浑源县东。《广韵·仙韵》："狋，狋氏县，在代郡。氏，音精。"《汉书·地理志》：代郡"狋氏"下，班固自注云："狋氏，莽曰狋聚。"颜师古注引孟康曰："狋，音权，氏，音精。"《水经·漯水注》："漯水又东迳狋氏县故城北。"《汉书·地理志》辽东郡"沓氏"县下颜师古引应劭曰："凡言氏

---

① 参见常征：《说孤竹》，载《史苑》第二辑，13～21页，北京，文化艺术出版社，1983。
② 参见王成生：《锦西台集屯英房古城址调查》，载《锦州文物通讯》，1985（2）。
③ 参见王锦厚：《关于锦西台集屯三座古城的历史考察：兼论先秦"屠何"与"汉徒河"》，《社会科学战线》，213～218页，1990（3）。

者，皆谓因之而立名。"① 则狋氏县之取名，当与狋有关。《说文》十篇上犬部"狋"字下云："犬怒貌，从犬示声。一曰犬难得。代郡有狋氏县，读又若银，语其切。"其中"犬难得"，段注据《集韵》《类篇》改为"犬难附"。则"狋氏"语义为像怒犬一样难以归附的一部北方民族所踞之地。这部分人很可能与当时的犬戎有关。犬戎是早期活动在我国西北部的北方少数民族，后来犬戎的一支北迁到蒙古草原，成为蒙古草原早期的游牧民族之一。汉代在今山西浑源一带设置的狋氏县，很可能和犬戎族有一定的关系，或者与被泛称为犬的北方民族有关。另外，韩嘉谷先生认为在齐桓公助燕败山戎后，曾经与山戎一起"病燕"的无终国族民，有一部分自天津蓟县西迁至山西省北部，和从陕北高原东来的狄人部落杂处为伍，正好落户于浑源县一带②，他们是否与地名"狋氏"有关，还有待进一步研究。如果真有联系，则天津蓟县一带的无终国其族属似与犬戎有关。

以上是我们从古代地名的命名方面，以语言学的眼光、民族迁徙的理论来探讨幽蓟地区秦汉时代北方少数民族文化因素留存的几个简单例子，这方面的资料和相关问题还可以继续深入挖掘，希望本书的探讨能够引起学界注意。上述地名作为北方民族文化特色的因素，被中原政权在建设其统一的政治体系中所采用，说明各民族文化之间是一种互相吸收和融合的关系。这种民族文化的交流可能还存在于民族风尚习惯、语言、饮食、礼仪等不同的层面。因此，整个华夏民族在历史的长河中，始终处于一个民族碰撞、融合的过程之中。中原政权疆域的周边地区，是少数民族与汉族进行文化交流的主要地带，特别是北方交界地带，这个区域从地理环境、社会经济生产方式的层面上考虑，被称为农牧交错带，幽蓟地区处于整个地带的东北段。如果从文化交流的层面看，可以称之为民族文化的碰撞、交流和融合特区。从这个意义上说，以汉族为主体创造的华夏文明，是华夏各族人民共同努力的结晶。

---

① 参见班固：《汉书》卷二十八《地理志下》，1626 页，北京，中华书局，1964。
② 参见韩嘉谷：《试探无终》，载《北京文博》，2006（1）。

# 参考文献

## 一、古籍

[1] 班固．汉书：卷二十八：地理志，北京：中华书局，1969.

[2] 刘向．战国策：卷二十九：燕策一，上海：上海古籍出版社，1985.

[3] 魏收．魏书：卷八十二：常景传．北京：中华书局，1974.

[4] 陈寿．三国志：卷一：武帝纪．北京：中华书局，1959.

[5] 郦道元，陈桥驿．水经注校证．北京：中华书局，2007.

[6] 刘昫，等．旧唐书：卷三十九：地理志．北京：中华书局，1975.

[7] 徐梦莘．三朝北盟会编：卷二十四．上海：上海古籍出版社，1987.

[8] 脱脱，等．辽史：卷四十：地理志四．北京：中华书局，1974.

[9] 脱脱，等．金史：卷二十四：地理志上．北京：中华书局，1975.

[10] 蒋一葵．长安客话．北京：北京古籍出版社，1982.

[11] 史玄，夏仁虎，古粤顺德无名氏．旧京遗事;旧京琐记;燕京杂记．合订本．北京：北京古籍出版社，1986.

[12] 刘侗，于奕正．帝京景物略．北京：北京古籍出版社，1983.

[13] 沈榜．宛署杂记．北京：北京古籍出版社，1983.

[14] 曹学佺．燕都名胜志稿//张江裁．京津风土丛书．上海：中华书局，1938.

[15] 于敏中．日下旧闻考．北京：北京古籍出版社，1981.

[16] 励宗万．京城古迹考．北京：北京古籍出版社，1981.

[17] 顾炎武．京东考古录．上海：商务印书馆，1936.

［18］顾炎武．昌平山水记．北京：北京古籍出版社，1982.

［19］孙承泽．天府广记．北京：北京古籍出版社，1984.

［20］孙承泽．春明梦余录．北京：北京古籍出版社，1992.

［21］任在陛.（雍正）平谷县志//故宫博物院．故宫珍本丛刊·稀见方志·河北卷一．手抄本影印版．海口：海南出版社，2001.

［22］戴璐．藤阴杂记．北京：北京古籍出版社，1982.

［23］震钧．天咫偶闻：十卷．北京：北京古籍出版社，1982.

［24］不著撰人．燕都古迹古典杂记．清抄本．

［25］螺冈居士．燕京形势．天津：天津义利印刷材料局，1912.

［26］李慎言．燕都名山游记．北京：北新书局，1936.

［27］张江裁．京津风土丛书．上海：中华书局，1938.

［28］张江裁．天津杨柳青小志//张江裁．京津风土丛书．上海：中华书局，1938.

［29］崇彝．道咸以来朝野杂记．北京：北京古籍出版社，1982.

［30］陈宗蕃．燕都丛考．北京：北京古籍出版社，1991.

［31］贾敬颜．五代宋金元人边疆行记十三种疏证稿．北京：中华书局，2004.

［32］民国内务部编．京兆古物调查表．北京：北京图书馆出版社，2004.

## 二、近代以来著作

［1］《辞海》编辑委员会．辞海．修订本．上海：上海辞书出版社，1978.

［2］罗福颐．古玺汇编．北京：文物出版社，1981.

［3］朱活．古钱新探．济南：齐鲁书社，1984.

［4］孙淼．夏商史稿．北京：文物出版社，1987.

［5］罗福颐．秦汉南北朝官印征存．北京：文物出版社，1987.

［6］彭信威．中国货币史．上海：上海人民出版社，1988.

［7］北京市文物事业管理局．北京名胜古迹辞典．北京：北京燕山出版社，1989.

［8］何琳仪．战国古文字典．北京：中华书局，1989.

［9］霍亚贞．北京自然地理．北京：北京师范学院出版社，1989.

［10］北京市文物研究所．北京考古四十年．北京：北京燕山出版社，1990.

［11］孙慰祖．两汉官印汇考．上海：上海书画出版社，1993.

［12］陈平．燕史纪事编年会按．北京：北京大学出版社，1995.

［13］侯仁之，等．北京城的起源与变迁．北京：北京燕山出版社，1997.

［14］缪文远．战国制度通考．成都：巴蜀书社，1998.

［15］齐心．图说北京史．北京：北京燕山出版社，1999.

［16］北京大学历史系《北京史》编写组．北京史．增订本．北京：北京出版社，1999.

［17］曹锦炎．古代玺印．北京：文物出版社，2002.

［18］黄锡全．先秦货币通论．北京：紫禁城出版社，2001.

［19］庄新兴．战国玺印分域编．上海：上海书店出版社，2001.

［20］陈隆文．春秋战国货币地理研究．北京：人民出版社，2006.

［21］后晓荣．秦代政区地理．北京：社会科学文献出版社，2009.

## 三、地图

［1］谭其骧．中国历史地图集：第一册，第五册．北京：中国地图出版社，1982.

［2］侯仁之．北京历史地图集．北京：北京出版社，1988.

［3］北京测绘院．北京地图集．北京：北京测绘出版社，1994.

［4］国家文物局．中国文物地图集：天津分册．北京：中国大百科全书出版社，2003.

## 四、地方志、地名志

［1］熊梦祥．析津志辑佚．北京：北京古籍出版社，1983.

［2］沈应文，张元芳．（万历）顺天府志．济南：齐鲁书社，1996.

［3］富察敦崇．燕京岁时记．铅印本．北京：北京古籍出版社，1981.

［4］刘锡信．潞城考古录：卷上，卷下．1879（光绪五年）//王灏，王延纶．畿辅丛书．1850—1886年定州王氏谦德堂刻本．

［5］吴长元．宸垣识略：卷一：形胜，卷二：大内//王灏，王延纶．畿辅丛书．1850—1886年定州王氏谦德堂刻本；宸垣识略．北京：北京出版社，1964.

［6］巴哩克杏芬．京师地名对．刻本．1901（光绪二十七年）.

［7］潘荣陛．帝京岁时纪胜．北京：北京古籍出版社，1981.

［8］谈迁．北游录．北京：中华书局，1960.

［9］吴廷燮，等．北京市志稿：十五册．北京：北京燕山出版社，1998.

［10］吴廷燮，等．北京市志稿：二：民政志．北京：北京燕山出版社，1998.

［11］吴廷燮，等．北京市志稿：九：金石志．北京：北京燕山出版社，1998.

［12］密云县志编纂委员会．密云县志．北京：北京出版社，1998.

［13］大兴县志编纂委员会．大兴县志．北京：北京出版社，2002.

［14］北京市特别市公署社会局观光科．北京景观．北京特别市公署出版，1939（民国二十八年）.

［15］张茂才，李开泰．大兴岁时志稿//张江裁．京津风土丛书．上海：中华书局，1938.

［16］王养濂，李开泰．宛平岁时志稿//张江裁．京津风土丛书．上海：中华书局，1938.

［17］宣武区地名录编辑委员会．北京市宣武区地名录．北京：北京市宣武区人民政府，1982.

［18］海淀区地名录编辑委员会．北京市海淀区地名录．北京：北京市海淀区人民政府，1980.

［19］房山区地名志编辑委员会．北京市房山区地名志．北京：北京出版社，1992.

［20］朝阳区地名志编辑委员会．北京市朝阳区地名志．北京：北京出版社，1993.

[21] 延庆县地名志编辑委员会. 北京市延庆县地名志. 北京：北京出版社，1993.

[22] 怀柔县地名志编辑委员会. 北京市怀柔县地名志. 北京：北京出版社，1993.

[23] 石景山区地名志编辑委员会. 北京市石景山区地名志. 北京：北京科学技术出版社，1991.

[24] 大兴县人民政府. 北京市大兴县地名录. 北京：北京市大兴县人民政府，1982.

[25] 门头沟区地名志编辑委员会. 北京市门头沟区地名志. 北京：北京出版社出版，1993.

[26] 密云县地名志编辑委员会. 北京市密云县地名志. 北京：北京出版社，1992.

[27] 热河省公署古北口办事处. 古北口志//北京师范大学图书馆藏稀见方志丛刊：一. 北京：北京图书馆出版社，2007；中国华北文献丛书编辑委员会. 古北口志//中国华北文献丛书：第一辑：华北稀见地方志文献.

[28] 通县地名志编辑委员会. 北京市通县地名志. 北京：北京出版社，1992.

[29] 北京市昌平县地名志编辑委员会. 北京市昌平县地名志. 北京：北京出版社，1997.

## 五、学术论文

[1] 侯仁之. 北京城的兴起：再论与北京建城有关的历史地理问题. 燕都，1991（4）.

[2] 徐海鹏. 北京新石器时代人类活动的地理环境. 北京大学学报（历史地理学专刊），1992.

[3] 史念海. 战国时期的交通道路//河山集：第七集. 西安：陕西师范大学出版社，1999.

[4] 邢嘉明，苏天钧. 北京古都地理环境评价与历史区域开发问题//侯仁之，等. 环境变迁研究：第五辑. 沈阳：辽宁古籍出版社，1996.

[5] 李零. 滹沱考//黄盛璋先生八秩华诞纪念文集. 北京：中国教育

文化出版社，2005.

　　[6] 张亚初．燕国青铜器铭文研究//中国社会科学院考古研究所．中国考古学论丛（考古学专刊甲种第二十二号）．北京：科学出版社，1993.

　　[7] 韩嘉谷．试探无终．北京文博，2006（1）.

　　[8] 常征．说孤竹//史苑第二辑．北京：文化艺术出版社，1983.

　　[9] 王锦厚．关于锦西台集屯三座古城的历史考察：兼论先秦"屠何"与"汉徒河"．社会科学战线，1990（3）.

　　[10] 谭其骧．秦界址考//长水集．北京：人民出版社，1987.

　　[11] 周晓陆，孙闻博．秦封泥与河北古史研究．文物春秋，2005（5）.

　　[12] 蒋刚．东周时期主要列国都城人口问题研究．文物春秋，2002（6）.

　　[13] 朱彦明．甲金文中的"基"、"𤳥"与箕子封燕考//北京建城3040年暨燕文明国际研讨会会议专辑．北京：北京燕山出版社，1997.

　　[14] 雷兴山．试论西周燕文化中的殷遗民文化因素，北京文博，1987（4）.

　　[15] 蔡运章．战国成君铭及相关问题．中国历史文物，2007（4）.

　　[16] 王其秀．成君鼎铭补正．中国历史文物，2007（5）.

　　[17] 后晓荣．秦广阳郡置县考．首都师范大学学报（哲社版），2009（4）.

　　[18] 黄盛璋．燕齐兵器研究//古文字研究第十九辑．北京：中华书局，1992.

　　[19] 冯胜君．战国燕系古文字资料综述，长春：吉林大学，硕士学位论文，1996.

　　[20] 朱力伟．东周与秦兵器铭文中所见的地名，长春：吉林大学，硕士学位论文，2004.

　　[21] 吴振武．燕国铭刻中的"泉"字//华学：第二辑．广州：中山大学出版社，1996.

　　[22] 黄盛璋．燕、齐兵器研究//古文字研究第十九辑．北京：中华书局，1992.

　　[23] 何琳仪．古兵地名杂识．考古与文物，1996（6）.

［24］董珊．战国题铭与工官制度，北京：北京大学，博士学位论文，2002.

［25］李学勤，郑绍宗．论河北近年出土的战国有铭青铜器//古文字研究第十七辑．北京：中华书局，1982.

［26］赵其昌．蓟城的探索//北京史研究：第一辑．北京：北京燕山出版社，1986.

［27］王纪洁．燕国明刀分期研究及相关问题探讨，北京文博，2004.

［28］刘新民．白狼山与白狼城考//辽宁省考古博物馆学会成立大会会刊．1981.

［29］王绵厚．两汉时期辽宁建置述论．东北地方史研究，1985（1）.

［30］徐家国，刘兵．辽宁抚顺市发现战国青铜兵器．考古，1996（6）.

［31］黄盛璋．秦兵器分国断代与有关制度研究//古文字研究：第二十一辑．北京：中华书局，2001.

［32］陈晓捷，周晓陆．新见秦封泥五十例考略//碑林集刊：十一．西安：陕西人民美术出版社，2005.

［33］蔡全法．近年来新郑、郑韩故城出上陶文简释．中原文物，1986（1）.

［34］于德源．北京古代城址变迁．城市问题，1990（3）.

［35］陈平．燕都兴废、迁徙谈．北京社会科学，1998（1）.


## 六、报刊

［1］雷兴山，郑文兰，王鑫．北京琉璃河遗址新出卜甲浅释．中国文物报，1997 - 03 - 30.

［2］北京市文物局，北京市文物研究所．北京主要考古发现．中国文物报，2010 - 03 - 5（12）.


## 七、考古资料

［1］苏天钧．北京考古集成．北京：北京出版社，2000.

［2］徐自强，冀亚平．北京图书馆藏墓志拓片目录．北京：中华书局，

1990.

[3] 北京石刻艺术博物馆．北京石刻艺术博物馆馆藏墓志拓片精选．北京：北京燕山出版社，2012.

[4] 徐自强主．北京图书馆藏北京石刻拓片目录．北京：北京图书馆出版社，1994.

[5] 胡海帆，汤燕，陶诚．北京大学图书馆藏历代墓志拓片目录．上海：上海古籍出版社，2013.

[6] 中国文物研究所，北京石刻艺术博物馆．新中国出土墓志（北京）：上下册．北京：文物出版社，2003.

[7] 向南，张国庆，李宇峰．辽代石刻文续编．沈阳：辽宁人民出版社，2010.

[8] 王新英．全金石刻文辑校．长春：吉林文史出版社，2012.

[9] 北京石刻艺术博物馆．新日下访碑录．北京：北京燕山出版社，2013.

[10] 詹文宏，李保平，邓子平，等．燕赵碑刻．天津：天津人民出版社，2015.

[11] 琉璃河考古队．北京附近发现的西周奴隶殉葬墓．考古，1974（5）.

[12] 孙继安．河北容城县南阳遗址调查．考古，1993（3）.

[13] 苏天钧．北京西郊的白云观遗址．考古，1963（3）.

[14] 陈佩芬．夏商周青铜器研究．上海：上海古籍出版社，2004.

[15] 钟柏生，等．新收殷周青铜器铭文暨器影汇编．台北：艺文印书馆，2006.

[16] 周晓陆，路东之．秦封泥集．西安：三秦出版社，2000.

[17] 辽宁省文物考古研究所．辽宁凌源安杖子古城址发掘报告．考古学报，1996（2）.

[18] 安徽文物考古研究所．安徽潜山公山岗战国墓发掘报告．考古学报，2002（1）.

[19] 安志敏．河北怀来大古城村古城址调查记．考古通讯，1955（3）.

[20] 张家口考古队．河北怀来官厅水库沿岸考古调查简报．考古，1988（8）.

［21］刘建华．张家口地区战国时期古城址调查发现与研究．文物春秋，1993（4）．

［22］北京市文物管理处．北京地区的又一重要考古收获：昌平白浮西周木椁墓的新启示．考古，1976（4）．

［23］连劭名．昌平白浮出土西周甲骨刻辞研究．北京文博，2005（2）．

［24］北京市文物研究所．琉璃河西周燕国墓地：1973—1977．北京：文物出版社，1995．

［25］曹定云．北京琉璃河出土的西周卜甲与召公卜"成周"：召公曾来燕都考．考古，2008（6）．

［26］中国社会科学院考古研究所．殷墟花园庄东地甲骨．昆明：云南人民出版社，2003．

［27］曹定云，刘一曼．殷墟花园庄东地出土甲骨卜辞中的"中周"与早期殷周关系．考古，2005（9）．

［28］天津市历史博物馆考古部．宝坻秦城遗址试掘报告．考古学报，2001（1）．

［29］北京市文物研究所．镇江营与塔照．北京：中国大百科全书出版社，1999．

［30］李学勤．新发现西周筮数的研究．易学研究，2003（5）．

［31］陈梦家．美帝国主义劫掠的我国殷周青铜器集录．北京：科学出版社，1963．

［32］姚迁．江苏盱眙南窑庄楚汉文物窖藏．文物，1982（11）．

［33］周晓陆．盱眙所出重金络𦈗·陈璋圆壶读考．考古，1988（3）．

［34］巴纳．The Two Ch'en-Chang Inscriptions//香港中文大学中文系．第二届国际中国古文字学研讨会论文集续编，1995（9）．

［35］程长新．北京拣选一组二十八件商代带铭铜器．文物，1982（9）．

［36］北京市文物工作队．北京平谷县西柏店和唐庄子汉墓发掘简报．考古，1962（5）．

［37］戴志强．安阳殷墟出土贝化初探．文物，1981（3）．

［38］北京市文物研究所．"八五"期间北京市考古工作回顾//北京考古集成：第一分册．北京：北京出版社，2000．

［39］中国社会科学院考古研究所，等．1981—1983 年琉璃河西周燕国墓地发掘简报．考古，1984（5）．

［40］高桂云．建国以来北京出土先秦货币综述．中国钱币，1990（3）．

［41］冀小军．战国时期燕国货币上的"晏"字．中国人民大学学报，1996（3）．

［42］赵正之．北京广安门外发现战国和战国以前的遗迹．文物参考资料，1957（7）．

［43］北京市文物工作队．北京朝阳门外出土的战国货币．考古，1962（5）．

［44］汪庆正．中国历代货币大系·先秦货币第 1187 号．上海：上海人民出版社，1984.

［45］何琳仪．燕国布币考．中国钱币，1992（2）．

［46］孙仲汇．西汉"容成"钱．中国钱币，2004（2）．

［47］李佐贤．古泉汇六十四卷．同治三年（1864 年）．

［48］张驰．尖首刀若干问题初探//中国钱币论文集：第三辑．北京：中国金融出版社，1998.

［49］黄锡全，等．近年出土的早期明刀尖首刀．中国钱币，2001（2）．

［50］周耿．介绍北京市的出土文物展览．文物参考资料，1954（8）．

［51］高桂云．北京市出土战国燕币简述//中国钱币论文集：第一辑．北京：中国金融出版社，1985.

［52］柴晓明，等．北京房山区出土燕国刀币．考古，1991（11）．

［53］昭乌达盟文物工作站，宁城县文化馆．辽宁宁城县黑城古城土莽钱范作坊遗址的发现．文物，1977（12）．

［54］冯永谦，姜念思．宁城县黑城古城址调查．考古，1982（2）．

［55］北京文管处．北京地区的古瓦井．文物，1972（2）．

［56］北京文管处．北京又发现燕饕餮纹半瓦当．考古，1980（2）．

［57］北京市文物工作队．北京房山县考古调查简报．考古，1963（3）．

［58］刘之光，周桓．北京市周口店区窦店土城调查．文物，1959（9）．

［59］叶学明，陈光．北京市窦店古城调查与试掘报告．考古，1990（8）．

［60］叶学明，陈光．燕中都城址调查与试掘//北京市文物研究所．北

京文物与考古：第三辑．北京：密云华都印刷厂，1992．

［61］冯秉其，唐云明．房山县古城址调查．文物，1959（1）．

［62］王汉彦．北京市周口店区蔡庄古城遗址．文物，1959（5）．

［63］河北省文物研究所．燕下都．北京：文物出版社，1996．

［64］许宏．燕下都营建过程的考古学考察．考古，1999（4）．

［65］北京郊区发现汉代古城遗址．文物参考资料，1955（1）．

［66］周耿．北京清河镇古城试掘报告，未刊稿．

［67］北京市海淀区地方志编纂委员会．北京市海淀区志．北京：北京出版社，2004．

［68］尤文远，孟浩．河北怀来县大古城遗址调查情况．文物参考资料，1954（9）．

［69］李维明，郗志群，宋卫忠，等．河北怀来县大古城遗址1999年调查报告．考古，2001（11）．

［70］郭仁．关于渔阳城的位置及其附近河道的复原．考古，1963（1）．

［71］王成生．锦西台集屯英房古城址调查．锦州文物通讯，1985（2）．

# 附录　本书所引古文字资料著录书、字书及其简称

梁诗正，等．西清古鉴．1755（乾隆二十年）． 　　　　　　《西清》

吴式芬．捃古录金文．1895（光绪二十一年）． 　　　　　　《捃古》

罗振玉．贞松堂集古遗文．上虞罗氏集古遗文本．1931． 　　《贞松》

郭沫若．两周金文辞大系考释．北京：科学出版社，1958． 　《两周》

郭沫若．周代金文图录及释文．台北：台湾大通书局，1971．《周代》

郭沫若．甲骨文合集．北京：中华书局，1978－1983． 　　　《合集》

白川静．金文通释．神户：白鹤美术馆，1980． 　　　　　　《通释》

罗福颐．古玺文编．北京：文物出版社，1981． 　　　　　　《古玺》

罗福颐．古玺汇编．北京：文物出版社，1981． 　　　　　　《玺汇》

云梦睡虎地秦简编写组．云梦睡虎地秦简．北京：

　　文物出版社，1981． 　　　　　　　　　　　　　　　《睡虎》

丁福保．古钱大字典．北京：中华书局，1982． 　　　　　　《钱典》

罗振玉．三代吉金文存．北京：中华书局，1983． 　　　　　《三代》

朱活．古钱新探．济南：齐鲁书社，1984． 　　　　　　　　《古钱》

张颔．古币文编．北京：中华书局，1986． 　　　　　　　　《古币》

罗福颐．秦汉南北朝官印征存．北京：文物出版社，1987．　《印征》

陈梦家．殷虚卜辞综述．北京：中华书局，1988． 　　　　　《综述》

马飞海，汪庆正，马承源．中国历代货币大系 1：先秦卷．

　　上海：上海人民出版社，1988． 　　　　　　　　　　　《货系》

高明．古陶文汇编．北京：中华书局，1990． 　　　　　　　《古陶》

湖北省荆沙铁路考古队．包山楚简．北京：

　　文物出版社，1991． 　　　　　　　　　　　　　　　《包山》

李佐贤．古泉汇．上海：上海古籍出版社，1992． 　　　　　《古泉》

中国社会科学院考古研究所. 殷周金文集成. 北京：

  中华书局，1994.                                          《集成》

于省吾. 双剑誃吉金文选. 北京：中华书局，1998.          《双剑》

周晓陆，路东之. 秦封泥集. 西安：三秦出版社，2000.      《秦封》

庄新兴. 战国玺印分域编. 上海：上海书店出版社，2001.    《分域》

中国社会科学院考古研究所. 殷墟花园庄东地甲骨.

  昆明：云南人民出版社，2003.                            《花东》

钟柏生，等. 新收殷周青铜器铭文暨器影汇编.

  台北：台北艺文印书馆，2006.                            《新收》

王恩田. 陶文图录. 济南：齐鲁书社，2006.                《陶图》

萧春源. 珍秦斋藏印：战国篇. 澳门：澳门弘兴柯氏印刷

  有限公司，2001.                                        《珍秦斋》

菅原石庐. 中国玺印集萃. 东京：二玄社，

  1997（日本平成九年）.                                  《集萃》

中文大学文物馆. 香港中文大学文物馆藏印集. 北京：

  文物出版社，1980.                                      《中文大学》

# 地名笔画索引

说明：先以地名首字笔画数排序，首字笔画数相同者，以第二字笔画数再定，以此类推。只有一个字的地名，若笔画相同，按其读音的汉语拼音首字母定序，首字母相同时，再看第二个字母，以此类推。此原则亦适用于其他位次且笔画数量相同的地名字。总原则是先以笔画定序，辅以拼音排序。

以专门列出的地名为索引对象，在讨论其他问题时涉及的地名，特别是同名地名，本索引暂不列入。

## 二画

# 三画

# 四画

## 五画

## 六画

# 七画

## 八画

# 九画

## 十画

## 十一画

## 十二画

# 十三画

## 十四画

## 十五画

# 二十一画

# 二十二画

# 二十三画

# 二十四画

# 后 记

　　本书是 2012 年北京市哲学社会科学一般规划项目（12LSB004）的研究成果。2015 年，研究报告呈交北京市社科规划办结项时，得到鉴定专家的肯定并推荐入选了"北京市社会科学基金成果文库"，并由北京市社科联资助出版。入选文库后，我们按照"北京市社会科学基金成果文库"的具体要求，对原研究报告进行了局部的加工润色和修补，以期更符合学术专著的形式。

　　今北京市及其附近地域范围内前都时代的地名文化遗产相当丰富，反映了历史时期这一地区各民族文化交流的进程序列和脉络特点，也从人地关系的视角折射出其历史地理特征，很值得研究。我们以传世文献为基础，并从甲骨文、金文、陶文、兵器刻辞、货币文字、玺印文字、封泥文字、简牍文字等传世与出土古文字文献中搜集相关信息，结合田野考古资料对北京前都时代自然类与人文类地名进行了较为全面的整理与研究，为目前相对较少的辽金之前北京史和历史地理的研究提供一些线索。但是从总体来看，我们的工作还只能算作一次初步的尝试，因此，希望本书能够起到抛砖引玉的作用。

　　在本书付梓之际，首先要感谢"北京市社会科学基金成果文库"的评审专家对我们研究工作的肯定并提出宝贵的修改意见。在本研究的推进过程中，我的导师唐晓峰先生和师母沈建华先生为我提供了全文地名的资料、十分感谢他们！研究生李昊林、郑维丽、董琪、纪露海、许超、孙玉洁、胡佳奇等参与了部分资料的搜集工作，在此向他们表示感谢！中国人民大学出版社的王宏霞女士、王梓灵女士为本书的出版付出了辛勤的汗水，我们也向她们表示衷心的感谢！

马保春

2017 年 5 月 27 日

图书在版编目（CIP）数据

北京城郊时代地名遗产的整理与研究/弓倩倩著. —北京：中国人民大学出版社, 2017.12
ISBN 978-7-300-25541-5

Ⅰ.①北… Ⅱ.①弓… Ⅲ.①地名-史料-北京 Ⅳ.①K921

中国版本图书馆CIP数据核字（2018）第026110号

北京市社会科学理论著作出版基金
## 北京城郊时代地名遗产的整理与研究
弓倩倩 著
Beijing Qianduan Shidai Diming Yichan de Zhengli yu Yanjiu

| | | |
|---|---|---|
| 出版发行 | 中国人民大学出版社 | |
| 社　址 | 北京中关村大街31号 | 邮政编码 100080 |
| 电　话 | 010-62511242（总编室） | 010-62511770（质管部） |
| | 010-82501766（邮购部） | 010-62514148（门市部） |
| | 010-62515195（发行公司） | 010-62515275（盗版举报） |
| 网　址 | http://www.crup.com.cn | |
| | http://www.ttrnet.com（人大教研网） | |
| 经　销 | 新华书店 | |
| 印　刷 | 北京联兴盛业印刷股份有限公司 | |
| 规　格 | 170 mm×240 mm　16开本 | 版　次　2017年12月第1版 |
| 印　张 | 28.5　插页3 | 印　次　2017年12月第1次印刷 |
| 字　数 | 443 000 | 定　价　138.00元 |

版权所有　侵权必究　　印装差错　负责调换